DÉCOUVRIR LA
SAINTETÉ CHRÉTIENNE
LE CŒUR DE LA THÉOLOGIE WESLEYENNE DE LA SAINTETÉ

DÉCOUVRIR LA
SAINTETÉ CHRÉTIENNE
LE CŒUR DE LA THÉOLOGIE WESLEYENNE DE LA SAINTETÉ

Diane Leclerc

f&s
Éditions Foi et Sainteté

Copyright © 2022
Diane Leclerc et Beacon Hill Press of Kansas City

ISBN 978-1-56344-971-0

Initialement publié sous le titre
Discovering Christian Holiness
Copyright © 2010
Publié par Beacon Hill Press of Kansas City
Une division de Nazarene Publishing House
Kansas City, Missouri (États-Unis)

Cette édition a été publiée en accord avec
Global Nazarene Publications
et Nazarene Publishing House.

Tous les droits sont réservés.

Tous droits réservés. Aucun élément de cette publication ne peut être reproduit, enregistré dans un système de stockage ou transmis sous une forme quelconque et quels que soient les moyens, par exemple de façon électronique, par photocopie ou enregistrement, sans l'autorisation écrite préalable de l'éditeur. L'unique exception à ses règles concerne les brèves citations lors des critiques imprimées.

Sauf indication contraire, toutes les citations bibliques sont tirées de la Nouvelle Édition de Genève (1979) de la version Louis Segond dont les droits sont administrés par la Société Biblique de Genève.

POUR LACEY

Reconnaissance

Il se trouve que j'ai écrit les derniers mots de ce livre précisément le jour du 100ème anniversaire de ma dénomination, l'Église du Nazaréen. Je suis reconnaissante d'avoir été élevé et nourri par elle. Je suis reconnaissante aussi pour mon appel, mon ordination et ma place pour servir, d'abord en tant que pasteur*, puis maintenant en tant que professeure. Je suis reconnaissante pour ses responsables, comme Jesse Middendorf et Nina Gunter, qui ont été une importante source d'encouragement pour moi. Je suis reconnaissante pour son riche bilan historique au service de la diffusion de la sainteté à travers le monde. J'espère que ce livre apportera une petite contribution à sa mission.

Alors que ce projet arrive à sa fin, en réfléchissant à toutes les personnes qui m'ont encouragée et fortifiée, je suis remplie d'une profonde gratitude. D'abord, je voudrais remercier mes éditeurs : Alex Varughese, pour son soutien et son appui pendant la rédaction de chacun des chapitres de ce livre, et Richard Buckner, pour la touche finale qu'il y a apportée. Je me dois également de remercier mon ami et enseignant Rob Staples, qui a été mon lecteur principal, pour ses remarques profondément utiles. En écrivant, j'ai pris clairement conscience de la manière dont tant d'enseignants, au fil des années, ont influencé ma propre théologie de la sainteté. J'en mentionnerai quelques-uns ici : Henry Spaulding III, Rob Staples, Paul Bassett, Al Truesdale, Kenneth Grider, Virginia Burrus et, surtout, Randy Maddox, qui m'a influencée d'une manière considérable et durable, bien que jamais dans une salle de classe formelle. L'œuvre de Mildred Bangs Wynkoop m'inspire continuellement aussi alors que je suis ses traces.

Il est également opportun de remercier mes étudiants de la Northwest Nazarene University (NNU), notamment ceux qui ont suivi mes cours de sainteté chrétienne et de théologie de la sainteté au cours des deux dernières années. Ils

---

* La forme féminine *la pasteure* est couramment utilisée au Québec. En France, *la pasteur* est souvent l'appellation privilégiée pour le clergé féminin. L'auteur étant une femme ordonnée à l'ordre d'ancien au sein de sa dénomination, les traducteurs ont choisi d'utiliser la forme québécoise pour souligner la position doctrinale de l'Église du Nazaréen qui affirme le droit des femmes à exercer tous les rôles du ministère."

m'ont patiemment laissée leur exprimer le contenu de ce livre et m'ont aidée à traiter les données de leur propre point de vue postmoderne.

Je voudrais remercier aussi mes collègues de la School of Theology and Christian Ministries de NNU, notamment Jay Akkerman, Joe Bankard, Wendell Bowes, Rhonda Carrim, Ed Crawford, Mike Kipp, Thomas Oord, Brent Peterson et Jim Rotz, ainsi que mon doyen, Mark Maddix. Je remercie spécialement George Lyons et Richard Thompson pour leur précieuse contribution à certaines jointures de ce projet. L'encouragement collégial et l'amour que j'ai reçus de ces amis et de leurs épouses sont tout simplement inégalables. Merci aussi à Tiffany Triplett, qui m'a beaucoup aidée avec le glossaire, et à Malloree Norris et Andrew Schwartz, mes assistants pédagogiques, qui m'ont aidée pour la rédaction finale.

Je voudrais exprimer ma plus profonde gratitude à Paul, mon époux, pour ses innombrables sacrifices et son soutien sans pareil, ainsi qu'à mon fils Ethan, qui m'a accordé tant d'heures pour que « Maman puisse écrire son livre ». Merci aussi à ma mère et à mes frères, Janice Elder et Floyd Cunningham (un historien de l'Église et une source de valeur). Je remercie également plusieurs de mes amis proches, notamment Glena Andrews, Rob Thompson, Susan Armstrong, Whitney Van Brocklin, Ben et Melodie Turner, ainsi que ma famille d'église, la Five Mile Church, pour leur grand soutien au moment opportun. Enfin, ce livre est dédié à mon amie la plus proche, Lacey Kilgore, qui m'a littéralement portée dans la prière tout au long de l'écriture de ce livre, du premier mot au dernier, et qui m'a aimée d'un amour si semblable à celui de Christ que ma propre poursuite d'une vie de sainteté en a été profondément transformée.

Avant-propos

Il y a plus d'un demi-siècle, à l'occasion d'une étude sur la doctrine wesleyenne de la perfection chrétienne, John Peters a décrit un moment décisif dans le développement de la doctrine de Wesleyenne, depuis années après la mort de celui-ci :

> D'une part, pour les exégètes absolutistes, la perfection chrétienne se limitait de plus en plus à une insistance quasi exclusive sur une seule et unique expérience déterminante. De l'autre, avec les exégètes accommodationnistes, on en était venu à ne plus la voir que comme une tradition dont on se souvenait à peine. Et donc, par réaction mutuelle, les deux côtés ont abandonné la synthèse que Wesley avait travaillée à établir.[1]

En cherchant à interpréter la doctrine wesleyenne de la sainteté pour notre époque, on devra toujours se confronter au besoin de maintenir cet équilibre, ou ce que Peters appelle la « synthèse » qu'on trouve dans la pensée wesleyenne, en évitant les deux extrêmes auxquels on est parfois parvenu. Ce besoin s'applique à l'ensemble de la théologie wesleyenne, et non pas spécifiquement à la question traitée par Peters.[2]

En même temps, il ne suffit pas de répéter machinalement ce qu'a dit Wesley : nous devons plutôt regarder en arrière en évaluant continuellement la doctrine wesleyenne de la sainteté à la lumière du témoignage biblique, puis avancer en l'appliquant d'une manière responsable à notre situation aujourd'hui. Le livre de Diane Leclerc a trouvé un juste milieu entre la Scylla de l'absolutisme et le Charybde de l'accommodationnisme. Ce livre est à la fois assez « absolutiste » pour demeurer fidèle à la tradition wesleyenne et à sa doctrine de l'entière sanctification, et assez « accommodationniste » pour s'efforcer d'appliquer la doctrine wesleyenne de la sainteté au contexte actuel du 21ème siècle. Cette doctrine est ainsi détachée des catégories dépassées et erronées qui se sont imposées à elle dans le passé, ce qui rend cet ouvrage plus actuel que tous les autres livres précédemment consacrés à ce sujet.

En même temps, l'auteur parvient à éviter les tendances accommodationnistes les plus osées, qui consistent à ne classer la doctrine de la sainteté que dans des catégories populaires postmodernes. Cet ouvrage aborde le postmodernisme, mais sans pour autant l'adopter comme perspective unique à travers laquelle il examine la sainteté. Il s'agit d'un ouvrage solidement historique, fondé sur la théologie de la sainteté dans l'Église primitive et à travers les siècles d'histoire de l'Église, mais aussi théologique, avec de solides fondements bibliques et historiques. Là encore, on peut être tenté de passer directement à la théologie contemporaine afin de donner une voix contemporaine à la sainteté, mais Leclerc résiste aussi à ce piège. Le lecteur ne trouvera pas dans cet ouvrage une théologie de la sainteté fondée sur la perspective de la théologie des processus, de la théologie post-libérale, du déconstructionnisme, de l'orthodoxie radicale ou d'aucune autre option théologique contemporaine, car l'auteur estime que ces perspectives ne sont pas adaptées afin de communiquer correctement tous les éléments importants de la pensée wesleyenne. Ce qui ressemble le plus à une prise de position spécifique de la part de Leclerc sont ses efforts visant à établir une corrélation entre la construction théologique (à la manière de l'existentialisme de Paul Tillich) et la vie réelle, afin de combler le « déficit de crédibilité » souligné par la regrettée Mildred Bangs Wynkoop il y a près de quarante ans.

À l'époque où elle étudiait au Nazarene Theological Seminary, Diane Leclerc s'était inscrite à mon séminaire sur l'anthropologie théologique. Pendant ce cours, elle est parvenue à la conclusion que la vision protestante majoritaire du péché (centrée sur l'orgueil et l'égocentrisme) n'était qu'à moitié juste et qu'il s'agissait d'une compréhension essentiellement masculine, qui ne fonctionnait pas vraiment pour la plupart des femmes. Je ne peux prétendre être l'auteur de cette idée ; j'ai même cherché à l'en dissuader. Pourtant, au cours de nos échanges qui se sont poursuivis tout au long du semestre, j'ai cru voir se former un esprit théologique aiguisé. En cela, j'avais raison. Elle a fini par me convaincre qu'il y avait du vrai derrière son raisonnement. Elle a continué à travailler sur son concept de péché, jusqu'à lui consacrer sa thèse de doctorat[13], intitulée *Singleness of Heart: Gender, Sin, and Holiness in Historical Perspective* (L'unicité du cœur : perspective historique sur le genre, le péché et la sainteté), laquelle lui a valu le Prix Timothy Smith/Mildred Bangs Wynkoop de la Wesleyan Theological Society en 2002, pour sa contribution unique à la théologie wesleyenne.

À présent, dans ce livre, Leclerc s'intéresse au contraire du péché : à la sainteté de cœur et de vie. De même qu'un de ses héros théologiques, Wynkoop, elle comprend que certaines des catégories et images plus anciennes ayant servi à exprimer la doctrine de la sainteté dans l'enseignement et la prédication du 19ème et du début du 20ème siècles n'étaient pas toujours pertinentes, surtout dans les cultures non américaines. Autre réminiscence de l'œuvre de Winkoop :

dans son dernier chapitre, Leclerc affirme qu'au cœur même de la tradition wesleyenne de la sainteté se trouve une « théologie de l'amour ».

Cet ouvrage n'est cependant pas qu'une simple réplique de la théologie de Wynkoop. Leclerc y apporte sa propre pensée. Elle a son propre style et sa propre vision de la sainteté de vie et de ce à quoi une vie sainte doit ressembler aujourd'hui, qu'elle exprime clairement dans cet ouvrage. En abordant le fondement biblique de la doctrine de la sainteté, Leclerc élabore une « lecture wesleyenne des Écritures », reconnaissant que nous abordons tous la Bible avec nos présuppositions et que les Wesleyens, qui ne font pas exception à cet égard, disposent d'un certain nombre d'outils présuppositionnels pour cela. Dans son traitement historique de la pensée relative à la sainteté, elle cherche attentivement à contextualiser l'enseignement de la sainteté, d'une manière sans précédent dans les nombreux ouvrages précédents à ce sujet. On retrouve cette même contextualisation dans son exposition des implications théologiques de la sainteté, qu'elle prend bien garde à mettre en lien avec les doctrines de Dieu, du péché et du salut. Dans la dernière section, la doctrine de la sainteté est retournée et examinée sous ses diverses facettes praticables et concrètes, ce qui fait de cet ouvrage un guide pratique sur comment vivre une vie de sainteté dans le monde présent. Cet ouvrage mérite une place de choix parmi les principales études de la compréhension wesleyenne de la sainteté.

— Rob Staples, PhD
Professeur de théologie émérite
Nazarene Theological Seminary

Introduction

La théologie wesleyenne de la sainteté au 21ème siècle

Le thème de ce livre est la sainteté, du point de vue de la théologie wesleyenne de la sainteté. Si les autres traditions ne sont certainement pas silencieuses à ce sujet, la théologie wesleyenne de la sainteté offre cependant une perspective distincte, qui découle d'une riche histoire, laquelle donne aux dénominations de la tradition dite « de la sainteté » un rôle unique à jouer au sein de l'Église universelle. Ainsi qu'on peut s'y attendre, ces dénominations mettent la théologie de la sainteté et la doctrine de la sanctification au cœur de leur identité théologique. Elles se caractérisent par un fondement historique distinct. Cependant, chaque génération doit non seulement s'approprier cette riche théologie historique, mais aussi trouver de nouvelles manières de la raviver. Ainsi, ce livre, écrit du point de vue de la théologie wesleyenne de la sainteté, s'adresse aux générations qui se retrouvent dans l'ère postmoderne d'aujourd'hui.

Le mouvement de la sainteté est apparu au milieu du 19ème siècle et plus d'un siècle s'est écoulé depuis la formation de la plupart de ses dénominations, ce qui pose immédiatement la question de savoir si la théologie wesleyenne de la sainteté, laquelle s'enracine tellement profondément dans ses origines historiques, demeure pertinente au 21ème siècle. Cette question part cependant du présupposé implicite que les membres de ces dénominations connaissent leur héritage et ce qui caractérise leur théologie, ce qui n'est peut-être pas le cas du tout. La théologie wesleyenne de la sainteté, en tant que théologie vitale, expérimentale et vivante, subsiste-t-elle encore ?

J'ai eu le privilège de servir pendant trois ans comme représentante de ma dénomination au sein d'un comité appelé le projet d'étude wesleyen de la sainteté. Nous étions chargés du développement d'une stratégie, afin de promouvoir le message de la sainteté au 21ème siècle. Les membres de cette commission étaient des théologiens et responsables d'église de diverses dénominations de la sainteté. Lors de nos réunions, nous avons vite pris conscience de notre préoccupation commune pour l'avenir du mouvement de la sainteté : certains voyaient notre mouvement comme étant en crise, non pas autour des différentes manières de communiquer la sainteté (ainsi que je l'ai mentionné ci-dessus), mais plutôt une crise du silence. Ce silence était peut-être dû à l'anxiété émanant de la confusion autour des diverses manières d'articuler la sainteté, mais quoi qu'il en soit, le danger dont nous avons pris conscience était l'absence d'articulation de la sainteté. Notre préoccupation n'était pas la manière dont la sainteté était prêchée, mais si elle était prêchée du tout.

Le fruit de ce projet d'étude a été la publication et la distribution, en février 2006, d'un court essai intitulé « Manifeste de la sainteté ». (Un livre complet avec le même titre a été publié en 2008.[1]) Dans son introduction à ce document, Kevin Mannoia (le responsable du projet) écrit : « Nous n'avons jamais eu davantage besoin d'une articulation convaincante du message de la sainteté. »[2] Mannoia est préoccupé par le fait que les demandes pressantes d'une culture en plein changement ont poussé des pasteurs et des responsables à se concentrer sur les « dernières méthodes », aux dépens du « message de la sainteté ». Il reconnaît que les églises en Amérique du Nord perdent du terrain, alors que leur nombre de membres diminue, non seulement dans les dénominations traditionnelles, mais aussi au sein du mouvement de la sainteté : « En cherchant à trouver la méthode magique afin de former des églises saines et dynamiques, nous sommes [...] tombés dans le piège d'un christianisme générique, si bien que nos assemblées en sont devenues impossibles à distinguer de la culture environnante. Nos églises ont besoin d'un message clair et convaincant, pour remplacer notre obsession pour les méthodes comme étant au cœur de notre mission. Notre message est notre mission ! »[3]

Je partage sa préoccupation par rapport au silence assourdissant autour du message. Je donne des cours sur la sainteté (à la fois aux étudiants des filières généralistes et à ceux qui se forment en vue du ministère) depuis plus de dix ans. Lorsque j'interroge mes étudiants issus de dénominations de la sainteté sur la doctrine de la sainteté et de l'entière sanctification, leur réponse montre clairement qu'ils n'ont pas « entendu » ce message. Cela ne veut pas forcément dire qu'ils ne l'ont pas entendu prêcher du haut du la chair ou à l'école du dimanche, mais qu'ils n'ont pas retenu cet enseignement d'une manière significative. Sur une classe de 50 étudiants, il y en a peut-être un ou deux qui montrent une vague compréhension de cette doctrine. Il est possible aussi que, ainsi que le présuppose le travail du projet d'étude sur la doctrine wesleyenne de la sainteté, le message de la sainteté n'est pas communiqué, ou, du moins, pas efficacement. J'ai une théorie sur les raisons de cet état de fait : je crois que nous avons toute une génération de pasteurs qui ont été profondément affectés par une période de l'histoire de la tradition wesleyenne de la sainteté, au cours de laquelle l'idée dominante était le perfectionnisme, plutôt que la piété vitale.

On peut comprendre que, pendant la période qui a suivi la 2ème guerre mondiale, la société a reflété un désir de stabilité et de normalité, avec une forte emphase, surtout dans l'Église protestante, sur la morale, la décence et le conformisme. De même, les dénominations de la sainteté avaient tendance à insister davantage sur les règles que sur la vitalité d'une vie de sainteté. Ensuite, au cours des années 1960, le monde est passé par des changements dramatiques.

Autant le mouvement de la sainteté a peut-être voulu s'isoler des bouleversements sociaux qui l'entouraient au cours de cette nouvelle période[4], en exprimant sa désapprobation de toute forme d'affinité théologique avec ces changements culturels radicaux, la théologie, telle qu'elle était pratiquée auparavant, n'était plus suffisante pour la génération émergente, avec son regard nouveau. Je crois que la génération de pasteurs qui ont connu ce bouleversement ou sont nés au cours de cette période n'est peut-être pas parvenue à trouver des manières plus saines d'exprimer le message de la sainteté. Ils ne voulaient certainement pas continuer à prêcher le perfectionnisme. Alors, ils ont soit cessé de prêcher la doctrine de la sainteté, soit choisi des mots et des métaphores tellement différentes du vocabulaire traditionnel de la sainteté que mes étudiants n'ont pas pu reconnaître ce que ce message avait d'unique ou de spécifique. Dans le cas présent, nous avons apparemment basculé du légalisme au pessimisme quant à notre victoire sur le péché. Beaucoup d'étudiants croient que le péché est inévitable, qu'il persiste et envahit toute la vie chrétienne. Ils ne semblent malheureusement pas conscients qu'une autre manière de vivre est possible.

Il est possible que les églises de la sainteté se soient tellement efforcées de rester dans la course avec l'ensemble du mouvement évangélique en termes de croissance numérique, qu'elles en ont sacrifié leur appel caractéristique à prêcher la sainteté « à travers le pays ». En effet, dans une culture consumériste, il est plus facile de prêcher ce que les gens ont envie d'entendre que de prêcher le prix à payer pour vivre une vie de disciple. Malheureusement, l'évangélisme traditionnel est souvent de tendance calviniste, si bien que l'optimisme inhérent au message wesleyen de la sainteté a peut-être été étouffé dans ce milieu.

Le changement de paradigme, d'une perspective moderne à une perspective postmoderne, est un autre facteur qui contribue à la crise du silence. Ce changement a peut-être détourné les oreilles des jeunes générations, au point de rendre inaudible pour eux le vieux message de la sainteté. Comprendre la postmodernité peut nous aider à saisir comment ils fonctionnent et ce dont nous aurons besoin afin de leur annoncer le message de la sainteté.

Le terme « postmodernité » revêt actuellement deux sens liés, mais distincts. Une analyse approfondie de chacun de ces sens dépasserait le cadre de cet ouvrage, mais il est utile de porter brièvement notre attention sur eux. La première définition de la postmodernité est liée à divers champs d'étude universitaire, comme la littérature, la philosophie, l'architecture, l'art, les études culturelles, et même la théologie. En un sens, la postmodernité est une réaction aux prémisses de la « modernité » (apparue au 18ème siècle, à l'époque des Lumières, et dont on retrouve une expression intensifiée au 19ème siècle). Les prémisses de la postmodernité (qui ont émergé au milieu du 20ème siècle) manifestent un rejet des principes organisateurs et universels, ainsi que de la cohérence. Elles adoptent, ou, en un sens plus technique, incarnent la complexité, l'ambiguïté et la diversité. Ce type de postmodernité a été appelé aussi post-structuralisme, car il prend la forme d'un rejet de la manière dont les modernes ont « structuré » la réalité. Par exemple, la modernité cherche des points communs et des généralisations, même en se concentrant sur l'individu idéalisé, tandis que la postmodernité rejette toute notion de généralisation. Elle peut mettre en évidence une morale relativiste et elle est critiquée surtout pour son absurdité, sous ses formes les plus extrêmes, certains de ses adhérents cherchant à déconstruire même le système de sens des mots eux-mêmes.

Même si certains théologiens ont adhéré à un cadre philosophique sous-jacent à leur théologie postmoderne, le rejet fondamental postmoderne de toute notion d'absolu, même religieux, a rendu l'adhésion à l'ensemble de ce système de pensée inacceptable pour la plupart, voire tous les évangéliques. Pourtant, si les critiques sont souvent valides, l'appel à revenir à la modernité n'est certainement pas la solution pour autant. Il y a une autre option, qui nous mène à la deuxième définition en usage aujourd'hui de la postmodernité, qu'on retrouve dans beaucoup de milieux chrétiens, et même évangéliques.

D'après Jay Akkerman, les chrétiens postmodernes mettent l'accent sur la dimension « organique », plutôt que « mécanique », et préfèrent l'authenticité et la spontanéité à « l'expérience compartimentée, machinale et retouchée avec précision d'un moule religieux ; ils préfèrent le tout aux parties et comprennent que la foi intègre toutes les dimensions de leur vie ». Allant directement à l'encontre du profond rationalisme moderne, « ils sont plus ouverts à l'ambiguïté et au mystère, au lieu de s'en tenir strictement à des systèmes étroits de règles de pensée et de foi »[5]. Henry Knight a proposé des comparaisons-clé entre cette conscience chrétienne postmoderne, notamment sous la forme exprimée par ce qu'on appelle aujourd'hui le mouvement de l'Église émergente, et la théologie wesleyenne. Il écrit : « Les Wesleyens doivent soutenir ce nouveau mouvement, car les desseins et valeurs que les églises émergentes cherchent à incarner, leur vision du discipulat, de l'Église et de la mission, concordent largement avec ceux de la tradition wesleyenne. »[6]

Knight propose une liste de sept résonances entre les croyances et pratiques des églises émergentes et celles de John Wesley. Il explique en quoi ces thèmes étaient présents dans les efforts de Wesley visant à répondre à son propre tournant culturel et comment ils sont actuellement exprimés par l'Église émergente, puis il démontre d'une manière convaincante en quoi ces résonances révèlent que la théologie wesleyenne demeure pertinente dans le monde postmoderne actuel.

PARALLÈLES ENTRE LA THÉOLOGIE WESLEYENNE ET POST-MODERNE

- Un modèle de discipulat transformationnel
- L'accent missionnel sur l'Église de Christ
- Un modèle de ministère incarnationnel
- L'accent mis sur la communauté
- La prééminence de la proclamation sous forme narrative
- L'innovation de pratiques cultuelles qui maintiennent un « christianisme primitif »
- Une « orthodoxie généreuse » (ce que Wesley appelle « l'esprit catholique) qui met davantage l'accent sur les fondamentaux de la vie chrétienne que sur la rigueur propositionnelle et doctrinale (même si, évidemment, Wesley savait ce qu'il croyait pour chaque doctrine)[7]

L'analyse de Knight doit être prise au sérieux. En effet, « les églises émergentes ne sont pas un simple effet de mode, mais elles répondent à un changement culturel profond, permanent et omniprésent. Les générations suivantes seront encore davantage façonnées par la culture postmoderne. »[8]

À la lumière de tout cela, il est opportun de se demander quelle est la place de la sainteté dans un cadre de référence postmoderne ? S'agit-il d'un concept parvenu à la fin de son utilité, voire même de sa pertinence ? Ainsi que l'ont suggéré Knight et d'innombrables autres, notre monde a changé d'une manière permanente. Un retour à une approche moderne, afin de « sauver » la doctrine de la sainteté, s'avérerait certainement futile. Cela reviendrait à enfouir nos têtes théologiques dans le sable. La construction d'une théologie fondée sur des principes modernistes[9] n'est pas seulement une cause perdue, mais serait aussi dangereuse. Un tel effort limiterait drastiquement la pertinence de la sainteté dans la culture contemporaine. Certes, la sainteté survit partout où elle se trouve, car elle transcende tous les arrière-plans philosophiques ; mais son message vital et transcendant doit se traduire dans le contexte culturel auquel on s'adresse. La vérité de la sainteté demeure constante, mais elle doit s'enraciner dans différents contextes afin d'être communiquée efficacement.

Ce processus de traduction est crucial, non seulement afin de passer d'une ère philosophique ou historique à une autre, mais aussi d'une culture mondiale à une autre. On a observé récemment une sensibilité croissante au colonialisme théologique manifesté à travers les décennies. Dans certains cas, une articulation américanisée du message de la sainteté a été imposée a des cultures non américaines, et on commence seulement maintenant à comprendre les répercussions d'une telle stratégie imprudente, tandis que l'ouverture au message de la sainteté, exprimé d'une manière appropriée, par exemple, à travers un vocabulaire, des métaphores et des expressions africaines, asiatiques ou latino-américaines, commence à peine à se faire sentir. Une caractéristique de la postmodernité est la prise en compte de la mondialisation. Les églises du mouvement de la sainteté ont commencé, à juste titre, à se voir comme faisant partie de l'Église mondiale, ce qui passe impérativement par l'ouverture à la transfécondation théologique. Un système de délivrance à sens unique n'est plus acceptable. Cela veut-il dire que nous changeons la réalité spirituelle de la grâce de Dieu qui nous sanctifie ? Absolument pas ; mais nous élargissons notre compréhension de la manière dont elle peut pénétrer chaque culture en lui en donnant la possibilité !

▸ ÉLÉMENTS-CLÉ DE LA THÉOLOGIE WESLEYENNE

Ceci affirmé fermement, on peut toujours identifier des éléments de la théologie wesleyenne (d'une perspective de sainteté) qui transcendent l'espace et le temps. Le lecteur devra se familiariser avec ces éléments afin de comprendre pleinement le reste du livre. Cependant, si les éléments-clé de la théologie wesleyenne présentés ci-dessous ne sont que de brèves descriptions, ce livre, dans son ensemble, permettra au lecteur d'approfondir sa compréhension de ces remarques introductives.

1. La théologie wesleyenne dérive de la biographie de John Wesley

John Wesley est né le 17 juin 1703, de Samuel et Susanna Wesley. Leurs deux familles étaient issues du mouvement dissident des puritains, qui s'était séparé de l'Église d'Angleterre, mais les parents de John avaient tous deux décidé de retourner à l'Église anglicane, qu'ils fréquentaient avec beaucoup de zèle. Samuel était prêtre anglican, responsable de l'Église d'Epworth, en Angleterre. Les biographes ont raison d'affirmer que l'éducation familiale de John Wesley a joué un rôle important dans sa propre formation spirituelle. Samuel, un pasteur éduqué et avide de savoir, a écrit et publié plusieurs ouvrages. Susanna aussi attachait une grande importance à l'éducation, pour ses filles comme pour ses fils. Elle est réputée pour l'éducation chrétienne qu'elle a apportée à ses enfants. Elle a servi aussi de modèle précoce de ministère féminin pour John, car elle servait pratiquement comme co-pasteur de fait pour les ouailles d'Epworth.

Les « réunions de maison » que les Wesley dirigeaient dans le presbytère, au cours desquelles les paroissiens partageaient ouvertement leur parcours spirituel, ont peut-être joué un rôle important dans le développement du futur mouvement méthodiste. Ces réunions régulières, pour la prière, la lecture des Écritures et l'édification, étaient souvent dirigées par Susanna. John semble avoir eu une place spéciale dans le cœur de sa mère, qui croyait que Dieu l'avait épargné d'un terrible incendie et appelé à un dessein spécifique.

À l'âge de 11 ans, John est entré à la célèbre Charterhouse School de Londres. Son grand frère Samuel fréquentait la Westminster School voisine (où Charles, leur célèbre jeune frère, étudierait pas la suite). Charterhouse lui a offert une éducation préparatoire, avec aussi l'occasion, à l'adolescence, de commencer à réfléchir à sa vie spirituelle. Tout au long de son parcours, sa mère a gardé une profonde influence sur lui et continué à jouer un rôle important. En 1720, John est entré à (la faculté) Christ Church de l'Université d'Oxford, afin de se préparer pour la prêtrise.

Oxford s'est avéré être un endroit où John Wesley a pu grandir en maturité spirituelle, ainsi qu'en excellence académique. Christ Church faisait partie des facultés les plus prestigieuses, qui, avec d'autres disciplines professionnelles, préparait les jeunes érudits à travailler pour l'Église. Après avoir validé son diplôme, en 1724, Wesley est devenu tuteur et boursier du Lincoln College (également à Oxford), si bien qu'il a bénéficié d'une aide financière au cours des années passées dans cette faculté. Pour devenir ministre du culte dans l'Église d'Angleterre, la formation suivante était requise : une licence, un examen par l'évêque, puis une ordination en tant que diacre, suivie d'une période probatoire de deux ans, au cours de laquelle le candidat devait démontrer qu'il avait les dons requis pour le ministère, tout en lui laissant le tant de terminer la maîtrise, avant d'être enfin ordonné prêtre.

Afin de se préparer à son ordination en tant que diacre, Wesley a commencé à lire des auteurs issus de la tradition piétiste, qui se concentrait sur la sainteté de vie. Trois auteurs ont joué un rôle extrêmement important dans son développement théologique : Thomas à Kempis (1380-1471), un mystique allemand, qui a écrit *The Imitation of Christ (L'imitation de Christ),* Jeremy Taylor (1613-67), qui a écrit *The Rules and Exercises of Holy Living* (Règles et exercices d'une vie sainte) et *Rules and Exercises of Holy Dying (Règles et exercices d'une mort sainte),* et William Law (1686-1761), son contemporain, qui a écrit deux ouvrages importants : *A Practical Treatise upon Christian Perfection* (Traité pratique sur la perfection chrétienne) et *A Serious Call to a Devout and Holy Life (Appel sérieux à une vie pieuse et sainte).* Ces trois auteurs lui ont appris trois idées principales liées à sa doctrine de la sainteté : la sainteté implique 1) des intentions pures, 2) l'imitation de Christ en tant que modèle d'une vie sainte et 3) l'amour de Dieu et du prochain, en tant caractéristique normative de la perfection chrétienne.

Ces idées ont commencé à prendre forme à Oxford, où Wesley a lu ces trois auteurs. Les extraits de son journal pendant cette période montrent à quel point il prenait sa propre sainteté au sérieux. Un autre développement significatif survenu à Oxford a été la formation, en 1729, du Holy Club, un groupe d'étude qui, avec le temps, a développé ce que certains considèrent comme le modèle wesleyen des réunions de « bande ». (Par la suite, Wesley a réparti tous les convertis au méthodisme en petits groupes (appelés « bandes »), à des fins de redevabilité spirituelle et d'encouragement.) C'est là aussi que Wesley en est venu à accorder une haute importance à ce qu'on peut appeler le ministère du service social : toutes les semaines, les membres rendaient visite à des détenus, à des orphelins ou à des malades. De telles activités étaient une partie essentielle de la compréhension wesleyenne de la discipline spirituelle. En 1733, le Holy Club, aujourd'hui les méthodistes d'Oxford, était un mouvement solide et en pleine croissance. Wesley, pour sa part, a commencé à douter de son propre salut. Il luttait pour trouver une forme d'assurance qu'il était bien un enfant de Dieu. Lorsque l'occasion s'est présentée d'aller en Géorgie en tant que missionnaire, il l'a saisie, en disant : « Ma motivation principale [...] est l'espérance de sauver ma propre âme. »[10]

Trois mois après la mort de son père, en 1735, un responsable de la Society for the Propagation of the Gospel (SPG, Société pour la propagation de l'Évangile) a invité John Wesley en Géorgie. Avec son frère Charles et un autre membre du Holy Club, il a embarqué en janvier 1736. Leur temps passé en Géorgie était un échec pastoral, relationnel et spirituel, à tous les niveaux. John prévoyait notamment de convertir les Amérindiens (qu'on appelait « Indiens » à l'époque). Les entrées de son journal montrent que ceux-ci, loin d'être assoiffés d'entendre l'Évangile (comme il se l'imaginait, du fait de sa ferme croyance en la grâce prévenante), offensaient son sens de l'ordre et de la discipline. Il n'avait également que peu de tolérance pour les colons. Albert Outler décrit ses pratiques pastorales comme « manquant de tact » et qualifie son ministère en Géorgie de « fiasco »[11]. Les choses se sont encore compliquées à cause de sa vie amoureuse : il est tombé amoureux de Sophie Hopkey, mais sans jamais s'engager, si bien qu'elle a fini par épouser quelqu'un d'autre. Alors, John l'a exclue de la communion, avec son nouveau mari, avant d'être poursuivi en justice à son tour pour diffamation contre celui-ci. Finalement, il a décidé de retourner en Angleterre pour échapper à de nouvelles humiliations.

Quelque chose de positif a émergé de la débâcle de Géorgie : John a fait la connaissance des Frères Moraves. Il les avait d'abord rencontrés au cours de son voyage en Géorgie et avait été impressionné par leur assurance de leur propre salut, puis il les retrouvait occasionnellement en Géorgie, et enfin, après son retour en Angleterre, il a visité la colonie morave en Allemagne. Les Moraves étaient fermement attachés à la doctrine luthérienne de *sola fide* : le salut par la foi seule. La quête de sainteté de Wesley, pendant plus de dix ans, était passée à côté de la puissance de cette doctrine fondamentale, si bien qu'à ce stade de sa vie, Wesley avait besoin de savoir qu'il était un enfant de Dieu, indépendamment de ses propres efforts ou de la « justice des œuvres ». Peter Bohler, un Morave qui a conseillé Wesley a plusieurs reprises, l'a mis au défi de « prêche[r] la foi jusqu'à ce que vous l'ayez, puis vous la prêcherez parce que vous l'aurez »[12]. C'est exactement ce que Wesley a fait. Ce faisant, il a heurté les sensibilités anglicanes. Il s'est défendu en rappelant que les deux livres fondamentaux de l'anglicanisme, le *Book of Homilies* (Livre des homélies) et le *Book of Common Prayer* (Livre de la prière commune), affirmaient tous les deux la doctrine du salut par la foi. Au lieu de se laisser décourager, Wesley a vu la controverse avec ses frères anglicans sous un regard positif, affirmant que la bénédiction spéciale de Dieu était sur les sermons les plus offensants. Le 24 mai 1738, John s'est rendu à une réunion morave à Aldersgate Street et a revendiqué pour lui-même l'assurance du salut qu'il avait tant cherchée. Il a senti son cœur « étrangement réchauffé ». Par la suite, il écrira dans son journal : « J'ai senti que j'avais confiance en Christ, Christ seul pour le salut, et une assurance m'a été donnée qu'il avait enlevé mes[13] péchés, même les miens, et m'avait sauvé de la loi du péché et de la mort. »

La nature de l'expérience vécue par Wesley cette nuit-là ne fait pas consensus. Certains spécialistes la décrivent comme sa véritable conversion, d'autres comme sa conversion évangélique, d'autres encore comme une étape spirituelle parmi d'autres, d'autres enfin comme une expérience de l'entière sanctification. Wesley lui-même ne nous aide pas à définir ce moment. Il décrit 1738 comme une année importante, mais il faisait peut-être référence à la première réunion de la société ou au début du réveil évangélique en Angleterre. Il réimprime cette entrée de son journal cinq fois dans d'autres ouvrages, mais sans commentaire. Ce qui est certain est que cet épisode a orienté Wesley dans une nouvelle direction. La plupart des spécialistes s'accordent à dire que Wesley a expérimenté une nouvelle assurance du salut, fondée sur la grâce, et non sur les œuvres ; ce « témoignage de l'Esprit », selon les mots de Wesley, deviendra une doctrine-clé du méthodisme. À partir de son expérience à Aldersgate, Wesley a prêché *sola fide* si fermement depuis les chaires anglicanes, qu'il s'est vu interdire de prêcher à nouveau dans beaucoup de ces églises. Suivant la direction de son ami George Whitefield, Wesley a décidé que s'il ne pouvait plus prêcher dans les églises, il prêcherait « dans les champs ».

La phase médiane de la vie de Wesley a été marquée par l'essor et l'organisation du réveil méthodiste en Angleterre, ainsi que par le besoin de clarifier la théologie méthodiste. La première mesure théologique qu'il a prise a été le rejet des extrêmes du mouvement morave. Wesley appréciait profondément leur influence sur sa propre vie et leur doctrine de la *sola fide*, mais il a commencé à ressentir un certain malaise vis-à-vis de leur « quiétisme », car il voyait que trop d'emphase sur la doctrine de la grâce pouvait mener à une forme d'antinomisme, l'idée que, puisque la grâce est tout, les œuvres sont non seulement inutiles, mais même nuisibles à la dépendance chrétienne de Dieu seul pour notre salut, si bien qu'on pouvait « garder le silence » (en anglais : quiet) devant Dieu. À partir de 1725, Wesley s'est toujours montré intransigeant sur sa conviction qu'un chrétien manifeste sa foi à travers de bonnes œuvres, notamment des œuvres d'amour et de miséricorde envers ceux qui sont dans le besoin. Comme le livre de Jacques, il insistait sur le fait que la foi devait se montrer et être légitimée par de telles œuvres.

Les années 1740 et 1750 ont été marquées par « l'essor des personnes appelées méthodistes » (ainsi que Wesley décrivait le mouvement). À travers l'organisation de sociétés, de bandes et de classes, Wesley offrait à ses convertis un programme discipliné de formation spirituel, dans un contexte de communion avec d'autres chrétiens et de soutien pastoral dévoué. Les sociétés étaient des groupes plus larges, d'une taille semblable à celle de la moyenne des assemblées. Les bandes et classes étaient de petits groupes de redevabilité, très intenses. La plupart des spécialistes voient la formation de ces petits groupes comme cruciale pour la croissance du méthodisme, alors que les autres réveils périodiques avaient connu un succès initial, mais sans fruits à long terme. Wesley a initié aussi un large réseau de prédicateurs laïcs, qui rendaient visite aux différentes sociétés afin de prêcher et de s'assurer que son plan et sa vision théologique étaient respectés. Les conférences annuelles destinées à contribuer à la gouvernance des sociétés, dont la première a été organisée en 1744, ont également joué un rôle crucial dans le développement des caractéristiques distinctives du méthodisme. Le rapport entre le méthodisme et l'Église anglicane a vite commencé à poser question, des deux côtés. Wesley voyait son mouvement comme un renouveau ou un réalignement évangéliste au sein de l'Église d'Angleterre. Au fil des années, il s'est toujours fermement opposé au moindre signe de séparation de l'anglicanisme.

Dans le contexte des bandes et des sociétés, influencées par la vision de Wesley lui-même, les méthodistes ont commencé à témoigner de l'expérience de l'entière sanctification. La « sainteté de cœur et de vie » avait toujours été une des expressions préférées de Wesley. Alors que d'autres personnes ont commencé à professer cette expérience, il en est venu à voir l'opportunité de prêcher qu'elle pouvait être atteinte. Charles, le frère de John, était en désaccord avec ce nouvel enseignement : il croyait que l'expérience de l'entière sanctification ne pouvait survenir que rarement, et uniquement très peu de temps avant la mort d'une personne. John se retrouvera contraint de clarifier sa position au cours de la prochaine décennie.

La période allant de la fin des années 1760 à sa mort en 1791 constituent pour nous la période « tardive » de la vie de Wesley. Au cours de ces décennies, il a fait face à des questions théologiques majeures, qui contribueraient à la définition du méthodisme. Des problèmes personnels se sont également mêlés aux préoccupations plus théologiques. Ce qu'on appelle aujourd'hui la « controverse perfectionniste » a commencé au cours des années 1760. Au cours de ses années médianes, Wesley avait commencé à mettre l'accent sur le fait que la perfection chrétienne pouvait être atteinte et à conseiller à ses disciples de « la chercher aujourd'hui ». Deux de ses disciples, Thomas Maxfield et George Bell, qui étaient les responsables de la société à Londres, ont poussé cette doctrine à l'extrême. Ils insistaient sur l'idée que cette perfection était « absolue » et prétendaient qu'un chrétien rendu parfait ne pouvait plus pécher, mais qu'il persisterait dans un état angélique. Ils minimisaient le processus graduel, que Wesley avait toujours considéré comme tout aussi important. Cette controverse a suscité beaucoup de débats et d'agressivité autour de la doctrine de la sanctification. Wesley a convoqué une conférence afin de résoudre la question et a clarifié sa propre position dans des publications comme *On Perfection* (De la perfection) (1761), *On Sin in Believers* (Du péché des croyants) (1763) et, peut-être de la manière la plus complète, dans *Une exposition claire et simple de la perfection chrétienne**.

Même si Wesley a fait face à des méthodistes qui se disaient calvinistes dès les débuts du mouvement, le débat a réellement pris de l'ampleur à partir

---

* [Note du traducteur] Cet ouvrage est disponible en téléchargement sur https://whdl.org/fr/browse/resources/15494 .

des années 1770. Le décès de George Whitefield, en 1770, peut être considéré comme un catalyseur de la réémergence de ce débat. Whitefield, qui était membre du Holy Club, est devenu un évangéliste à succès, en Amérique du Nord comme en Angleterre. Même s'il était étroitement associé avec Wesley pendant de nombreuses années, les deux hommes étaient en désaccord sur la doctrine de la prédestination. Wesley a ensuite été accusé de n'avoir pas donné une juste représentation des idées de Whitefield dans son sermon funéraire. En réponse à cette controverse, il a publié plusieurs ouvrages : *On Predestination* (De la prédestination) (1773), *Thoughts Upon Necessity* (Pensées sur la nécessité) (1774) et *On Working Out Your Own Salvation* (Du besoin de travailler à notre propre salut) (1785). Il n'a jamais transigé concernant sa position sur l'élection. Au final, le méthodisme est demeuré fermement dans le camp arminien : toute personne est élue par Dieu pour le salut, à condition d'accepter sa grâce. La position calviniste affirme, au contraire, que seules certaines personnes sont élues pour le salut et que celui-ci n'est conditionné à rien, car la grâce est irrésistible. L'argument principal de Wesley contre la doctrine de la prédestination, qui constitue la compréhension calviniste de l'élection, est qu'elle déforme notre image de Dieu en faisant passer sa souveraineté avant son amour.

Aussi, vers la fin de la vie de Wesley, la question de la séparation entre le méthodisme et l'Église d'Angleterre est parvenue à son apogée. Jusqu'à ce moment-là, Wesley s'était toujours fermement opposé à la rupture : il voulait voir le méthodisme fonctionner comme un mouvement de renouveau au sein de l'Église. Charles était encore plus fermement opposé au séparatisme, quelles que soient les circonstances. Une situation imprévue a cependant forcé la main à John : au cours des années 1770, le conflit politique survenu dans les colonies américaines a mené à la guerre d'indépendance. Au cœur de ce conflit, l'Église anglicane est retournée en Angleterre, ce qui a posé le problème pratique et pastoral de l'administration des sacrements chez les méthodistes américains.

Les méthodistes s'étaient toujours réunis pour des cultes de prédication et des réunions de la société, mais Wesley exigeait que les méthodistes en Angleterre et en Amérique reçoivent le sacrement de la communion dans les églises anglicanes. Il était donc très préoccupé de ce que, du fait de l'absence de prêtres anglicans, les méthodistes américains l'aient plus accès à ce sacrement. La communion était si importante pour lui qu'il a décidé d'approuver l'ordination méthodiste de Francis Asbury et Thomas Coke, qu'il a nommés surintendants généraux de l'Église méthodiste en 1784, lors d'une conférence à Baltimore (appelée conférence de Noël). Ce choix a initié une série d'événements ayant mené à l'indépendance des méthodistes américains. Les méthodistes anglicans ne sont devenus une dénomination distincte du méthodisme qu'après la mort de Wesley.

Cette décision de Wesley a nui à sa relation avec Charles, qui n'a plus jamais été la même. D'autres difficultés personnelles sont apparues. John Wesley s'était marié contre l'avis de Charles. Son mariage était un échec total. Molly Wesley l'a finalement quitté définitivement en 1771. Lorsqu'elle est décédée, en 1781, Wesley n'a appris la nouvelle que longtemps après. Pourtant, malgré toutes ces controverses et toutes ces difficultés, il est resté un leader fort et a continué à publier, à prêcher et à correspondre avec ses méthodistes jusqu'à sa mort.

Wesley était et est toujours reconnu comme un homme extraordinairement influent, une évaluation qui ne peut être réfutée, malgré les difficultés que peuvent éprouver les historiens et les biographes à trier tous les éléments de preuve. Beaucoup de traditions le reconnaissent comme leur père spirituel et théologique. C'est certainement le cas du mouvement de la sainteté, apparu au 19ème siècle et qui continue encore aujourd'hui.

2. La théologie wesleyenne est centrée sur la sotériologie

La sotériologie, la théologie du salut, est au cœur de la théologie de John Wesley. Techniquement, Dieu est certainement au centre et Wesley aurait défendu ce point jusqu'au bout. Cependant, ceci établi, il croyait que l'amour de Dieu et son désir d'une relation renouvelée avec l'humanité était le message même de la Bible, attesté par toute la tradition chrétienne. Pour le dire plus simplement, pour Wesley, la relation entre Dieu et les hommes est au cœur du christianisme et de toute la doctrine chrétienne. L'objectif de tout examen théologique doit être de comprendre cette relation (surtout comment elle est établie et maintenue). Un tel examen doit toujours contribuer à la mise en œuvre de cette relation. Ainsi, toute la théologie wesleyenne est 1) fondée sur la sotériologie, 2) fermement optimiste et 3) toujours orientée vers la pratique.

En un sens, toutes les autres doctrines doivent s'arranger autour de la question : « Que devons-nous faire pour être sauvés ? » L'essentiel de la théologie wesleyenne est centré ensuite sur ce qu'on appelle l'*ordo salutis*, ou « ordre du salut ». Par cette expression, les théologiens font référence à la relation entre Dieu et l'homme, à un point donné de son parcours chrétien. Certains théologiens wesleyens préfèrent l'expression *via salutis*, ou « voie du salut »[14], afin d'indiquer que le parcours chrétien est une expérience fluide, jour après jour, plutôt qu'une série d'étapes isolées. Quelle que soit l'expression employée afin de décrire cette relation entre Dieu et l'homme, il y a des phases qu'on peut identifier et décrire[15]. La théologie de Wesley ne demeure cependant jamais abstraite : sa croyance que des personnes peuvent réellement expérimenter les diverses dimensions du salut la rend résolument optimiste et pratique[16].

3. La théologie wesleyenne est résolument optimiste

La théologie wesleyenne est souvent considérée comme une théologie optimiste. Wesley reconnaissait pleinement les effets du péché sur l'humanité et affirmait fermement la doctrine du péché originel, sans laquelle il estimait que tout le christianisme s'effondrait. Nous devons reconnaître que les hommes sont ruinés et ont besoin d'être sauvés. Cependant, autant il affirmait fermement notre état de péché, autant il proclamait encore plus fortement la puissance de la grâce. Une grande partie de la théologie wesleyenne est fondée sur la compréhension de la grâce prévenante. Il s'agit de la grâce que Dieu nous donne dès notre naissance, qui, à travers l'œuvre puissante du Saint-Esprit, nous attire vers une relation avec Dieu. Nous ne sommes pas seuls dans nos efforts visant à trouver Dieu : il nous a cherchés le premier. Une fois que nous avons répondu à la grâce prévenante et accepté la grâce qui justifie, l'optimisme wesleyen de la grâce éclate avec encore plus de lumière. Wesley croyait que nous sommes non seulement sauvés, mais aussi sanctifiés par la grâce, qui produit une réelle transformation intérieure, laquelle s'exprime par un changement extérieur. Un passage de Theodore Runyon peut s'avérer utile ici :

> Wesley était convaincu que des changements réels se produisent lorsque l'Esprit recréateur est à l'œuvre. Non seulement nous recevons un nouveau statut en Christ à travers la justification, mais Dieu ne nous laisse pas là où nous étions : il inaugure une nouvelle création, en restaurant la relation à laquelle nous sommes appelés, afin de le refléter dans le monde. [...] [Wesley parle à la fois d'un changement réel et relatif.] Le changement relatif, au niveau de notre relation avec Dieu, se produit à travers notre acceptation de Dieu et il est absolument fondamental pour tout ce qui suivra ; mais ensuite, le changement réel est le début de notre statut de nouvelle créature, le *telos* qui constitue l'objectif du salut[17].

C'est pour cette raison (la croyance que le changement réel commence à la régénération) que Wesley attachait une telle importance à l'expérience de la nouvelle naissance. Il se plaignait de ceux qui minimisaient sa puissance à changer le péché intérieur et extérieur. Pour lui, la nouvelle naissance marque le début d'une nouvelle vie de grâce sanctifiante. C'est cette grâce sanctifiante, que nous recevons d'une manière nettement plus profonde à travers l'expérience de l'entière sanctification, qui l'encourageait à un tel optimisme. Le péché n'a pas besoin de continuer à régner dans nos cœurs. L'amour de Dieu déversé dans nos cœurs exclut le péché. Nous pouvons vivre une vie vraiment sainte. Comme le dirait Wesley, la négation d'un tel optimisme rendrait la puissance du péché plus grande que celle de la grâce, une option impensable pour la théologie wesleyenne de la sainteté.

4. La théologie wesleyenne est une théologie pratique

Pratiquement tous les spécialistes de John Wesley s'accordent à dire que sa théologie s'exprime le mieux comme une théologie pratique, qui s'applique toujours directement à des situations de la vie réelle. Il n'a pas écrit une théologie systématique comme celle de Jean Calvin et ne s'est jamais assis afin d'écrire ce qu'il croyait à propos de toutes les doctrines chrétiennes en un seul endroit. En référence à la Bible et à l'orthodoxie chrétienne, sa méthodologie théologique est inductive. Il a développé ses conclusions théologiques à partir de ses propres expériences de la vie pratique. Les spécialistes doivent examiner ses œuvres plus pratiques, comme ses sermons, journaux et lettres, afin d'assembler l'ensemble de ses croyances à propos de chaque doctrine systématique traditionnelle. Ainsi, Wesley a été qualifié de théologien pratique. Ses conclusions théologiques ont été influencées par beaucoup de sources différentes. Il est donc connu aussi comme un théologien éclectique, qui prend ce qu'il peut trouver de mieux à partir d'une diversité de sources et le synthétise en une vision théologique créative.

En partie du fait de son style inductif et en partie à cause de son propre développement spirituel, John Wesley s'est attelé à la tâche d'articuler les vérités chrétiennes à partir de ce qu'on peut appeler un profond dévouement à l'humilité chrétienne. Parfois délicatement, parfois courageusement, il a défendu une différentiation attentive et décidément humble des doctrines chrétiennes essentielles et non essentielles, une perspective qu'il avait tirée de la position de *via media* de l'Église d'Angleterre. Il considérait cependant comme essentielles les croyances sur lesquelles il fondait sa vie, pour ainsi dire. Il est intéressant de constater que ces doctrines qu'il revendiquait souvent comme essentielles ne sont pas des spéculations théologiques, mais sont plutôt liées à la vie chrétienne pratique. Dans son sermon « L'esprit catholique », Wesley pose une série de questions auxquelles il affirme que les chrétiens doivent impérativement répondre afin de s'assurer si « leur cœur est droit » devant Dieu[18]. Wesley a proposé ce test dans un cadre dans lequel il affirme la réalité inévitable de la diversité chrétienne sur les questions théologiques et ecclésiologiques. Cette liste de questions contient les points non négociables pour un chrétien authentique, qu'il n'avait pas honte de proclamer. Là encore, il est intéressant de constater que peu de ces questions sont centrées sur une doctrine. La plupart d'entre elles sont en lien avec une foi vivante, qui s'exprime à travers la sainteté manifestée dans l'attitude et les actes d'une personne « remplie de l'énergie de l'amour »[19]. On peut dire, en un sens, que la théologie wesleyenne n'est pas qu'un ensemble doctrinal, mais aussi une éthique à partir de laquelle faire de la théologie, toujours dans le dessein d'une vie et d'un amour chrétiens pratiques.

Ainsi, la doctrine est fondamentale pour l'amour, mais elle n'est pas l'objectif final de la religion.

EXTRAIT DU SERMON DE WESLEY « L'ESPRIT CATHOLIQUE »

> Cela voudrait dire, d'abord : Ton cœur est-il droit à l'égard de Dieu ? Crois-tu en son existence, en ses perfections : son éternité, son immensité, sa sagesse, sa puissance, sa justice, sa miséricorde ; sa vérité ? Crois-tu qu'il soutient maintenant toutes choses par sa parole puissante ? Et qu'il les gouverne toutes, et même les plus insignifiantes ou les plus nuisibles, de manière à les faire servir à sa gloire et au bien de ceux qui l'aiment ? As-tu une certitude divine, une conviction surnaturelle des choses de Dieu ? Marches-tu par la foi et non par la vue, regardant non aux temporelles mais aux choses éternelles ? Crois-tu au Seigneur Jésus-Christ, « Dieu au-dessus de toutes choses béni éternellement ? » S'est-il révélé à ton âme ? Connais-tu Jésus-Christ et Jésus-Christ crucifié ? Demeures-tu en lui et lui en toi ? Christ est-il formé en ton cœur par la foi ? Répudiant, entièrement tes propres œuvres, ta propre justice, t'es-tu « soumis à la justice de Dieu » qui est par la foi en Jésus-Christ ? Es-tu « trouvé en lui ayant non ta propre justice mais la justice qui est par la foi ? » Et par lui « combats-tu le bon combat de la foi, saisissant la vie éternelle ? » Ta foi est-elle « agissante par la charité » (Galates 5:6) ? Aimes-tu Dieu, (je ne dis pas « par-dessus tout », expression qui a le double défaut de ne pas être dans la Bible et d'être ambiguë), mais de tout ton cœur, de toute ta pensée, de toute ton âme et de toute ta force ? » Cherches-tu en lui seul tout ton bonheur et l'y trouves-tu ? Ton âme « magnifie-t-elle le Seigneur, et ton esprit se réjouit-il en Dieu ton Sauveur » ? Ayant appris à « rendre grâces en toutes choses », sens-tu que la reconnaissance est une chose bonne et agréable ? Dieu est-il le centre d'attraction de ton âme, le résumé de tous tes désirs ? Et mets-tu ton trésor dans les cieux, ne regardant tout le reste que comme du fumier et des balayures ? L'amour de Dieu a-t-il chassé de

ton âme l'amour du monde ? Tu es alors crucifié au monde, tu es mort aux choses d'ici-bas ; et ta vie est cachée avec Christ en Dieu. » T'appliques-tu à faire « non ta volonté mais la volonté de celui qui t'a envoyé ? » de celui qui t'envoya ici bas pour un court séjour, pour passer quelques moments dans une terre étrangère, jusqu'à ce qu'ayant fini l'œuvre qu'il t'a donnée à faire, tu retournes chez ton Père céleste ? Ta nourriture est-elle de faire la volonté de ton Père qui est dans les cieux ? Ton œil est-il simple en toutes choses, toujours fixé sur lui ? Toujours regardant à Jésus ? Est-ce à lui que tu vises dans tout ce que tu fais ? Dans tes travaux, tes affaires, ta conversation ? Ne cherchant en toutes choses que la gloire de Dieu et, quoi que tu fasses, « soit par paroles, soit par œuvres, faisant tout au nom du Seigneur Jésus, rendant grâces par Lui à notre Dieu et Père. » L'amour de Dieu te presse-t-il de le servir avec crainte ? De te « réjouir » en lui « avec tremblement ? », crains-tu plus de lui déplaire que tu ne crains la mort ou l'enfer ? Ne vois-tu rien de si affreux que d'offenser son regard glorieux ? Et as-tu « en haine toute voie mauvaise », toute transgression de sa loi sainte et parfaite, t'exerçant à avoir « une conscience sans reproche, pure devant Dieu et devant les hommes ? » Ton cœur est-il droit à l'égard de ton prochain ? Aimes-tu sans exception, tous les hommes comme toi-même ? « Si vous n'aimez que ceux qui vous aiment, quel gré vous en saura-t-on ? » Aimez-vous vos ennemis ? Votre âme est-elle pour eux pleine de bonne volonté et d'une affection cordiale ? Aimez-vous les ennemis de Dieu, les méchants et les ingrats ? Vos entrailles sont-elles émues pour eux ? Voudriez-vous être, dans le sens temporel, « anathème » pour eux ? Et le prouvez-vous en « bénissant ceux qui vous maudissent et en priant pour ceux qui vous outragent et qui vous persécutent ? » Montrez-vous votre amour par vos œuvres ? Selon le temps et l'occasion, faites-vous réellement du bien à tous les hommes connus et inconnus, amis ou ennemis, bons ou méchant ? Leur faites-vous tout le bien que vous pouvez, vous efforçant, autant qu'il est en vous, de fournir à tous leurs besoins pour le corps et pour l'âme ? Si tel est ton état d'âme, peut dire le chrétien, ah si seulement tu désires sin-

> cèrement que ce soit ton état d'âme, et si tu fais tes efforts pour y parvenir, alors ton cœur est aussi droit envers moi que le mien l'est à ton égard ! [20]

5. La théologie wesleyenne constitue le fondement de la théologie de la sainteté

Tout au long de ce livre, nous emploierons l'expression « théologie wesleyenne de la sainteté ». Cette expression doit être expliquée : elle fait clairement référence à une période spécifique de l'histoire religieuse. Lorsque le méthodisme de John Wesley a été transféré dans son contexte américain, au 19ème siècle, une partie de sa théologie originale, née et nourrie en Grande-Bretagne au 18ème siècle, a changé, ainsi qu'on pouvait s'y attendre. La doctrine de la perfection chrétienne, qui constituait le « grand dépositoire » méthodiste, a pris une nouvelle forme. Les méthodistes américains ont fini par prendre position sur la doctrine de l'entière sanctification. Des divisions sont survenues au cours de la deuxième moitié du 19ème siècle, et même si la fracture ne correspondait pas précisément aux lignes de la théologie de la sainteté, d'une manière générale, ceux qui voyaient la perfection chrétienne comme une expérience décisive aux effets radicaux ont quitté le méthodisme traditionnel afin de former plusieurs nouvelles dénominations.

Certaines de ces nouvelles dénominations, de même que le méthodisme, se caractérisaient par des anomalies théologiques. D'une part, certains penseurs et prédicateurs de la sainteté n'adhéraient pas à la théologie wesleyenne; d'autre part, le méthodisme représentait à présent la théologie wesleyenne ; sans reprendre la méthode et les moyens de sainteté établis par ces nouvelles dénominations. Ainsi, il y avait une théologie de la sainteté qui n'était pas wesleyenne et une théologie wesleyenne qui n'était pas orientée vers la sainteté. La plupart des dénominations qui se sont formées étaient cependant fermement wesleyennes dans leurs fondements, tout en affirmant la théologie de la sainteté. Là encore, l'expression « théologie wesleyenne de la sainteté » va au-delà de ce contexte historique et des dénominations actuelles apparues à cette époque.

Ce livre est écrit en partant du présupposé que la théologie wesleyenne de la sainteté représente plus qu'un développement historique avec des résultats ecclésiastiques. Il est fondé sur la conviction que la théologie wesleyenne de la sainteté constitue un type distinct de théologie parmi d'autres dans le monde actuel, avec une voix unique et une place importante dans le dialogue théologique actuel. Plus encore, ce livre a été écrit dans l'espoir que ceux qui le liront seront à la fois formés et informés par sa théologie wesleyenne de la sainteté. La théologie vivante et vibrante présentée tout au long de ce livre doit appeler chacun de nous, y compris l'auteur, à s'examiner lui-même afin d'approfondir sa spiritualité. En ce sens, la prière de l'auteur est que l'Esprit fasse que la somme soit ici supérieure à l'ensemble des parties ; autrement dit, que ce livre devienne un moyen de grâce.

▸ NOTE AU LECTEUR

Les parties et chapitres de ce livre suivent un modèle basique, vaguement fondé sur le quadrilatère wesleyen. Les chapitres fondamentaux, historiques et bibliques, représentent les Écritures et la tradition, tandis que les chapitres restants s'accordent avec la doctrine de la sainteté, à travers la perspective de la raison et de l'expérience. Après avoir posé des fondements théologiques importants, dans les chapitres sur Dieu, l'humanité, le péché, le salut et la sanctification, ce livre examine la sainteté à partir des paradigmes suivants : la perfection, la pureté, la puissance, le caractère et l'amour. L'amour, pour Wesley et ses successeurs, doit envahir chaque fibre de la sainteté, et ainsi être comprise comme le thème de l'ensemble du livre, pas seulement du chapitre de conclusion. La dévotion totale à Dieu, qui constitue peut-être la meilleure expression de notre amour pour lui, doit également être vue comme un fil thématique.

Afin d'aider le lecteur, chaque chapitre s'ouvre sur des objectifs et des mots de vocabulaire. Chaque mot de vocabulaire attire l'attention sur un concept théologique et la première apparition du terme dans le chapitre est surlignée. Les mots de vocabulaire se retrouvent aussi dans le glossaire à la fin du livre. Enfin, chaque chapitre se termine sur des questions d'étude. Nous espérons que ces aides seront utiles afin d'employer le livre comme un manuel.

PARTIE I

LA SAINTETÉ BIBLIQUE

UN

Comment lire la Bible comme un Wesleyen

OBJECTIFS D'APPRENTISSAGE

Votre étude de ce chapitre vous permettra ...
1. de définir l'exégèse biblique,
2. d'identifier les méthodes explicites d'exégèse biblique employées par Wesley,
3. de décrire la théologie de l'inspiration et la compréhension de l'autorité biblique du mouvement wesleyen de la sainteté,
4. de définir le quadrilatère wesleyen,
5. de décrire ce qu'on entend par la « plénitude des Écritures »,
6. d'identifier les quatre éléments de l'« analogie de la foi » de Wesley.

MOTS-CLÉ

exégèse biblique
critique biblique
exégèse
sola scriptura
herméneutique
(exégèse) inductive
sotériologie
quadrilatère wesleyen
tradition
raison
expérience
double inspiration
exégèse subjective

analogie de la foi
midrash
eiségèse
dispensations
péché originel
justification
nouvelle naissance
sanctification

La sainteté est une notion éminemment biblique, révélée par Dieu à travers les auteurs des Écritures, qui s'applique pour chaque nouvelle génération. Toute définition appropriée de la sainteté doit être fondée sur la sainteté divine et sur l'appel à être « parfaits » (ou saints), « comme [n]otre Père céleste est parfait » (Matthieu 5:48). Nous ne connaissons le caractère de Dieu qu'à travers Jésus-Christ, en qui il s'est révélé, et à travers la Bible, qui rend témoignage de lui. Nous ne connaissons la vie sainte que nous sommes appelés à vivre en tant que chrétiens, que parce que Dieu nous l'a révélée à travers la vie de Christ et les Écritures.

Ces affirmations simples sont fondamentales, mais nous ne pouvons en rester là longtemps. Ainsi que l'entend le titre de ce chapitre, il y a plusieurs manières de lire la Bible, notamment la lecture wesleyenne, dont il est question dans ce chapitre. Nous devons d'abord reconnaître que même le fait de voir la sainteté comme un thème crucial dans la Bible relève déjà de *l'interprétation*. Nous devons concéder que d'autres traditions théologiques ne sont pas parvenues aux mêmes conclusions que nous au sujet de la sainteté et de son corollaire, la sanctification. Même les termes des langues originales doivent être traduits, ce qui implique des décisions interprétatives de la part des traducteurs. Des mots individuels aux thèmes importants de la Bible, nous l'interprétons.

L'exégèse biblique est une activité complexe, sous-jacente à chaque fois que nous cherchons à comprendre un passage des Écritures, surtout afin de l'appliquer à notre vie aujourd'hui. Même les traditions qui affirment « le sens clair des Écritures » doivent reconnaître que chaque lecteur, instruit ou non, aborde le texte avec des présuppositions. Se prétendre un simple chrétien biblique est tout simplement impossible. Toute personne et tradition a ses méthodes afin de donner du sens à la Bible et de l'appliquer à sa vie. Trouver une telle application est l'objectif de l'exégèse biblique.

Beaucoup de questions nous viennent à l'esprit ici. Comment les différentes traditions ecclésiastiques sont-elles parvenues à leurs conclusions théologiques divergentes à propos de ce que dit la Bible ? Qu'affirment ces traditions à propos de la place des Écritures dans la vie de l'Église ? Que croient-elles concernant l'autorité de la Bible face aux autres autorités ? Les différentes traditions ont-elles différentes méthodes d'exégèse ? Est-il juste de penser qu'une bonne exégèse doit être totalement objective ? Quelle est l'histoire de l'exégèse biblique ? Quelles méthodes d'exégèse sont employées aujourd'hui ? Une personne a-t-elle le droit, à titre individuel, d'interpréter la Bible comme bon lui semble ou doit-elle demeurer fidèle à l'interprétation de sa communauté ? Quel est le dessein même de la Bible ?

Toutes ces questions, ainsi que d'autres semblables, ont des implications méthodologiques. Même si l'examen méthodologique peut être parfois épineux, nous devons nous y risquer, même au début d'un livre sur la sainteté. Même si c'est tentant, nous ne pouvons tirer de conclusions concernant ce que la Bible dit de la sainteté sans être d'abord honnête à propos de notre manière de parvenir à ces conclusions.

▸ QUESTIONS MÉTHODOLOGIQUES

Ainsi que nous l'avons mentionné précédemment, ce chapitre a été écrit avec la compréhension qu'il y a une lecture wesleyenne des Écritures. Pour ceux qui sont issus de la tradition wesleyenne de la sainteté, cette approche des Écritures est fondamentale, non seulement pour la théologie de la sainteté, mais aussi afin de préserver leur identité. Des confusions, tensions et conflits peuvent survenir lorsque les membres d'une communauté lisent et interprètent les Écritures d'une manière incohérente avec leur tradition. Une lecture des Écritures conforme à une tradition communautaire va de pair avec la compréhension de la théologie et de l'histoire de cette communauté.

Avant d'aller beaucoup plus loin dans notre discussion de l'interprétation biblique wesleyenne, trois points doivent être clarifiés[1]. D'abord, une lecture wesleyenne de la Bible n'implique pas de lire la Bible exactement comme le faisait John Wesley. Ensuite, une telle lecture implique une certaine compréhension de l'inspiration et de l'autorité de la Bible. Enfin, elle implique un investissement spirituel (non seulement objectif) de l'exégète dans la Bible, en cherchant à se soumettre à son message. En les exprimant comme des questions méthodologiques, l'importance de ces clarifications devient de plus en plus évidente en les examinant plus en détail.

1. Lire ou ne pas lire la Bible comme Wesley ?

D'une manière générale, John Wesley appartenait à l'ère « pré-critique » d'exégèse biblique. La période « moderne » de haute et basse critique biblique s'est développée au cours du siècle où Wesley a vécu. Il était conscient de certains développements qui l'entouraient et a même employé certains aspects de l'exégèse moderne dans son œuvre, mais il serait plus exact de dire qu'il appartenait à l'ère de la Réforme, dont la revendication-clé était le principe de *sola scriptura* (« l'Écriture seule »), à l'encontre de l'idée catholique romaine qui accordait à la tradition la même autorité qu'aux Écritures. Wesley, de même que beaucoup de ses contemporains anglicans, a modifié *sola scriptura*, mais les efforts exégétiques de l'herméneutique de la Réforme ont eu une forte influence sur son approche de la Bible.

Wesley a établi ses propres méthodes exégétiques. Scott Jones a arrangé ces méthodes en sept idées différentes :

1. Le vocabulaire des Écritures doit être employé pour expliquer ou décrire des idées bibliques, jusqu'à devenir dominant dans notre langage.
2. Le sens littéral du texte doit être employé le premier, sauf s'il semble contredire d'autres textes ou qu'il implique une absurdité. « Dans le cas où deux textes bibliques semblent se contredire, Wesley affirmait que le texte le plus obscur doit être compris à la lumière du texte le plus clair. »[2]
3. Un texte doit être interprété à la lumière de son contexte.
4. Les Écritures s'interprètent elles-mêmes et chaque texte individuel doit être interprété à la lumière de l'ensemble.
5. Les commandements doivent toujours être vus comme des promesses implicites. Autrement dit, tout ce que Dieu nous ordonne, il nous rend capables de l'accomplir par sa grâce.
6. Les auteurs bibliques ont parfois recours à des dispositifs littéraires, que nous devons discerner afin de déterminer correctement le sens du texte.
7. Il faut rechercher le plus ancien texte disponible, ainsi que la meilleure traduction.[3]

Toutes ces suggestions demeurent utiles pour nous aujourd'hui, mais la question demeure : une lecture wesleyenne de la Bible implique-t-elle d'employer, et d'employer exclusivement, les méthodes et techniques de Wesley ? La plupart des bibliques wesleyens contemporains pensent que non. Les avancées en exégèse et en critique biblique ne doivent pas être ignorées. Joel Green représente cette position. Voici comment il l'exprime :

> Une lecture wesleyenne de la Bible n'implique pas d'adopter une position pré-critique par rapport à la nature et à l'interprétation des Écritures. […] Ceux qui regrettent l'approche pré-critique des Écritures de Wesley et qui s'imaginent peut-être qu'un retour à la manière wesleyenne d'étudier les Écritures implique d'adhérer à des assertions et à des pratiques pré-critiques se trompent.[4]

Green poursuit en suggérant que Wesley aurait accepté beaucoup de développements de la critique biblique et s'en serait servi là où cela se serait avéré opportun.

Nous devons donc employer d'autres méthodes en plus de celle de Wesley. Avec cette compréhension, nous devons cependant aussi prendre les principes fondamentaux wesleyens (abordés ci-dessous) très au sérieux.

2. Quelles sont les assertions d'un paradigme wesleyen à propos de l'inspiration et de l'autorité de la Bible ?

L'autorité de la Bible était une évidence pour John Wesley. Elle n'a été remise en question, par des spécialistes qui la voyaient plutôt comme un objet d'étude, que plus tardivement à l'époque des Lumières (18ème siècle). Pour Wesley, la Bible faisait autorité, tout simplement parce qu'elle était inspirée de Dieu comme une révélation spéciale à l'humanité. Ainsi, autorité et inspiration sont inextricablement liées dans sa théologie et son approche de l'exégèse biblique. « Tout en reconnaissant la présence à la fois d'éléments divins et humains dans le processus, il minimise l'élément humain et met l'accent sur la fidélité avec laquelle le message a été transcrit. »[5]

Demander à Wesley de prouver l'autorité de la Bible serait clairement quelque peu anachronique. Pour lui, la Bible fait autorité parce qu'elle est vraie, et elle est vraie parce qu'elle révèle le message inspiré par Dieu aux auteurs. Le message de la Bible, étant inspiré de Dieu, au point où Dieu en est l'« auteur », est donc entièrement fiable afin de nous guider dans la foi et la pratique.

Le dessein de la Bible allait également de soi pour Wesley. Il suivait l'article de foi anglican qui affirme la suffisance et la fiabilité de la Bible pour toute question *relative au salut*. Les dénominations wesleyennes de la sainteté suivent aussi cette position dans leurs différents articles de foi.

De même que la question des preuves de l'autorité de la Bible, il est tout aussi anachronique de se demander si Wesley était inerrantiste. Sa position lui permettait de s'ouvrir aux développements dans les domaines des découvertes historiques et scientifiques effectuées pendant sa vie. Il n'avait pas besoin de défendre la vérité des Écritures dans des domaines qu'elle n'était pas censée aborder. L'article anglican sur ce point ressemble fortement à la vision des Écritures établie par la Réforme protestante. Wesley, en accord avec les premiers Réformateurs, n'aurait jamais prétendu que la Bible est vraie dans tous les domaines de connaissance. C'est la scolastique protestante qui est allée dans ce sens, en étendant l'idée de révélation biblique du domaine de notre relation avec Dieu à la croyance qu'elle révèle pleinement chaque proposition doctrinale, ainsi que l'explique Robert Wall :

> La tradition wesleyenne oriente naturellement ses exégètes bibliques vers une vision « ouverte et conversationnelle » de leur rôle. Le sens qu'on tire des Écritures est plus fluide et contextuel. [...] Cela vient du fait qu'Arminius (que Wesley suit sur ce point) avait une compréhension fonctionnelle de l'autorité des Écritures, qu'il s'agisse de confirmer l'expérience de conversion ou d'interpréter la sainteté de vie dans un cadre particulier. [...] Les traditions calvinistes plus tardives, pour leur part, avaient tendance à réclamer une interprétation uniforme des Écritures, ainsi qu'un sens unique, qui justifie une « orthodoxie » confessionnelle uniforme – un seul livre, une seule foi. L'autorité des Écritures est ainsi vue en termes propositionnels.[7]

L'approche de Wesley est de nature plus inductive. Même si la Bible révèle certainement tout ce dont nous avons besoin afin de formuler la doctrine et la théologie, l'exégète biblique doit aborder le texte sans assertions doctrinales préformées et fortement structurées. Wesley en est venu à croire que la théologie primaire révélée dans la Bible est la sotériologie, mais il résistait à l'idée que les doctrines et confessions de foi prédéterminent le sens des Écritures. De même, nous ne devons pas imposer les conclusions théologiques wesleyennes à la Bible. L'herméneutique biblique et la théologie biblique doivent toujours passer avant les fondements théologiques plus systématiques. Wesley n'abordait cependant pas la Bible à vide : il prenait avec lui les trois autres composantes de ce qu'on appelle le quadrilatère wesleyen.

Wesley affirmait l'idée réformée de *sola scriptura* et faisait passer l'autorité des Écritures avant tout le reste, mais il ne suivait pas toutes les implications de cette doctrine sans les modifier. Par « l'Écriture seule », il entendait que la Bible était la première source d'autorité, mais pas forcément la seule autorité religieuse, ainsi que l'explique Donald Thorsen :

> La contribution la plus durable de John Wesley à la méthode théologique émane de son […] inclusion de l'expérience, aux côtés de l'Écriture, de la tradition et de la raison, en tant que sources d'autorité religieuse. Tout en maintenant la primauté des Écritures, Wesley fonctionnait avec un jeu dynamique de sources destinées à interpréter, éclairer, enrichir et communiquer des vérités bibliques[8].

Cela ne veut pas dire que la tradition, la raison et l'expérience font autorité à elles seules. La Bible se tient au-dessus de ces trois servantes. La tradition, particulièrement, pour Wesley, la période patristique et l'Église d'Angleterre, doit être sérieusement prise en compte. Il est important de savoir comment l'Église a interprété la Bible à travers les siècles et comment elle a exprimé ces interprétations dans sa vie liturgique, surtout lorsqu'on examine le développement des croyances et confessions de foi orthodoxes, comme celles à propos de la Trinité et de Jésus-Christ. Par ailleurs, le message biblique ne peut être discerné, formulé et communiqué qu'à travers l'usage de la raison. Wesley n'entend cependant pas qu'on peut parvenir à Dieu par la raison.

L'expérience sert à confirmer la vérité des Écritures. Si les chrétiens n'expérimentent pas le message biblique, ils doivent remettre en question leur interprétation de ce message. Wesley est connu pour avoir réexaminé, puis réinterprété les Écritures à la lumière de certaines expériences de personnes méthodistes[9].

Une étude exhaustive du quadrilatère wesleyen et de ses enjeux irait au-delà du cadre de cet ouvrage. Notons seulement que ce quadrilatère était pour Wesley une manière de garder une attitude d'humilité devant la Bible et que cette humilité constitue un élément important de l'éthique wesleyenne. Le quadrilatère sert de cadre afin d'évaluer la fiabilité d'une interprétation des Écritures.

Enfin, pour revenir au sujet de l'inspiration biblique, il faut mentionner que Wesley croyait en ce qu'on peut appeler la double inspiration. Non seulement le Saint-Esprit a-t-il inspiré les auteurs originaux dans leur écriture des livres de la Bible, mais le Saint-Esprit nous inspire aussi aujourd'hui afin de comprendre et de mettre en pratique le message biblique dans nos cœurs et nos vies, ainsi que l'a dit Wesley lui-même : « Toute l'Écriture est inspirée de Dieu : l'Esprit de Dieu a non seulement inspiré ceux qui l'ont écrit, mais il continue d'inspirer, par son assistance surnaturelle, ceux qui la lisent avec des prières sincères. »[10]

3. Qu'est-ce que l'exégèse subjective ?

L'exégèse biblique émanant de la période moderne peut sembler noble à première vue. Les exégètes bibliques ont étudié la Bible en se servant de beaucoup des méthodes scientifiques issues des Lumières, afin de parvenir à une compréhension plus objective de ce qu'elle signifie. La Bible était examinée comme n'importe quel texte littéraire. Ce mouvement vers l'examen objectif s'est fait connaître sous le nom de « critique biblique », divisé en « haute critique » et en « basse critique ». La haute critique s'interroge sur l'identité de l'auteur de chaque livre, sa date de rédaction, sa place dans le canon, etc. Elle cherche à indiquer le contexte historique de chaque passage. La basse critique (appelée aussi critique textuelle), pour sa part, examine les complexités des textes eux-mêmes.

Le développement de la critique biblique, depuis les Lumières, fait état d'une expertise biblique nettement accrue. Ainsi que nous l'avons mentionné précédemment, Wesley lui-même aurait eu recours à toutes les ressources bibliques disponibles au 19ème et au 20ème siècles. De même, aujourd'hui, les biblistes wesleyens doivent constituer une voix prééminente dans le sanctuaire[11].

Certains spécialistes wesleyens expriment aussi quelques mots d'avertissement justifiés. Joel Green et les autres craignent que l'exégèse biblique, particulièrement « académique », de la période moderne, ne mène à une lecture trop « objective » de la Bible, au point ou elle ne serait plus le Livre de l'Église[12]. Cela pose la question de savoir qui peut le mieux interpréter la Bible : ceux qui sont extérieurs à la subjectivité chrétienne ou ceux du cercle chrétien ? Cette question révèle une dichotomie que Wesley n'aurait jamais anticipée.

Une lecture wesleyenne de la Bible implique de reconnaître la nécessité d'un engagement subjectif avec le texte qu'on cherche à interpréter. Il faut avoir la foi pour affirmer que la sainteté de Dieu et la manière dont l'humanité doit lui répondre sont révélées pleinement dans les Écritures. Il faut avoir la foi en le sens et en le dessein de la Bible elle-même, assez de foi pour croire que ce qu'elle montre est vrai. La foi est nécessaire aussi pour croire que « l'objectif de l'exégèse biblique est [...] pour l'Église et la pratique »[13]. La foi est nécessaire afin de croire que toute exégèse est vouée à l'échec si elle ne pose pas la question de savoir ce que nous devons faire à la lumière de la révélation divine dans cette communauté spécifique.

Une telle foi n'implique pas d'ignorer toutes les données et apports de la critique biblique. Cela ne veut pas dire que notre interprétation des Écritures peut être bâclée ou émotionnelle, sans se soucier du tout du sens du passage lorsqu'il a été écrit. Nous devons cependant reconnaître que, si une connaissance plus objective des Écritures peut (et devrait) être utile pour une bonne exégèse, un bon exégète a toujours un engagement subjectif avec le texte, au nom de la communauté de foi. Un Wesleyen croit donc que le meilleur exégète des Écritures, non seulement aborde les textes avec des outils bibliques, mais aussi, toujours, avec une confiance confessionnelle en Dieu et avec la foi que le Saint-Esprit est étroitement impliqué dans sa tâche de discerner le sens porteur de vie de la Bible. Dans les mots de Charles Wesley, on peut dire que son objectif pour l'étude biblique est le même que son objectif plus général : « unir la paire si longtemps séparée de la connaissance et de la piété vitale »[14].

▶ PRINCIPES GÉNÉRAUX D'UNE LECTURE WESLEYENNE DES ÉCRITURES

L'exégèse, dans la tradition wesleyenne, s'intéresse certainement à une étude précise et approfondie des textes, mais ce n'est pas une fin en soi. La discussion suivante s'intéresse à l'exégèse comme un moyen de grâce, davantage mis à disposition lorsqu'on porte son attention sur « toute la teneur des Écritures », à la lumière de ce qu'on appelle l'analogie de la foi.

1. Exégèse biblique et moyens de grâce[15]

Wesley croyait que la Bible constitue la première source théologique et doctrinale, mais il insistait encore plus sur son rôle dévotionnel. Pour lui, la Bible est un des principaux « moyens de grâce », dont le dessein est de révéler la grâce de Dieu à l'humanité. Robert Wall fait un résumé utile de cette idée :

> Le programme de réveil, façonné par le ministère d'évangélisation de Wesley, a fait passer l'emphase de « la foi en laquelle on croit » à « la foi qui croit ». [...] Wesley voyait les Écritures comme un moyen privilégié pour Dieu de se dévoiler lui-même. La lecture et l'écoute de la parole biblique dans les prédications d'évangélisation et l'enseignement pastoral créent le contexte dans lequel la Parole de Dieu est entendue et comprise comme l'instrument de la grâce prévenante, restaurant ainsi la liberté humaine et permettant à l'Esprit de nous amener librement à la

foi qui sauve et à un amour fervent pour Dieu. Tel est le premier rôle des Écritures, dont dépend son autorité. Dieu est l'auteur des Écritures, non pas en tant que grand système d'idées théologiques, afin de nous guider vers une confession orthodoxe, mais plutôt afin de mener des hommes pécheurs à un culte de reconnaissance envers un Dieu qui pardonne.[16]

Le Saint-Esprit donne vie aux Écritures, souvent à travers la prédication, afin qu'elles puissent pénétrer nos cœurs. C'est un moyen par lequel la <u>grâce prévenante</u> de Dieu agit. La <u>grâce prévenante</u> nous attire au <u>réveil</u>, à la conviction, à la repentance et à la <u>nouvelle naissance</u>. Pour un Wesleyen, le plus important n'est pas que la Bible est vraie (même si elle l'est), mais qu'elle est efficace pour transformer des vies.

Pour le chrétien, les Écritures demeurent une source fondamentale de grâce au quotidien, ce qui mène à un changement toujours croissant, qu'on appelle souvent grandir dans la grâce. La lecture et l'étude des Écritures constituent donc la nourriture de la vie chrétienne, qui nous nourrit et nous donne de l'énergie afin de devenir tout ce pourquoi Dieu nous a créés. Plus simplement, une lecture wesleyenne de la Bible vise toujours à contribuer à notre <u>sanctification progressive</u>. Même l'étude attentive des détails <u>herméneutiques</u> plus techniques a le potentiel de transformer l'<u>exégète</u> (évidemment dans la mesure où il y consent). Ainsi, nous revenons à ce que nous avons déjà dit : l'étude des Écritures est la plus efficace lorsque nous admettons notre engagement subjectif avec elles.

En ce sens plus dévotionnel, on peut affirmer que la Bible a un rôle sacramentel, de moyen de nous connecter à Dieu et d'ouvrir nos cœurs afin de participer à son activité de grâce dans nos vies. « Puisque les Écritures rendent témoignage à un Dieu qui invite à l'assentiment, par une préoccupation aimante et non par des jeux de pouvoir, son dessein, en tant que sacrement de la révélation divine, se comprend au final d'une manière profondément relationnelle : les Écritures révèlent Dieu en invitant à la foi en un Dieu qui est pour nous, lequel est confirmé ensuite par notre expérience concrète de sa grâce. »[17]

Wesley conseillait à ses disciples d'étudier et d'examiner les Écritures avec un esprit de dévotion et de méditation. Il croyait que le Saint-Esprit inspirerait leurs cœurs, les nourrirait et serait présent dans l'acte même de lecture de la Bible, afin qu'ils puissent recevoir la grâce dont ils auraient besoin. Wesley donne des instructions spécifiques pour une lecture dévotionnelle de la Bible :

> Si vous souhaitez lire les Écritures d'une manière qui corresponde au mieux à cette fin (comprendre les choses de Dieu), ne serait-il pas souhaitable : 1. de mettre à part, si possible, un peu de temps chaque matin et chaque soir pour cela ? 2. à chaque fois, si vous en avez la possibilité, de lire un chapitre de l'Ancien et un chapitre du Nouveau Testament ; si

vous ne pouvez pas, au moins un seul chapitre ou une partie de chapitre ? 3. de le lire d'un seul œil, afin de connaître toute la volonté de Dieu, avec une ferme résolution de l'accomplir ? Afin de connaître sa volonté, vous devez : 4. garder constamment les yeux fixés sur l'analogie de la foi [...] 5. Offrir constamment des prières sérieuses et sincères avant de consulter les oracles de Dieu, étant donné que les Écritures ne peuvent être comprises qu'à travers le même Esprit par lequel elles ont été données. 6. Il peut être utile aussi, en lisant, de faire des pauses fréquentes et de nous examiner nous-mêmes à travers ce que nous lisons.[18]

Ailleurs, Wesley suggère au lecteur des Écritures de faire une prière tirée du *Book of Common Prayer* (Livre de la prière commune) (édition de 1662).

Je conseille à chacun, avant de lire les Écritures, de faire cette prière ou une autre semblable : « Seigneur béni, qui as inspiré la rédaction de toutes les Saintes Écritures pour notre enseignement, donne-nous de les entendre, de les lire, de les retenir, de les apprendre et de les digérer entièrement, de manière à ce que, par la patience et le réconfort de Ta Sainte Parole, nous puissions embrasser et toujours retenir fermement l'espérance bénie de la vie éternelle, que Tu nous as donnée en notre Sauveur Jésus-Christ. »[19]

La conviction profonde de Wesley, quant au dessein des Écritures, de révéler le caractère d'amour de Dieu et son désir de sauver l'humanité, est « prouvée » lorsque des personnes réelles expérimentent Dieu dans leurs vies. Les Écritures accomplissent leur dessein lorsque Dieu accomplit son dessein en nous.

La proclamation de la Bible comme moyen de grâce sacramentel peut impliquer un emploi très privé des Écritures, afin de contribuer au salut et à la sanctification progressive de chaque personne. Wesley n'approuverait cependant jamais aucune forme de christianisme solitaire ou exclusif. Il est certain que la Bible nous aide dans notre vie individuelle, mais il s'agit d'un livre qui s'adresse à tout le peuple de Dieu, ce qui a mené Wesley à insister sur l'importance de la prédication dans le mouvement connu sous le nom de méthodisme.

D'après Rob Wall, une des premières fonctions des Écritures est d'informer le prédicateur, qui informe ensuite ses ouailles de leur sens. Pour lui, « la conception réelle (non rhétorique) des Écritures [de Wesley] émerge à travers la prédication »[20]. Il voit des parallèles importants entre l'exégèse juive (*midrash*) des auteurs bibliques et l'exégèse wesleyenne : « Le *midrash* homilétique est une herméneutique actualisante, adaptée à une vision sacramentelle des Écritures, qui suppose une médiation des exégète entre la Parole de Dieu et leur propre monde. [...] L'objectif d'un commentaire biblique n'est jamais que de clarifier le sens du texte biblique lui-même, mais plutôt de clarifier comment le texte déchiffre le désordre du contexte du lecteur lui-même, afin de l'en libérer. »[21] Ainsi, avec la lecture et la méditation des Écritures, la prédication devient aussi un moyen de grâce extrêmement important (même si Wesley ne l'en qualifie jamais). Wesley (le protestant) aurait vu la prédication comme un acte sacré, qui complète les sacrements officiels. La prédication est certainement sacramentelle dans un sens plus général. La responsabilité du prédicateur ne peut être sous-estimée.

Il est donc certain que la Bible n'était jamais censée être interprétée indépendamment de la communauté de foi[22]. S'il est évident que Wesley croyait fermement en le Saint-Esprit, qui inspire et révèle, non seulement à travers les auteurs des Écritures, mais aussi à travers notre propre lecture de celles-ci, notre exégèse ne se fait cependant pas isolément. Nous avons toujours des responsabilités à l'égard de la communauté de foi, surtout en interprétant les Écritures. Wesley nie explicitement l'idée selon laquelle Dieu donnerait à une seule personne une nouvelle révélation du sens de la Bible. Avec le quadrilatère, la communauté chrétienne sert de cadre approprié pour l'interprétation des textes par chaque individu. La communauté chrétienne s'étend aussi dans l'histoire, à travers les siècles, si bien que chaque communauté a la responsabilité, à l'égard de ceux qui l'ont précédée, de préserver une interprétation orthodoxe de la Bible.

2. Exégèse biblique et plénitude des Écritures[23]

De même qu'aucune personne ne peut interpréter la Bible isolément de l'ensemble de la communauté, aucun verset, ni même aucun passage, ne doit être interprété isolément de l'ensemble de la Bible. Il s'agit d'un des principes d'exégèse biblique les plus importants pour Wesley. Lorsqu'il parlait de l'autorité de la Bible, il faisait référence à l'ensemble du texte biblique. Ainsi, il appliquait l'inspiration du Saint-Esprit, non seulement à chaque auteur biblique, mais aussi aux groupes qui déterminaient le canon : « Les Écritures de l'Ancien et du Nouveau Testament constituent donc un système fort solide et précieux de vérité divine. Chacune de leurs parties est digne de Dieu ; toutes ensemble, elles forment un seul corps, sans défaut ni excès. »[24] Il parlait souvent de la « teneur des Écritures », générale ou entière, en considérant son rôle fondamental pour la foi et la pratique. Pour lui, chaque verset devait être interprété, non seulement à la lumière de sa place dans son passage et dans son livre, mais aussi dans le canon entier. En un sens, chaque texte est interdépendant de tous les autres.[25]

> De nombreux textes bibliques sont des inter-textes, constitués d'autres textes bibliques dans leur pensée et dans leur cœur, ainsi que d'autres textes qui, à l'insu de l'auteur ou sans que ce ne soit son intention, viennent à l'esprit de l'exégète dans un contexte canonique. Un exégète talentueux écoute les échos, si faiblement audibles soient-ils, des autres textes bibliques, et cherche des allusions, si infimes soient-elles, qui re-

lient les textes bibliques entre eux, l'un éclairant et affinant le sens de l'autre[26].

L'approche des Écritures de Wesley évite la notion contemporaine de textes-preuve, appelée aussi eiségèse. Le fait se se fonder sur un ensemble de versets tirés de leur contexte afin de prouver un point présupposé contredit d'une manière flagrante un des principes exégétiques les plus importants pour Wesley, qui consiste à interpréter les éléments à la lumière de l'ensemble.

On peut à juste titre se demander si Wesley voyait chaque élément des Écritures comme ayant une valeur égale, ou, plus spécifiquement, quelle était sa vision du rapport entre l'Ancien et le Nouveau Testament. D'après Scott Jones, la réponse à cette question revêt de multiples facettes. D'une manière générale,

> la vision wesleyenne du rapport entre l'Ancien et le Nouveau Testament reflète une forme de compréhension dispensationnelle qui permet à la fois la continuité et le changement au niveau de la relation de Dieu avec l'humanité. [...] D'une part, Wesley insiste sur la sacralité de l'Ancien Testament, qui est donc contraignant pour tous les hommes ; d'autre part, il met l'accent sur des aspects évangéliques disponibles uniquement dans le Nouveau Testament, qui se substituent à des parties de l'Ancien[27].

Wesley mettait en garde sévèrement ceux qui sautaient rapidement l'Ancien Testament et négligeaient ses principes. Plusieurs citations reproduites ici illustrent cependant sa vision de la différence entre l'Ancien et le Nouveau Testament. Il se servait de l'idée de dispensations (ères) bibliques[28] afin d'expliquer ces différences.

> Les Juifs n'étaient pas sous la même dispensation que nous. La gloire de toute la dispensation mosaïque était surtout visible et externe, tandis que celle de la dispensation chrétienne est de nature invisible et spirituelle[29].

> Le Nouveau Testament est une dispensation bien plus parfaite que celle décrite en Hébreux[30].

> En effet, il n'y a pas de comparaison possible entre la situation des croyants de l'Ancien Testament et la nôtre aujourd'hui : les ténèbres de cette dispensation sont passées ; Christ, la véritable lumière, brille maintenant dans nos coeurs[31].

D'une manière générale, Wesley croyait que la Bible entière devait être considérée comme un tout, même s'il voyait la révélation divine comme progressive, allant de l'Ancien au Nouveau Testament. La continuité de la Bible est maintenue, car Wesley affirme l'uniformité de son message théologique. La question demeure cependant : quelle était sa vision du sens de ce tout ? C'est là que nous devons consciemment et courageusement proclamer ce que Wesley appelait les « grands thèmes de l'Écriture ». Pour Wesley, ainsi que pour la tradition wesleyenne de la sainteté, la Bible révèle le salut qui se trouve dans la grâce de Dieu seul. C'est donc la théologie biblique qui informe toutes les formulations systématiques. La théologie biblique est sotériologique.

3. Exégèse biblique et herméneutique de l'amour[32]

Tout le dessein des Écritures est de révéler Dieu comme un Dieu d'amour qui, dans son amour, sauve le monde. Il mentionne spécifiquement le message de la « teneur d'ensemble des Écritures » et de l'« analogie de la foi ». Le sens du terme « analogie » a dérivé de son emploi du 16ème au 18ème siècle, où il désignait spécifiquement les grands thèmes des Écritures. Même si Wesley suivait beaucoup de ses prédécesseurs et contemporains dans cet usage, il divergeait d'eux par rapport au contenu de l'analogie de la foi. Toutes les traditions ne font pas de la sotériologie le dessein premier des Écritures.

Une lecture wesleyenne de la Bible implique forcément d'adopter cette perspective exégétique de la sotériologie. Une telle lecture est possible sans se servir des méthodes spécifiques de Wesley, ou même sans partager sa vision de l'inspiration et de l'autorité de la Bible, mais pas en ignorant sa vision de l'analogie de la foi. Le fait que Wesley voie la révélation de Dieu elle-même comme sotériologique affecte tous les autres aspects de sa théologie et de ses conseils pastoraux, l'ensemble même de son système, tant le contenu de l'analogie de la foi est important.

Paradoxalement, l'analogie de la foi est à la fois la proclamation la plus puissante et la plus grande faiblesse de Wesley, car il n'y a aucune preuve objective garantissant qu'il a raison dans son évaluation du message biblique. Son interprétation des Écritures comme un tout n'est qu'une option possible parmi d'autres. Par exemple, Wesley croyait que la caractéristique fondamentale de Dieu, révélée par les Écritures, est son amour. Calvin croyait, pour sa part, que la caractéristique fondamentale de Dieu, révélée par les Écritures, est sa souveraineté. L'amour mènera Wesley à une sotériologie qui affirme la liberté de la grâce et de la sanctification, tandis que la souveraineté mènera la tradition réformée à mettre l'accent sur le contrôle de Dieu sur le monde et aux doctrines de la grâce irrésistible et de la prédestination. D'autres traditions mettront d'autres croyances chrétiennes au cœur de leurs conclusions herméneutiques et théologiques.

À partir de cette « herméneutique de l'amour », Wesley affirme quatre thèmes en lien entre eux comme cruciaux et nécessaires afin de comprendre la Bible : le péché originel, la justification par la foi, la nouvelle naissance et la sainteté (intérieure et extérieure)[33]. Notre discussion de ces quatre thèmes dans la suite de ce livre servira aussi d'introduction de base à la théologie wesleyenne. Chacun de ces thèmes sera examiné plus en détail aux chapitres suivants.

▶ L'ANALOGIE DE LA FOI DE WESLEY

LE PÉCHÉ ORIGINEL

À la base de l'insistance de Wesley sur le salut, il y a la conviction que l'humanité est déchue et a besoin d'être restaurée. Il voit cette idée comme fondamentalement biblique et la retrouve dans l'ensemble de la Bible. Cette déchéance n'est pas ce que Dieu a prévu à l'origine, mais elle est intervenue après la « chute » de l'homme, à travers ses premiers représentants, Adam et Ève. Le sens de cette doctrine, particulièrement la manière dont les actes de nos premiers ancêtres affectent toute leur descendance, n'a été qu'assez peu débattu au cours des premiers siècles d'histoire du christianisme, mais à la fin du 4ème siècle, le grand théologien Augustin a commencé à développer la théorie connue aujourd'hui sous le nom de péché originel. Un de ses adversaires, Pélage, croyait que l'effet premier de la chute était la mortalité de l'humanité, mais Augustin est allé plus loin, en affirmant que chaque être humain hérité du péché originel. Wesley ne suit pas toute la théorie d'Augustin, mais il affirme que le péché originel nous affecte tous à notre détriment.

Le péché originel influence nos inclinations et nous pousse à commettre des péchés réels, appelés aussi péchés personnels. Nous ne sommes pas coupables devant Dieu du péché originel, mais nous le devenons lorsque celui-ci est actualisé par nos propres choix. Ces péchés personnels nous séparent de Dieu. L'idée que nous ne pouvons surmonter cette séparation par nous-mêmes est fondamentale pour Wesley. Nous sommes impuissants sans la grâce de Dieu, qui a pris l'initiative de venir vers nous. Un élément important de la tradition wesleyenne de la sainteté est que nous pouvons être purifiés du péché originel dans cette vie ; d'autres traditions affirment que le péché originel ne peut être surmonté qu'après notre mort.

Wesley croyait donc qu'un des thèmes principaux de Écritures, Ancien et Nouveau Testament confondus, est que l'humanité est déchue, pécheresse et impuissante pour s'en sortir par elle-même. Beaucoup de récits et de personnages de l'Ancien Testament révèlent cette tendance au péché et à l'échec. L'Ancien Testament est radicalement honnête concernant la propension humaine à s'éloigner des plans de Dieu, même si au final, ceux-si sont pour leur bien. Le Nouveau Testament, des Évangiles aux Épîtres, apporte un éclairage supplémentaire sur l'état de péché de l'humanité, ainsi que Paul l'affirme clairement « Tous ont péché, en effet, et sont privés de la gloire de Dieu » (Romains 3.23). Selon l'analogie de la foi, la question à se poser par rapport à chaque passage individuel est donc en quoi il peut élargir notre compréhension du péché originel.

LA JUSTIFICATION PAR LA FOI

Wesley en est venu à comprendre cet aspect de l'analogie de la foi après sa rencontre avec un groupe de Frères Moraves, juste avant 1738, qui a joué un rôle important dans sa biographie et son parcours théologique. Les Moraves, un groupe luthérien, l'ont aidé à comprendre par l'expérience la fameuse déclaration *sola fide* de Martin Luther : nous sommes sauvés par la grâce seule, par le moyen de la foi en Jésus-Christ. Martin Luther, un spécialiste catholique de la Bible, est parvenu à cette conclusion en étudiant le livre de Romains. Sa proclamation de ce thème biblique a contribué au début de la Réforme protestante.

Sur le plan théologique, le salut par la foi seule est en corrélation directe avec la doctrine de la justification, qu'on appelle aussi parfois salut légal. Pour résumer, nous sommes coupables devant Dieu pour les péchés que nous avons commis. Lorsque nous mettons notre foi en Jésus-Christ et en son sacrifice pour nous sur la croix, il ôte notre culpabilité. Ainsi, notre statut légal (pour garder la même analogie) change : nous ne sommes plus coupables. Dieu pardonne tous nos péchés, car, selon certaines interprétations, Jésus a pris sur lui nos péchés et le juste châtiment que nous méritons.

En un sens, l'expérience personnelle de Wesley lui a permis de voir les Écritures sous un nouveau jour. En 1738, il a acquis *l'assurance* de son salut et compris ce verset pour lui-même : « En effet, vous n'avez pas reçu un Esprit qui fait de vous des esclaves et vous ramène à la crainte : non, vous avez reçu l'Esprit en conséquence de votre adoption par Dieu comme ses fils et ses filles. Car c'est par cet Esprit que nous crions : *Abba*, c'est-à-dire Père ! L'Esprit Saint lui-même témoigne à notre esprit que nous sommes enfants de Dieu. » (Romains 8.15-16) « À partir de la, il insistait sur la nécessité de la foi seule pour le salut. »[34] Si le péché originel est l'état qui nous sépare de Dieu, la justification par la foi seule est le moyen pour lui de nous réconcilier avec lui. Wesley croyait que Jésus-Christ est venu afin d'être le moyen de cette justification.

De même que Paul, Wesley croyait que l'Ancien Testament décrit aussi un Dieu de miséricorde. Son alliance avec Abraham était une alliance de foi. Ainsi que l'explique Paul dans Galates, la foi a été établie déjà avant la loi. Le rôle de la loi est de nous révéler que nous sommes coupables devant Dieu et avons besoin d'être justifiés. La justification passe par la foi seule. Cette idée est fondamentale à l'interprétation des Écritures de toute la théologie protestante : Dieu pardonne le péché, par la foi, afin que nous puissions être en relation avec lui. Si Wesley affirme fermement cette théologie biblique, il va cependant encore plus loin.

LA NOUVELLE NAISSANCE

Il y a une différence-clé entre la justification et la nouvelle naissance, dans la théologie wesleyenne. Lorsque nous acceptons Jésus-Christ comme notre Sauveur, non seulement Dieu pardonne nos péchés passés, mais il nous régénère aussi et nous donne une nouvelle vie. « Ainsi, si quelqu'un est uni à Christ, il appartient à une nouvelle création : les choses anciennes sont passées : voici, les choses nouvelles sont venues. » (2 Corinthiens 5:17) En séparant la justification et la régénération, même si elles surviennent simultanément, Wesley commence à se séparer de la tradition réformée.

Dans le modèle wesleyen, la nouvelle naissance marque le début d'une vie sainte, le début de la sanctification. Lorsque Jésus a dit à Nicodème qu'il devait naître de nouveau, il nous appelait aussi à l'espérance d'une vie réellement nouvelle. Cet appel passe aussi par une nouvelle manière de vivre cette nouvelle vie. Non seulement Dieu pardonne nos péchés, mais il nous purifie aussi de toute injustice et (le plus important pour Wesley) nous rend capables de vivre une vie de sainteté. La nouvelle naissance est liée à ce qu'on appelle la justice impartie.

La tradition réformée met l'accent sur ce qu'on appelle la justice imputée. Autrement dit, la justice de Christ lui-même nous est imputée ou donnée. Dès lors, Dieu nous voit comme justes, car nous sommes couverts par la justice réelle de Christ. En réalité, cependant, nous sommes toujours pécheurs derrière cette couverture christique. La justice impartie implique cependant que non seulement Dieu nous voit comme justes à cause de Christ, mais qu'il nous rend réellement justes. Cela commence à la nouvelle naissance. Ainsi, le salut n'est pas qu'un acte légal par lequel nous sommes déclarés non coupables en vertu du sacrifice de Christ. Pour les Wesleyens, le salut implique l'œuvre de purification de Dieu dans nos cœurs, laquelle est étroitement liée à notre théologie de la sainteté et de la sanctification.

LA SAINTETÉ ET LA SANCTIFICATION

John Wesley croyait que Dieu avait appelé les méthodistes dans le dessein spécifique de proclamer le message de la sainteté, qu'il voyait comme le thème le plus important des Écritures, et donc de la foi et de la vie chrétienne. Puisque l'ensemble de ce livre traite de la sainteté et de la sanctification, nous n'offrirons qu'une brève description ici.

La sanctification commence à la nouvelle naissance et se poursuit tout au long de notre vie. On parle donc de la sanctification initiale, de la sanctification progressive et de l'entière sanctification comme des étapes importantes du parcours d'une vie sainte. À travers l'œuvre de sanctification de Dieu dans nos cœurs, nous expérimentons une profonde transformation intérieure, à travers le Saint-Esprit qui vient demeurer en nous. Cela initie la restauration progressive de l'image de Dieu en nous. Cette transformation nous délivre à la fois de la culpabilité et de la puissance du péché, et nous amène à une relation croissante, de sainteté et d'amour, avec Dieu et les autres. Nous marchons dans l'amour, ainsi que l'a fait Christ. L'amour semblable à Christ est la meilleure définition de la sainteté.

La sanctification désigne plus précisément le « comment » de la sainteté. Comment sommes-nous rendus saints par Dieu ? Le terme de « sainteté » fait référence au contenu, au « quoi », d'une vie sainte. Que signifie être saint ? Nous affirmons que tout acte de sainteté émane d'un cœur saint et que Dieu change nos désirs et nos motivations de l'intérieur, lorsque nous nous consacrons pleinement à suivre Christ par la foi et une vie de disciple. Nous dépendons de la grâce de Dieu tous les jours de notre marche chrétienne. La sainteté va beaucoup plus loin qu'une vie sans péché. Pour être saints, nous devons aimer. Or, l'amour ne finit jamais, car il y a toujours de nouvelles occasions de mettre en pratique notre amour pour Dieu et pour notre prochain. Tel est le cœur du message wesleyen.

OBSERVATIONS RÉCAPITULATIVES

1. Une interprétation wesleyenne des Écritures a recours aux meilleurs outils exégétiques disponibles.
2. Une interprétation wesleyenne des Écritures est centrée sur la sotériologie et suit l'« analogie de la foi ».
3. Une interprétation wesleyenne des Écritures affirme la « teneur d'ensemble des Écritures » et l'interdépendance de tous les textes. Chaque texte individuel doit être interprété à la lumière de l'ensemble.
4. Une interprétation wesleyenne des Écritures emploie le quadrilatère wesleyen.
5. Une interprétation wesleyenne des Écritures confesse la subjectivité de la foi et le besoin de communauté afin d'interpréter correctement les Écritures.
6. La sainteté pratique constitue l'objectif ultime d'une interprétation wesleyenne des Écritures.

QUESTIONS DE RÉFLEXION

1. Quel est le dessein de l'exégèse biblique ?
2. En quoi l'interprétation wesleyenne est-elle différente des autres traditions exégétiques ?
3. Évaluez la position de Wesley sur l'autorité des Écritures. Est-elle appropriée ?
4. En quoi la Bible vous a-t-elle aidé à grandir spirituellement ?

DEUX
L'ENSEMBLE DE LA TENEUR EN SAINTETÉ DES ÉCRITURES

OBJECTIFS D'APPRENTISSAGE

Votre étude de ce chapitre vous permettra …
1. de définir la théologie biblique et son rapport à l'exégèse et à la théologie systématique,
2. de reconnaître que la sainteté est un des thèmes principaux de l'Ancien comme du Nouveau Testament,
3. de décrire la manière dont l'Ancien Testament présente la sainteté de Dieu et l'appel de l'humanité à la sainteté,
4. de décrire la manière dont le Nouveau Testament présente la sainteté de Dieu et l'appel de l'humanité à la sainteté.

MOTS-CLÉ

théologie biblique
thématisation
herméneutique de l'amour
tout autre
théologie apophatique
incomparabilité de Dieu
imago Dei

sainteté positionnelle
consécration
alliance
Pentecôte
modalisme
baptême du Saint-Esprit

La sainteté est un thème biblique[1]. Elle fait partie de la quadruple « analogie de la foi » de Wesley, que nous avons examinée au chapitre dernier. Wesley se voyait lui-même, ainsi que le mouvement méthodiste, comme des partisans de la « sainteté scripturaire »[2]. Il croyait que la prédication biblique sur la sainteté était la raison pour laquelle Dieu les avait appelés. Il n'y avait pas de toute pour lui que la Parole écrite de Dieu nous appelle à être saints, comme Dieu est saint, et que cet appel est possible par la grâce.

En commençant ce chapitre, nous devons garder à l'esprit ce que nous avons établi précédemment, à savoir qu'une certaine dose de subjectivité est inhérente à chaque exégète. Il y a des lectures spécifiquement wesleyennes de la Bible, qu'une personne wesleyenne doit savoir garder (voir chapitre précédent) ; mais nous ne devons pas oublier non plus que de reconnaître sa subjectivité ne justifie en aucun cas l'imposition d'une doctrine à un texte qui n'était clairement pas censé être interprété comme tel. Les preuves bibliques qui appuient la doctrine de la sainteté doivent être récoltées avec une profonde intégrité herméneutique.

La mesure d'une interprétation saine de la Bible et de faire attention à la « teneur d'ensemble des Écritures » en interprétant un passage ou un verset. Encore une fois, Wesley croyait que la sainteté intérieure et extérieure est profondément enracinée dans la Bible entière et que chaque verset dépend de tous les autres pour son sens. Comment faut-il cependant exactement interpréter l'ensemble du message biblique sur la sainteté et la sanctification ? Avec des centaines de références, il est évident qu'une seule personne ne peut toutes les examiner, et même si elle le pouvait, une lecture des seules mentions des termes de « sainteté », « perfection » ou « sanctification » qu'on trouve dans une concordance passerait à côté de passages extrêmement importants qui décrivent une vie de sainteté sans employer ces termes ! Ceci dit, ce chapitre dépendra forcément de l'œuvre des spécialistes de la Bible, particulièrement pour les diverses théologies bibliques de la sainteté qui ont été écrites.

Nous examinerons la théologie biblique de la sainteté, de la perspective de la théologie de l'Ancien et du Nouveau Testament, en grande partie de la même manière, étant donné que beaucoup de théologies bibliques sont écrites d'une manière plus vaste, avec une séparation entre les deux Testaments. Encore une fois, l'objectif est d'établir ce qu'enseignent les Écritures, dans leur ensemble, concernant la sainteté et la sanctification.

◆ IMAGES DE LA SAINTETÉ DANS L'ANCIEN TESTAMENT

Avant de commencer un examen plus détaillé, nous devons nous poser certaines questions exégétiques plus vastes, nécessaires au développement d'une théologie de la sainteté dans l'Ancien Testament, de la perspective du mouvement wesleyen de la sainteté.

QUESTIONS EXÉGÉTIQUES

1. Quel est l'objectif de la théologie biblique ? Quel est son rapport avec l'exégèse et la théologie systématique ? D'après Walter Brueggermann, l'objectif de la théologie biblique est de « construire une représentation de Dieu » et d'offrir une forme de thématisation des données bibliques[3]. Ce n'est pas la même chose que de commenter un texte à la fois, ni qu'une systématisation constructive. La théologie biblique constitue toujours le lien crucial entre l'exégèse biblique et la théologie, dans son sens le plus courant. Elle doit jouer un rôle énorme dans le développement doctrinal, si nous voulons jamais parvenir à affirmer qu'une construction théologique spécifique est biblique. Le travail de théologie biblique lui-même est cependant difficile, et même aléatoire, du fait de la myriade de choix herméneutiques à faire. Par nature, la théologie biblique est la généralisation d'une quantité incommensurable de détails. Même la décision de savoir quoi inclure ou exclure est une entreprise assez subjective. On se demande forcément si les choix subjectifs qu'on fait constituent des représentations adéquates de l'ensemble. Il est plus facile d'interpréter des passages individuels ou de faire de la théologie sans s'embarrasser des textes bibliques. La théologie biblique exige un travail plus rigoureux[4].

Il n'y a cependant pas de véritable alternative. Le témoignage rendu par Israël à Yahweh est développé texte par texte. À un moment donné, cependant, ces textes individuels doivent être interprétés comme un tout. Ainsi, l'« analogie de la foi » de Wesley est une théologie biblique, car elle voit la teneur d'ensemble des Écritures comme mettant l'accent sur la sainteté de Dieu et sur la sainteté humaine de cœur et de vie. Ce chapitre exige donc de faire des choix d'emphase à la lumière de centaines de textes potentiels.

2. Quel est le rapport théologique entre l'Ancien et le Nouveau Testament ? Dans quelle mesure devons-nous présumer Christ dans le récit de l'Ancien Testament, si tant est que ce soit approprié du tout ? Une question importante de théologie biblique, notamment de l'Ancien Testament, est celle de l'approche chrétienne d'un texte sacré clairement juif. À travers les siècles, la plupart des chrétiens se sont coupés de plus en plus de partenaires de conversation juifs potentiels, du fait de leur imposition de thèmes chrétiens à l'Ancien Testament. C'est pour cette raison, d'après Brueggermann, que différents biblistes chrétiens ont fait des choix différents. D'une part, certains se sont tout simplement appropriés l'Ancien Testament, comme un livre chrétien avec des thèmes chrétiens, négligeant consciemment toute forme de lecture juive. D'autre part, il y a eu des biblistes chrétiens, généralement profondément immergés dans la <u>critique biblique</u> qui dominait la pensée des Lumières et, jusqu'à récemment, la pensée post-Lumières, qui ont cherché à écarter toutes les présuppositions chrétiennes, pour une lecture objective de l'Ancien Testament en tant que texte juif[5].

Y a-t-il une voie médiane ? Là encore, d'après Brueggermann, une telle voie médiane doit faire attention à distinguer les interprétations biaisées par des polémiques chrétiennes erronées de celles qui anticipent légitimement l'accomplissement de l'Ancien Testament dans le Nouveau[6]. Il y a une différence entre anticiper Christ et le voir dans chaque texte de l'Ancien Testament. Par exemple, on peut affirmer avec confiance que « la fidélité domine la vision d'Israël », mais on peut aussi ajouter légitimement que « cette conclusion est aussi peu ambiguë dans la foi d'Israël que dans les affirmations de Pâques de l'Église »[7]. William Greathouse, un théologien biblique de la tradition wesleyenne de la sainteté, cite Augustin sur ce point : « Le Nouveau est caché dans l'Ancien ; l'Ancien est révélé dans le Nouveau. »[8]

3. Y a-t-il des différences radicales au niveau de la théologie de Dieu lorsque ceux d'autres traditions interprètent l'Ancien Testament ? La théologie de l'Ancien Testament du mouvement wesleyen de la sainteté est-elle unique ? Devrait-elle l'être ? Au cœur de ces questions se trouvent non seulement les divergences entre la tradition wesleyenne de la sainteté et les autres traditions, mais aussi leur contribution à la <u>théologie biblique</u>, dans son ensemble. La sainteté de Dieu est incontestablement un thème central de l'Ancien Testament, sur lequel nous reviendrons dans un moment ; mais y a-t-il une <u>herméneutique</u> spécifique de la sainteté de Dieu dans la tradition wesleyenne de la sainteté, qui influence une perception plus vaste de Dieu ?

Oui, une telle <u>herméneutique</u> existe. La sainteté de Dieu est interprétée à travers l'<u>herméneutique de l'amour</u>. D'autres traditions peuvent interpréter la sainteté de Dieu, par exemple, à la lumière de sa puissance, de sa souveraineté ou de sa justice. L'<u>exégète</u> issu du mouvement wesleyen de la sainteté n'ignorera pas ces thèmes, mais en interprétant la sainteté de Dieu à la lumière de son amour, il parviendra peut-être à des conclusions différentes de celles des autres <u>exégètes</u> concernant le caractère de Dieu. S'agit-il d'une imposition doctrinale aux textes de l'Ancien Testament ? Oui et non. Oui, dans le sens où une affirmation théologique à propos de Dieu (Dieu est amour) assume un rôle dominant dans son interprétation ; mais non, sans le sens où Wesley et la tradition wesleyenne croient que non seulement on retrouve l'amour de Dieu dans toute la teneur des Écritures, mais qu'il en constitue même la vérité fondamentale. Cela ressemble à un argument circulaire. C'est d'ailleurs sur ce point que l'analogie de la foi de Wesley, en général, est la plus critiquée. Cependant, ainsi que nous le verrons au dernier chapitre, une lecture wesleyenne de la Bible exige des choix subjectifs, fondés sur l'ensemble, qui informent ensuite l'interprétation des passages spécifiques. Même si la perspective exégétique n'est pas correcte, ce mode exégétique sera au moins cohérent.

L'adoption d'une herméneutique de l'amour ne se fait cependant pas sans difficultés, surtout en lisant l'Ancien Testament. Il y a beaucoup de passages dans lesquels Dieu semble tout sauf aimant, comme par exemple ses commandements qui cautionnent des génocides. Il y a aussi des passages bibliques où il semble se contredire lui-même, comme par exemple lorsqu'il ordonne à Jonas de prêcher la destruction imminente des Ninivites, sans aucune mention d'espérance à travers la repentance, avant de « renonce[r] » et d'épargner la ville (Jonas 4.2). L'interprétation de ces passages difficiles est un défi, mais ce n'est pas impossible. Nous examinerons plusieurs de ces passages ci-dessous, alors que nous tournons à présent notre attention vers la théologie de Dieu et de la sainteté à laquelle il nous appelle.

LA SAINTETÉ DE DIEU

La sainteté est un, voire le thème dominant de l'Ancien Testament, ainsi que le montre le grand nombre de mentions du terme hébraïque pour saint ou sainteté, *qds*, qui apparaît au moins 850 fois : 152 fois dans le Lévitique, 102 fois dans l'Exode, 80 fois dans Nombres, 105 fois dans Ézéchiel, 73 fois dans Ésaïe et 65 fois dans les Psaumes. Différents spécialistes mettent l'accent sur différentes nuances au niveau du sens de ce terme, mais tous s'accordent à dire que la sainteté implique la séparation ou la distinction. Sa racine peut vouloir dire « être retranché », ou encore « clair » ou « brillant ». Le sens contraire est profane ou commun. En vieux français, la sainteté, c'est être « entier » ou « sain ». Le latin suggère que la sanctification consiste à « rendre sacré » ou à « mettre à part » pour un usage sacré.

Voici une liste d'autres variantes du sens du terme hébraïque *qds*, à la lumière de différents contextes :
  a. La sainteté est associée au feu dans l'Ancien Testament (Exode 3.2-3 ; 19.18 ; 24.17 ; Deutéronome 4.12, 24 ; 5.22-27 ; 9.3 ; Psaume 18.8-14 ; Ézéchiel 1.4-28).
  b. La sainteté implique la colère contre tout ce qui la menace (Ézéchiel 7 ; Sophonie 1.14-18).
  c. La sainteté inspire la crainte, l'émerveillement et la révérence (Exode 15.11 ; Psaumes 64.9 ; 66.3, 5 ; 89.7 ; 99.3 ; 111.9 ; 145.6).

d. La sainteté est lointaine et inapprochable (Exode 3.5 ; 19.12-13, 20-24 ; Josué 5.15).
e. La sainteté implique la propreté ou la pureté (Lévitique 10.10 ; Ézéchiel 22.26 ; 44.23).
f. La sainteté implique un sens de majesté, d'honneur et de splendeur (Exode 15.11 ; 1 Chroniques 16.27 ; Psaumes 8.1 ; 93.1 ; 96.6 ; 111.3).
g. La sainteté est décrite comme insondable, incompréhensible et incomparable (Psaume 77.13 ; Ésaïe 40.13-14, 18-20, 25-26).
h. La sainteté est montrée comme miraculeuse, dans le sens où des miracles se produisent au moment où on s'y attend le moins (Genèse 28.17 ; Exode 15.11 ; Deutéronome 26.8 ; Juges 6.22-23 ; Psaumes 9.1 ; 77.13-14 ; 105.2 ; 106.7 ; 107.8, 15, 21, 31).
i. La sainteté est grande, dans le sens d'extraordinaire (Psaumes 77.13 ; 95.3 ; 104.1 ; Ézéchiel 38.23).
j. La sainteté dénote la suprématie, à laquelle on répond par l'exaltation (Psaumes 47.7-8 ; 91.9 ; Ésaïe 6.1 ; Daniel 4.2, 17, 25, 32).
k. La sainteté en Dieu est souvent décrite comme jalouse (Exode 20.3, 5 ; 34.14 ; Deutéronome 4.24 ; Josué 24.19).
l. La sainteté en Dieu implique toujours la vie et le dynamisme (Deutéronome 32.39-40 ; Josué 3.10 ; Psaumes 42.2 ; 84.2-4 ; Jérémie 10.10).

Certains des thèmes ci-dessus sont plus dominants que d'autres et cette liste n'est pas inclusive. Les exégètes divergent par rapport à ce sur quoi ils mettent l'accent en parlant de la sainteté de Dieu. Walter Brueggermann met en avant son altérité, sa gloire et sa jalousie comme la quintessence de sa sainteté. William Greathouse mentionne la séparation, la gloire et la pureté comme les connotations principales des termes de « saint » et de « sainteté », par rapport à Dieu. Westlake Purkiser souligne la majesté, la lumière et la pureté de Dieu comme étant au cœur de sa sainteté. Dennis Kinlaw se concentre sur son altérité et sa jalousie. John Huntzinger met l'accent sur son œuvre de rédemption (notamment dans l'Exode) comme révélateur de sa sainteté et il parle de la sainteté de Dieu dans le contexte du culte d'Israël. George Lyons met l'accent sur l'unicité de Dieu, de son amour et de sa justice, « qui font que Dieu est saint dans son être et dans son comportement »[9]. Ces interprétations ne font qu'évoquer d'innombrables autres possibilités, mais elles serviront à orienter notre discussion. Nous nous concentrerons sur l'incomparabilité de Dieu, sur sa gloire et sur sa jalousie.

L'incomparabilité de Dieu. En théologie contemporaine, Dieu est souvent décrit comme « tout autre », ce qui veut dire qu'il est transcendant, au-delà du monde (distant) et distinct de lui (comme son Créateur). Certains passages bibliques entendent que cette altérité est si intense qu'il est dangereux, voire même mortel, de voir Dieu. Dieu est celui qui « ne peut être approché facilement, qui ne peut être confondu avec qui que ce soit ou avec quoi que ce soit d'autre et qui vit seul, dans une zone interdite, où Israël ne peut entrer qu'avec une grande prudence et en courant un grand risque. »[10] Dieu est grand, majestueux, merveilleux et suprême, il est digne d'honneur et d'adoration et nous devons le craindre. Son altérité s'exprime aussi dans les passages qui le décrivent comme incompréhensible et ineffable. Dieu va au-delà de toute compréhension et de toute description humaine.

Dieu ne peut être comparé à nul autre. Cette affirmation est la source de ce qu'on appelle la théologie apophatique[11] : Dieu ne peut être défini que par ce qu'il n'est pas. Selon ce type de théologie, il n'y a pas d'analogie adaptée afin de saisir et d'exprimer positivement son caractère. Pourtant, nous n'avons pas à nous restreindre à des descriptions apophatiques de Dieu en affirmant son incomparabilité, car il se révèle dans sa relation avec Israël et dans les textes de l'Ancien Testament. Ainsi, Dieu nous a donné le contenu positif de sa sainteté. Un aspect de cette révélation éclaire sa sainteté comme étant sa gloire.

La gloire de Dieu. La sainteté de Dieu comprise comme sa gloire revêt deux connotations différentes. Avant tout, la gloire de Dieu est liée à son droit de gouverner Israël. On découvre un Dieu qui affirme son autorité contre ses rivaux, qu'ils soient humains ou divins. Dieu émerge comme plus puissant et il est donc digne d'être glorifié, c'est-à-dire exalté comme celui qui est digne de notre culte et de notre loyauté. La gloire de Dieu revêt cependant aussi une autre connotation importante.

La gloire de Dieu s'exprime aussi en termes de sa présence. La gloire de Dieu remplit le temple. La gloire de Dieu est manifestée ; elle est proche. Lorsque Moïse a demandé à voir Dieu face à face, il a vu sa gloire, une manière sûre de rendre Dieu visible sans lui faire de mal. Lorsqu'il a promis qu'il serait présent au milieu d'Israël dans le tabernacle, Dieu a dit : « C'est là que je rencontrerai les Israélites, et ma gloire rendra ce lieu saint. » (Exode 29.43) La gloire de Dieu dénote aussi sa protection et sa provision, qui nourrit le peuple de manne et de cailles dans le désert. Dans l'Ancien Testament, la gloire de Dieu n'est pas diamétralement opposée à sa transcendance. Elle n'exclut pas sa transcendance : Dieu demeure tout autre, mais en révélant sa gloire comme un type de sa présence, il s'approche d'Israël. Il s'accommode à leur situation à travers diverses incarnations de sa gloire, qui culmineront finalement dans sa présence réelle en la personne de Jésus-Christ, à travers l'incarnation.

La jalousie de Dieu. En théologie de l'Ancien Testament, on parle beaucoup des actes de Dieu qui semblent contradictoires. D'une part, on a un Dieu qui se met vite en colère lorsqu'Israël désobéit ou participe à des actes « impurs » qui représentent l'infidélité ; d'autre part, on a un Dieu de miséricorde, lent à la colère, riche en amour et qui fait miséricorde même lorsqu'Israël s'est égaré. On a un Dieu qui semble insister sur le maintien de sa puissance et de son autorité, puis qui est solidaire de son peuple et renonce à tout égard pour lui-même par égard pour eux. Comment réconcilier ces images ?

Un point de vue nous donne les impressions suivantes :
- Dieu est décrit comme le potier qui s'engage fermement avec sa création (Genèse 2.7 ; Ésaïe 45.18 ; Jérémie 18:3-6).
- Dieu est vu comme un jardinier, qui plante un jardin, en prend soin et est attentif à son bien-être (Ésaïe 5.1-2).
- Dieu est un berger, qui veille attentivement sur ses brebis, les protège et en prend soin (Psaume 23).
- Dieu est une mère, qui nourrit et réconforte (Nombres 11.12 ; Ésaïe 66.13).
- Dieu est un médecin qui intervient activement pour apporter la vie et la guérison (Jérémie 30.17).

Pourtant, on trouve aussi les éléments suivants :
- Le potier brise une jarre déformée (Jérémie 19.11).
- Le jardinier, déçu du fruit de la vigne, les « arrache » et les « détruit » (Ésaïe 5.5-7).
- Le berger peut éparpiller les brebis (Jérémie 31.10).
- La mère peut négliger ses enfants et manquer d'attention envers eux (Nombres 11.12 ; Ésaïe 49.14-15).
- Le médecin peut arriver en retard, lorsque toute possibilité de guérison est passée (Jérémie 30.12-13).[12]

C'est ici que l'herméneutique de l'amour soulage le malaise émanant de telles activités contradictoires de Dieu. Cette herméneutique nous aide à interpréter la notion de sainteté de Dieu, telle qu'elle est exprimée par sa jalousie. Certains spécialistes interprètent la jalousie de Dieu comme une expression de son besoin de maintenir et d'exiger un culte exclusif. Les rivaux menacent son identité. « Dieu ne peut tolérer un culte [...] qui défie sa nature essentielle la plus profonde. »[13] Alors, il punit ceux qui adorent d'autres dieux ou qui l'adorent de la mauvaise manière. Une telle interprétation suggère que Dieu doit maintenir et protéger son autorité, sa souveraineté, sa justice et sa suprématie.

Si toutefois nous interprétons la jalousie de Dieu de la perspective de son amour, nous ne nous concentrerons plus sur l'identité de Dieu, mais sur la relation qu'il souhaite avoir avec l'humanité. La défiance et l'infidélité ne sont dès lors pas autant un affront à Dieu qu'une aberration de l'*imago Dei* qu'il a créée. Ainsi, on peut dire que même la justice de Dieu doit être interprétée d'un point de vue sotériologique. C'est par amour que Dieu appelle l'humanité à mettre en œuvre son dessein originel. Seule une relation avec lui rend possible la pleine expression de la sainteté humaine. Le potier, le jardinier, le berger, la mère et le médecin ne disciplinent pas leurs sujets que parce qu'ils ne sont pas à la hauteur ou qu'ils leur font du tort. Pour le dire plus clairement, Dieu ne discipline pas les hommes parce qu'ils lui font du tort ! Ses activités les plus négatives ont toujours une portée rédemptrice en regardant le tableau d'ensemble. Cela semble être la voie de sortie facile du dilemme du côté destructeur de Dieu, mais cette interprétation, avec l'amour divin pour guide, est clairement visible dans l'Ancien Testament. Elle anticipe aussi certainement la rédemption de Dieu en Christ, qui a d'abord été envoyé aux brebis perdues d'Israël.

LA SAINTETÉ DANS L'HUMANITÉ

D'après George Turner, « si les termes associés à la « sainteté » mettent l'accent sur le contraste entre Jéhovah et l'humanité, qui peut être surmonté par un acte de purification, ceux associés à la « perfection » mettent l'accent sur la relation de l'humanité avec Dieu et sur la possibilité de la communion »[14]. Au sens strict, seul Dieu est saint. Pourtant, il ordonne : « Soyez saints, car je suis saint. » Ce commandement imprègne la théologie de l'Ancien Testament et lorsqu'il est abordé dans le Nouveau Testament, ses auteurs citent l'Ancien. On peut dire que le moyen de la sainteté ou de la perfection humaine change dans le Nouveau Testament, mais ce n'est pas tout à fait exact. La foi et la grâce imprègnent l'Ancien Testament aussi[15]. L'Ancien Testament a une sotériologie qui s'accomplit en Christ, avec l'aide su Saint-Esprit. L'appel d'Israël à la sainteté s'accomplit cependant aussi par la foi. En un sens, nous n'avons pas besoin de Paul pour nous apprendre qu'Abraham croyait et que cela lui fut imputé comme justice (Romains 4), ni de Jacques pour nous montrer que la foi d'Abraham se manifestait par une justice et un amour véritables (Jacques 2). Ces thèmes sont manifestés fortement et indépendamment dans l'Ancien Testament (Genèse 15.6 ; 22.1-19).

Il est important de noter que les objets et les endroits peuvent être considérés comme saints. Ce sens ritualiste de la sainteté du monde inanimé vient à travers le terme de « sanctification » : une chose est sanctifiée lorsqu'elle est mise à part pour un dessein sacré. Cela se traduit facilement dans la sainteté humaine : une personne est « sanctifiée » lorsqu'elle accomplit un dessein saint. Ce concept doit certainement être interprété pour aujourd'hui. Le dessein de l'humanité (ainsi que nous le verrons aux prochains chapitres) est d'aimer Dieu et les autres. Lorsque ce dessein s'accomplit, la personne est « sainte ». Trop souvent, cependant, la compréhension populaire de la sainteté s'arrête là. L'Ancien Testament peut enrichir profondément notre compréhension de la sainteté humaine aujourd'hui. Nous examinerons cinq aspects utiles de l'appel à être saints.

1. Une sainteté dérivée. Les hommes dérivent leur sainteté de la sainteté unique de Dieu : « moi, l'Éternel, je vous rends saints » (Exode 31.13 ; Lévitique 22:32). « Car je suis l'Éternel votre Dieu. Comportez-vous en gens saints et soyez saints, car je suis saint [...]. Car je suis l'Éternel qui vous ai fait sortir d'Égypte pour être votre Dieu. Soyez donc saints, car je suis saint. » (Lévitique 11:44-45) « Vous vous rendrez saints, vous serez saints ; car je suis l'Éternel, votre Dieu. » (20.7) « Vous serez saints pour moi, car moi, l'Éternel, je suis saint et je vous ai mis à part des autres peuples pour que vous m'apparteniez. » (verset 26) Il y a un lien entre la sainteté de Dieu et la nôtre, qui ne doit pas être oublié. Notre sainteté dérive de notre relation avec Dieu. Dans l'Ancien Testament, ce qui est saint est souvent décrit comme « pur » et ce qui ne l'est pas comme « impur » ou « profane ». D'après David Thompson, chacun de ces termes fait référence, non pas à un état, mais à la qualité de notre relation avec Dieu. « Ainsi, dans ces contextes, la pureté et l'impureté ne décrivent pas substantiellement l'état d'une personne ou d'une chose, mais la caractérisent par rapport à sa relation avec le divin. »[16] Être impur, c'est avoir, et être digne d'avoir, une relation avec Dieu.

Cette compréhension de la sainteté dérivée a d'importantes implications pour les doctrines de justice imputée et impartie. La sainteté dérivée n'implique pas forcément une sainteté positionnelle, qui n'appuie que la justice imputée des hommes. Dans la pensée wesleyenne, Dieu ne nous voit pas seulement comme justes, mais il nous rend justes. Ainsi que l'exprime William Greathouse, notre sainteté est cependant toujours « relative », mais on oublie trop souvent que cette justice impartie dépend toujours de notre relation avec Dieu. Ce n'est pas comme si, étant en relation avec Dieu, nous sommes sanctifiés et pouvons demeurer saints indépendamment de lui, comme si notre sanctification était accomplie une fois pour toutes. Ne plus être en relation avec Dieu implique forcément la perte de notre sainteté. Nous ne sommes saints, par la sainteté « contagieuse » et « communicable »[18] de Dieu, que si cette relation est maintenue. Nous pouvons mieux comprendre cela en saisissant correctement l'importance de la consécration dans la théologie de l'Ancien Testament.

2. Une sainteté consacrée. Dans l'Ancien Testament, la sainteté est intimement liée à la notion de consécration : « Être saint, c'est appartenir à Dieu, en vertu de la consécration. »[19] Une chose (ou une personne) entièrement consacrée à Dieu est sainte. Les jours fériés sont décrits comme saints, car ils appartiennent à Dieu. Les premiers-nés sont consacrés à Dieu, si bien qu'ils constituent sa sainte possession. Le peuple est appelé à se consacrer à Dieu, car ce Dieu est leur Dieu unique, ainsi que le montre, par exemple, leur rédemption dans l'Exode. Cette consécration s'exprime souvent d'une manière rituelle. Dans le contexte sacerdotal, par exemple, la sainteté implique que tout ce qui est profane, vulgaire ou impur doit être purifié, ce qui passe souvent par un acte rituel. Ensuite, cet acte rituel (qu'on peut appeler sanctification, ou consécration) fait que la personne ou l'objet est entièrement disponible pour le culte de Dieu. « Les personnes qui viennent dans la présence du Saint doivent se préparer attentivement, par des lavements rituels et par d'autres moyens, car s'ils se présentaient devant lui avec la moindre impureté, les conséquences seraient catastrophiques. »[20]

Pourtant, quelque chose d'impur peut être purifié par un contact rituel avec l'« autel » de Dieu. Les premiers méthodistes, ainsi que le mouvement wesleyen de la sainteté, citent Exode 29.37 afin de montrer le lien entre la consécration (appelée aussi dévotion totale) et la sainteté, ou pureté : « Tu renouvelleras ces rites d'expiation pour l'autel pendant sept jours afin de le consacrer. Après cela, il sera éminemment saint et tout ce qui le touchera sera saint. » La consécration devient extrêmement importante pour la doctrine de l'entière sanctification, en vertu de cette image de l'Ancien Testament. D'après Adam Clarke, puis Phoebe Palmer (voir chapitre 4), Christ devient l'autel. Lorsqu'une personne dépose « tout » sur l'autel, par un acte de consécration totale, « l'autel sanctifie l'offrande ». Cela implique le besoin continuel de demeurer consacré à Dieu, tout au long de notre parcours de vie chrétienne. Le fait est qu'une personne est sainte lorsqu'elle appartient entièrement à Dieu, qu'elle est entièrement en sa possession. Cela implique donc qu'il ne peut y avoir aucun rival susceptible de nous séparer de cette dévotion totale.

3. *Une sainteté sans rival.* L'appartenance exclusive d'Israël à Dieu, en tant que son peuple et sa nation, constitue un thème important de la théologie de l'Ancien Testament. Ainsi que nous l'avons observé précédemment, Dieu est jaloux et possessif. Les auteurs bibliques emploient souvent des pronoms possessifs en parlant de ce qui appartient à Dieu, qu'il s'agisse des Sabbats, d'objets inanimés ou de commandements. Le respect des commandements de Dieu était donc un signe de la consécration totale du peuple au seul vrai Dieu, sans partage avec d'autres dieux. « Il n'y a donc rien de surprenant à ce que les relations qui rivalisaient avec la consécration du peuple à Dieu constituaient à la fois une violation de l'alliance (Lévitique 25.55-26.2, 14-15 ; voit aussi Ézéchiel 23.39) et une profanation de sa sainteté, du saint nom de Dieu (Lévitique 22.32 ; Ézéchiel 20.30 ; 43.7-8). »[21]

Les deux premiers commandements du Décalogue constituent le fondement de la relation de Dieu avec Israël : « Tu n'auras pas d'autre dieu que moi. Tu ne te feras pas d'idole ni de représentation quelconque de ce qui se trouve en haut dans le ciel, ici-bas sur la terre, ou dans les eaux plus bas que la terre.

Tu ne te prosterneras pas devant de telles idoles et tu ne leur rendras pas de culte, car moi, l'Eternel, ton Dieu, je suis un Dieu qui ne tolère aucun rival. » (Exode 20.3-5) Wesley a interprété l'idolâtrie comme le péché sous-jacent sous tous les autres. Le mouvement wesleyen de la sainteté décrit l'idolâtrie comme le problème fondamental surmonté par l'entière sanctification et comme le principal détracteur de la vie de sainteté[22]. L'Ancien Testament, de même que le Nouveau, nous appelle à avoir un même regard, un cœur sans partage, et à adorer Dieu seul. Cette interdiction de l'idolâtrie émane de la relation d'alliance d'Israël avec le Saint.

4. Une sainteté alliancielle. Dieu a établi une alliance avec Abraham : « Je serai ton Dieu et tu seras mon peuple. » Ce thème est répété à travers l'Ancien Testament (Genèse 17.7-8 ; Exode 6.7 ; Lévitique 26.12 ; Jérémie 7.23). L'alliance de Dieu avec Abraham est cependant également anticipée, même dans l'acte créateur initial de Dieu. Adam et Ève avaient une forme d'alliance avec Dieu, ils marchaient et parlaient avec lui (Genèse 1.28-31 ; 2.16-17). Une relation d'alliance est entendue aussi dans l'assertion que nous avons été créés à l'image de Dieu (1.26-27). En fait, selon la théologie wesleyenne, l'*imago Dei* est constituée de bonnes relations, non polluées par les péchés, telles que Dieu les avait prévues. Même dans le jardin, on entend cet appel implicite : « Tu aimeras le Seigneur, ton Dieu, de tout ton cœur, de toute ton âme et de toute ta pensée, et tu aimeras ton prochain comme toi-même » (voir Matthieu 22.37-40). D'après la théologie wesleyenne, lorsqu'Adam et Ève ont péché, ils ont été privés de la relation fondamentale, entre l'humain et le divin, qui définissait leur sainteté. On voit pourtant que même là, Dieu leur conserve sa fidélité, il demeure fidèle à son alliance, malgré leur acte d'infidélité.

Encore et encore dans l'Ancien Testament, on constate la fidélité de Dieu à son alliance, même lorsqu'Israël est infidèle, entêté et désobéissant, et même lorsque l'alliance est rompue. L'alliance du Sinaï stipulait qu'Israël devait écouter Dieu et obéir à ses commandements, comme un prérequis à sa sainteté (Exode 19.5-6). Cela renforce l'idée que la sainteté d'Israël dépend de sa relation d'obéissance avec un Dieu saint. Cela veut dire aussi qu'Israël cesse d'être un peuple saint, dès le moment où il cesse d'écouter Dieu et d'obéir à ses commandements. Pourtant, ainsi que l'illustre l'histoire de la relation de Dieu avec Israël, l'échec du peuple à honorer cette alliance, manifestée surtout par leur non-respect de la loi, ne contraint pas Dieu à les abandonner pour toujours. Le Dieu de l'alliance, qui est saint, punit ses partenaires d'alliance infidèles, qui ont perdu leur sainteté, mais il ne les rejette pas. Le livre d'Osée illustre bien ce principe. Dieu, qui est saint et fidèle, conserve la relation, car la fidélité est une qualité essentielle de la sainteté alliancielle, ainsi que le dit Paul en 2 Timothée : « Si nous sommes infidèles, lui, il demeure fidèle, parce qu'il ne peut se renier lui-même. » (2.13) Cela veut-il dire que nous pouvons être négligents et infidèles sans que cela n'ait de conséquences néfastes ?

5. *Une sainteté obéissante.* Dieu peut nous appeler saints et nous être entièrement fidèle, mais d'après la position wesleyenne de la sainteté, une telle déclaration exige une réponse de notre part. Ainsi que l'exprime Paul, Dieu nous qualifie de saints et nous appelle à être saints ; nous devons devenir ce que nous sommes. David Thompson le dit clairement : « L'alliance définit aussi la sainteté comme une relation dans laquelle nous accomplissons la volonté de Dieu. Ainsi, la sainteté et la justice sont liées. Même dans l'Ancien Testament, la compréhension de la sainteté comme une bonne relation avec Dieu ne vide en aucun cas la sainteté de toute dimension éthique et morale. »[23] Ainsi, sa relation avec Dieu définit Israël comme saint. La sainteté de Dieu est contagieuse et se communique à ceux dont Dieu revendique qu'ils lui appartiennent. Cette sainteté de Dieu est cependant plus qu'une sainteté « positionnelle » : elle rend ceux que Dieu revendique comme étant à lui capables de lui obéir et de vivre une vie de justice, à travers la sanctification divine. Pour résumer, nous répondons à la grâce qui purifie par une obéissance sincère. Cela pose une question importante : la sainteté personnelle, en tant qu'obéissance constante, était-elle possible pour les hommes de l'Ancien Testament ?

Certains chrétiens présument trop facilement qu'une telle obéissance à Dieu était impossible avant Christ. Cette affirmation est certainement contredite par la présence de personnes authentiquement saintes et obéissantes dans l'histoire d'Israël. On trouve cependant aussi des appels constants et persistants adressés à Israël à travers les prophètes, afin qu'il revienne à l'obéissance. Chez ces mêmes prophètes, on trouve l'espérance et la préfiguration de quelque chose de plus, dont nous savons qu'elle s'est accomplie en Christ. D'après Dennis Kinlaw, Wesley lui-même voyait le Nouveau Testament comme la nouvelle alliance à travers laquelle les attentes de ceux qui vivaient sous l'ancienne alliance se sont enfin accomplies. Kinlaw montre que Wesley citait souvent Ézéchiel 36:25-29 en référence à la relation entre l'ancien et le nouveau. Le prophète prédit un temps où Dieu accomplira ces choses :

> Je répandrai sur vous une eau pure, afin que vous deveniez purs, je vous purifierai de toutes vos souillures et de toutes vos idoles. Je vous donnerai un cœur nouveau et je mettrai en vous un esprit nouveau, j'enlèverai de votre être votre cœur de pierre et je vous donnerai un cœur de chair. Je mettrai en vous mon propre Esprit et je ferai de vous des gens qui vivent selon mes lois et qui obéissent à mes commandements pour les appliquer. Vous demeurerez dans le pays que j'ai donné à vos ancêtres et vous serez mon peuple, et moi je serai votre Dieu. Je vous délivrerai de toutes vos

impuretés, je commanderai au blé de pousser, je le ferai abonder, et je ne vous enverrai plus la famine.

Ce passage suit à passage dans lequel Dieu reprend le peuple :

> L'Éternel m'adressa la parole en ces termes : Fils d'homme, lorsque les gens de la communauté d'Israël habitaient dans leur propre pays, ils l'ont rendu impur par leur manière de vivre et leurs actes ; leur conduite était en effet aussi impure à mes yeux que l'impureté menstruelle. J'ai répandu ma fureur contre eux à cause des crimes qu'ils avaient commis dans le pays et parce qu'ils avaient rendu leur pays impur par leurs idoles infâmes. Je les ai dispersés parmi les autres peuples, ils ont été disséminés en divers pays. J'ai exercé sur eux le jugement que méritaient leur conduite et leurs actes. Et lorsqu'ils sont arrivés chez les peuples parmi lesquelles ils ont été bannis, ils m'ont profané, moi qui suis saint. En effet, on disait à leur sujet : « Ces gens-là sont le peuple de l'Éternel, mais ils ont dû sortir de son pays ! » Alors j'ai eu égard à ma sainte personne que la communauté d'Israël a profanée parmi les peuples chez qui elle s'est rendue. (versets 16-21)

Ainsi, la répréhension de Dieu est suivie de sa promesse. En un sens, cette promesse est pour ceux-là même à qui Dieu s'adresse : il les appelle à une repentance profonde et à la restauration de leur justice.

On peut lire aussi ces paroles dans un sens prophétique. Un jour viendra où toutes choses seront rendues nouvelles, où les ossements secs revivront. D'autres prophètes se joignent à ce message. Un jour viendra où la loi sera écrite dans les cœurs humains, où une nouvelle puissance nous rendra davantage capables d'une obéissance sincère, où la sainteté de Dieu sera révélée à travers la lumière du Fils de l'homme et où il dira : soyez saints, comme Dieu est saint.

▶ IMAGES DE LA SAINTETÉ DANS LE NOUVEAU TESTAMENT

Conformément au format de notre revue de la théologie de la sainteté de l'Ancien Testament, nous commencerons par des questions exégétiques plus vastes, portant sur le développement de la théologie de la sainteté du Nouveau Testament, d'une perspective wesleyenne de la sainteté.

1. Le Nouveau Testament est-il cohérent dans sa présentation de la sainteté ? Y a-t-il des différences significatives entre la perspective, par exemple, des Évangiles et des écrits de Paul ?

2. En quoi la sainteté du Nouveau Testament est-elle différente de celle de l'Ancien ? Qu'est-ce que les théologies bibliques de Christ et du Saint-Esprit ajoutent aux images de sainteté de l'Ancien Testament ?

3. Y a-t-il des passages qui ont été poussés au-delà de leurs limites, dans un effort visant à appuyer une théologie spécifique de la sanctification ? Si oui, que reste-t-il à la tradition wesleyenne de la sainteté ?

LA SAINTETÉ EN GREC

D'une manière générale, le Nouveau Testament grec affirme les divers emplois de *qds* dans l'Ancien Testament. Le terme grec le plus courant est *hagios*. Ce terme, le plus souvent associé à la sainteté de Dieu, peut impliquer aussi que quelque chose ou quelqu'un a été mis à part pour un dessein sacré et entièrement dévoué à un Dieu saint. Le terme pour « pur », *katharos*, ainsi que le terme de *teleios*, qui peut être traduit par « perfection », apparaît plus clairement dans le Nouveau Testament. On trouve aussi *katartizo* en lien avec la sainteté. Ce terme signifie réparer quelque chose de brisé, afin que cette chose puisse de nouveau atteindre son potentiel et accomplir son dessein. Il y a d'autres termes apparentés qui précisent davantage leur sens. Le travail contextuel est également crucial.

Voici quelques brèves remarques à propos de la sainteté dans le Nouveau Testament grec :

1. La sainteté implique la pureté de cœur (qui s'exprime parfois comme la pureté de pensée). Une personne au cœur pur est entièrement loyale et dévouée. Le cœur représente le centre ou l'essence même de notre être ; il ne peut être purifié qu'en lien avec Dieu et ne dérive donc vraiment que de Dieu. Ce concept implique cependant aussi une « purification » légitime, qui laisse le cœur pur, immaculé.

2. Cette pureté est une qualité intérieure qui s'exprime extérieurement. Elle passe par la coopération de la personne ; il y a beaucoup de références à l'exhortation à « se purifier » (2 Corinthiens 7.1). Cela implique que l'œuvre intérieure de Dieu est maintenue d'une manière synergique. D'après Kenneth Waters, la pureté est « une qualité intérieure qui se manifeste extérieurement à travers la réaction de l'homme, son comportement, son mode de vie, ses relations, son activité missionnelle et ses engagements professionnels. La sainteté et la justice extérieure vont de pair dans les Écritures chrétiennes. »[24]

3. La sainteté dans le Nouveau Testament est holistique. Ce n'est pas une qualité parmi d'autres, mais le bien fondamental, « la somme et la source de toutes les autres vertus »[25]. La sainteté est holistique en ce qu'elle exige d'offrir tout son être « en sacrifice vivant, saint et agréable à Dieu » (Rom. 12.1). Elle est holistique aussi dans le sens où elle implique des éléments moraux à la fois positifs et négatifs. La sainteté n'est donc pas que l'absence de péché, mais aussi la présence du bien. Une personne sainte agit par amour et ne se contente pas d'éviter l'impureté.

4. La sainteté dans le Nouveau Testament est un appel à la fois individuel et collectif. Chaque personne est appelée à la sainteté (Matthieu 5.48 ; 1 Thessaloniciens 4.3-8 ; 1 Pierre 1.15-16) ; mais le corps de Christ, en tant qu'organisme vivant, est aussi appelé « saint » et appelé à vivre sa sainteté collective et à adorer en toute sainteté (1 Corinthiens 1.2 ; 12.12-26).

5. D'après une interprétation wesleyenne de la sainteté, le Nouveau Testament grec implique une triple compréhension de la sainteté : une sainteté finale qui sera révélée un jour (1 Jean 3.2), une croissance progressive en sainteté tout au long de notre vie (Phil. 1.6-11) et ce qu'on appelle l'« <u>entière sanctification</u> », décrite comme de nature « crisique » (1 Thessaloniciens 5.23-24)[26].

LA SAINTETÉ DANS MATTHIEU ET MARC

D'après David Kendall, la tradition wesleyenne de la sainteté a le plus souvent ignoré les Évangiles dans sa quête d'éléments bibliques appuyant la théologie de la sainteté et de la <u>sanctification</u>. Il croit que c'est peut-être dû au fait que « Jésus a très peu de choses à dire au sujet de la sainteté ». Apparemment, « les termes les plus courants sont rarement employés »[27]. Cela ne veut cependant pas dire que Jésus n'a pas de théologie de la sainteté : il parle clairement de sainteté, mais dans un contexte et avec un vocabulaire différents de celui des autres écrits du Nouveau Testament[28].

George Lyons suggère que peu de Juifs ordinaires n'auraient perçu un appel à vivre une vie sainte comme s'adressant à eux personnellement. Les groupes comme les Sadducéens, les Esséniens, les Zélotes et les Pharisiens faisaient plutôt très attention à éviter les souillures qui caractérisaient le monde. Tous ces groupes, certains plus que d'autres, comprenaient la sainteté comme la séparation physique de ceux qui risquaient de les souiller. S'ils étaient « contaminés », ils accomplissaient des rites afin de <u>restaurer</u> leur pureté[29]. Les Pharisiens, particulièrement, cherchaient à obéir à la loi (aux 613 lois présentées dans les Écritures hébraïques) afin d'éviter l'impureté. Il serait incorrect de les voir comme des <u>légalistes</u> qui manquaient de sincérité. Jésus remet cependant en cause leur compréhension de la « sainteté », uniquement en termes de séparation physique. David Kendall montre que Jésus cautionnait fortement les Pharisiens :

> Pour Jésus, les pires formes de souillure n'émanent pas de la contamination externe, mais interne, non pas de la nourriture qu'on mange, mais de la source du cœur, dont « proviennent les mauvaises pensées, les meurtres, les adultères, l'immoralité, le vol, les faux témoignages, les blasphèmes. Voilà ce qui rend l'homme impur. Mais manger sans s'être lavé les mains ne rend pas l'homme impur. » (Matthieu 15.19-20) Il maudit ceux qui se soucient le plus de leur pureté, en les comparant à des

tombeaux blanchis à l'extérieur, mais intérieurement remplis de cadavres en décomposition[30].

Pour Jésus, la sainteté va donc au-delà d'une position en relation avec le monde ou avec Dieu ; elle est plus que dérivée : elle implique un cœur pur. Jésus se concentre sur un changement moral interne qui s'exprime par l'amour. Voici l'essence de la sainteté selon Jésus-Christ : « tu aimeras donc le Seigneur, ton Dieu, de tout ton cœur, de toute ton âme, de toute ta pensée et de toute ton énergie. [...] Tu aimeras ton prochain comme toi-même. » (Marc 12.30-31)

Un autre élément important pour notre compréhension de la sainteté dans les deux premiers Évangiles est le Sermon sur la Montagne (Matthieu 5-7). Beaucoup des béatitudes vont à l'encontre de la notion traditionnelle selon laquelle seuls les religieux professionnels peuvent espérer se retrouver dans le Royaume de Dieu. Ce sont les humbles et les petits qui recevront les bénédictions de Dieu. Dans Matthieu et Marc, et certainement aussi dans Luc, Jésus est au service des plus invraisemblables selon le royaume de ce monde. Le royaume de Dieu n'est pas offert seulement à certains, mais à tous. Le message de Jésus réordonne le status quo. La sainteté potentielle s'étend aux plus humbles, puis, lorsqu'ils répondent, leur vie est souvent radicalement transformée. Une partie de la contribution à l'Église de la tradition wesleyenne de la sainteté est peut-être son insistance sur le faut que tous, sans exception, sont appelés à la sainteté.

L'Évangile de Marc décrit la sainteté comme dépendant d'une relation continuelle avec Dieu. Le thème de la vie de disciple joue un rôle prééminent. D'après Kent Brower, la vie de disciple commence par l'engagement et elle est maintenue par l'obéissance. Elle est progressive et incessante. Elle tolère l'échec, mais appelle à la plus grande fidélité à une vie d'amour[31].

LA SAINTETÉ DANS LUC ET ACTES

Du fait que l'Évangile de Luc et les Actes des Apôtres sont généralement considérés comme étant deux parties du même récit écrit par Luc, nous les aborderons ici ensemble. Le thème général des deux livres est l'œuvre du Saint-Esprit. Jésus est représenté en Luc comme le premier exemple d'une vie vécue par l'Esprit. Luc dit directement que le Saint-Esprit était avec Jésus dès sa naissance ; il a même contribué à sa conception. De même, les références au Saint-Esprit dans les Actes deviennent la principale manière de décrire la nouvelle vie expérimentée par les apôtres et par le nombre croissant de disciples.

L'Évangile de Luc se concentre sur le Saint-Esprit dans la vie de Jésus. Au-delà de sa naissance, on retrouve le Saint-Esprit lors du baptême de Jésus, puis il le conduit dans le désert de la tentation et l'en fait ressortir. Ensuite, Jésus révèle sa mission en citant Ésaïe :

> Il se rendit aussi à Nazareth, où il avait été élevé, et il entra dans la synagogue le jour du sabbat, comme il en avait l'habitude. Il se leva pour faire la lecture biblique, et on lui présenta le rouleau du prophète Ésaïe. En déroulant le parchemin, il trouva le passage où il est écrit :
>
>> « L'Esprit du Seigneur est sur moi car il m'a oint pour annoncer une bonne nouvelle aux pauvres.
>>
>> Il m'a envoyé pour annoncer aux captifs la délivrance, aux aveugles le recouvrement de la vue,
>>
>> pour apporter la liberté aux opprimés
>> et proclamer une année
>>
>> de faveur accordée
>> par le Seigneur. »
>
> (Luc 4:16-19)

Un des thèmes principaux de Luc est que Jésus vient vers ceux qui ont le plus besoin de lui. Ce sens de mission est cependant clairement lié à l'Esprit de Dieu, qui le rend capable d'accomplir sa mission. On a l'impression aussi que l'Esprit s'implique dans la mission de Jésus, de révéler Dieu et sa nature à l'humanité[32]. Comment Dieu est-il donc ? Luc 15 offre un aperçu de la nature du Dieu saint, qui nous cherche, nous sauve et nous aime. Pour résumer, « d'après Luc, […] Jésus est conçu par la puissance de l'Esprit, envoyé par l'Esprit, dirigé par l'Esprit, oint par l'Esprit, rempli de l'Esprit et de la puissance de l'Esprit. Tout son ministère est accompli en l'Esprit. »[33]

Dans le livre des Actes, Luc continue de mettre l'accent sur l'Esprit et cherche à démontrer que, de même que l'Esprit était à l'œuvre dans la vie de Jésus, il poursuit son œuvre dans l'Église après la Pentecôte, en remplissant ses disciples, les envoyant, les dirigeant, les oignant et les rendant capables d'accomplir leur dessein missionnel (Actes 1:8). Robert Wall explique ce point :

> D'après la forme finale du Nouveau Testament, le passage des quatre Évangiles aux Actes envisage un changement de thématique narrative et de centre d'intérêt théologique, de Jésus (dans les Évangiles) à l'Esprit (dans les Actes). Le Messie, rempli de l'Esprit afin d'accomplir sa mission terrestre, devient le baptiste céleste par l'Esprit duquel ses successeurs sur terre sont rendus capables de continuer son ministère. Ce changement crucial marque le problème historique programmatique auquel fait face la communauté des disciples de Christ : parviendront-ils à survivre à son

départ physique ? Le problème théologique posé par le livre des Actes est le suivant : quelle forme de vie Israël prendra-t-il en cette ère post-Jésus ? Le passage d'un mouvement messianique à une communauté apostolique et la continuité du rôle du Messie afin de poursuivre ce qu'il a commencé est la thématique centrale de tout le récit. Pour le dire clairement, le passage de l'ère messianique à l'ère apostolique de l'histoire du salut de Dieu [...] est démarqué et facilité par l'Esprit de Dieu.[34]

La démarcation d'une ère à la prochaine apparaît aux deux premiers chapitres du livre des Actes. Avant son ascension, Jésus a une nouvelle fois rassuré ses disciples qu'un autre viendrait ; cette promesse s'est accomplie à la Pentecôte. En Luc, Jean-Baptiste prédit l'avènement de quelqu'un qui viendrait étendre le baptême d'eau au baptême de feu : « il vous baptisera du Saint-Esprit » (Luc 3.16). Le baptême manifesté à la Pentecôte est donc le baptême de Jésus-Christ, par le Saint-Esprit. Techniquement, nous ne passons donc pas de l'âge du Messie à celui de l'Esprit d'une manière susceptible d'impliquer une forme hérétique de modalisme. L'Esprit est l'agent de Dieu en Christ, pas une force indépendante (Actes 2.32-39). Pourquoi est-ce important ? Parce que l'œuvre de salut et de sanctification de Dieu est toujours trinitaire. Il est faux d'affirmer que Jésus sauve et l'Esprit sanctifie : Dieu (en tant que Trinité) sauve et sanctifie. Le texte de Luc n'appuie pas le modalisme hérétique, qui réduit Dieu à une seule personne, laquelle accomplit différentes fonctions dans différents modes.

Il est cependant clair que la Pentecôte est l'accomplissement de la promesse de ce baptême, lorsque le Saint-Esprit est venu pleinement. Il n'y a pas de doute que ce qui est arrivé aux disciples était leur baptême du Saint-Esprit. La question qui s'est posée dans l'histoire récente de la tradition wesleyenne de la sainteté est de savoir si l'expérience apostolique doit être considérée comme équivalente à l'entière sanctification, et si elle est donc normative pour tous les chrétiens.

Davantage d'articles ont été publiés dans le principal journal théologique de la tradition wesleyenne de la sainteté, *The Wesleyan Theological Journal* (Journal de théologie wesleyenne) sur le baptême du Saint-Esprit qu'à n'importe quel autre sujet, mais sans qu'il n'y ait pour autant de consensus. Pendant des années, ce sujet a été âprement débattu au sein de la tradition. Encore aujourd'hui, il y a deux positions exégétiques divergentes. Quoi qu'il en soit, la Pentecôte marque un nouveau commencement au niveau de la communauté et une transformation au niveau des individus.

C'est par l'Esprit que la communauté de foi est guérie et transformée (ou recréée) en un peuple qui souffre dans sa fidélité à Dieu dans un monde hostile à Dieu. [...] C'est par l'Esprit que le Jésus souffrant est « présent » au sein de la communauté et c'est l'Esprit qui nous rend capables de rendre témoignage à Jésus. En ce sens, le baptême de l'Esprit est un rite d'initiation à une vie cruciforme.[35]

Il est important de noter que le livre des Actes entend aussi que l'Esprit donne non seulement à la communauté la puissance pour être des témoins missionnels de Christ, mais qu'il la purifie aussi. Le Dieu de Luc 15 est manifesté dans la vie des nouveaux croyants. La nouveauté de vie qui nous est offerte n'est pas que le pardon des péchés, mais aussi la réconciliation et la régénération, ainsi que, dans le livre des Actes, le baptême de l'Esprit, qui est souvent associé à la sanctification.

LA SAINTETÉ DANS L'ÉVANGILE ET LES ÉPÎTRES DE JEAN

L'Évangile de Jean a clairement été écrit dans un dessein différent de celui des trois autres Évangiles canoniques écrits avant lui. Clément d'Alexandrie, un Père de l'Église du 2ème et 3ème siècles et un des premiers théologiens chrétiens, affirme que Jean l'a consciemment écrit afin de compléter les récits des autres Évangiles. Son objectif est clairement défini à la fin de son livre : le texte dit qu'il a écrit son Évangile afin que ses lecteurs croient que Jésus est le Christ et qu'ils aient la vie en son nom (20.31). Ce dessein est reflété au premier chapitre de sa première lettre : « Oui, ce que nous avons vu et entendu, nous vous l'annonçons, à vous aussi, afin que vous aussi vous soyez en communion avec nous. Or, la communion dont nous jouissons est avec le Père et avec son Fils Jésus-Christ. » (1 Jean 1.3) Le contenu de Jean est donc plus que purement narratif : il contient des réflexions théologiques destinées à « fortifier la foi afin de produire la vie ».[36] En Jean, Jésus passe du Christ de l'histoire au Christ de la foi.

Pour ce qui est de la sainteté dans Jean, on peut encore commencer avec Dieu. D'après Kent Brower, l'Évangile de Jean nous amène dans la direction de la Trinité[37]. Contrairement à l'Ancien Testament, qui décrit le Dieu saint comme lointain et transcendant, Jean le décrit comme un Dieu d'intimité et d'amour. Clark Pinnock écrit : « En tant que cercle de relations d'amour, Dieu est dynamiquement vivant. Il n'y a qu'un seul Dieu, mais il n'est pas solitaire, mais en communion d'amour qui se caractérise par une vie abondante. »[38] Pour le spécialiste de Jean Moody Smith, « l'unité du Père et du Fils s'exprime en termes d'amour et de mission. [...] Son unité et son amour s'étendent ensuite aux disciples de Jésus, c'est-à-dire à l'Église (voir aussi 14.21 ; 15.9 ; 20.21), en même temps que l'amour mutuel devient le fondement et la base de l'existence de l'Église »[39]. Dans sa prière en Jean 17, Jésus nous invite à une relation d'intimité avec Dieu, qui n'est pas une sorte d'union mystique, mais qui consiste à demeurer (chapitre 15) dans son amour. (Paul emploie l'expression « en Christ », tandis que Pierre parle de « participants à la nature divine ».) Le Nouveau Testament surmonte la transcendance de Dieu et parle d'unité avec Christ et avec les autres qui sont en Christ. L'incarnation elle-même nous rapproche de Dieu, « la Parole incarnée ». Ainsi, lorsque Jésus prie le Père de nous « sanctifier », des images émergent au-delà de la pureté. La sanctification ne peut être séparée de l'amour, un amour dérivé de la présence de Dieu.

Les lettres de Jean reprennent ce thème. Là, Jean va jusqu'à dire que l'amour peut être parfait. 1 Jean a eu un impact profond sur la compréhension wesleyenne de la perfection chrétienne. En quoi ce livre est-il utile pour nous ? Voici quelques suggestions :

1. Jean reconnaît que le péché est un danger pour les chrétiens, mais il ne suggère en rien que la vie chrétienne doit être caractérisée par le péché continuel (1 Jean 1.5-10).

2. Jean promet le pardon et la purification de « toutes nos iniquités » à tous ceux qui se repentent (verset 9).

3. L'amour de Dieu doit dominer la vie chrétienne. L'amour que Dieu a « répandu sur nous » nous permet de « rassure[r] notre cœur devant Dieu, si notre cœur nous condamne d'une manière ou d'une autre » (3.19-20).

4. Étant aimés de Dieu, qui « nous a aimés le premier », nous devons aimer nos frères et sœurs. Cet amour est actif et cherche à répondre aux besoins des autres (versets 16-18).

5. Il y a un sentiment que l'amour est « complet » parmi nous et que cet amour parfait exclut la crainte (4.17-18). Cet amour parfait garde les commandements et revêt donc une dimension éthique en même temps que relationnelle.

LA SAINTETÉ DANS LES ÉPÎTRES DE PAUL

Au lieu de développer une perspective paulinienne générale de la sainteté, nous chercherons à parvenir à une compréhension plus spécifique en nous concentrant sur deux livres : l'Épître aux Romains et la première Épître aux Thessaloniciens.

L'Épître aux Romains est l'argumentaire théologique le plus développé de Paul, qui a joué un rôle important dans le développement de l'Église. Martin Luther a commencé la Réforme essentiellement à cause de son interprétation de Romains. La vie de John Wesley a connu un changement dramatique en écoutant la lecture du commentaire de Romains par Luther. Ce livre joue un rôle important dans la théologie protestante. Il a également une place prééminente dans la théologie de la tradition wesleyenne de la sainteté. Non seulement Paul parle du « salut par la foi seule », mais aussi de la sanctification comme corollaire approprié au salut que nous recevons en Christ. Dans ce livre important de Paul, on trouve à la fois l'expiation et la sainteté (voir tous les chapitres 6 et 8, surtout 8.3-4). On pourrait classer ce livre en sections. Les chapitres 1-4 établissent la doctrine paulinienne du salut. William Greathouse met l'accent sur la sanctification elle-même en 5.12, avec 5.1-11 comme la transition de Paul[41]. Les chapitres 5, 8 et 12 parlent spécifiquement de sanctification. Les autres chapitres traitent de la relation entre Israël et l'Église.

Le chapitre 5 contribue à une discussion unique à la théologie du Nouveau Testament, sur le rapport entre Adam, sa descendance et Jésus en tant que « *nouvel Adam* ». Le développement de Paul laisse entendre une doctrine du péché originel, transmis de génération en génération. La chute d'Adam était un acte de désobéissance, tandis que le nouvel Adam obéit entièrement à Dieu, restaurant ainsi le potentiel d'obéissance pour ceux qui sont en Christ. On trouve ici ce qu'on appelle la doctrine de la récapitulation : ce qu'Adam a pris à l'humanité par ses actes destructeurs, Christ le rétablit par ses actes de restauration. En regardant plus attentivement, cependant, Christ offre une grâce infiniment « d'autant plus » abondante qu'un simple retour à l'équilibre : « Car si, par la faute commise par un seul homme, la mort a régné à cause de ce seul homme, à bien plus forte raison ceux qui reçoivent l'abondance de la grâce qu'est le don de la justification régneront-ils dans la vie par Jésus-Christ, lui seul. » (5.17) Là où le péché abonde, la grâce surabonde. Wesley reprendra les mots de Paul en parlant du règne de la justice (ou de l'amour) dans nos cœurs, au lieu de celui du péché.

Aux chapitres 6-7, Paul développe davantage ce à quoi peut ressembler la vie en Christ. Il écrit : « Mais Dieu soit loué ! Si, autrefois, vous étiez les esclaves du péché, vous avez maintenant obéi de tout cœur à l'enseignement fondamental auquel vous avez été soumis. Et, à présent, affranchis du péché, vous êtes devenus esclaves de la justice. » (6.17-18) À la lumière de cette liberté, Paul exhorte les Romains à aspirer à une vie de sainteté. À noter que, si Paul les décrit comme esclaves de la justice et de Dieu au chapitre 6, au chapitre 8, il élargit la discussion en proclamant qu'en tant que fils et filles de Dieu, nous allons au-delà de tout sentiment d'esclavage qui engendre la crainte et savons que nous sommes enfants de Dieu, avec une relation de confiance et d'intimité avec lui qui nous permet de crier *Abba*, « papa ». Pourquoi cette transition ? Paul élabore la discussion de la loi aux chapitres 7-8.

En examinant l'histoire de l'exégèse de la deuxième moitié de Romains 7 dans la tradition wesleyenne de la sainteté, on découvre une transition qui change radicalement son sens. Pour résumer, Wesley croyait que la personne que Paul décrit à la première personne du singulier est une personne qui n'a pas encore connu Christ, non régénérée, qui s'efforce d'être sauvée à travers la loi. Les auteurs calvinistes (de l'époque de Wesley à aujourd'hui), pour leur part, ont tendance à interpréter la situation de cette personne comme celle de quelqu'un qui a déjà Christ. Les successeurs directs de Wesley sont demeurés fidèles à sa position, mais certains successeurs plus tardifs, en Amérique, au 19ème siècle, ont commencé à interpréter la situation de cette personne comme celle d'un chrétien régénéré qui n'avait pas encore été entièrement sanctifié. William Godbey a apparemment été un des premiers à suggérer cette position, qu'on retrouve dans l'œuvre de Beverly Carradine, Henry Clay Morrison, Charles Ewing Brown et Aaron Merrit Hills (des figures du 19ème et du début du 20ème siècles). Au 20ème siècle, les biblistes et théologiens de la tradition wesleyenne de la sainteté sont revenus à l'interprétation wesleyenne et ont interprété ces versets comme décrivant une personne non régénérée.

Du point de vue de la tradition wesleyenne de la sainteté, le sort de la personne de Paul, décrit au chapitre 7, est surmonté au chapitre 8. Le cœur du message de la sainteté émane de cette description de la vie par l'Esprit. Paul dit qu'en Christ, « la juste exigence de la Loi [est] pleinement satisfaite en ce qui nous concerne, nous qui vivons, non plus à la manière de l'homme livré à lui-même, mais dans la dépendance de l'Esprit » (8.4), ce qui n'est possible que parce que Dieu « l'a fait » en nous envoyant Jésus. Ainsi, Paul est fermement optimiste par rapport à la vie de l'Esprit. Alors que nous marchons selon l'Esprit, nous recevons sa vie, devenons enfants de Dieu, sommes remplis d'espérance, avons la certitude de son amour et sommes plus que vainqueurs sur le péché et tout ce qui peut nous séparer de Dieu. Après des affirmations fortes et optimistes, Paul exhorte les Romains à « offrir leurs corps » à Dieu en tant que « sacrifices vivants », afin qu'ils soient transformés (12.1-2) et rendus capables d'aimer (versets 9-21). Ainsi, la consécration, ou dévotion totale, est une notion importante, dans le Nouveau Testament comme dans l'Ancien.

George Lyons a écrit : « Les pasteurs et enseignants chrétiens se retrouvent de plus en plus dans la même position que les apôtres au 1er siècle. Leur rôle n'est pas seulement de convertir les païens ou d'endoctriner les convertis, mais de christianiser l'Église. »[42] Lyons regarde surtout vers la première épître de Paul aux Thessaloniciens afin de l'orienter sur ce point. Il défend que la christianisation des chrétiens constitue précisément le dessein de Paul dans cette lettre et que le grand nombre de références à la sainteté dans un livre si court soient remarquables[43]. Sur le plan historique, 1 Thessaloniciens est un livre extrêmement important pour la tradition wesleyenne de la sainteté. Si on devait choisir un verset qui représente cette tradition, ce serait probablement 1 Thessaloniciens 5.23-24. On peut dire que la théologie biblique de la sainteté serait incomplète sans cette épître.

En méditant 1 Thessaloniciens, Lyons a écrit aussi : « Pour ceux d'entre nous qui prenons notre héritage wesleyen de la sainteté au sérieux, l'orthodoxie n'est pas suffisante. Nous ne pouvons justifier notre existence théologique qu'en promouvant activement la « sainteté de cœur et de vie. »[44] C'est ce que fait Paul dans cette lettre : il montre clairement que nous sommes tous appelés à la sainteté, qu'elle n'est pas réservée à une élite. Pour Paul, une vie chrétienne pécheresse est un oxymore ! Nous pouvons proclamer, en vertu des paroles de Paul dans cette épître et ailleurs, que la sainteté est plus puissante que le péché. Le moyen d'atteindre cette puissance et cette purification est la consécration humaine au Saint, une vie entièrement abandonnée à Dieu et consacrée à lui, entièrement transformée par la grâce.

Le dernier chapitre de 1 Thessaloniciens mentionne spécifiquement et explicitement l'entière sanctification : « Que le Dieu de paix vous rende lui-même entièrement saints et qu'il vous garde parfaitement esprit, âme et corps pour que vous soyez irréprochables lors de la venue de notre Seigneur Jésus-Christ. Celui qui vous appelle est fidèle et c'est lui qui accomplira tout cela. » (5.23-24) Malheureusement, nous oublions souvent l'emphase holistique du terme « entièrement ». Ce terme peut avoir différentes connotations aujourd'hui. Par exemple, en cuisinant une dinde, en disant qu'elle est entièrement cuite, on espère certes qu'elle l'est, mais on veut dire surtout qu'elle a terminé son temps de cuisson, donc que de continuer à la faire cuire la rendrait immangeable ! Malheureusement, certaines personnes ont interprété le terme « entièrement » dans ce sens, si bien qu'ils pensent qu'aucune croissance supplémentaire n'est plus requise au-delà de cette expérience.

Dans ces versets, Paul veut dire que tout notre être est sanctifié. Aucune partie de nous n'a pas été touchée par l'œuvre sanctificatrice de Dieu. Il veut dire que cette sanctification survient avant la « venue de notre Seigneur », mais qu'elle doit être maintenue. Nous devons demeurer sans tâche. La seule manière d'y parvenir est de continuer à cultiver la sainteté de cœur et de vie. Cependant, grâce à Dieu, nous ne devons pas persévérer dans cette voie par nous-mêmes, car Dieu a investi dans notre sainteté. Sa grâce continuera à nous sanctifier, dans le sens où notre sainteté continuera, et grandira même, si nous demeurons entièrement consacrés.

LA SAINTETÉ DANS HÉBREUX ET JACQUES

Contrairement à une grande partie de l'œuvre de Paul, qui s'adresse à des églises non-juives ou mixtes, dans les livres d'Hébreux et de Jacques, on trouve le message de la sainteté prêché aux Juifs du Nouveau Testament. D'après Frederick Bruce, l'objectif d'Hébreux est

> d'établir la finalité de l'Évangile, par opposition à tout ce qui l'a précédé (plus spécifiquement du culte lévitique), comme la voie de la perfection, la seule qui mène [les hommes] à Dieu sans interruption d'accès. Il [l'au-

teur] établit la finalité du christianisme en établissant la suprématie de Christ, en sa personne et en son œuvre.⁴⁵

Jésus est effectivement mis en opposition avec l'Ancienne Alliance, comme une voie meilleure et plus parfaite. Il est entièrement Dieu et entièrement homme. Son salut est d'un autre genre, meilleur qu'auparavant. Cependant, même si l'expiation est un thème prééminent dans Hébreux, la sanctification l'est aussi. David Peterson écrit : « La purification est la base de notre sanctification. [...] Dieu, à travers son œuvre souveraine en Christ, met à part et relie à lui-même ceux qui ont été purifiés de la souillure du péché. Cette œuvre divine objective de consécration a des implications profondes sur l'attitude et le comportement des croyants. »⁴⁶ Ainsi, la pureté est à présent incarnée et interne, non seulement attribuée à une personne ou à un objet, sur la base de son emploi. Les personnages de l'Ancien Testament, ainsi que le montre Hébreux 11, vivaient dans l'attente de la plénitude de cette sainteté qui est à présent disponible.

Le livre de Jacques est important, en ce qu'il présente cette sainteté incarnée d'une manière très pratique. La sainteté, ou la « religion authentique et pure aux yeux de Dieu, le Père, consiste à aider les orphelins et les veuves dans leurs détresses et à ne pas se laisser corrompre par ce monde » (Jacques 1.27). Une telle vie d'amour et de pureté doit être maintenue même à travers les épreuves et les persécutions. L'amour persévère. Cet amour ne fait pas preuve de favoritisme, il est miséricordieux, plein de sagesse et toujours soumis à Dieu. La foi produit des œuvres de justice, particulièrement au sein de la communauté de foi.

Une étude exhaustive de la sainteté dans la Bible dépasserait le cadre de ce chapitre, mais nous espérons que ces points importants pourront servir de fondement aux considérations théologiques des chapitres suivants. Le résumé qui suit met en avant ce que nous avons présenté dans ce chapitre. Dans la prochaine partie de notre étude, « Histoire de la sainteté », nous examinerons les développements historiques de la théologie de la sainteté, du 1ᵉʳ au 20ᵉᵐᵉ siècle.

OBSERVATIONS RÉCAPITULATIVES

1. L'Ancien Testament présente la sainteté de Dieu en des termes qui incluent son incomparabilité, sa gloire et sa jalousie.
2. L'« herméneutique de l'amour » aide les Wesleyens à interpréter les passages difficiles de l'Ancien Testament.
3. Dans l'Ancien Testament, les hommes sont saints lorsqu'ils sont en relation avec Dieu, qu'ils se sont consacrés à son service, qu'ils n'ont pas d'autres dieux en dehors du seul vrai Dieu, qu'ils

demeurent en alliance avec lui et qu'ils expriment leur relation avec lui par l'obéissance.
4. Le grec employé dans le Nouveau Testament ajoute plusieurs nouvelles connotations au sens de la sainteté.
5. Les thèmes néo-testamentaires de la sainteté incluent les suivants : l'œuvre du Saint-Esprit (y compris le « <u>baptême du Saint-Esprit</u> ») est fortement mise en avant comme le moyen d'accomplir les desseins de Dieu dans la vie chrétienne ; l'amour de Dieu et du prochain demeure normatif pour la sainteté ; l'<u>entière sanctification</u> est possible dans cette vie ; la loi « écrite dans le cœur », prophétisée dans l'Ancien Testament, est devenue réalité ; une vie conforme à l'Esprit engendre la <u>liberté</u> et une croissance chrétienne authentique en sainteté et en amour.
6. Une partie du message de Paul inclut l'idée de « christianiser les chrétiens », en les encourageant à renoncer au péché et à vivre dans la justice.
7. Les Épîtres aux Hébreux et à Jacques s'adressent à un public juif et excellent dans leur capacité à appliquer le riche héritage juif à l'œuvre de Jésus-Christ, en tant que source de notre sainteté. Hébreux offre une analyse christologique du récit et de la théologie du texte hébraïque, tandis que Jacques offre un guide de sainteté très pratique, particulièrement sur la manière dont nous traitons les autres.

QUESTIONS DE RÉFLEXION

1. Quel est le rapport entre l'Ancien et le Nouveau Testament ?
2. Y a-t-il une compréhension uniforme de la sainteté dans le Nouveau Testament ?
3. Quel est le message de la sainteté que nous recevons de Jean ? Des Actes ? De Paul ? De Jacques ?
4. Qu'est-ce que cela peut vouloir dire de christianiser les chrétiens ?

5. En quoi certains textes ont-ils été poussés trop loin dans le sens de la sainteté et de la sanctification ?

PARTIE II

HISTOIRE DE LA SAINTETÉ

TROIS

La sainteté dans l'histoire : de l'Antiquité tardive à 1700

OBJECTIFS D'APPRENTISSAGE

Votre étude de ce chapitre vous permettra …
1. d'identifier les thèmes liés à la sainteté dans les écrits de l'Église primitive,
2. d'identifier les thèmes liés à la sainteté dans la période médiévale,
3. d'identifier les thèmes liés à la sainteté chez les mystiques catholiques et les auteurs anglicans,
4. d'identifier les thèmes liés à la sainteté dans le piétisme pré-Wesleyen.

MOTS-CLÉ

Antiquité tardive	*théose*
patristique	platonicien chrétien
apologie	stoïcisme
ascétisme	apocatastase
ermites	divinisation
monachisme cénobite	hagiographie
hérésie	origénisme
pères apostoliques	pélagianisme
gnosticisme	quiétisme
récapitulation	

Il est extrêmement important de savoir que la sainteté est une doctrine biblique. Il est tout aussi important de comprendre qu'il s'agit aussi d'une doctrine historique, solidement intégrée à la fabrique du christianisme dès ses débuts. Il est particulièrement important pour la tradition wesleyenne de la sainteté de savoir que Wesley n'a pas développé sa doctrine sans aucun fondement. Le cœur du message de la sainteté est apparu très tôt dans le christianisme. Ces thèmes se sont poursuivis au Moyen-Âge, à l'époque de la Réforme et chez le prédécesseur théologique immédiat de Wesley : l'anglicanisme. Ceci étant entendu, un aperçu des différentes périodes et personnes importantes suivra dans ce chapitre et au chapitre suivant, en mettant l'accent sur leurs contributions au développement de la pensée de la sainteté ou sur leur importance pour le mouvement de la sainteté et la proclamation de la théologie de la sainteté.

▸ LA PÉRIODE PATRISTIQUE

Ainsi que nous l'avons vu au dernier chapitre, la notion de sainteté n'est pas une invention des auteurs du Nouveau Testament. La théologie du peuple hébreu de l'Ancien Testament impliquait certainement l'appel à vivre une vie sainte et juste. La notion de sainteté ne se limite cependant pas aux auteurs bibliques. Il y avait aussi une emphase sur la sainteté en dehors du christianisme, qui s'exprimait notamment pas l'identification du « saint » dans la culture de l'Antiquité tardive[1].

Aux marges de la société, il y avait des personnes qui se tenaient à part par rapport à la vie courante dans la société romaine. Ils étaient considérés comme des médiateurs entre le commun des mortels et le divin (les dieux). Leur séparation avait une dimension économique (ils étaient nomades, n'avaient pas de logement et devaient mendier leur nourriture), qui ne faisait qu'accentuer leur statut de « saints » aux yeux du peuple romain, puisque les dieux eux-mêmes prenaient soin d'eux. Ils étaient assez à part pour être considérés comme des sages. Ils étaient souvent les ministres de la communauté, dans le sens où ils étaient au service des nécessiteux. Cette idée du saint dans la société romaine a servi de contexte secondaire à la Bible dans le développement de la conception chrétienne primitive de la sainteté, pendant la période patristique. C'était particulièrement le cas pendant et après les temps de persécution sévère des chrétiens par l'Empire romain.

Au cours des siècles qui ont suivi la période apostolique, le christianisme s'est développé d'une manière dramatique. Un développement important a été celui de l'identité propre de l'Église, par rapport à l'Empire. À ses débuts, le christianisme était perçu comme une secte juive, ce qui lui garantissait une certaine immunité ou tolérance de la part de l'Empire romain, avec la même marge de liberté qu'Israël ; mais, alors que le christianisme a commencé à se voir lui-même et à être vu comme une nouvelle religion, cela a attiré l'attention de l'Empire.

Les persécutions ont commencé tôt dans l'histoire chrétienne. Au début, elles étaient spontanées et localisées, mais par la suite, elles se sont étendues à tout l'Empire et ont pris la forme d'attaques agressives contre le christianisme dans son ensemble. Justin Martyr (vers 100-165 ap. J.-C.), dans sa *Première apologie*, argumente que les chrétiens ne doivent pas être punis uniquement pour leur nom, mais plutôt être l'objet d'enquêtes individuelles concernant leur caractère. Il croyait certainement qu'une telle enquête révélerait leur amour et leur pureté, si bien que l'État reconnaîtrait leur innocence. Justin lui-même a été martyrisé.

Le martyre a développé sa propre théologie intrigante. Beaucoup de chrétiens aspiraient au martyre, qui était vu comme un gagne ultime de sainteté. Un martyr était un « saint » (au sens romain ; il y avait tout autant de femmes martyrs), qui se tenait comme médiateur entre le chrétien ordinaire et Dieu, car il avait suivi les traces de Christ et pris part à ses souffrances. Il est intéressant de noter que pendant cette période, l'Église n'a pas été affaiblie par la persécution, mais a beaucoup grandi. Un auteur chrétien primitif, Tertullien, a écrit : « Le sang des martyrs est la semence de l'Église. »

« Martyr » signifie littéralement « témoin ». Le témoignage rendu à Christ, jusqu'à mourir avec lui, était le plus grand honneur. Les martyrs étaient honorés par-dessus tous les autres, même les responsables d'église et les enseignants. Il n'est pas inapproprié de parler de « culte » du martyre, en prenant en compte l'exaltation et l'admiration dont les martyrs étaient l'objet. Le martyr était la meilleure incarnation de la sainteté. L'Église persécutée a donc beaucoup influencé le développement de la théologie de la sainteté au cours de l'Antiquité tardive, de la période apostolique à 313. Au cours de ces premières années, la sainteté était bien vivante.

Un événement extrêmement important de l'histoire du christianisme a été la conversion de Constantin (vers 272-337). Alors que cet Empereur luttait pour le pouvoir et pour unir l'Empire sous son emprise, il est parti au combat et aurait entendu une voix lui dire : « Par ce signe tu vaincras. » Il a regardé vers le ciel et vu la croix, symbole du Christ chrétien. Il gagna la bataille. À la suite de cette expérience, Constantin a publié l'édit de Milan, en 313, qui a légalisé le christianisme. Il en a aussi fait la religion favorisée par l'Empire romain. L'authenticité de la conversion de Constantin est âprement débattue. Le moins qu'on puisse dire est qu'il s'est servi de cette réforme religieuse à des fins politiques.

Les résultats de ce bouleversement sont ambigus. D'une part, les persécutions ont cessé, ce qui a certainement profité aux chrétiens eux-mêmes. D'autre part, des masses populaires romaines ont été baptisées immédiatement comme chrétiennes, ce qui a certainement affaibli la foi. La question de savoir comment percevoir qui est véritablement saint s'est vite posée. Maintenant que les martyrs n'occupaient plus la première place d'honneur et de sainteté, qui leur succéderait ? Selon une théorie, ce n'est pas une coïncidence si, juste après l'édit de tolérance de Constantin, une nouvelle forme de martyre s'est développée, particulièrement en Orient.

Il s'agit de la montée de l'ascétisme. Puisqu'on ne pouvait plus être littéralement crucifié avec Christ, au moins, l'option de l'auto-crucifixion métaphorique, ou de l'auto-mortification, demeurait. Certaines personnes ont commencé à pratiquer des disciplines physiques rigoureuses en tant que moyen de purification spirituelle. Les jeunes sévères, la chasteté et même l'auto-mutilation étaient monnaie courante chez les ascètes. Cela a mené au développement de la pratique de l'ermitage. Des hommes et des femmes se sont installés dans le désert égyptien particulièrement, où ils vivaient une vie essentiellement solitaire, avec peu d'interactions entre eux. À partir de là, ils se sont faits connaître sous le nom de Pères du désert[4]. Avec le temps, ces ermites, ou moines ermites, ont formé des communautés, qui ont donné naissance à ce qu'on appelle le monasticisme cénobite. Ces communautés ressemblaient à ce que nous connaissons sous le nom de monastères ou de couvents. Dans les deux cas, les autres chrétiens identifiaient ces ascètes comme les nouveaux saints, qui ont remplacé les martyrs en tant que héros chrétiens.

Un autre développement important du culte ou de la culture des saints a été celui de la sain(t)e doctrine. L'Église a commencé à reconnaître quelles personnes et idées étaient contraires à l'Évangile. Irénée de Lyon est le premier à avoir employé le terme d'hérésie, au sens technique (vers 175). Il s'opposait à l'enseignement de Valentin, un gnostique qui égarait les chrétiens. Ce n'est cependant pas tout à fait exact, puisque les gnostiques se considéraient eux-mêmes comme chrétiens. En fait, c'est Irénée qui a pris position pour affirmer qu'ils ne faisaient pas partie du cercle chrétien. Cela a mené au besoin évident, mais jusqu'ici peu reconnu, d'articuler les croyances fondamentalement chrétiennes, qu'on appelle aujourd'hui orthodoxes. Pourquoi les gnostiques étaient-ils hérétiques ? Qu'est-ce qui constitue la foi chrétienne ? Puisque les gnostiques se servaient des mêmes textes qui deviendraient par la suite les Écritures canoniques, sur quel fondement les chrétiens pouvaient-ils prétendre connaître la vérité ? Irénée et les autres ont commencé à parler de « succession apostolique » comme d'une manière de légitimer la doctrine chrétienne[5]. Les enseignants de cette lignée étaient des « saints ».

Il s'est finalement avéré nécessaire de convoquer des conciles afin d'établir fermement les croyances et doctrines orthodoxes. Le premier concile œcuménique, convoqué afin de statuer sur la question de la relation entre Christ et Dieu, a eu lieu en 325, sous le nom de Concile de Nicée. Trois autres conciles ont suivi, qui traitaient également de questions christologiques, afin d'affiner davantage la position orthodoxe sur la nature et la personne de Christ : le Concile de Constantinople, en 381, le Concile d'Éphèse, en 431, et le Concile de Chalcédoine, en 451. Ces trois conciles, avec celui de Nicée, sont connus comme les quatre premiers conciles œcuméniques (sur sept), ce qui veut dire que toute la communauté chrétienne orthodoxe adhère à leurs conclusions.

La persécution et le martyre, l'ascétisme radical et la croissance de l'orthodoxie étaient des éléments importants du développement des premiers développements de la théologie de la sainteté. Nous reviendrons sur ces éléments en retraçant le développement de la théologie de la sainteté à travers l'histoire de l'Église primitive.

LES PÈRES APOSTOLIQUES

Lorsque les historiens parlent des pères apostoliques de l'Église primitive, ils font référence à un ensemble spécifique d'auteurs dont l'œuvre date du 1er siècle ou du début du 2ème siècle. Il s'agit notamment de Clément de Rome (30-100), Ignace d'Antioche (30-107), les auteurs de la *Didache* (100-150), l'auteur de l'Épître de Barnabas (130-138), Polycarpe (65-155) et l'auteur du *Pasteur d'Hermas* (96-150). Christopher Bounds a étudié ce que chacun de ces auteurs et textes a à dire au sujet de la perfection chrétienne[6]. Il résume ses découvertes en trois catégories : « Les implications de la perfection chrétienne », « La possibilité de la perfection chrétienne dans la vie présente » et « Les moyens de la perfection chrétienne ».

D'après les pères apostoliques, tels qu'interprétés par Bounds, la perfection chrétienne implique d'abord « un amour parfait, qui se résume explicitement et implicitement par les deux plus grands commandements. [...] L'amour chrétien est la rubrique dominante par laquelle on comprend la perfection. »[7] Ensuite, Bounds suggère que la perfection chrétienne implique la liberté du péché. « Sur le plan négatif, cela veut dire que les chrétiens sont libres du péché délibéré ; sur le plan positif, qu'ils vivent une vie d'obéissance totale aux commandements de Dieu. »[8] La plupart des pères apostoliques font référence à un changement intérieur qui rend cela possible.

Bounds insiste aussi fortement sur le fait que les pères apostoliques croyaient clairement que la perfection chrétienne était possible dans cette vie : « Chacun des Pères enseigne que les chrétiens peuvent être rendus parfaits dans l'amour, accomplir les deux plus grands commandements de Jésus, être libérés du péché délibéré et avoir leurs cœurs orientés vers l'amour et la pureté. »[9] Cet optimisme concernant la possibilité de la perfection chrétienne se poursuit tout au long de la période anté-nicéenne. Ce n'est que plus de 50 ans après Nicée que les penseurs occidentaux sont devenus plus pessimistes par rapport à la grâce sanctifiante.

Les moyens de la perfection chrétienne que nous expérimentons dans cette vie sont tout simplement l'œuvre de Dieu « rendue possible à travers la vie rédemptrice de Christ et la présence sanctifiante du Saint-Esprit »[10]. Pour les pères apostoliques, cette œuvre de Dieu est cependant synergique : nous devons coopérer volontairement avec la grâce de Dieu afin de grandir en sainteté. Ce thème synergique s'étend également dans la période anté-nicéenne plus tardive.

LES THÉOLOGIENS ANTÉ-NICÉENS ULTÉRIEURS

Justin Martyr (vers 100-165)

L'œuvre de Justin Martyr représente un type de littérature appelé apologétique. En plus de leur vocation apologétique, on y trouve aussi des éléments d'un fort optimisme quant à la possibilité d'une vie sans péché. L'idée que Justin avait de la sainteté ne doit pas être vue comme une doctrine formalisée dans le cadre d'une somme théologique plus vaste qu'il aurait développée d'une manière systématique, mais comme influencée d'une manière contextuelle par ses desseins apologétiques à une époque de persécution et de martyre. Son premier objectif était de défendre les chrétiens contre les fausses accusations d'athéisme et d'immoralité. Dans sa *Première apologie* comme dans sa *Deuxième apologie*, il fait beaucoup d'efforts afin de montrer que les chrétiens, loin d'avoir des pratiques que les païens eux-mêmes trouveraient indéfendables (comme le cannibalisme et l'inconduite sexuelle avec les enfants), vivaient en fait d'une manière qui allait au-delà de la vie vertueuse que les Romains exaltaient. On peut trouver une assertion sous-jacente chez Justin, selon laquelle une personne qui se dit chrétienne ne pèche tout simplement pas, mais qu'elle est sans reproche :

> Dès lors, je vous prie, ne faites plus attention au nom, mais à la conduite des accusés ; que le coupable soit condamné, non parce qu'il est Chrétien, mais parce qu'il est coupable, et que l'innocent soit absout bien qu'il soit Chrétien. (*Première apologie*, VII)[11]

Il implique aussi que si la vie d'une personne s'avère être marquée par le péché, alors cela contredit sa confession de foi chrétienne : « Nous ne regardons pas comme Chrétiens ceux qui ne suivent pas ces maximes : c'est moins sur la bouche que dans le cœur qu'elles doivent se trouver. Ce sont les œuvres que Dieu demande ; il ne promet le salut qu'à celui qui pratique sa loi. » (*Première apologie*, XVI)[12]

Justin s'intéresse à la défense de la responsabilité individuelle pour le péché et met l'accent sur le libre choix contre les cosmologies fatalistes :

> Les prophètes nous ont appris que des châtiments ou des récompenses nous sont réservées, selon nos œuvres ; c'est une vérité que nous professons. S'il en est autrement, si tout est soumis aux lois d'une aveugle nécessité, dès lors il n'y a plus de liberté dans l'homme ; s'il est bon ou mauvais, parce qu'ainsi le veut le destin, il n'est ni louable ni répréhensible ; s'il n'a pas la faculté de choisir entre le bien et le mal, quoi qu'il fasse, il est sans crime. (*Première apologie*, XLIII)[13]

Perpétue (morte en 203)

Perpétue était une héroïne vénérée par l'Église primitive et le jour de son exécution était reconnu et marqué par une célébration liturgique. Le texte lui-même *(Le martyre de Perpétue et Félicité)*[14] présente perpétue comme un « homme » pour son courage viril, une association courante dans la littérature martyrologique : Perpétue et Félicité, son esclave, sont morts comme des hommes. Au cœur du récit original du martyre, il y a la relation entre Perpétue et sa famille : elle avait un fils en bas âge, qui était en prison avec elle alors qu'elle attendait la mort. Félicité aussi était sur le point d'accoucher. Le père païen de Perpétue a cherché sans succès à la convaincre de renier sa foi afin de pouvoir élever son enfant comme elle le devrait. Elle est restée sourde à ses supplications, si bien que l'enfant lui a été pris. Comment Perpétue a-t-elle pu faire preuve d'une résolution si ferme qu'elle lui a permis de surpasser à la fois ses responsabilités de mère et son rôle de fille ? Elle a fait preuve d'un cœur entier, qui lui a permis de se consacrer entièrement à la volonté de Dieu. Le texte original lui-même approuve explicitement le fait que Perpétue a été délivrée des craintes et préoccupations maternelles, ce qu'il attribue à l'intervention divine. On pourrait répondre que la perception courante des femmes martyres et vierges comme « viriles » est centrée sur les hommes, mais au moins, elle permet aux femmes ascètes d'obtenir un certain degré d'autonomie. Ce terme continuera tout au long de la période patristique. Les femmes comme Perpétue sont des modèles de sainteté de cœur.

Irénée (mort en 202)

Irénée de Lyon a également été persécuté et il est finalement mort en martyr. Les circonstances du martyre avaient moins d'importance pour lui que pour Justin, mais il a façonné sa théologie en conflit avec ceux qui se considéraient eux-mêmes comme faisant partie du camp chrétien, mais qu'il voyait comme hérétiques. Il est davantage connu pour sa distinction entre orthodoxie et hérésie que pour son martyre. À cause de sa délimitation claire de la doctrine chrétienne, il est devenu un des premiers penseurs chrétiens à formaliser la notion d'orthodoxie. Son ouvrage *Contre les hérésies* est une critique sans concession des erreurs du gnosticisme valentinien. Irénée a cependant aussi fait preuve de créativité théologique dans sa réfutation des hérésies. Il a notamment fait avancer la compréhension christologique et sotériologique de l'Église primitive. Il est connu surtout pour sa théologie de la récapitulation et son élaboration de Jésus-Christ comme le nouvel Adam. Il affirme que Jésus-Christ a obéi là où Adam a désobéi et que par son obéissance, il nous ouvre la porte afin que nous puissions également obéir entièrement à Dieu et revenir ainsi à l'état originel d'Adam au cours de cette vie. La sotériologie de la récapitulation a été employée par Wesley et ses successeurs, de même que des aspects de la théologie anthropologique d'Irénée.

L'anthropologie théologique d'Irénée est également née de ce contexte conflictuel. Son débat avec les gnostiques, particulièrement autour de leur interprétation de la chute, a formé sa compréhension de la nature humaine. Irénée s'intéressait à la défense de la bonté de la création contre la tendance gnostique à considérer le monde matériel comme mauvais.

Dans une expression très originale, il envisageait Adam et Ève comme étant « semblables à des enfants », innocents et immatures. Cela nous mène à considérer l'enseignement d'Irénée sur le péché comme « l'antithèse, ou plutôt le correctif, de celui de St-Augustin »[15]. Même si Irénée tenait Adam et Ève pour responsables de leur désobéissance, il ne la comprenait pas comme perturbatrice et ayant changé la face du monde, contrairement à Augustin plusieurs siècles après lui. Pour lui, le péché est plutôt une conséquence de notre immaturité et une occasion de mettre en lumière la miséricorde de Dieu, dont l'expression ultime sera Christ lors de la récapitulation.

> Ainsi, il est donc vrai de dire qu'un Dieu a eu la puissance de douer l'homme de la perfection ; mais que l'homme, en qualité d'être créé, n'était pas capable de s'approprier cette perfection ; ou que même, s'il eût pu en être doué, il n'eut pas été capable de la conserver en lui. Voilà pourquoi le verbe de Dieu, malgré sa grandeur, s'est abaissé jusqu'à revêtir l'enfance de l'homme, afin que l'homme fût capable de le comprendre dans cet état d'abaissement. [...] Le Père veut et commande, le Fils exécute et crée, l'Esprit conserve et perfectionne ; et l'homme, s'avançant peu à peu vers la perfection sous ces divins auspices, y touche enfin et se rapproche de l'être incréé. (*Contre les hérésies*, IV, 38.1-3)[16]

Irénée maintient une compréhension développementale de l'histoire humaine. Les notions comme les « étapes de la vie » et « l'ascension vers la perfection » rendent son système à la fois plein de compassion envers la nature humaine dans l'histoire (récapitulée par un Christ humain) et optimiste par rapport à la capacité humaine à avancer vers un avenir parfait (préfiguré par un Christ eschatologique). Cela a mené certains spécialistes à identifier les premiers croissances du thème de *théose*, dans la patristique, dès l'œuvre d'Irénée[17].

La définition irénéenne classique de la doctrine de la *théose* se trouve dans l'avant-propos du livre V de *Contre les hérésies*. Beaucoup de spécialistes de la tradition wesleyenne de la sainteté ont associé l'idée de *théose* à la doctrine de la sanctification. Irénée écrit : « vous attachant irrévocablement au maître seul qui ne peut nous tromper, c'est-à-dire au verbe de Dieu, notre Seigneur Jésus-Christ, dont la bonté infinie nous a faits ce que nous sommes, afin de nous fournir les moyens de parvenir à lui ressembler. »[18] Une autre traduction possible serait : « dont la bonté infinie s'est faite ce que nous sommes ». Paul Bassett paraphrase ce passage en ces mots : « Non seulement la divinité est-elle authentiquement devenue chair, mais la chair devient aussi authentiquement divine. En fait, le deuxième est la raison du premier. [...] Le croyant est transformé, divinisé, dans son être le plus profond. »[19] Irénée croyait clairement qu'à travers l'œuvre récapitulative et salvifique de Jésus-Christ, l'humanité peut être pleinement restaurée selon son dessein originel.

Clément d'Alexandrie (vers 150-vers 215)

Clément d'Alexandrie a précédé le célèbre Origène à la tête de l'école catéchétique et théologique d'Alexandrie. Victime de la grande persécution de 202, Clément a pris la décision difficile de fuir pendant un temps et de se cacher afin de sauver sa vie. À la lumière de cette expérience, il était d'autant plus déterminé à contribuer à la littérature orthodoxe florissante, notamment dans ses efforts visant à réfuter les gnostiques. Il a écrit, non seulement face à la persécution, mais aussi avec assez de clarté théologique pour contribuer à la formation de la doctrine chrétienne primitive.

Clément, qui était philosophe avant de se convertir au christianisme, a poursuivi en tant que philosophe chrétien après sa conversion. Il a longtemps été considéré comme un platonicien chrétien. Un de ses objectifs était de se se réapproprier le terme de « gnostiques » et d'affirmer que Dieu ne donne pas de connaissance divine spéciale à un petit nombre d'élus (une cause qui sera reprise par Origène), mais que Christ est la source de toute connaissance de la vérité, laquelle est accessible à tous les chrétiens Il se concentre sur Christ comme le véritable enseignant.

Pour Clément, l'illumination ou la connaissance n'est pas purement intellectuelle, mais il s'agit de la connaissance de Christ, qui permet d'aimer véritablement. Le chrétien parfait, ou « vrai gnostique », mène une vie morale, mais aussi, spécifiquement, sans immoralité passionnée. Sur ce point, Clément est clairement influencé par la philosophie stoïcienne, qui met l'accent sur l'importance de garder le contrôle de toutes les émotions, par la raison. Clément semble identifier la perfection chrétienne à l'idéal stoïcien, qui consiste à faire taire toutes ses passions. Malheureusement, son stoïcisme le mène même à interpréter Christ comme dénué de passion. Sur ce point, il influencera certainement les autres interprétations de l'humanité de Christ dans l'Église primitive. Cependant, en mettant de côté ces étranges notions stoïciennes aux fins d'une interprétation dans une perspective de sainteté, on constate que Clément croyait fermement en la perfection chrétienne et affirmait que le chrétien parfait menait une vie de consécration totale à Dieu, avec un cœur plein d'amour, qui le pousse à vivre une vie sainte, même au cœur de la souffrance et de la persécution. Christ n'est pas qu'une source de connaissance, mais aussi l'exemple par excellence d'une vie chrétienne juste.

Clément semble distinguer la foi du chrétien ordinaire et celle du « parfait », même s'il affirme aussi clairement : « du moment où nous fûmes régénérés, nous reçûmes cette perfection à laquelle tendaient tous nos efforts ; nous avons reçu la lumière, c'est-à-dire la connaissance de Dieu. Est-ce être imparfait que de connaître ce qui est parfait ? »[20] Clément parle cependant aussi d'une perfection croissante : « Baptisés, nous recevons la lumière ; éclairés, nous sommes faits enfants de Dieu ; enfants de Dieu, nous devenons parfaits ; parfaits, nous devenons immortels. [...] cette opération [progressive,] on l'appelle grâce, illumination, perfection. »[21]

Plus loin dans son parcours chrétien, le chrétien parfait acquiert, plus spécifiquement, un meilleur discernement de la nature de la vertu : « Nous sommes donc à juste titre enfants de Dieu, nous qui, après avoir dépouillé le vieil homme, quitté la tunique du vice, et revêtu l'incorruptibilité de Jésus-Christ, afin de devenir un peuple nouveau et saint. »[22] La nature de cette sainteté est toujours l'amour, ainsi que Clément le dit ailleurs : « Il faut donc que l'homme parfait s'exerce à la charité, et par elle s'élève jusqu'à l'amitié de Dieu, en accomplissant ses préceptes par amour pour lui. »[23] À la lumière de cet optimisme (qui affirme que la perfection est possible dans cette vie), Clément offre un système élaboré d'éthique chrétienne, qui couvre pratiquement toutes les situations imaginables. Pour Clément, il y avait clairement une « manière chrétienne » de tout faire. À noter que John Wesley s'est servi des considérations éthiques de Clément d'Alexandrie comme modèle pour son traité *Le caractère du méthodiste*.

Origène (vers 165-vers 254)

Origène était un auteur brillant, qui a écrit ce qu'on a appelé la première théologie systématique chrétienne, au début du 3ème siècle de l'ère chrétienne. Très jeune, il est devenu enseignant à l'école chrétienne d'Alexandrie. Son seul regret dans la vie a été de ne pas être mort martyr avec son père à l'adolescence. Il a été torturé à la fin de sa vie, mais ses blessures n'ont pas conduit à la mort ni au martyre immédiat. Il est mort après plusieurs années des persécutions qu'il avait subies. Il est davantage connu pour ses écrits que pour sa fin.

Même si Origène a fermement établi les fondements de sa pensée dans son ouvrage le plus important, *Des principes*, et que ces fondements ressemblent beaucoup à une expression théologique orthodoxe primitive, Origène a aussi écrit des ouvrages de théologie spéculative sur des questions dont il croyait que les Écritures ne parlaient pas. Pour cette raison, sa théologie spéculative complexe était déjà suspecte de son vivant et a été définitivement rejetée après sa mort. Malgré cette condamnation, cependant, son importance historique est toujours débattue, avec certains spécialistes qui se sont efforcés de le ramener dans le camp orthodoxe, tandis que d'autres, au contraire, sont allés jusqu'à mettre en doute la validité même de la notion d'orthodoxie pré-nicéenne. Dans tous les cas, « l'engagement chrétien d'Origène est indiscutable, mais ses conclusions théologiques ont suscité des apologies et des répudiations passionnées ; il était trop droit pour être dans l'erreur ou son erreur est trop séduisante pour être ignorée. »[24]

Contrairement aux autres auteurs patristiques, Origène transcende son contexte historique par sa créativité et son originalité. Peter Brown et Rebecca Lyman semblent apprécier cette qualité transcendante. Brown le qualifie de « magnifiquement idiosyncratique »[25]. Sur le plan thématique, Brown accorde son attention a la vision origéniste du corps, tandis que Lyman examine sa « cosmologie »[26]. Les deux thèmes sont parfois implicitement et parfois explicitement liés à la doctrine de la sainteté.

Pour Brown (de même que pour Lyman), le dialogue d'Origène avec les différents groupes gnostiques était centré sur la question de la « diversité spirituelle de l'humanité ». Au cœur même de toutes les idées d'Origène se trouve le libre arbitre. Origène a développé sa fameuse doctrine de la chute comme un effort visant à expliquer cette diversité humaine. Rebecca Lyman examine l'anthropologie théologique d'Origène et suggère qu'il cherchait à réfuter le déterminisme gnostique. Là encore, le livre arbitre joue un rôle fondamental dans ses arguments.

Alors que certains gnostiques expliquaient les différences entre individus en les classant en trois catégories pré-ordonnées, Origène maintenait fermement la doctrine de la liberté individuelle, en affirmant que chaque âme est déchue du fait de ses propres choix et que beaucoup tombent dans des corps. Il serait tentant de voir ici une idée purement platonique (le corps étant la prison de l'âme), mais Brown a une autre suggestion :

> Pour Origène, la chute de chaque esprit individuel dans un corps spécifique ne s'est en aucun cas faite à travers un cataclysme, mais le fait d'être placé dans un corps constitue un acte positif de miséricorde divine. Il s'est

distancé de beaucoup de ses contemporains, en insistant sur le fait que le corps est nécessaire à la lente guérison de l'âme. Ce n'est qu'en luttant contre les limites imposées par un environnement matériel spécifique que l'esprit apprendrait à retrouver son ancienne aspiration à s'étendre au-delà de lui-même, en s'ouvrant toujours plus à l'amour de Dieu.[27]

Ainsi, Origène avait une compréhension plus individualiste du péché, et donc aussi du salut et de la sainteté.

Son système est peut-être le plus optimiste de tous ceux que nous avons examinés jusqu'ici, car il était non seulement certain que chaque âme peut être transformée selon la ressemblance de Dieu et retrouver un état de communion parfaite avec lui, mais il croyait aussi que chaque âme réaliserait cette ascension. Il a été condamné en partie parce que son optimisme l'a mené à la doctrine de *l'apocatastase* (salut universel). Il était clairement optimiste, puisqu'il croyait que la grâce sauverait même Satan.

Le chapitre de Brown sur Origène est intitulé d'une manière appropriée, afin de refléter l'ensemble du schéma théologique d'Origène, qui est un appel : « Soyez transformés ». C'est cet optimisme extrême d'Origène, avec son emphase sur le libre arbitre humain, son rejet de toute forme de déterminisme et son interprétation de la chute, qui mène Elizabeth Clark à classer Origène et ses disciples en opposition frontale avec l'anthropologie théologique d'Augustin[28].

Malgré les tendances spéculatives d'Origène et intellectuelles, son espérance et son optimisme intenses pour l'humanité et sa croyance ferme en la grâce de Dieu rendent son système profondément personnel et sa sotériologie fortement synergique, ou encore, ainsi que l'exprime Lyman :

> Même si Origène était très optimiste par rapport au potentiel humain, il reconnaissait aussi notre besoin d'aide divine constante, sans laquelle nous sommes incapables d'obéir constamment. Cela est dû non seulement à notre nature changeante, mais aussi au fait que, dans la théologie d'Origène, la volonté elle-même n'est pas qu'une puissance indéterminée, mais une expression de piété et de croissance vers une nouvelle vie. On ne devient pas parfait par notre volonté seule : la divinisation n'est pas une habitude, mais elle émane d'une volonté et un amour dirigés vers Dieu.[29]

Ainsi, la sainteté est influencée par nos choix individuels (elle ne dépend pas d'une condition héritée), par une acceptation profonde de la grâce comme une aide divine et enfin, par un engagement à aimer et à s'approcher de plus en plus d'une union avec Dieu.

PERSPECTIVES POST-NICÉENNES

La période post-nicéenne du christianisme primitif est marquée par la montée dramatique de l'ascétisme et par la quête du consensus chrétien. Il s'agit aussi d'une époque où les différences subtiles entre le christianisme oriental (grec) et occidental (latin) sont devenues plus prononcées. La plupart des personnages de cette section sont orientales. En fait, les Pères latins abordés ici étaient fortement influencés par des thèmes orientaux. Ce n'est pas que la « sainteté » est absente du christianisme latin ; au contraire, toute une controverse, la controverse donatiste, était centrée sur des questions de normes éthiques strictes et de pureté ecclésiastique. Le contexte et le programme qui ont nourri la pensée de John Wesley lui-même étaient cependant clairement orientaux[30].

Antoine (vers 251-356) et Athanase (vers 293-373)

Ce que nous savons de la vie d'Antoine vient surtout de son hagiographie (biographie d'un saint, en l'occurrence Antoine) écrite par Athanase. Antoine était la première grande figure du mouvement monastique, qui est allé vivre dans le désert égyptien peu après l'édit de Milan. Ironiquement, alors qu'il recherchait la solitude, il a été bien incapable de fuir la civilisation, parce qu'elle est venue à lui. Les pèlerinages dans le désert, afin de voir ce saint remarquable, sont devenus de plus en plus populaires. Les chrétiens ordinaires allaient trouver Antoine afin de profiter de sa sagesse et de ses conseils.

D'après Athanase, Antoine a lutté contre la tentation dans le désert, imitant ainsi les tentations de Christ pour le compte des autres. Il a facilement surmonté les tentations de la chair, le besoin de nourriture ou de sexe, ainsi que le confort de la vie en société, sur bien des points. Il est ainsi parvenu à se détacher des activités humaines habituelles. Ses plus grandes tentations étaient spirituelles. Athanase écrit comment les démons luttaient constamment avec lui, mais il en sortait toujours victorieux.

Pour les Pères du désert en général, la notion même de péché doit être vue en lien avec le *telos*, ou objectif, de l'humanité : parvenir à un état de perfection qui s'exprime par la pureté et l'amour. Qu'il s'agisse de la métaphore du « retour au paradis », de l'« échelle montante » ou de la « pure contemplation de l'Unité divine », le péché est toujours dépeint comme le plus grand obstacle au *telos* de sainteté. L'ascétisme est donc un mode de vie destiné à surmonter les embûches sur un parcours spirituel spécifique ; il s'agit d'un moyen d'attendre cette fin, pas de la fin en soi. L'objectif décrit est la restauration de l'état original d'Adam et Ève.

C'est sur ce point qu'Athanase exprime le rôle de Christ dans cette restauration. Athanase, tout comme Irénée avant lui, articule une expression classique de la doctrine de la *théose*. Dans *Sur l'incarnation du verbe*, il écrit : « En effet, il s'est fait homme afin que nous puissions devenir Dieu. » Une autre traduction possible est : « Dieu est devenu homme pour que l'homme puisse devenir Dieu. » Une traduction plus littérale du grec serait : « Il s'est incarné (c. à d. il a pris chair) afin que nous puissions être divinisés. » Même si cette idée est débattue par les spécialistes[31], l'interprétation wesleyenne habituelle de cette expression est que nous devenons semblables à Dieu, ou à Christ, dans notre caractère, pas que nous partageons son *ousia*, son essence. Athanase croyait clairement qu'une telle ascension est possible pendant cette vie, même s'il est probablement réservé à ceux qui sont disposés à vivre « à part » du monde. Il est intéressant de noter qu'Athanase a joué un rôle important au Concile de Nicée, où les ariens ont été défaits. Les ariens croyaient que Christ avait été créé par Dieu à un moment donné dans le temps et qu'il ne partageait pas l'essence divine de Dieu, mais était seulement « semblable » à lui. L'issue de se concile, qui a rejeté ces idées ariennes, était importante pour la vision de la théose défendue par Athanase : si Christ n'était pas pleinement Dieu, alors Dieu ne s'est pas incarné en Christ et n'a donc pas pu nous offrir le moyen d'être « divinisés ».

Basile (vers 330-79) et Macrine la Jeune (324-79)

Basile était le frère aîné de Grégoire de Nysse. Les deux frères, avec leur ami Grégoire de Naziance, sont connus sous le nom de Pères cappadociens. Chacun d'eux a beaucoup contribué à l'Église post-nicéenne. Ils avaient tous reçu une excellente éducation en philosophie et en rhétorique. Ils étaient tous ordonnés et servaient comme prêtres ou évêques, mais Basile est particulièrement connu pour sa théorie et sa pratique de l'ascétisme. Il est intéressant de noter que Basile disait que tout ce qu'il avait appris, qui avait une quelconque valeur spirituelle, lui venait se sa sœur Macrine (appelée la Jeune, afin de la distinguer de sa grand-mère, Macrine l'Ancienne, qui était également ascète). Grégoire de Nysse a écrit sa biographie, *la Vie de Macrine*, mais c'est Basile qui l'a le plus défendue.

Macrine a fondé un monastère féminin sur les terres de sa famille. Parmi ses disciples, il y avait sa mère, ainsi que toutes leurs servantes. Elles ont fait le vœu de vivre une vie d'ascèse austère. Grégoire décrit Macrine comme le meilleur exemple de sainteté et compare sa foi à celle de Moïse. Elle est pour ainsi dire un modèle de théose féminine. Grégoire de Nysse, Basile et Grégoire de Naziance ont tous passé du temps sur son lieu d'ascèse et ont reconnu sa sainte dévouée et sa profonde maturité spirituelle.

Le temps que Basile a passé dans le monastère familial l'a inspiré pour écrire une des premières « règles » du monachisme cénobite. Il s'agit de directives de vie ascétique en communauté, avec un emploi du temps quotidien qui maintenait un équilibre entre travail, dévotion privée et culte communautaire. Basile a sans aucun doute été profondément influencé par la routine monastique de sa sœur. Ses règles étaient des directives de piété personnelle pour les siècles à venir.

Grégoire accorde une grande attention à la mort de Macrine, selon la coutume des hagiographies de personnes remarquables. À ses yeux, elle était déjà devenue sainte avant sa mort et elle est morte comme la sainte qu'elle était.

Grégoire de Nysse (vers 335-vers 394)

Grégoire de Nysse est considéré comme le théologien systématique de cette famille pieuse et des Pères cappadociens. Son œuvre sur la Trinité a influencé le Concile de Constantinople, en 381. Il a écrit aussi un traité important, intitulé *De la perfection*. Même si on ne peut établir de rapport textuel avec John Wesley (qui ne cite jamais le nom de Grégoire de Nysse), ses thèmes tournent tous autour de la perfection chrétienne. Par ailleurs, son œuvre sur ce sujet est représentative de la position orientale qui a si profondément influencé l'idée wesleyenne de la sainteté[32]. Grégoire offre un apport important sur la nature de la perfection. Il a passé en revue trente-deux noms de Christ. Pour lui, ces noms, qui dépassent clairement nos capacités humaines, nous poussent à l'adoration. La plupart d'entre eux décrivent un aspect de Christ que nous sommes appelés à imiter. L'objectif de la vie chrétienne, rendu possible en prenant part à la grâce, est de devenir semblable à Christ.

Cette revue des noms de Christ a permis à Grégoire d'affirmer que la perfection morale est à notre portée si nous pratiquons la vertu. Comme la plupart des penseurs orientaux, Grégoire estime que nous ne sommes pas obligés de pécher. Il a écrit : « La perfection dans la vie chrétienne [est] à mon sens la participation de notre âme, de nos paroles et de nos activités à tous les noms par lesquels Christ est désigné, afin de nous revêtir de cette sainteté parfaite, selon l'eulogie de Paul, dans « la plénitude du corps, de l'âme et de l'esprit », et qu'elle nous garde toujours contre tout mélange avec le mal. »[33]

Grégoire affirme aussi que la vertu continue de grandir vers la perfection. Cela n'a pas de sens de parler de parvenir à la perfection, si celle-ci est définie par rapport aux vertus. Cesser de grandir en vertu nous rend forcément moins vertueux. La vertu doit être active. Elle ne peut être contenue dans des limites, même celles de la perfection : « Car voici la véritable perfection : ne jamais cesser de grandir vers ce qui est meilleur et ne jamais mettre de limites à notre perfection. »[34] Sur ce point, il s'oppose au platonisme strict, qui fait du changement ou de la mutabilité un signe d'imperfection[35]. Plusieurs autres textes sont indicateurs de la théologie de la sainteté, notamment *De professione Christiana*, qui pose la question de savoir ce que signifie réellement être chrétien, puis y répond. Là encore, dans sa réponse, il appelle à une vie vertueuse, semblable à Christ, par la grâce divine[36].

Pseudo-Macaire

Après de longues années où les spécialistes attribuaient un ouvrage chrétien primitif très important, *Les cinquante Homélies*, à Macaire d'Egypte, on désigne maintenant plutôt son auteur sous le nom de « Pseudo-Macaire ». Concernant son identité, on ne peut faire que des hypothèses. Nous savons seulement que ce texte a probablement été écrit en Syrie, pas en Égypte. Certains ont associé l'auteur au messalianisme[37], condamné comme une hérésie par le Concile d'Éphèse, en 431, mais « un nombre croissant de spécialistes s'accordent, en tout cas, sur un point : là où les Homélies emploient un vocabulaire messalien, il n'y a rien de spécifiquement hérétique à la manière dont ce vocabulaire est employé. [...] Les Homélies continuent d'être honorées aujourd'hui comme un classique de vie spirituelle. »[38]

Kallistos Ware décrit clairement les trois étapes de la spiritualité du Pseudo-Macaire : 1) La personne qui n'a pas reçu la grâce est présentée comme ayant un cœur rempli de mal, qui domine son état intérieur et son comportement extérieur. 2) La prochaine étape commence lorsque la personne reçoit la grâce qui sauve, à travers Jésus-Christ. Il s'agit cependant d'une étape de lutte spirituelle, puisque le péché et la grâce cohabitent dans son cœur. Les principes de la lumière et des ténèbres luttent pour dominer le même cœur. 3) Enfin, le péché est chassé du cœur par la puissance du Saint-Esprit. La personne doit coopérer avec cette œuvre. Le Pseudo-Macaire associe cette dernière étape à la perfection : « Telle est la progression fondamentale envisagée par Macaire : d'un cœur possédé par le mal, à un cœur où le péché et la grâce cohabitent, puis, enfin, à un cœur qui appartient à Dieu seul. »[39] Il est fascinant de constater que cette représentation des étapes de la vie chrétienne correspond si étroitement au paradigme dominant dans le vocabulaire du mouvement de la sainteté au 19ème siècle. En fait, certaines de ces Homélies pourraient avoir été prêchées depuis la chaire d'un camp du mouvement ! Nous savons que John Wesley lui-même lisait les Homélies et « chantait » en réponse[40].

Le Pseudo-Macaire est un auteur qui parlait de la transformation de toute la personne humaine, qui lui permet de répondre à Dieu avec amour et obéissance. Comme le wesleyanisme en général, les Homélies parlent de la spiritualité du cœur. Elles révèlent aussi une solide pneumatologie, ou doctrine du Saint-Esprit : « Les âmes qui cherchent la sanctification de l'Esprit, laquelle dépasse notre puissance naturelle, sont entièrement liées à leur amour entier pour le Seigneur. »[41] L'Esprit est plus grand que le péché, si nous cherchons la sanctification de l'Esprit.

> Cette [corruption] doit à nouveau être exclue par ce qui est également étranger à notre nature, en l'occurrence le don céleste de l'Esprit, afin que la pureté originale soit restaurée. À moins de recevoir dès à présent

l'amour céleste de l'Esprit par des supplications ardentes qui s'expriment par la foi, par la prière et en se détournant du monde, et à moins que notre nature ne soit unie par l'amour, qui est du Seigneur, et que nous ne soyons sanctifiés afin de nous délivrer de la puissance corruptrice du mal par le moyen de ce même amour de l'Esprit, et à moins que nous ne persévérions, inébranlables jusqu'à la fin, marchant avec persévérance selon tous ses commandements, nous serons incapables de recevoir le Royaume céleste.[42]

On retrouve une citation similaire dans l'Homélie 44 : « Car si, en ce monde, une personne ne recevait pas la sanctification de l'Esprit par beaucoup de foi et de supplications, et qu'elle n'était pas « rendue participante à la nature divine » et imprégnée par la grâce qui lui permet d'accomplir tous les commandements sans reproche et en toute pureté, elle ne sera pas faite pour le Royaume de Dieu. »[43]

Une autre idée fascinante du Pseudo-Macaire est son association entre la sanctification et le baptême du Saint-Esprit : « Mais ici, le peuple de Dieu, étant très spécial, reçoit le signe de la circoncision intérieure du cœur. Car le couteau céleste retranche la partie excessive de l'esprit, c'est-à-dire l'incirconcision impure du péché. Ils avaient reçu un baptême qui sanctifiait la chair, tandis que nous avons reçu un baptême du Saint-Esprit et de feu. »[44]

Le Pseudo-Macaire a aussi une solide doctrine de la *théose*, ou de la divinisation. Au lieu d'être seulement christologique, elle est aussi pneumatologique : « L'Esprit céleste a touché l'humanité et l'a rendue divine. »[45] Il parle souvent de partager la nature divine, à travers l'œuvre de l'Esprit. Il est résolument optimiste sur notre capacité à surmonter le péché dans cette vie et sur la perfection qui s'exprime à travers la vertu : « Car la pureté du cœur consiste en ce que, lorsque vous voyez les pécheurs et les faibles, vous ayez compassion et fassiez preuve de miséricorde envers eux. »[46]

Il affirme plus loin :

> C'est pourquoi, celui qui a trouvé et possède en lui-même le trésor céleste de l'Esprit accomplit tous les commandements avec justice et pratique toutes les vertus sans reproche, avec pureté, sans se forcer et avec une aisance certaine. Supplions donc Dieu, en le cherchant et le priant, de nous faire don du trésor de l'Esprit, afin que nous puissions être rendus capables de marcher selon tous ses commandements, sans reproche et en toute pureté, accomplissant ainsi toute œuvre de justice que l'Esprit nous demande, avec pureté et perfection, par le moyen du trésor céleste qui est Christ. [...] La personne qui a trouvé le Seigneur, le véritable trésor, en cherchant l'Esprit par la foi et avec une grande patience, produit les fruits de l'Esprit.[47]

On peut donc résumer la contribution du pseudo-Macaire à la compréhension ancienne de la sanctification, de la perfection et de la *théose*, par les points suivants : 1) un optimisme sur la capacité de la grâce à surmonter le péché, 2) une concentration sur l'œuvre de l'Esprit dans nos cœurs, qui sanctifie et purifie, 3) le besoin pour chaque personne de s'efforcer consciemment de garder un cœur entier et une attitude de dépendance de Dieu, 4) une vie de vertu semblable à Christ, pour la personne sanctifiée, 5) une pureté de cœur qui s'exprime par la compassion, la miséricorde et l'amour. Pour chaque citation ci-dessous, on en trouve des dizaines d'autres sur chacun de ces points dans les Cinquante homélies[48]. Il est extrêmement important de comprendre que le pseudo-Macaire s'adresse à une communauté ascétique et monastique et que son optimisme concerne ceux qui passent leur vie à chercher la sainteté sans aucune distraction, mais sa théologie peut néanmoins s'appliquer en grande partie à n'importe quel chrétien authentique.

Jean Chrysostome (vers 347-407)

Au début de sa carrière, Chrysostome a passé deux ans en isolement monastique dans les montagnes à l'extérieur d'Antioche. Des problèmes de santé l'ont fait revenir en ville et se tourner vers une vie très différente. Il a servi comme diacre et prêtre à Antioche (381-397) puis évêque à Constantinople (397-407), et s'est fait connaître pour ses compétences homilétiques. Son éducation rhétorique précoce avec le célèbre Libanius lui a été utile en chair, mais sa théologie s'est clairement développée dans un contexte ascétique. D'après Peter Brown, son objectif était d'apporter le désert dans la ville, de créer de petites communautés ascétiques constituées de foyers[49]. Il était souvent décrit par ses paroissiens à Antioche comme un moraliste sévère, dont les exigences pour les citoyens ordinaires étaient à peine moins sévères que pour les moines. Vigen Guroian écrit : « Le plus important pour lui était la nature de la famille chrétienne en tant qu'entité ecclésiastique : la famille en tant que vocation du Royaume de Dieu, qui exigeait une discipline spirituelle et une ascèse morale. [...] L'*askesis* (terme grec pour des exercices de reniement de soi) sert non seulement au perfectionnement individuel, mais est également orientée vers la perfection communautaire. »[50] Au final, son objectif de « pouvoir parler d'Antioche comme d'une ville totalement chrétienne » n'était qu'un idéal, demeuré « le souhait le plus intense et le plus tragiquement inaccompli de sa vie »[51]. Il trouvait le réconfort chez ceux qui partageaient sa rigueur ascétique.

Pour Chrysostome, la virginité était le moyen de revenir à la création originelle. « [Il] affirme que la virginité constitue la véritable condition humaine, non pas uniquement angélique. [...] En adoptant la virginité, non seulement nous devenons davantage semblables à Dieu, mais nous revenons aussi à notre véritable nature humaine. »[52] Certaines personnes ont affirmé que sa haute évaluation du potentiel virginal s'est affaiblie au cours de sa vie. Il serait peut-être plus correct d'attribuer ce changement rhétorique à un changement de public : son ouvrage le plus ancien consacré à le sujet, *De la virginité*, s'adresse à des ascètes comme lui, tandis que ses dernières homélies s'adressaient surtout à des personnes mariées, ce qui ne l'empêchait pas d'exprimer aussi dans ses homélies son désir de voir ses paroissiens « ordinaires » rechercher également la sainteté, même s'il croyait que l'état idéal pour une telle quête est la vie ascétique.

En gardant cet arrière-plan à l'esprit, nous passons à présent à la compréhension que Jean Chrysostome avait de la perfection chrétienne. À la suite de beaucoup de Pères grecs, Chrysostome défendait une solide doctrine du libre arbitre. Toute personne est responsable de ses choix et de ses péchés. Même s'il n'omet pas de mentionner les effets de la chute d'Adam sur sa postérité, Chrysostome était très optimiste sur nos capacités et sur la possibilité d'atteindre la vraie vertu. Face à la chute de quelqu'un, il défendait fermement la responsabilité personnelle et exaltait la capacité humaine à se repentir. Pour lui, l'image de Dieu peut être restaurée et de véritables progrès peuvent être accomplis dans notre parcours vers la perfection. Ses écrits plus tardifs, ainsi que nous l'avons mentionné précédemment, font état d'un changement d'attitude : sans pour autant abandonner sa croyance en la vertu monastique, il était de plus en plus attaché à la même norme de vie vertueuse pour tous, moines ou non, mariés ou célibataires.

Contre d'autres spécialistes qui voient l'éthique de Chrysostome comme quelque peu superficiel et moraliste, F. X. Murphy maintient que sa synthèse du message biblique avec la rhétorique helléniste (dans son contenu autant que dans sa technique) offre des apports éthiques profonds. Pour Murphy, l'idée mature de Chrysostome, que la quête de perfection et d'une vie réellement vertueuse concerne tous les chrétiens, est appuyée par une théologie de l'amour qui remet presque en question la vie solitaire de sa jeunesse et sa vision de la virginité[53].

Chrysostome croyait donc en la capacité universelle à vivre une vie vraiment morale. Il a déclaré par la suite que ceux qui n'avaient pas une vocation monastique étaient parfois dignes d'une admiration d'autant plus grande pour leur poursuite de la perfection au milieu des influences mondaines. Avec son optimisme par rapport à la capacité humaine de faire de choix moraux, il défendait une éthique comportementale élevée. Il a particulièrement exhorté son clergé à Constantinople à vivre une vie de pureté et d'intégrité.

Cependant, même dans ses textes les plus anciens, sa compréhension d'une vie vertueuse ne faisait pas de l'ascétisme une fin en soi[54]. Son objectif était l'imitation de Christ, non seulement dans ses interdictions, mais aussi dans ses appels à l'action. Même s'il est crucial d'éviter le péché, la vertu va cependant plus loin, particulièrement pour ce qui est de l'appât du gain et de la vanité. Le contenu positif de la vertu est avant tout l'amour.

Jean Chrysostome est clairement un Père oriental. Il y a deux figures passerelles entre Orient et Occident, pendant la dernière partie du 4ème siècle, qui valent la peine d'être examinés : Jean Cassien et Jérôme. Chacun abordera une approche différente dans sa négociation entre deux univers théologiques devenus très différents.

Jean Cassien (vers 360-vers 435)

Jean Cassien était un moine qui a voyagé à travers le monde. Son lieu de naissance est inconnu : on sait seulement que sa langue natale était probablement le latin, même s'il parlait le grec si couramment qu'on pense qu'il a peut-être grandi dans la région bilingue de Scythie mineure (Roumanie actuelle). Vers 380, alors qu'il n'avait que 20 ans, lui et Germanus, son compagnon de voyage de toute sa vie, sont allés en Palestine afin de poursuivre une vie ascétique. Il s'est installé à Bethléhem, à une époque où les pèlerinages étaient populaires et les monastères florissants. Lui et Germanus y ont intégré une communauté cénobite. Après quelques années, ils ont pris la décision de rejoindre Abba Pinufius en Égypte, où ils ont expérimenté la gloire ascétique du désert égyptien. Les expériences de Cassien avec les grands Pères du désert deviendraient la source de ses ouvrages les plus influents, les *Instituts* et les *Conférences*.

Après avoir passé environ quinze ans dans le désert, Cassien et Germanus ont quitté l'Égypte lorsque les origénistes ont commencé à y être persécutés. Longtemps après la mort d'Origène, un groupe de ses disciples suivait certaines de ses idées théologiques plus hérétiques. À part ces idées, l'origénisme est connu surtout pour son approche mystique de la vie ascétique. Les origénistes étaient extrêmement pieux et se consacraient à la prière avec un zèle qui dépassait même celui du moine orthodoxe le plus dévoué. On peut défendre l'idée qu'ils ont été condamnés davantage pour leur spiritualité radicale que pour leur théologie. Cependant, en tant que fervents partisans de la doctrine du libre arbitre définie par Origène, les origénistes se sont retrouvés suspects, dans un univers théologique de plus en plus orienté vers l'Occident et les thèmes théologiques occidentaux. Il est intéressant de noter que beaucoup d'entre eux, notamment Cassien, après avoir quitté l'Égypte, se sont dirigés vers le Nord, jusqu'à Constantinople, à l'époque ou Chrysostome était évêque de la ville.

Cassien et Germanus sont devenus des disciples dévoués de Chrysostome. Cassien semble avoir acquis un certain pouvoir ecclésiastique pendant cette période. Lorsque Chrysostome a été déposé, vers la fin de sa vie, Cassien a été chargé de porter une lettre de sa part à Rome et au pape Innocent. Il a continué à s'impliquer en politique ecclésiale à Constantinople et on le retrouvera même au moment de la controverse nestorienne, qui a mené au Concile d'Éphèse (lequel a traité de la question de la divinité de Jésus-Christ).

Cassien est cependant connu surtout pour avoir établi le monachisme oriental en Occident, en établissant des monastères en Gaule. C'est ici que ses écrits sont les plus usités. Chacun de ses *Instituts* et *Conférences* rapporte des conversations qu'il a eues avec les moines égyptiens. Leur sagesse est apportée en Occident. Cassien a fondé ses communautés en Gaule sur une théorie et une pratique explicitement orientale. On constate dans ses écrits un lien extrêmement clair avec une compréhension orientale de la perfection chrétienne, plus spécifiquement dans son idée de la pureté de cœur et de la sanctification.

> Le fondement biblique de sa doctrine de la pureté de cœur est : « Heureux ceux sont le cœur est pur, car ils verront Dieu. » (Matt. 5.8) En mettant en lien la pureté de cœur avec le fait de voir Dieu, cette béatitude relie le « moyen » à la « fin ». En même temps, les rares fois où Cassien cite ce texte spécifique nous rappellent que sa compréhension de la pureté de cœur ne dépend pas d'un seul texte biblique, mais s'enracine dans une riche tradition biblique et post-biblique[55].

L'idée que Cassien avait de la pureté de cœur contient trois thèmes principaux : la purification, l'équation théologique entre pureté de cœur et amour, et l'expérience de la libération du péché qu'il appelle la tranquillité de cœur. Cassien, de même que d'autres figures orientales, croyait que les pratiques qui contribuent à la pureté ne sont pas des fins en elles-mêmes. Il savait que l'obsession de la perfection peut mener au désespoir, à la colère ou à une attitude de jugement envers les autres. Il est dangereux de « confondre les moyens et la fin »[56]. Pour Columba Stewart, qui a écrit une des biographies des plus récentes de Cassien, « Cassien fait écho à Paul : même la destitution totale ne garantit pas la perfection, si elle n'est pas accompagnée de l'amour qui « consiste en la seule pureté du cœur » (*Conférence* 1.6.3)[57].

Jérôme (vers 347-420)

Jérôme est également une figure passerelle entre l'Orient et l'Occident. Son parcours prendrait cependant une orientation très différente de celle de Cassien. Comme lui, Jérôme était originaire d'Occident. Il a également voyagé jusqu'à s'installer à Bethléhem. À son retour, certaines controverses ont cependant fait évoluer sa théologie dans une direction très différente.

Jérôme, qui avait un intérêt particulier pour le développement du monachisme féminin, a rassemblé autour de lui certaines bienfaitrices qui sont devenues des disciples ascétiques. Paula a ouvert un couvent à Bethléhem, à côté du monastère de Jérôme. Il a loué d'innombrables femmes qui ont laissé leurs maris et leurs enfants afin de se consacrer entièrement à Dieu.

La théologie du mariage de Jérôme est sous-jacente à sa théorie ascétique, notamment avec son insistance sur l'importance, pour les vierges, de manifester un détachement relationnel inébranlable[58]. Cette théologie est la plus explicite dans sa controverse avec Jovinien (années 390). Après plusieurs années passées à Bethléhem, il a reçu une copie d'un texte de Jovinien, qui remettait en cause une de ses convictions les plus profondes : celle que la vocation ascétique était plus élevée et plus sainte aux yeux de Dieu que celle du mariage, qu'il voyait comme une concession à la faiblesse sexuelle. Le cri de bataille de Jovinien était l'« égal mérite » de toutes les femmes, vierges, veuves et matrones[59]. Il a été excommunié pour ses efforts, mais malgré cela, certains des plus influents chrétiens de Rome le soutenait, si bien que son influence a perduré.

Les efforts de Jérôme visant à réfuter les idées de Jovinien sont centrées sur les premiers chapitres de la Genèse. Jérôme estimait que « nous devons maintenir qu'avant la chute, ils [Adam et Ève] étaient vierges au Paradis ; mais après avoir péché, ils ont été chassés du Paradis et mariés immédiatement »[60]. Ainsi, pour Jérôme, l'état original d'Adam et d'Ève était virginal. Dieu ne les a pas créés pour le mariage et la reproduction sexuelle, qui sont une conséquence directe de la chute. La virginité est « le mode préférable de vie humaine »[61]. Elaine Pagels évalue la situation en établissant qu'après que *Contre Jovinien* soit parvenu à Rome, « même ceux qui étaient d'accord que la virginité surpassait le mariage ont été gênés par la véhémence de Jérôme »[62].

Un autre débat a profondément façonné la théologie de Jérôme, scellant son identité en tant que penseur occidental. La controverse origéniste a commencé dans les années 380 et s'est poursuivie au siècle suivant, où elle a fini par se mélanger avec une autre hérésie, le pélagianisme. Elizabeth Clark retrace l'implication croissante de Jérôme dans cette controverse et démontre que sa préoccupation change avec le temps[63].

D'après Clark, jusqu'en 396, Jérôme n'avait encore fait que peu d'efforts visant à se distancer de la pensée d'Origène. Elle attribue cet état de fait à son incapacité à discerner les subtilités et complexités théologiques du débat[64]. C'est plutôt sa rupture radicale avec son vieil ami Rufin qui a intensifié son implication, les deux hommes se servant de la controverse pour exprimer leur animosité mutuelle. Les apologies orthodoxes de Jérôme sont remplies d'« attaques souvent voilées, mais toujours d'une brutalité époustouflante contre son ancien ami »[65]. Rufin avait des liens étroits avec l'origénisme, dont il défendait la cause. Pour répondre aux attaques de Jérôme, il l'a accusé d'être lui-même origéniste, en mettant en avant sa dépendance d'Origène dans beaucoup de ses commentaires. Jérôme, malgré son rétropédalage théologique spectaculaire, avait « semé les graines pour être lui-même accusé d'origénisme »[66]. En accusant vicieusement à son tour Rufin d'hérésie, il a clairement « adhéré à la cause anti-origéniste pour des raisons davantage personnelles qu'intellectuelles »[67].

Après de nombreuses années, Jérôme a finalement commencé à expliquer les aspects hérétiques de l'origénisme d'une manière systématique. Ce faisant, il se concentrait sur la proposition des déclarations de Jovinien qui le mettait le plus en colère : l'origénisme réfuterait la hiérarchie morale. Jérôme croyait que la gradation de statut spirituel entre ascètes et personnes mariées devait être préservée à tout prix.

Peter Brown aborde l'engagement de Jérôme dans la controverse origéniste, avec ses effets sur sa théologie, sous un autre angle. Au lieu du réveil graduel, fluide et incertain décrit par Clark, Brown parle d'un moment de décision auquel Jérôme a pris position contre l'origénisme. Ce qu'il rejetait était l'emphase orientale ancienne sur un potentiel de transformation humain illimité. Pour Brown, Jérôme a fini par conclure que cette idée « était irrévocablement inapplicable à son époque »[68], si bien que, presque sans le savoir, il a trahi son propre passé. Les lueurs d'optimisme dans la pensée de Jérôme ont commencé à disparaître[69]. En « écrivant contre Pélage, en 415, Jérôme a tout fait pour détruire le moindre espoir de perfection chrétienne sur terre. »[70] Il a commencé à adhérer à une anthropologie remarquablement distincte : « Pour la nouvelle génération qui avait commencé à écouter Augustin, le désir sexuel révélait la solidarité inexpugnable de toute l'humanité en le péché d'Adam. [...] Jérôme était parvenu à une époque très différente de celle à laquelle il avait commencé sa carrière. »[71]

Peu après l'époque de Jérôme, Rome est tombée et l'ère des ténèbres a commencé en Occident. Nous savons que l'Église et la spiritualité chrétienne ont continué à prospérer en Orient pendant plusieurs siècles. Le pessimisme anthropologique qui s'était emparé de la théologie chrétienne occidentale s'est également réalisé dans la sphère politique. La sauvagerie humaine s'est révélée à la chute de Rome. 500 ans s'écouleraient avant que le souffle de vie du christianisme occidental ne soit ranimé, même s'il y a certainement eu quelques bouffées d'air entretemps. La question qui se pose est la suivante : une forme de croyance en la perfection chrétienne pouvait-être ressuscitée au nouveau millénaire.

▶ DE LA PÉRIODE MÉDIÉVALE À WESLEY

Nous venons d'examiner en profondeur la théologie de la période la plus ancienne de l'histoire de l'Église, pour deux raisons. D'abord, il nous fallait établir le fait que la théologie de la sainteté était profondément enracinée dans la tradition chrétienne, dès ses débuts. Ensuite, John Wesley a étudié la littérature patristique avec une assiduité inégalée. Il a développé l'habitude de lire les

Pères (et Mères) à Oxford et a continué à les considérer comme des autorités en Géorgie et tout au long de sa vie en tant qu'évangéliste et fondateur d'un mouvement. Il préférait les auteurs orientaux et ceux qui ont écrit pendant la période prénicéenne[72]. Beaucoup de thèmes de l'Église primitive ont influencé sa compréhension de la perfection chrétienne. Il les voyait comme une importante source pour son propre développement théologique. John Wesley a certainement été influencé aussi par d'autres auteurs plus tardifs. Voici un bref aperçu de plusieurs de ces contributeurs plus récents à sa pensée.

Bernard de Clairvaux (mort en 1153)

Alors que l'Occident émergeait de l'ère des ténèbres, on constate une montée de l'intérêt et des accomplissements intellectuels. La théologie scolastique a revigoré la réflexion chrétienne, notamment la théologie plus technique. On constate aussi un renouveau de l'intérêt monastique. Déjà avant l'émergence des franciscains et des dominicains au début de la période médiévale, Bernard de Clairvaux a établi un nouvel ordre : les cisterciens. Il est connu pour d'autres événements historiques importants, mais son œuvre dévotionnelle manifeste une profonde spiritualité avec des accents de sainteté.

Contrairement à Jérôme, qui s'est efforcé jusqu'au bout de maintenir une hiérarchie spirituelle fondée sur le vœu de chasteté, Bernard s'est servi du mariage comme une métaphore de la vie de piété. En présentant notre relation avec Dieu comme un mariage, il fait l'éloge de la profondeur de l'amour de Dieu pour chacun de nous. Paul Bassett l'exprime ainsi : « L'insistance de Bernard sur le rôle de Dieu en tant qu'initiateur, soutien et objet de l'amour chrétien n'est évidemment pas nouvelle, mais ce qui est nouveau (dans le sens où ce message manquait, ou était en tout cas étouffé, depuis Augustin, c'est son attente que, à travers l'action de l'amour divin, notre amour peut être rendu parfait pendant cette vie. »[73] Depuis Augustin, la notion de perfection a été lentement dissociée de l'amour. « Bernard réunit les deux. »[74] La pratique de figures comme François d'Assise, qui s'est fait pauvre afin d'aimer les pauvres, constitue clairement un modèle d'amour du prochain qui s'exprime d'une manière publique, non cloîtrée.

Thomas d'Aquin (vers 1225-74)

Une des plus grandes contributions de Thomas d'Aquin au christianisme occidental est son application de la philosophie aristotélicienne à la théologie. Ses contributions théologiques sont vastes, mais nous nous concentrerons sur deux aspects de l'enseignement d'Aristote que Thomas a christianisés.

D'abord, Aristote offre une définition de la perfection très différente de celle de Platon. Platon croyait pour ainsi dire que seul le divin était parfait. Tout le reste, y compris l'humanité, est donc par définition imparfait et incapable d'atteindre la perfection. De même, le réel n'est pas le monde matériel, mais seulement la forme ou l'idée que la matière représente imparfaitement. Là encore, tout ce qui est matériel, y compris l'homme, n'est pas pleinement réel, donc imparfait. Aristote, pour sa part, définit la perfection comme le *telos*, ou le dessein. Autrement dit, une chaise, par exemple, est parfaite si elle accomplit son dessein. Si une personne s'assied sur une chaise et que la chaise tient, alors elle accomplit parfaitement son dessein.

Ensuite, Thomas élabore la théorie éthique d'Aristote. Aristote met l'accent sur le développement de la vertu comme l'objectif de la vie humaine. Seule une personne vertueuse peut être vraiment heureuse. On devient vertueux en pratiquant des actes vertueux et en prenant des habitudes vertueuses, ce qui développe nos inclinaisons, nous rend enclins à des actes de vertu. Ensuite, ces inclinaisons forment le caractère. Ainsi que Thomas l'entendait lui-même, notre inclinaison à la vertu ne pourra jamais être entièrement détruite, même par le péché. Ce que Thomas ajoute au schéma aristotélicien, c'est la grâce. Ce point est crucial pour la compréhension que Wesley avait du péché et de l'image de Dieu. Il a également emprunté à Thomas ses apports sur la doctrine de la grâce prévenante, du péché comme un acte volontaire et du sens de la perfection, sur lesquels nous reviendrons plus en détail dans la suite de ce livre.

MYSTICISME CATHOLIQUE AVANT LA RÉFORME

Julienne de Norwich (1342-vers 1416)

Julienne de Norwich était une mystique anglaise, anachorète à l'église Ste-Julienne de Norwich. Son véritable nom est inconnu. À travers une série de visions, Julienne a développé une foi intense en un Dieu plein d'amour, de compassion et de miséricorde. Son œuvre, les *Seize révélations de l'amour divin*, anticiperait en partie la théologie de la grâce de Martin Luther. Même si elle a vécu une vie de profonde souffrance physique, sa théologie était optimiste. Elle parlait de l'amour de Dieu en termes de joie, par opposition à la loi et au devoir. Pour elle, la souffrance n'était pas un châtiment divin. Elle croyait que Dieu aimait tous les hommes et offrirait la grâce à tous ceux qui en auraient besoin. Tout comme Catherine de Sienne, sa théologie est inhabituellement holistique. Elles ont toutes deux su éviter le dualisme corps-âme qui était courant chez les autres mystiques de cette époque. La théologie de la sainteté de Julienne est centrée sur l'amour ineffable de Dieu.

Catherine de Sienne (1347-80)

Catherine de Sienne était connue pour son influence positive sur la politique de l'Église catholique. Après des années de solitude, elle a décidé de quitter sa cellule et de s'engager dans le monde pour Christ. Elle avait l'oreille des papes. Elle est connue aussi pour sa théologie. Aux fins de cet ouvrage, nous examinerons deux aspects de ses profondes formations théologiques. D'abord, elle semble avoir eu une connaissance intuitive de vérités qu'elle attribuait au Saint-Esprit. Elle croyait que l'Esprit seul introduit les hommes et les femmes dans « les profondeurs de Dieu ». « Lorsque cela arrive, la personne qui a reçu cette grâce acquiert une connaissance de Dieu qui, tout en étant en harmonie avec la connaissance à laquelle on parvient par sa propre intelligence éclairée par la foi, est plus profonde et parfaite. »[75] Ensuite, d'une manière similaire, elle démontre que la caractéristique essentielle du mysticisme est sa dimension affective. Elle décrit cette <u>conscience</u> affective comme la capacité à « goûter et voir les profondeurs de la <u>Trinité</u> »[76]. Tout comme Catherine de Sienne, Wesley gardera une grande place dans sa théologie pour cette dimension affective de la vérité et de la foi chrétienne.

Thomas à Kempis (vers 1379-1471)

Nous savons que Wesley s'est beaucoup inspiré de l'œuvre de Thomas à Kempis, un moine catholique allemand qui a écrit des ouvrages dévotionnels. Il est connu surtout pour son livre *L'Imitation de Christ*. Wesley dit lui-même qu'il a lu ce livre à un moment très important de son développement et qu'il a profondément façonné sa compréhension de la sainteté et de la <u>perfection chrétienne</u>. Avant de le lire, il n'avait pas compris que l'essence même de la sainteté était d'être semblable à Christ, une définition fondamentale dont il ne s'éloignerait plus pendant le reste de sa vie.

MYSTICISME CATHOLIQUE APRÈS LA RÉFORME

Francois de Sales (1567-1622), Ste Thérèse d'Avila (1515-82), Francois Fénelon (1651-1715) et Madame Guyon (1648-1717)

Les mystiques postérieurs à la Réforme mentionnés ci-dessus ont appris à Wesley une profonde appréciation pour la puissance transformatrice d'une vie intérieure. Les <u>moyens de grâce</u> spécifiques, surtout la prière et la solitude, ont été incorporés dans sa propre compréhension de la <u>sanctification progressive</u>. Il hésitait cependant à adhérer pleinement au mysticisme post-Réforme, pour deux raisons principales : d'abord, il croyait que la poursuite d'une union mystique avec Dieu n'était pas l'objectif premier de la vie chrétienne ; ensuite, il rejetait aussi la tendance mystique à ce qu'on appelle le <u>quiétisme</u>, qui consiste à rejeter les bonnes œuvres comme allant à l'encontre de la dépendance de la grâce de Dieu. Il rejetterait également certains enseignements moraves pour la même raison. (Là encore, nous y reviendrons plus en détail aux prochains chapitres.) Il est intéressant de noter que certains spécialistes commencent à établir des liens entre le mysticisme de Madame de Gouyon et le 19ème siècle.

Nous savons que Palmer a lu Madame de Gouyon, sur la suggestion de son bon ami Thomas Upham.

PIÉTISME APRÈS LA RÉFORME
Johann Arndt (1555-1621)

Le piétisme était avant tout un mouvement au sein du protestantisme allemand (luthéranisme). En réaction à la rigidification doctrinale après les premiers Réformateurs Martin Luther et Jean Calvin, certains protestants ont commencé à se concentrer sur les pratiques de la piété, enracinées dans l'expérience intérieure de la vie religieuse. L'œuvre de Johann Arndt est essentiellement mystique et dévotionnelle ; il s'inspirait de figures comme Bernard de Clairvaux et Thomas à Kempis. Son œuvre principale, *Wahres Christentum*, a influencé à la fois la piété catholique romaine et protestante. Arndt a mis l'accent sur la vie de Christ en nous, afin de contester la dimension plus forensique de la théologie réformée, avec son attention quasi exclusive sur l'œuvre de Christ *pour* nous.

Philipp Jakob Spener (1635-1705)

Philipp Spener a écrit un texte piétiste important, *Pia Desideria*, qui propose plusieurs manières de restaurer la ferveur de la foi chrétienne authentique. Il a commencé aussi à mettre en place des cercles étroits de prière et de lecture biblique ; il mettait l'accent sur le sacerdoce universel et sur l'œuvre intérieure du Saint-Esprit. Une forme de piétisme, le moravisme, a joué un rôle extrêmement important dans le développement spirituel de Wesley lui-même. S'il a fini par rompre avec les Moraves sur certains sujets, on ne peut surestimer leur influence sur sa vie.

ANGLICANISME

La théologie de Wesley est évidemment en grande partie inspirée de l'Église d'Angleterre. Celle-ci a été séparée du catholicisme romain en 1532 par le roi Henri VIII. Le Parlement anglais a mis en place une forme de gouvernance qui établit le roi comme chef de l'Église et de l'État. Le premier acte théologique officiel de l'Église d'Angleterre est les « Ten Articles of Religion » (Dix articles de religion), qui montrent que, si le roi Henri s'était séparé du catholicisme sur le plan politique, il n'adhérait pas pour autant aux doctrines de la Réforme protestante. Deux autres ouvrages qui ont joué un rôle important dans le développement de la foi de l'Église d'Angleterre sont le *Book of Homilies* (Livre des homélies) (1546) et le *Book of Common Prayer* (Livre de la prière commune) (1549).

Après la mort du roi Henri, son fils Edouard VI est monté sur le trône très jeune. Pendant son règne, l'Église est allée dans le sens des Réformateurs. À sa mort, cependant, sa sœur, la reine Marie, a pris une position agressive de retour au catholicisme. Elle est connue sous le sobriquet de Bloody Mary, car elle recourait à tous les moyens nécessaires afin de réprimer toute opposition à la position catholique. Certains opposants ont été exilés. À la mort de Marie, ces exilés (essentiellement calvinistes) sont revenus en Angleterre, bien déterminés à débarrasser l'Église des excès du catholicisme anglais. Ils sont connus sous le nom de puritains.

Élisabeth, la sœur d'Édouard et de Marie, d'une autre mère, lui a succédé sur le trône. Elle a cherché à unifier l'Église et bataillé ferme pour arriver à cette fin ; son objectif était de protéger l'Église, d'une part contre les visées hégémonistes de Rome, d'autre part contre le calvinisme agressif des puritains. L'Act of Uniformity (Acte d'uniformité) (1559) a permis d'établir une position médiane, à travers laquelle Élisabeth a instauré une gouvernance ecclésiastique distincte du catholicisme et rétabli le *Book of Homilies* (Livre des homélies) et le *Book of Common Prayer* (Livre de la prière commune) comme référents théologiques. Sa résolution est connue sous le nom d'« Elizabethan Settlement » (arrangement d'Élisabeth). Même si les divers rois et responsables d'Église successifs ont cherché à faire pencher la balance dans un sens ou dans l'autre, cet arrangement et sa *via media* est devenu le paradigme durable de la théologie et de la doctrine de l'Église d'Angleterre.

Wesley était anglican de sa naissance à sa mort. Sa loyauté profonde n'a pas été ébranlée par le besoin pratique d'ordonner des pasteurs méthodistes en Amérique. Au-delà de cette ferme loyauté, une grande partie de sa vision théologique a aussi été profondément influencée par la pensée anglicane. Certains éléments de sa théologie sont des emprunts directs à la théologie anglicane du 18ème siècle. Aux fins de ce chapitre, nous mentionnerons les points d'emphase suivants de la théologie anglicane à l'époque de Wesley : la bonté de Dieu, le rejet de la théorie expiatoire de la satisfaction, l'élection conditionnelle, la justice impartie, Christ au cœur de toute conclusion théologique, la Bible comme la seule règle de foi, une inclination vers *la via media*, la croyance que la théologie s'exprime le mieux d'une manière pratique et liturgique, l'emploi des sources de l'Église primitive et, surtout, l'accent mis sur la sainteté de cœur et de vie.

Nous passons à présent au prochain chapitre, qui aborde la théologie de la perfection chrétienne définie par Wesley lui-même, ainsi que les expressions de la théologie de la sainteté apparues au 19ème et au 20ème siècles. Nous examinerons la contribution de plusieurs figures à la doctrine de la sainteté ou au mouvement qui l'a propagée.

OBSERVATIONS RÉCAPITULATIVES

1. Les enseignements les plus anciens sur la sainteté, notamment les sources prénicéennes et orientales, ont influencé John Wesley.
2. La théologie chrétienne orientale se concentrait sur l'ascétisme et était très optimiste par rapport à l'avancée dans la sainteté.
3. Les mystiques chrétiens se concentraient sur la prière et sur l'expérience immédiate de Dieu comme un moyen de parvenir à la sainteté.
4. Thomas d'Aquin interprétait la sainteté et la perfection d'une perspective aristotélicienne.
5. John Wesley était influencé par une forme de piétisme appelée le moravisme.
6. L'anglicanisme, avec sa solide théologie de la sainteté, a influencé Wesley.

QUESTIONS DE RÉFLEXION

1. Que croyaient les pères apostoliques à propos de la sainteté ? Et les autres Pères de l'Église ? Et les mystiques ? Et les piétistes ?
2. Quel est le contraste entre la théologie occidentale et orientale ?
3. Tous les chrétiens doivent-ils êtes « ascètes » ? Justifiez votre réponse.
4. Quelle est la contribution anglicane à la vision théologique d'ensemble de Wesley ?

QUATRE

LA SAINTETÉ DANS L'HISTOIRE : 1703-2000

OBJECTIFS D'APPRENTISSAGE

Votre étude de ce chapitre vous permettra ...
1. de distinguer les idées de Wesley du méthodisme tardif,
2. de décrire le rapport entre le méthodisme américain et le mouvement de la sainteté,
3. d'identifier plusieurs figures importantes de l'organigramme du méthodisme,
4. de décrire les questions auxquelles le mouvement de la sainteté a été confronté au 20ème siècle.

MOTS-CLÉ
postmillénarisme
prémillénarisme

En abordant ce chapitre sur la théologie de la sainteté depuis John Wesley, nous devons reconnaître que le mouvement wesleyen de la sainteté n'est pas la seule tradition qui met l'accent sur la sainteté. Il est évident que les traditions orthodoxe, catholique et protestante n'ont pas soudainement gardé le silence sur ce sujet biblique et historique dès que Wesley est entré en scène. On peut dire cependant qu'après John Wesley, une compréhension distinctive de la sainteté et de la sanctification s'est développée. Pour cette raison, on peut légitimement parler de tradition théologique wesleyenne de la sainteté. Au chapitre suivant, nous étudierons certains tributaires de cette tradition. Une évaluation d'autres courants plus éloignés sera également importante. Notre objectif final est d'offrir une brève description de certaines dénominations représentatives du mouvement de la sainteté.

Le contexte de ce chapitre est beaucoup moins complexe que celui du précédent. Le contexte général est le méthodisme : fondé par John Wesley, il a continué en Grande-Bretagne après sa mort, s'est transformé dans son premier cadre américain et divisé en méthodisme « traditionnel », d'une part, et en méthodisme « de la sainteté », d'autre part. Chacune des personnes examinées ci-dessous représente un fil de la toile plus large qui a été commencée par Wesley lui-même. Chacune d'entre elles apportera sa contribution unique au récit d'ensemble de la théologie méthodiste aux 18ème, 19ème et 20ème siècles.

▸ JOHN WESLEY

Tous les chapitres de ce livre couvrent la théologie de Wesley d'une manière très réelle, le plus souvent explicitement, si bien que le meilleur moyen de découvrir sa vision théologique d'ensemble, ainsi que, plus spécifiquement, sa théologie de la sainteté, est de lire le livre entier. Aux fins de ce chapitre, nous nous contenterons d'un bref résumé, qui anticipe et aidera le lecteur à comprendre les chapitres suivants.

OBSERVATIONS RÉCAPITULATIVES

1. Wesley maintenait que l'amour de Dieu et du prochain constitue un marqueur descriptif et normatif de la vie chrétienne. Il n'est pas seulement présent, mais il « domine » même le cœur du chrétien mature, ou parfait.
2. Wesley en est venu à assimiler l'entière sanctification à un niveau de maturité chrétienne, tout en prenant garde à ne pas le revendiquer trop tôt dans le pèlerinage chrétien, mais il

exhortait aussi ses disciples à rechercher cette expérience « dès à présent ».
3. La sainteté, ou l'amour parfait, est une œuvre de grâce, à la fois progressive et instantanée. Les spécialistes de Wesley parlent de sanctification en quatre étapes : *a)* la sanctification initiale, qui équivaut à la nouvelle naissance, *b)* la sanctification progressive, qui correspond à notre croissance quotidienne en Christ, à la fois avant et après l'entière sanctification, *c)* l'entière sanctification, qui purifie le cœur et nous permet d'aimer parfaitement, *d)* la sanctification finale, ou glorification, qui aura lieu après notre mort.
4. La sainteté, ou l'amour parfait, est synergique, appliquée à travers une relation dynamique avec Dieu, qui nous offre la grâce dont nous avons besoin pour être saints tout en coopérant avec cette grâce.
5. Wesley en est venu à se méfier d'expressions comme la « destruction » du péché, car elles impliquent l'impossibilité de son retour. Il était cependant très optimiste sur la capacité de l'amour répandu dans nos cœurs par la foi à chasser le péché. Il s'est lassé du débat autour de la question de savoir si la perfection chrétienne était ou non sans péché. Il mettait l'accent sur l'amour, pas sur une vie sans péché, comme l'objectif de la maturité chrétienne, même s'il croyait clairement que l'amour surmonte le péché.
6. Wesley croyait que « la vie chrétienne n'a pas à demeurer une vie de lutte continuelle » contre la puissance du péché. Pour lui, nier une telle transformation victorieuse revenait à « nier la suffisance de la grâce de Dieu qui nous rend capables de vaincre le péché, comme si la puissance du péché était plus grande que celle de la grâce », ce qu'il jugeait impensable.

Ces quelques points ne suffisent clairement pas à résumer l'ensemble de la théologie wesleyenne, mais ils saisissent les fondements de sa pensée mature au sujet de la sainteté et de la sanctification. Nous passons à présent aux développements postérieurs à Wesley lui-même, en commençant par le méthodisme britannique du 18ème et du 19ème siècles.

▸ LE MÉTHODISME BRITANNIQUE APRÈS WESLEY

Wesley est né et mort anglican. Il n'a jamais voulu voir son mouvement méthodiste se séparer de son église mère. Il a cependant permis aux méthodistes dans les colonies américaines d'ordonner leur propre clergé, pour des raisons éminemment pratiques : les Américains ne pouvaient plus communier, depuis que la plupart, voire tous les prêtres anglicans avaient fui les colonies pendant la Guerre d'indépendance. Il a permis les ordinations méthodistes en 1784, afin de permettre à ses méthodistes de recevoir les sacrements. Cette décision n'a pas affecté le méthodisme britannique, qui a continué à faire partie de l'Église anglicane jusqu'à après la mort de Wesley. La rupture officielle, en Angleterre, n'a eu lieu qu'en 1795.

La plupart des méthodistes britanniques pendant et après Wesley ont continué à mettre l'accent sur ses thèmes de la sainteté, avec cependant des différences qui influenceront aussi les expressions ultérieures du méthodisme.

JOHN FLETCHER (1729-1785)

John Fletcher était le successeur choisi par Wesley à la tête du mouvement méthodiste, mais il est mort avant Wesley. Sur le plan théologique, il a cependant fait avancer le méthodisme. Ses *Checks to Antinomianism* (Barrières contre l'antinomisme) ont été la clé du développement de l'identité méthodiste britannique. Pendant la vie de Wesley, certains méthodistes suivaient des aspects du calvinisme, exprimés notamment par son ami George Whitefield. L'ouvrage de Fletcher a mis fin à ce débat et clairement inscrit le méthodisme dans le camp arminien.

Une autre contribution importante de Fletcher est le lien entre l'entière sanctification et baptême du Saint-Esprit. Wesley n'a jamais propagé la théologie de Fletcher sur ce point, si bien que Fletcher s'est avéré être un contributeur unique aux formulations plus tardives. Sa pensée influencerait la doctrine de la sainteté, une centaine d'années plus tard, à travers les ouvrages de figures comme Phoebe Palmer et Asa Mahan.

Fletcher associait clairement l'entière sanctification à la Pentecôte, faisant ainsi de celle-ci une expérience qui s'appliquait à tous les chrétiens. Il y a cependant une différence entre sa compréhension des effets du baptême du Saint-Esprit et celle du mouvement de la sainteté. Le lien entre Pentecôte et perfection chrétienne dans le contexte américain plus tardif s'exprimera en termes de puissance et de courage, particulièrement pour témoigner. Fletcher, pour sa part, met en lien la Pentecôte avec la perfection et avec l'amour. On trouve donc chez lui un ton très différent.

Nous devons recevoir une telle part de la vérité et de l'Esprit de Christ, par la foi, que le pur amour de Dieu et de l'homme se répande de nos cœurs à travers le Saint-Esprit que nous avons reçu et que nous soyons remplis de la pensée douce et humble qui était en Christ. Si, par un déversement de l'Esprit, par une manifestation de la vérité qui sanctifie, nous sommes vidés de nous-mêmes au point d'être remplis de la pensée de Christ et d'un pur amour, alors nous serons incontestablement chrétiens au plein sens du terme. ²

ADAM CLARKE (VERS 1760-1832)

Adam Clarke est connu surtout pour avoir doté le mouvement méthodiste d'un commentaire biblique approfondi, publié pour la première fois en 1826. D'après l'interprétation de William Greathouse, la théologie de Clarke se concentre surtout sur la sanctification et sur le fait de rendre possible et d'accomplir le dessein original de Dieu. Clarke lui-même a écrit :

> Tout le dessein de Dieu était de restaurer l'homme à son image et de le relever des ruines de sa chute, de le rendre parfait, d'effacer tous ses péchés, de purifier son âme et de le remplir de sainteté, afin qu'aucune humeur malsaine, aucun mauvais désir, aucune affection ou passion impure ne demeure ou n'ait de place en lui ; telle, et telle seule, est la vraie religion, ou la perfection chrétienne. ³

Cela ressemble beaucoup à Wesley. Clarke pousse la théologie de Wesley encore plus loin en mettant l'accent sur l'entière sanctification comme le moyen le plus important d'atteindre cette perfection chrétienne. Alors qu'idéalement, Wesley voulait voir ses prédicateurs méthodistes garder un équilibre entre sanctification progressive et perfection chrétienne instantanée, Clarke met clairement l'accent sur celle-ci. Par ailleurs, ainsi que le montre la citation ci-dessus, alors que Wesley voit la perfection chrétienne comme impérativement liée à l'amour, Clarke a tendance à mettre l'accent sur la purification du péché. La doctrine de Clarke ne contredit pas celle de Wesley, mais le degré avec lequel Clarke insiste sur la purification du péché pousse la perfection chrétienne dans une direction légèrement différente. Avec le temps, la différence entre ceux qui mettent l'accent sur l'amour parfait ou sur une vie sans péché comme l'objectif final de la sainteté de cœur s'est élargie.

MOUVEMENT DE SAINTÉTÉ DE RICHARD WATSON (1781-1833)

Richard Watson est le premier méthodiste à avoir écrit une théologie systématique. Il est différent de Clarke à la fois au niveau de son emphase théologique et de sa méthodologie. D'après John Peters, Clarke a écrit avec l'esprit d'un évangéliste, tandis que Watson a écrit comme un savant et enseignant[4]. Cette différence méthodologique suffit peut-être à expliquer leur différence de fond. Un évangéliste peut ressentir le besoin d'appeler à une décision, par exemple à l'expérience instantanée de l'entière sanctification. Watson, en tant que théologien, a davantage médité la question et peut-être approfondi sa réflexion théologique à propos de Wesley. Quelles qu'en soient les raisons, Watson met davantage l'accent sur l'amour, rejoignant ainsi Wesley. On trouve aussi une emphase sur les différentes étapes de la sanctification, y compris la sanctification initiale. D'après Greathouse, Watson, comme Wesley, affirmait fortement les effets libérateurs de la régénération[5]. Cela ne veut cependant pas dire qu'il se tait au sujet de la perfection chrétienne.

Les *Instituts théologiques* de Watson ressemblent par moments à une apologie contre ceux qui défendent la position selon laquelle nous sommes esclaves de notre nature terrestre jusqu'au moment de notre mort : « La parfaite libération du péché est une expérience à laquelle les croyants sont appelés dans la vie présente et elle est nécessaire à cette « sainteté » complète. »[6] Watson poursuit en proclamant les nombreux avantages spirituels que Dieu octroie à ceux qui ont été entièrement sanctifiés. Il donne des fondements bibliques solides à sa position. Il cite aussi les premiers Pères de l'Église, ainsi que les idées des philosophes. Il aborde la doctrine de la sainteté d'une manière solide et raisonnée, qui met particulièrement l'accent sur la possibilité de l'atteindre dans le présent.

WILLIAM BURT POPE (1822-1903)

William Burt Pope est un spécialiste de la Bible et un théologien systématique. John Peters écrit de lui : « C'était Wesley en miniature sans distorsion. »[7] Thomas Langford décrit Pope comme un chrétien catholique, sans esprit sectaire pour ce qui est de la piété et de la doctrine chrétienne. Il poursuit cependant en mentionnant qu'il rejetait toute forme de syncrétisme issu du modernisme qui se développait alors en Angleterre. Bien qu'il fût un exégète biblique rigoureux, il est demeuré pré-critique longtemps après le développement de la critique biblique[8]. Ainsi, d'après Langford, il n'y a que peu d'éléments de son ouvrage fondamental, *A Compendium of Christian Theology* (Précis de théologie chrétienne) (1877), qui diffèrent de Wesley, Clarke ou Watson. William Greathouse, d'autre part, examine attentivement la théologie de la sanctification développée par Pope et distingue beaucoup de points de contribution. Nous en mentionnerons un ici.

Pope aborde l'entière sanctification en profondeur, en mettant l'accent, de même que d'autres avant lui, sur l'œuvre du Saint-Esprit dans ce processus. Il offre un lien plus étroit entre l'œuvre du Saint-Esprit et la consécration du croyant. Sur certains points, la compréhension de Pope ressemble à l'emphase américaine sur la consécration comme un prérequis absolu à l'œuvre de purification et de sanctification du cœur humain par Dieu. Il y a cependant une différence : alors que la formule américaine de foi, consécration et témoignage met l'accent sur ce que fait la personne[9], Pope porte une attention particulière sur le fait que la sanctification est accomplie par Dieu, à travers l'intervention du Saint-Esprit, qui rend la personne capable de se consacrer à Dieu. Cela ressemble à la foi qui mène à la régénération : c'est un don de l'Esprit auquel la personne répond. Pope fait référence aussi à l'œuvre de l'Esprit comme le sceau de cette consécration ; le Saint-Esprit est aussi l'« énergie » qui *« agit par amour »* [10]. Au final, pour Pope, la sainteté est l'unité entre la purification divine et notre consécration, qui est rendue possible par l'Esprit.

LA FAMILLE BOOTH :
CATHERINE (1829-1890) ET WILLIAM (1829-1912)

Les cofondateurs de l'Armée du Salut, William et Catherine Booth, étaient membres de la Connexion méthodiste, dont ils ont été exclus parce qu'ils étaient partisans d'un groupe intéressé par la réforme du méthodisme. Catherine Mumford est née au 19ème siècle, en Angleterre, dans une famille méthodiste. Dans son enfance, sa famille s'est installée à Boston, où ils étaient très impliqués dans le mouvement de tempérance. À l'âge de 15 ans, elle est retournée à Londres, où elle a commencé à fréquenter des réunions méthodistes. En 1851, elle a été exclue de la connexion méthodiste en raison de sa sympathie pour le groupe de réforme mentionné précédemment. William était membre de ce groupe. Catherine l'a épousé à l'âge de 36 ans et ils ont eu huit enfants. Influencée par Phoebe Palmer, Catherine a publié Female Ministry (Le ministère féminin) en 1859, afin d'appeler les femmes à accepter et à rechercher tous les ministères chrétiens, notamment la prédication ; elle-même a commencé à prêcher l'année suivante.

William Booth a cofondé avec elle l'Armée du Salut, dont il est devenu le premier général. Après son mariage avec Catherine en 1855, William est devenu pasteur dans la New Methodist Connexion Church. Sa passion était l'évangélisation et il se croyait appelé à un ministère itinérant ; lorsque les méthodistes ont cherché à restreindre ses mouvements, il a démissionné et quitté l'Église en 1861.

Le ministère des Booth était d'abord centré sur les zones de pauvreté extrême. Une œuvre à Londres, la Christian Mission, a étendu ses efforts d'évangélisation, ainsi que ses efforts visant à prendre soin des besoins physiques et sociaux des plus démunis. En 1878, la mission a été réorganisée en tant qu'Armée du Salut. La doctrine de la perfection chrétienne était au cœur de l'Armée du Salut. Leur compréhension de cette doctrine a placé l'impératif social de la réforme au cœur de sa pratique religieuse. Aux États-Unis, l'Armée du Salut a été rapidement associée au « mouvement de la sainteté », qui offrait un fondement théologique à son intérêt pour la réforme. L'année du décès de son épouse (1890), William a publié *In Darkest England — and the Way Out (Dans l'Angleterre la plus sombre – et le moyen d'en sortir)*. Dans cet ouvrage, Booth développe des programmes spécifiques destinés à soulager la souffrance des pauvres et offre une théologie directement politique et pratique. À sa mort, l'Armée du Salut était bien établie. Les différents enfants de William et Catherine ont pris le relais.

▶ LE MÉTHODISME AMÉRICAIN DES 18ÈME ET 19ÈME SIÈCLES

Ainsi que nous l'avons mentionné précédemment, Wesley a permis la rupture avec l'anglicanisme du méthodisme américain, pour des raisons pratiques liées à la communion. Ainsi, le méthodisme américain a été officiellement organisé en décembre 1784, lorsque Thomas Coke et Francis Asbury ont été autorisés à ordonner des prédicateurs méthodistes indépendamment de l'Église d'Angleterre.

Le méthodisme s'est développé à travers le 19ème siècle, jusqu'à devenir une importante force religieuse en Amérique. Certains spécialistes parlent même du « siècle méthodiste », à cause de sa domination sur la culture et la vie américaine[11]. Les figures et événements décrits ici ne représentent qu'une petite partie de ceux qui ont façonné la puissance croissante du méthodisme américain.

RICHARD ALLEN (1760-1831)

En 1784, le mouvement méthodiste en Amérique était encore petit. La vie et l'œuvre de figures comme Francis Asbury ont cependant eu de l'effet. Une des conversions les plus importantes de cette période des « grands réveils » (qui ont marqué l'Amérique et la Grande-Bretagne) a été celle d'un esclave, Richard Allen. D'après un de ses biographes, Dennis Dickerson, « Allen a proclamé son allégeance au wesleyanisme en ces termes : « Je ne pourrais être rien d'autre que méthodiste, comme si j'étais né et avais été réveillé parmi eux. » »[12] Pourtant, vers la fin de sa vie, Allen s'est séparé de l'Église méthodiste épiscopale.

Allen a découvert très tôt un méthodisme qui manifestait d'une manière active et passionnée un amour qui promouvait l'égalitarisme. Son maître étant également devenu méthodiste, Allen a pu acheter sa liberté en 1783. Il a commencé à prêcher dans la région mi-atlantique. Un jour, alors qu'il prêchait en

Pennsylvanie, « les Blancs ont insisté qu'il reste plus longtemps afin de prêcher d'autres sermons. [...] Ces interactions faciles avec les Blancs Wesleyens, qui adhéraient souvent à l'opposition méthodiste à l'esclavage, font état d'un corps religieux sans distinction de couleur et de classe, consacré exclusivement au salut, à la spiritualité et à la piété. »[13]

Cette acceptation de tous, sans distinction de couleur, n'a cependant pas continué. D'après Dickerson, les ordinations de 1784 n'ont pas rendu service à l'égalitarisme méthodiste. Certains méthodistes ont commencé à reconnaître le « rang et l'autorité hiérarchique » comme l'aune à laquelle mesurer la valeur d'un prédicateur. Même Asbury a reconnu les effets que cette mesure aurait sur les prédicateurs noirs. Après plusieurs expériences difficiles avec ces préjugés nouveaux dans le méthodisme, Allen a décidé de rompre avec ce mouvement qu'il aimait tant. Il a créé le méthodisme africain en Amérique, en établissant la première assemblée africaine méthodiste épiscopale en 1794 et la dénomination en 1816. Son objectif était de chercher à regagner ce que le méthodisme avait perdu. Pour Dickerson, le méthodisme africain est devenu le véritable « héritier » du mouvement wesleyen[14].

Allen a cherché à prêcher ce qui était essentiel au christianisme historique et à la théologie méthodiste, en mettant notamment l'accent sur la sanctification, mais pas comme une fin en soi. Le méthodisme africain a exprimé la notion wesleyenne d'amour parfait qui, dans son expression la plus simple, nourrit les pauvres. Par la suite, le méthodisme blanc serait divisé sur la question de l'esclavage. L'Église africaine méthodiste épiscopale seule est restée unie pendant la Guerre de sécession.

THOMAS RALSTON (1803-1891)

Avec Thomas Ralston, on commence à réellement voir comment la théologie wesleyenne de la sainteté a été changée par son contexte. La situation américaine, ses principes fondateurs, sa culture et ses libertés, est devenue un melting-pot syncrétiste dans lequel le méthodisme britannique a fusionné et s'est transformé. La première raison de cette transformation a été la fusion de la théologie déjà très optimiste de Wesley avec l'optimisme américain intense qui a dominé le 19ème siècle. Ensuite, la doctrine wesleyenne de la perfection chrétienne correspondait à cette forme unique de revivalisme américain. Enfin, le méthodisme est devenu une religion du peuple, à un degré encore plus marqué en Amérique qu'en Grande-Bretagne. Toutes ces intersections avaient des implications théologiques. Certains méthodistes ont clairement résisté aux changements syncrétistes qui s'ensuivirent, d'autres non. Ceux qui les ont acceptés et accentués ont fini par aller encore plus loin dans le sens du mouvement de la sainteté.

Les prédicateurs et enseignants méthodistes américains comme Ralston ont commencé à prêcher l'entière sanctification avec une urgence sans précédent. Wesley croyait en la perfection chrétienne et encourageait clairement ses disciples à la rechercher, mais on constate chez lui une disposition à attendre l'œuvre sanctifiante de Dieu. En Amérique, le message était de chercher la perfection chrétienne, et ce activement, dès à présent. Ralston fait écho aux nombreux prédicateurs qui ont diffusé ce message : « La grande question, pour chacun de nous, est que nous ne perdions pas de temps, mais nous levions tout de suite afin de « poursuivre la course vers le but pour remporter le prix attaché à l'appel que Dieu nous a adressé du haut du ciel dans l'union avec Jésus-Christ » ». [15]

Le revivalisme américain, qui encourageait la quête de l'entière sanctification, a contribué à cet appel répété. Les disciples de Wesley recherchaient l'entière sanctification dans le cadre de leurs petits groupes, appelés classes, ou bandes. Il n'y avait pas d'« appels pour s'avancer » dans les champs où prêchait Wesley. Cela est une invention unique du revivalisme américain, qui consiste à appeler les personnes à s'avancer vers l'estrade pour prendre une décision en cet instant précis, surtout par rapport à la « nouvelle naissance ». Cependant, lorsque le revivalisme américain a rencontré la doctrine wesleyenne de la perfection chrétienne, les appels au « banc des pénitents » impliquaient aussi un appel à l'entière sanctification. Dans ce contexte, l'insistance sur l'instantanéité de cette expérience s'est seulement intensifiée.

Dans le contexte américain, on constate aussi un certain courage par rapport aux attentes vis-à-vis de l'entière sanctification. Là encore, alors que Wesley était prudent dans ses attentes, les prédicateurs américains, avec leur optimisme, faisaient preuve d'une plus grande assurance. Ralston, notamment, a ainsi pu écrire :

> Si, par la grâce, on renonce à un péché, on peut renoncer à tous les péchés. Si on peut être purifié d'un péché, on peut être purifié de tous les péchés. Si on peut respecter un commandement, on peut, par la grâce, « respecter toute la loi », la loi de la foi et de l'amour, à laquelle nous sommes soumis par l'Évangile. [...] Si nous pouvons avancer jusqu'à un degré de sainteté ou de sanctification, que nous atteignons lorsque nous sommes justifiés, pourquoi ne pourrions-nous pas, en vertu du même principe, « aller jusqu'à la perfection »? [16]

Si Wesley n'aurait pas eu d'objection de principe à cette affirmation, elle révèle un changement de ton. Au moins, Ralston garde une emphase légitime sur la grâce, ce qui ne sera pas toujours le cas lorsque la théologie de la sainteté continuera de se développer en Amérique. L'emphase sur la grâce et la dépendance de Dieu serait difficile à maintenir face au rêve américain qui implique une forme d'autosuffisance qui construit son propre succès.

PHOEBE PALMER (1807-1874)

Phoebe Worrall est née dans une famille méthodiste américaine typique. Bien qu'elle n'ait bénéficié que de l'équivalent d'une éducation secondaire, elle avait des qualités littéraires qui lui seraient très utiles dans les années à venir, lorsque son œuvre, ses livres, traités, articles et poésies, la feraient connaître à d'innombrables lecteurs. À l'âge de 19 ans, elle a épousé Walter C. Palmer, un médecin capable et assez bien disposé à la soutenir dans sa vision religieuse.

Une série de tragédies personnelles (la mort de ses trois enfants) l'a menée à une expérience religieuse (entière sanctification) en 1837, qui l'a motivée à entrer dans une vocation religieuse impliquant la prédication et l'enseignement des laïcs. À travers cette vocation, elle a influencé des milliers de vie, est devenue (selon de nombreuses estimations) l'initiatrice du mouvement de la sainteté[17] et a donné naissance à plusieurs dénominations qui la considèrent aujourd'hui comme leur matriarche. Pourtant, elle est demeurée fermement méthodiste.

Phoebe Palmer, avec sa sœur Sarah Lankford, animait ses fameuses réunions du mardi, chez elle, qui sont souvent considérées comme étant à l'origine du mouvement de la sainteté. Une de ses principales contributions a été la publication de The *Way of Holiness* (La voie de la sainteté), un livre qui a rendu l'entière sanctification accessible au grand public. Elle-même avait lutté avec cette doctrine, car, selon elle, les prédicateurs la rendaient si difficile à comprendre. Certains on critiqué sa simplification du message de la sainteté, qui a cependant permis de rendre l'expérience de l'entière sanctification accessible à toute une génération de personnes ordinaires.

L'enseignement de Palmer sur cette doctrine a permis au mouvement naissant de répondre à la question de savoir comment s'opère l'entière sanctification. Elle a développé une triple formule, afin de guider les personnes en quête de cette expérience instantanée. La consécration, qui consiste à tout abandonner à Dieu, est suivie par la foi qui croit que Dieu veut vraiment sanctifier notre cœur. Une fois que cette sanctification a eu lieu, la personne doit témoigner de cette expérience. C'est ce que Palmer appelle l'« alliance de l'autel », fondée sur l'exégèse d'Adam Clarke. Tout consacrer à Dieu consiste à tout déposer sur l'autel, c'est-à-dire sur Christ, lequel sanctifie ensuite le don. Palmer a aussi influencé le mouvement en mettant l'accent, ainsi que Wesley l'avait fait avant elle, sur la dimension sociale de la sainteté : elle appelait ses disciples à sortir de leur zone de confort et à aller dans les rues et les missions, afin de répondre aux besoins des plus démunis.

RANDOLPH FOSTER (1820-1903)

Randolph Foster est né à Williamsburg, dans l'Ohio, en 1820. Bien qu'il ait arrêté l'école à l'âge de 17 ans, il est par la suite devenu professeur de théologie systématique au Drew Theological Seminary, puis Président de ce séminaire. Il a été élu évêque de l'Église méthodiste en 1872.

Dans la théologie de Foster, on trouve une solide défense de l'entière sanctification comme un événement ultérieur à la régénération. Alors que Wesley lui-même, ainsi que beaucoup de ses successeurs théologiques, devaient défendre la possibilité de l'entière sanctification *avant* notre mort, Foster s'est retrouvé en position de devoir défendre l'importance de continuer à s'attendre à plus *après* la régénération. Certains méthodistes avaient commencé à défendre une forme de complétude de la perfection au moment de la nouvelle naissance. « On peut cependant se demander sérieusement si l'œuvre de Dieu n'est pas parfaitement accomplie par la régénération ? » Nous répondons qu'il s'agit d'une parfaite régénération, mais une parfaite régénération n'est pas une parfaite sanctification, pas plus qu'une parfaite pénitence n'est une parfaite régénération. L'âme est parfaitement régénérée, mais elle n'est pas parfaitement sanctifiée. » [18]

D'après Greathouse, Foster représente les méthodistes qui sont demeurés fidèles à l'enseignement de Wesley sur la perfection chrétienne. « La pureté chrétienne, ainsi que cette œuvre s'est faite connaître, avait clairement pour objectif de maintenir l'Église méthodiste épiscopale sur les fondements solides de sa position wesleyenne originale. [...] [Foster a fait retentir] un appel clair et urgent à la sainteté biblique, selon sa compréhension méthodiste dès les débuts du mouvement. » [19] La suggestion de Greathouse est appuyée par l'affiliation de Foster avec les séminaires théologiques de Drew et du Northwest, à une époque où ces écoles étaient influencées dans le sens du maintien de l'entière sanctification comme une œuvre de grâce subséquente et définie. Ce que Greathouse n'a cependant pas clarifié est que, même au cours de ses premières décennies en Amérique, le méthodisme ne parlait pas d'une seule voix sur ce sujet. Foster et d'autres avaient appelé à une emphase sur la « sainteté biblique, telle qu'elle avait été comprise depuis le commencement », alors que la « position wesleyenne » était déjà floue dès le début du siècle. Plus tard, au 19ème siècle, le méthodisme s'est éloigné de ce qu'on appellerait l'interprétation « de la sainteté » de Wesley. John Miley représente les étapes à travers lesquelles le méthodisme a cessé de mettre l'accent sur l'entière sanctification.

JOHN MILEY (1813-1895)

John Miley a succédé à Randolph Foster, son beau-frère, en tant que professeur de théologie systématique à Drew, lorsque celui-ci a quitté cette fonction pour devenir évêque. Alors que certains méthodistes, comme William Burt

Pope, étaient réfractaires aux « avancées » modernistes, John Miley a explicitement cherché à mettre à jour le wesleyanisme dans le monde moderne, ainsi que le montre clairement sa *Théologie systématique*, publiée en 1892.

Langford décrit Miley comme un théologien « naturel » autant que dogmatique[20], du fait de ses efforts visant à établir un dialogue entre science et théologie. Miley se voyait comme au service de la tradition, « en l'orientant dans de nouvelles directions »[21]. Cela se voit le plus clairement dans son emphase sur l'expérience religieuse, qui se rapproche d'autres figures de la fin du siècle et du début du siècle suivant. Miley a initié des mouvements importants concernant la Bible. D'abord, il a suggéré que les Écritures sont importantes afin de connaître la foi et la doctrine chrétienne, mais qu'elles ne peuvent produire une expérience directe avec Dieu : « L'expérience de Dieu est immédiate ; les Écritures clarifient le sens fondamental de cette expérience et l'expriment d'une manière normative. »[22] Ensuite, il a fait avancer la théorie dynamique de l'inspiration biblique, en éloignant clairement le méthodisme des tendances « mécanistes » ou « dictationnistes ». Sur ce point, il influencerait des figures comme H. Orton Wiley dans sa description de la position de l'Église du Nazaréen sur l'inspiration biblique.

Sur la doctrine de la sanctification, Miley a ouvert la voie à l'interprétation méthodiste qui affirme que la sanctification peut ou non inclure une « deuxième bénédiction ». Son objectif était peut-être d'encourager la tolérance entre différentes visions de la sanctification, mais cela a eu pour résultat d'accroître les divergences entre le méthodisme traditionnel et les dénominations qui composaient le mouvement de la sainteté. Cela ne veut pas dire que l'interprétation de la sainteté a disparu du méthodisme après cette rupture idéologique. Par exemple, l'Asbury College, aussi bien que l'Asbury Theological Seminary, sous la direction de figures comme Henry Clay Morrison (1857-1942), a su éviter le mouvement vers un méthodisme plus libéral. Daniel Steele et John Wood seraient également considérés comme des méthodistes de la sainteté.

DANIEL STEELE (1824-1914)

Daniel Steel est un ministre du culte méthodiste qui a servi comme pasteur et évangéliste avant de devenir professeur de Nouveau Testament et de théologie à l'Université de Boston. Steele s'aligne étroitement sur Fletcher en établissant un lien entre l'entière santification et baptême du Saint-Esprit. En tant que spécialiste du Nouveau Testament, il associait étroitement le livre des Actes à cette expérience. Il affirme aussi directement que Jésus lui-même a expérimenté « deux réceptions » du Saint-Esprit, à son baptême, puis à son ascension. Cette exégèse lui donne le courage de parler de « deux réceptions » de l'Esprit : la régénération et l'entière sanctification. Greathouse écrit que son interprétation des Actes « s'est imposée par la suite au sein du mouvement de la sainteté »[23]. Il est également représentatif de ceux qui parlent d'« éradication totale » du péché. Il s'accorde avec Wesley sur l'amour comme étant au cœur de l'expérience de l'<u>entière sanctification</u>.

JOHN A. WOOD (1828-1905)

John Allen Wood, qui a commencé sa carrière en tant que pasteur de l'Église méthodiste épiscopale, est un des fondateurs de la National Camp Meeting Association for the Promotion of Holiness (association nationale des camps pour la promotion de la sainteté), qui est vite devenue un important moyen de diffusion du message de la sainteté à travers l'Amérique.

Son livre *Perfect Love* (Parfait amour), qui est vite devenu un classique de la théologie de la sainteté, suit un modèle commun aux prédicateurs de la sainteté vers la fin du 19ème siècle. Il distingue l'<u>entière sanctification</u> de la <u>régénération</u>, insiste sur le fait que la sainteté est possible, met en garde contre le danger de ne pas rechercher l'<u>entière sanctification</u>, argumente contre ceux qui pourraient s'opposer à cette doctrine et propose des mesures afin d'atteindre cette expérience. De même que Phoebe Palmer, il exhorte ceux qui recherchent la sainteté à 1) comprendre ce qu'ils cherchent, en l'occurrence la « destruction ou le retrait du <u>péché originel</u> en eux », 2) prendre la ferme résolution de recevoir cette expérience, 3) se consacrer entièrement à Dieu et déposer « tout sur l'autel », 4) avoir la foi[24]. Voici une liste d'articles de foi afin de recevoir l'<u>entière sanctification</u> :

1. croire que Dieu l'a promise dans les Saintes Écritures,

2. croire que Dieu est capable d'accomplir ce qu'il a promis,

3. croire qu'il veut l'accomplir,

4. croire qu'il l'a accompli.

Avez-vous dès à présent tout consacré à Christ et lui faites-vous confiance ? Si oui, alors cette œuvre est accomplie.[25]

Certains théologiens plus tardifs remettront en cause la sagesse de ce type de théologie de la « confession »[26]. Les prédications et publications défendant cette approche étaient dominantes au moment de l'émergence du mouvement de la sainteté. Nous nous tournons à présent brièvement vers une forme d'optimisme de la sainteté qui, peut-être d'une manière surprenante, est parvenu à écarter le méthodisme.

19ÈME SIÈCLE : UN NOUVEAU GENRE DE CALVINISME

La rencontre entre le calvinisme revivaliste du 19ème siècle et la doctrine wesleyenne traditionnelle a eu lieu l'Oberlin College, dans l'Ohio. Cette institution a été établie en 1834, avec un programme explicitement pro-réforme et une croyance en l'égalité humaine. Sa fondation a eu lieu à un moment marqué par la conjonction de plusieurs événements importants. Le mouvement abolitionniste, souvent directement lié à la ferveur religieuse, prenait de plus en plus d'ampleur aux États-Unis. Lane Theological Seminary, à Cincinnati, est devenu le site d'une importante controverse autour de la question de l'esclavage. Certains étudiants, parmi lesquels Theodore Weld, militaient pour une action abolitionniste plus radicale. Conformément à leurs convictions, ils traitaient les Noirs comme des égaux et s'associaient à eux en dehors du séminaire. Le séminaire a pris la décision d'interdire à ses étudiants de mettre en pratique leurs sentiments abolitionnistes et de faire cesser toute discussion sur l'esclavage en classe ou par le personnel pédagogique. Quarante étudiants se sont retirés pour protester.

Pendant ce temps, une nouvelle école, l'Oberlin Institute, avait ouvert ses portes et affichait clairement son programme pro-réforme et sa croyance en l'égalité humaine. Oberlin a contacté Asa Mahan, un membre du conseil d'administration de Lane qui soutenait les étudiants, lequel a accepté d'en devenir le premier Président. Les étudiants de Lane ont suivi, avec presque trois cent autres étudiants pendant la première année. Oberlin admettait à la fois les Noirs et les femmes, ce qui était surprenant pour l'époque.

La théologie d'Oberlin n'était pas déconnectée de son programme social. Charles Finney (1792-1875), le grand revivaliste et professeur de théologie systématique à Oberlin, et Asa Mahan (1799-1889), le Président de l'institut, étaient attentifs à l'entière sanctification, un nouveau thème revivaliste qui se répandait en Amérique, au Canada et en Grande-Bretagne. Les calvinistes comme Finney et Mahan rejetaient l'idée que la doctrine de la perfection chrétienne était forcément liée au méthodisme. Ainsi, ils ont commencé à prêcher une nouvelle synthèse entre calvinisme et sanctification, qui s'est faite connaître sous le nom de nouvelle théologie ou néocalvinisme. Leur approche a été beaucoup critiquée par les dénominations calvinistes plus traditionnelles. Leur nouvelle théologie était résolument optimiste par rapport aux changements personnels et sociaux rendus possibles par la sanctification.

Asa Mahan est connu surtout comme celui qui a ravivé le lien établi par John Fletcher entre entière sanctification et baptême du Saint-Esprit. Ainsi, il a mis en lien l'entière sanctification avec la puissance du Saint-Esprit et la capacité que celui-ci nous donne. Il croyait que les hommes étaient rendus capables de faire même au-delà de ce qui est humainement possible, par le baptême de l'Esprit. Cette idée a ouvert de nouveaux horizons, particulièrement pour les femmes du mouvement de la sainteté. Le fait qu'Antoinette Brown, la première femme américaine ordonnée pour prêcher, était diplômée d'Oberlin College, n'est peut-être pas une coïncidence.

Le radicalisme d'Oberlin s'est essoufflé après Finney et Mahan. Ce déclin est peut-être directement lié à son retour à une théologie calviniste plus traditionnelle, sans la compréhension de la perfection chrétienne du 19ème siècle.

HANNAH WHITALL SMITH (1832-1911)

Hannah Whitall, née en Philadelphie dans une famille Quaker, a fait l'expérience de l'entière sanctification, qu'elle appelle le « secret » du bonheur. Cette croyance l'a menée à écrire un livre devenu un classique de la littérature religieuse : *The Christian's Secret of a Happy Life* (Le secret du chrétien pour une vie heureuse). Hannah s'est engagée dans des organisations intéressées par les droits des femmes, comme la Women's Christian Temperance Union et le mouvement des suffragettes. Ces préoccupations sociales étaient liées à l'optimisme social de la théologie de la sainteté.

Hannah et son mari Robert ont fait une tournée de conférences en Angleterre. Sa première conférence, en Angleterre, afin de défendre ses positions théologiques, a été organisée en 1873. En 1875, elle a été invitée pour une conférence à Keswick, par son vicaire anglican. Cette conférence est devenue un événement annuel à Keswick, connu sous le nom de Convention de Keswick.

Cette conférence est importante sur le plan historique et théologique, du fait de son lien avec la doctrine de l'entière sanctification (telle que définie par les églises liées au méthodisme) et de sa réinterprétation de cette doctrine. Le keswickianisme, nom donné à cette réinterprétation, a été lancé et maintenu par des figures non wesleyennes, comme Smith et W. E. Boardman (un presbytérien), qui mettaient l'accent sur la « vie chrétienne supérieure ». Les calvinistes Keswickiens, comme les Wesleyens, mettaient l'accent sur un moment précis de consécration totale ; contrairement aux Wesleyens, ils croyaient cependant que la puissance de la « vieille nature » n'est pas effacée par la purification, mais *contrée* par la présence du Saint-Esprit. Il s'agit d'une différence subtile, *mais claire*. Le mouvement était associé au revivalisme de D. L. Moody (dont les Smith ont suivi les traces au cours de leur tournée en Angleterre), puis de Billy Graham, ainsi qu'à des institutions comme le Moody Bible Institute, Wheaton College et Dallas Theological Seminary.

De premiers efforts de coopération entre Wesleyens et Keswickiens ont eu lieu, mais lorsque la théologie keswickienne a gravité vers une eschatologie , la distance s'est accrue. La Convention de Keswick est toujours organisée annuellement et attire des visiteurs venus de toutes les régions du monde. La théologie keswickienne est considérée comme étroitement apparentée au mouvement de sainteté, plus wesleyen.

▶ LES AMÉRICAINS : LES « RESSORTISSANTS » MÉTHODISTES DE LA FIN DU 19ÈME SIÈCLE[27]

L'emphase sur l'entière sanctification était clairement un trait commun à l'ensemble du mouvement wesleyen de la sainteté. La plupart des nouvelles dénominations fondées par des figures qui avaient quitté le méthodisme officiel avaient cependant aussi une forte impulsion *réformatrice*. Beaucoup de personnes avaient rompu avec le méthodisme qu'ils aimaient tant pour des raisons qui n'étaient pas purement théologiques. La théologie de la sainteté, selon l'interprétation des « ressortissants », a mené à un engagement social fondé sur l'égalitarisme. La sainteté pentecôtiste, ainsi nommée pour son association avec la puissance de la première Pentecôte (et non avec le parler en langues), a rendu toutes choses nouvelles, exigeant ainsi le renversement de structures sociales oppressives. La théologie de la sainteté était intrinsèquement liée à des causes comme l'abolitionnisme, les droits des femmes (notamment leur droit de prêcher), le soin des pauvres, la tempérance et beaucoup d'autres services orientés vers les catégories les plus nécessiteuses de la société.

Ce n'est donc pas une coïncidence si les figures décrites ci-dessous sont davantage connues pour leurs réformes que pour leurs formules théologiques. Les premières dénominations de la sainteté ont cherché à se réapproprier l'enseignement de Wesley sur la perfection chrétienne *et* le programme social qui en est né. Le méthodisme dit « primitif » incluait aussi le soin des pauvres, la lutte contre l'esclavage et d'autres activités qui rappelaient les premiers méthodistes britanniques.

ORANGE SCOTT (1800-1847) ET LUTHER LEE (1800-1889)

Une des premières dénominations à avoir rompu avec l'Église méthodiste épiscopale était la Wesleyan Methodist Connection, cofondée par Orange Scott et Luther Lee. Orange Scott est né dans une famille très pauvre. Malgré cela et son absence quasi totale d'éducation, il est devenu un pasteur accompli et un abolitionniste fervent. En tant que délégué à la conférence générale de l'Église méthodiste épiscopale, il a abordé la question de l'esclavage en 1836. Sa virulence lui a valu une forte réprobation, si bien qu'il a été relevé de ses responsabilités au niveau du district. Il a ensuite rejoint l'American Anti-Slavery Society et commencé à voyager et à prendre la parole afin de défendre leur cause. Il a finalement décidé de quitter l'Église méthodiste. Avec Luther Lee, un groupe a fait sécession en 1842, puis s'est organisé sous le nom de Wesleyan Methodist Connection.

Luther Lee est né dans le fameux district soi-disant « brûlé » du Nord de l'État de New York, ainsi nommé à cause du feu du réveil qui a agité cette partie du pays d'une manière dramatique. Il est devenu pasteur de l'Église méthodiste épiscopale dans la même région. En 1839, Lee est devenu responsable de la Massachusetts Anti-Slavery Society. La nouvelle dénomination, après ses débuts, l'a élu comme son premier Président. Il est intéressant de noter qu'il a prêché à l'occasion du culte d'ordination d'Antoinette Brown, la première femme américaine ordonnée. Pendant le reste de sa vie, il a servi comme pasteur de plusieurs églises néo-wesleyennes et comme professeur de certaines des premières facultés du mouvement.

B. T. ROBERTS (1823-1893)

B. T. Roberts est le fondateur de l'Église méthodiste libre. Il a été élevé dans une culture fermement méthodiste et reçu un appel dramatique au ministère. Il a entamé sa sortie du méthodisme avec la publication de son article « New School Methodism » (nouvelle école méthodiste). Il était préoccupé par la tendance manifestée par certains méthodistes à s'accommoder progressivement de la culture ambiante à la mesure de leur ascension sociale. Le symbole de cette tendance aux yeux de Roberts était le système de location de bancs dans beaucoup d'églises méthodistes épiscopales : les membres les plus aisés d'une assemblée pouvaient choisir un banc dont ils devenaient en quelque sorte les propriétaires. Pour lui, cette pratique s'opposait évidemment aux Écritures et à la mission auprès des pauvres qui avait joué un rôle tellement crucial dans le méthodisme « primitif ». Roberts était aussi profondément dévoué à la cause de l'abolition de l'esclavage. Ainsi, le nom qu'il a choisi pour sa dénomination « ressortissante » a une double connotation : l'Église méthodiste libre fait référence à la liberté de ses bancs et de ses membres. Roberts, en particulier, a intensifié son ministère auprès des pauvres. D'après Douglas Cullum :

> Du point de vue de Roberts, cette « nouvelle école méthodiste » progressiste, mue par l'ascenseur social, s'était détournée de la mission méthodiste originelle : répandre « la sainteté biblique à travers ces pays ». La publication de son article a été le principal facteur ayant mené à son expulsion de l'Église méthodiste épiscopale, en 1858.[28]

Sa dénomination a été fondée en 1860, après l'unification d'un groupe de ses disciples avec un autre groupe qui suivait John Wesley Redfield (lequel avait également été expulsé). Les premiers méthodistes libres vivaient une vie simple, afin de pouvoir mieux servir les pauvres et leur prêcher. Le méthodisme libre était donc autant une forme de piété pratique qu'une branche théologique du mouvement wesleyen de la sainteté.

AMANDA BERRY SMITH (1837-1915)

La vie d'Amanda Berry Smith, née esclave en 1837, est une vie affectée par l'impulsion égalitariste de la théologie de la sainteté. Elle est devenue évangéliste, missionnaire et réformatrice sociale. Elle a d'abord fréquenté l'Église méthodiste épiscopale, pour se retrouver dans une réunion de classe entièrement blanche. Les responsables n'étaient apparemment prêts à l'enseigner qu'en fin de réunion, alors qu'elle devait retourner au travail avant la fin de la réunion. Alors, elle a cessé de fréquenter cette classe et s'est éloignée.

Plus tôt dans sa vie, Amanda avait eu une vision dans laquelle elle s'était vue prêcher. Après la mort de son mari, James Smith, elle a fait l'expérience de l'entière sanctification à travers le ministère de John Inskip, qui était très influencé par Phoebe Palmer. Certains éléments indiquent qu'Amanda Berry Smith a fréquenté les réunions du mardi de Palmer, qui ont joué un rôle extrêmement important dans le développement du mouvement wesleyen de la sainteté. La position de Palmer sur la question de l'esclavage est discutable[29]. Sa rencontre avec Smith semble néanmoins avoir aidé celle-ci à associer capacitation spirituelle et élimination des préjugés.

En 1879, Smith est devenue missionnaire, d'abord en Inde, où elle est restée deux ans, puis en Afrique (au Liberia et au Sierra Leone) pendant huit années supplémentaires. Bien qu'elle était officiellement membre de l'Église africaine méthodiste épiscopale, celle-ci ne soutenaient pas son ministère. Pendant l'essentiel de sa carrière missionnaire, elle a travaillé en association avec les églises et associations de la sainteté blanches. Elle s'est également beaucoup impliquée dans des organisations qui mettaient l'accent sur l'abolitionnisme et la tempérance. Elle est devenue oratrice de la Women's Christian Temperance Union (Union des femmes chrétiennes pour la tempérance), sous la direction de Frances Willard, ce qui lui a permis de devenir une évangéliste de renommée nationale. Un des plus grands dons qu'elle a laissés derrière elle est son autobiographie, publiée pour la première fois en 1893, dans laquelle elle révèle qu'elle ne s'est jamais sentie pleinement acceptée, ni dans les milieux blancs, ni dans les milieux noirs. Elle a écrit cette pensée révélatrice : « Je crois que certaines personnes comprendraient la quintessence de la grâce sanctificatrice si elles pouvaient être noires pendant 24 heures. »[30] Il est intéressant de noter qu'elle a écrit aussi que son expérience de l'entière sanctification est passée en partie par son acceptation et sa gratitude pour son identité noire.

DANIEL WARNER (1842-1895)

Alors même que de nouvelles dénominations naissaient de l'Église méthodiste épiscopale, il y avait toujours des liens étroits entre dénominations. Les diverses associations nationales ont commencé à jouer un rôle prééminent dans le mouvement de la sainteté. Certaines personnes craignaient cependant que les différentes dénominations ne deviennent cause de division, même au sein de ces associations. Ces personnes n'étaient pas pour autant appelées à fonctionner d'une manière non dénominationnelle en soi, mais elles travaillaient plutôt à développer ce qu'on peut appeler un dénominationnalisme transcendant, fondé sur la croyance que l'appel de Christ à l'unité parfaite de son Église doit transcender les affiliations dénominationnelles.

Daniel Warner a été élevé dans une Church of God (Église de Dieu) allemande qui suivait la théologie de John Winebrenner. Celui-ci avait rompu avec l'Église réformée allemande sur deux points qui ont pris une place centrale dans le positionnement théologique de la dénomination qu'il a fondée : d'abord, la Bible est la seule autorité en matière de foi et de pratique ; ensuite, tout chrétien doit passer par une expérience de conversion personnelle, ou nouvelle naissance. Winebrenner affirmait aussi le libre arbitre et rejetait les confessions de foi strictes et le statut de membre d'église. Daniel Warner partageait ces principes. Cependant, après qu'il ait vécu une expérience de l'entière sanctification, le groupe allemand a révoqué sa licence ministérielle. Un groupe dissident l'a de nouveau licencié, si bien qu'il a poursuivi son ministère en tant que pasteur, évangéliste et éditeur d'un des nombreux journaux importants du mouvement de la sainteté au 19ème siècle : *Gospel Trumpet.*

Warner participait aux associations nationales dans l'objectif de promouvoir le mouvement de la sainteté, mais il a fini par quitter ces associations. Il croyait fermement que Dieu lui avait révélé que toute trace de sectarisme est contraire aux Écritures. Un de ses biographes, Barry Callen, a écrit :

> La sortie des dénominations de Warner était inspirée par une vision de l'Église en dehors de toute dénomination, rendue possible par une sainteté dynamique. Il avait profondément à cœur l'unité des croyants, voyait la sainteté comme le moyen d'y parvenir et jugeait l'existence continuelle de multiples structures dénominationnelles, qui étaient souvent en concurrence entre elles, comme un mal au sein du peuple de Dieu, auquel Dieu voulait mettre fin.[31]

Warner conseillait aux croyants de quitter tous les systèmes et structures et en a accueilli beaucoup au sein d'un mouvement connu tout simplement sous le nom de Church of God (Église de Dieu), identifié par la suite par l'extension « Anderson » (Indiana) afin de le distinguer d'autres dénominations qui avaient pris le même nom. Des années après, le mouvement (selon l'appellation qu'ils préféraient) a eu besoin de s'organiser. Un statut officiel de membre n'a cependant pas été jugé nécessaire.

Le mouvement est considéré comme un bon élément de la famille de dénominations wesleyennes de la sainteté. La Church of God, ainsi que d'autres, a commencé avec une inclinaison vers le ministère auprès des exclus. Contrairement à d'autres dénominations du mouvement, elle est cependant parvenue à conserver une forte proportion d'Afro-Américains. Elle dispose aussi d'un pourcentage élevé des femmes pasteurs et prédicateurs. Malgré que le mouvement de la sainteté ait été qualifié de secte par des historiens qui l'examinaient de l'extérieur, l'ecclésiologie de groupes comme la Church of God révèle une impulsion œcuménique légitime.

MARTIN WELLS KNAPP (1853-1901)

Un autre exemple de cette idéologie orientée vers l'unité est manifesté dans la vie et l'œuvre de Martin Wells Knapp, dans l'établissement de l'International Revival Prayer League (Ligue internationale de prière pour le réveil, devenu la Pilgrim Holiness Church, Église de la sainteté du pèlerin) et dans l'ouverture de la God's Bible School (école biblique de Dieu). Knapp a joué un rôle influent dans l'émergence de groupes de sainteté radicaux ou doux-radicaux, qui se caractérisaient par leur rejet des vices de leur culture et par leur adhésion à la simplicité radicale (en termes monétaires) comme un moyen d'atteindre les pauvres et d'établir les traits de l'Église communale du livre des Actes. La sainteté radicale est mal comprise si elle est vue d'une manière péjorative comme une forme de légalisme.

PHINEAS BRESEE (1838-1915)

Phineas Bresee est né et a été éduqué dans l'État de New York. Après avoir décidé de s'engager dans le ministère, il a déménagé avec sa famille dans l'Iowa et a rejoint la conférence de l'Église méthodiste épiscopale. En 1864, il a été nommé ancien principal de la conférence méthodiste de Des Moines-Ouest. Son rôle d'administrateur ne lui convenait pas, si bien qu'il est redevenu prédicateur itinérant. Plus tard dans sa vie, il s'est installé à Los Angeles, où il s'est fait connaître comme un évangéliste puissant et efficace, tout en servant comme pasteur de plusieurs églises méthodistes importantes du Sud de la Californie.

Bresee avait fait l'expérience de l'entière sanctification en 1867 et ne craignait pas de la prêcher. Il s'intéressait beaucoup aussi à la mission urbaine. Il a quitté l'Église méthodiste épiscopale en 1894 et s'est associé à la Peniel Mission, à Los Angeles. En 1895, Bresee et J. P. Widney, le Président de l'University of Southern California, ont organisé une église locale appelée l'Église du Nazaréen, dont Bresee était le pasteur. Il a fondé aussi un magazine du mouvement de la sainteté, appelé Nazarene Messenger. Son œuvre a prospéré, jusqu'à devenir une petite dénomination.

L'Église du Nazaréen a connu une forte croissance numérique, non seulement par des conversions, mais aussi en fusionnant avec d'autres dénominations. Les fusions les plus importantes sur le plan historique étaient celles avec la New England Association of Pentecostal Holiness Churches (Association d'églises pentecôtistes de la sainteté de Nouvelle-Angleterre), en 1907, avec la Holiness Churches of Christ in Texas (Églises de Christ de la sainteté au Texas) en 1908, ainsi qu'avec un groupe du Tennessee, la Pentecostal Mission (Mission pentecôtiste), en 1914. Le nom de la dénomination a été brièvement changé en Église pentecôtiste du Nazaréen. (L'Église a repris son ancien nom en 1919.)

Bresee avait la réputation d'être un bon médiateur. Afin de favoriser l'unité, il était prêt à faire des compromis sur des questions qu'il jugeait « non essentielles ». Pour cette raison, l'Église du Nazaréen n'a pas de position spécifique sur l'eschatologie, par exemple. Bresee a aussi fusionné la tradition méthodiste du baptême d'enfants avec l'emphase plus anabaptiste sur le baptême des croyants, en laissant le choix aux parents.

Le nom d'Église du Nazaréen était destiné à associer la dénomination à l'humilité du Nazaréen et à exprimer son intérêt spécifique pour les pauvres et les exclus. La dénomination a rapidement mis en place un ministère missionnaire outre-mer qui est demeuré influent. Sur le plan théologique, elle est fondamentalement wesleyenne (tout en adoptant souvent *la via media*, ou position moyenne, sur certaines questions), avec une emphase sotériologique. Elle met l'accent sur l'entière sanctification et s'associe clairement avec la tradition du mouvement wesleyen de la sainteté. Elle est considérée comme la plus grande dénomination de ce mouvement.

▶ LE MOUVEMENT DE LA SAINTETÉ DANS D'AUTRES RÉGIONS DU MONDE

Avant de passer à la tradition wesleyenne de la sainteté au 20ème siècle, nous devons nous interrompre pour nous demander comment le mouvement de la sainteté s'est développé dans d'autres régions du monde au cours de la deuxième moitié du 19ème siècle. Les cas de la Grande-Bretagne et de l'Asie nous serviront de deux exemples parmi d'autres pour décrire la diffusion du message de la sainteté.

Beaucoup d'influents prédicateurs de la sainteté sont allés en Grande-Bretagne afin de prêcher l'entière sanctification. Les sympathisants keswickiens, ainsi que les évangélistes plus strictement issus du mouvement de la sainteté, comme Phoebe Palmer, ont eu un impact dans ce pays. La théologie de la sainteté y était vivante et florissante. D'après Floyd Cunningham, « on ne pouvait constater que peu de différences entre la prédication des responsables britanniques du mouvement de la sainteté, comme William Arthur, Samuel Chadwick, W. D. Drysdale et Oswald Chambers, et celle de leurs vis-à-vis américains. Ils partageaient un vocabulaire commun et une littérature commune. »[32] George Sharpe, un écossais, a passé beaucoup d'années en Amérique, en association avec les membres de la National Holiness Association. À son retour chez lui, il a constaté qu'« un certain nombre de personnes en Écosse en en Angleterre enseignaient et croyaient la doctrine tout comme lui »[33]. Beaucoup de figures, comme Francis Crossley, William McDonald, George Grubb et la famille Booth, ont joué un rôle influent dans le développement de l'identité britannique de la sainteté[34].

Le mouvement wesleyen de la sainteté du 19ème siècle s'est répandu dans le monde entier, non seulement en Amérique du Nord et en Europe, mais jusqu'en Asie, et même en Chine. Nous donnerons un bref exemple ici.

L'Oriental Missionary Society (Société Missionnaire Orientale) (OMS, maintenant OMS International), bien qu'officiellement non dénominationnelle, s'ancrait fermement dans le mouvement de la sainteté, de par sa théologie et sa prédication. Elle a longtemps été soutenue par la God's Bible School et Martin Wells Knapp. Elle a commencé par une école biblique au Japon, avant de s'étendre rapidement, avec une stratégie missionnaire développée par son fondateur, Charles Cowman. Elle a distribué des millions de Bibles et de traités. Son plus grand succès a été le champ de mission coréen, où elle a contribué à l'ouverture d'une école biblique. Par la suite, Robert Nam Soo Chung, un diplômé de God's Bible School et d'Asbury College, et Sung Bong Li, ont dynamisé l'œuvre de l'OMS à travers leur prédication revivaliste. Une dénomination a fini par se développer indépendamment des dénominations américaines. La Korea Evangelical Holiness Church (Église évangélique de la sainteté de Corée) était étroitement liée à l'école biblique fondée plusieurs années auparavant. MyungJik Lee, qui était directeur et professeur de cette école, est devenu le principal théologien de la sainteté en Corée au début du 20ème siècle. Il faut noter que cette école biblique est entretemps devenue le Seoul Theological Seminary (séminaire théologique de Seoul), qui a grandi jusqu'à devenir le plus grand séminaire wesleyen au monde. Bien sûr, les guerres qui diviseraient la Corée seraient éprouvantes pour la dénomination, mais en 1995, elle avait presque un million de membres. Le christianisme en Corée a connu une véritable explosion. Avec d'autres dénominations, le mouvement wesleyen de la sainteté y dispose toujours d'une très forte présence.

▶ LA THÉOLOGIE DE LA SAINTETÉ AU 20ÈME SIÈCLE

Au 20ème siècle, un des plus grands défis auxquels le mouvement wesleyen de la sainteté a été confronté a été le passage d'un mouvement à un ensemble de dénominations. Ainsi, au début du siècle, beaucoup d'énergie a été consacrée à l'organisation et à la rédaction de nouvelles théologies systématiques pour de nouveaux contextes dénominationnels. Par la suite, la théologie wesleyenne de la sainteté s'est renforcée et définie avec plus de précision. Chaque figure mentionnée ci-dessous a apporté une contribution significative à son développement.

A. M. HILLS (1848-1935)

Aaron Merritt Hills, qui a commencé son ministère au sein de l'Église congrégationaliste, s'est ensuite associé à un certain nombre d'instituts d'enseignement supérieur du mouvement de la sainteté.

Le style de Hill était polémique et parfois antagoniste. Ses écrits incluent des critiques de certains comportements, comme la consommation de tabac et d'alcool, parce qu'il croyait que les crises sociales de la fin du 19ème siècle étaient de nature spirituelle. Étant fermement postmillénariste, il croyait que la doctrine de la perfection chrétienne contribuerait à résoudre les problèmes sociaux. Ses critiques étaient aussi d'ordre doctrinal : il s'en prenait ouvertement à la théologie keswickienne, à la haute critique biblique et au . Sa prise de position contre Darwin le dépeint clairement comme conservateur. Il est cependant intéressant de constater qu'il a critiqué aussi la théorie de la dictée verbale et de l'inerrance biblique absolue.

Son ouvrage le plus important, *Holiness and Power* (Sainteté est puissance), publié en 1897, a été abondamment diffusé. Sa théologie systématique, *Fundamentals of Christian Theology* (Fondamentaux de théologie chrétienne), prenait la libre volonté pour herméneutique centrale et « avait tendance à enraciner la foi et la sanctification dans les actes de la volonté humaine »[35]. *Holiness and Power* est une lecture intéressante sur le plan historique. Tout au long du livre, l'auteur cite les figures importantes du mouvement de la sainteté du 19ème siècle, notamment Daniel Steele, Phoebe Palmer, Catherine Booth, Hannah Whitall Smith et Charles Finney, puis fait avancer leur théologie au 20ème siècle. Son intention était de donner des preuves en faveur de l'entière sanctification, à travers des témoignages personnels et des arguments bibliques appuyant la doctrine de la sainteté. Cette approche fondée sur les témoignages était courante dans la littérature de la sainteté.

SAMUEL LOGAN BRENGLE (1860-1936)

Samuel Logan Brengle a commencé son ministère en tant que prédicateur itinérant de l'Église méthodiste épiscopale. Le programme de l'Armée du salut lui plaisait, si bien qu'il est allé à Londres rencontrer les Booth. Brengle était davantage théologien qu'eux, et après quelques années de service, il a commencé une carrière d'écrivain. Ses livres ont trouvé de nouvelles manières de sceller le message de la sainteté dans la conscience théologique de la dénomination.

Brengle a ramené dans le mouvement de la sainteté l'attitude de Wesley à l'égard de l'entière sanctification au sein du mouvement de la sainteté. Plus spécifiquement, il maintenait que l'assurance divine, ou témoignage de l'Esprit, est nécessaire afin d'obtenir cette expérience, allant ainsi à l'encontre de ceux qui, comme Ralston et Palmer, insistaient sur une foi plus nue (sans témoignage). Il est intéressant de noter qu'il a publié un livre intitulé *The Way of Holiness* (La voie de la sainteté) en 1902, avec exactement le même titre que le classique de Palmer sur ce sujet. Brengle était une voix précoce appelant à revenir à la théologie de la sainteté de John Wesley (qui insistait sur l'entière sanctification et progressive), même si le mouvement de la sainteté du 19ème siècle croyait être précisément sur cette voie, au vu du méthodisme traditionnel qui s'était écarté de l'entière sanctification. Le message de Brengle, sur le besoin d'équilibre (entre « moment » et processus), trouverait de fervents partisans au cours de la deuxième moitié du 20ème siècle.

H. ORTON WILEY (1877-1961)

Henry Orton Wiley, un pasteur, éducateur et président de faculté de l'Église du Nazaréen, a terminé en 1941 sa *Théologie chrétienne* en trois volumes, qui s'est vite imposée comme l'ouvrage théologique le plus important du mouvement de la sainteté pendant plusieurs décennies. Son apport à la pensée de la sainteté au 20ème siècle a été une synthèse de la théologie wesleyenne avec l'emphase moderne sur la dimension personnelle, sur l'anthropologie théologique et sur la foi comme une relation personnelle avec Dieu, à travers le Fils, nourrie par le Saint-Esprit. Dieu est un Dieu personnel. L'expérience chrétienne est une source théologique importante dans la pensée de Wiley, de même qu'elle l'était pour Wesley et pour des théologiens d'autres horizons comme Friedrich Schleiermacher. Wiley est demeuré fidèle à l'optimisme wesleyen quant à la grâce, sans tomber dans le libéralisme théologique qui marquait le protestantisme à cette époque. Il est parvenu aussi à éviter le nouveau pessimisme des théologiens « néo-orthodoxes » comme Barth, Brunner et Niebuhr[36]. Wiley dépendait beaucoup de Pope et Miley, mais moins de la littérature de la sainteté qu'on aurait pu le penser. Son ton est parfois semblable à celui de Brengle, car il a orienté la tradition vers un retour à un Wesley plus équilibré que celui présenté par les figures du 19ème siècle, qui étaient très influencées par l'emphase de Fletcher sur le baptême du Saint-Esprit.

MILDRED BANGS WYNKOOP (1905-1997)

Mildred Bangs a grandi sous l'influence de certains des premiers prédicateurs les plus influents de l'Église du Nazaréen, avec H. Orton Wiley pour mentor théologique. Elle a eu le privilège rare de taper la *Théologie chrétienne* de Wiley avant sa publication.

Mildred et son mari Ralph ont commencé leur vie commune en tant qu'évangélistes. Ils prêchaient tous les deux et étaient très demandés en Californie, dans l'Oregon et dans l'État de Washington. Ils exerceraient aussi leur ministère pastoral ensemble au fil des années. Après avoir reçu son doctorat en théologie, Mildred a commencé à enseigner au Western Evangelical Seminary, avant de servir comme présidente et professeur au Japan Christian Junior College et au Japanese Nazarene Theological Seminary (de 1960 à 1965). En Asie, elle a étudié la culture en profondeur, afin de comprendre non seulement comment fonctionnaient les relations, mais aussi comment articuler au mieux la théologie de la sainteté dans la pensée asiatique. Il est clair que cette expérience lui a permis de développer son propre vocabulaire théologique, qui aurait par la suite un impact si profond sur ceux qui liraient sa compréhension holistique de la sainteté.

Après son retour du Japon, Wynkoop a enseigné au Trevecca Nazarene College, puis au Nazarene Theological Seminary (devenant la première femme jamais élue au sein de l'équipe pédagogique de ce séminaire). Elle a été aussi la première femme élue présidente de la Wesleyan Theological Society. En tant que théologienne, Wynkoop était une oratrice très connue et très appréciée, à la fois au sein de l'Église du Nazaréen et à l'extérieur de cette dénomination. Beaucoup de spécialistes estiment que son ouvrage *A Theology of Love: The Dynamic of Wesleyanism* (Une théologie de l'amour : la dynamique du wesleyanisme) a révolutionné la manière dont la doctrine de la sainteté était articulée au sein de la tradition wesleyenne de la sainteté. Cet ouvrage présente son interprétation de la théologie de l'amour parfait de John Wesley.

De même que celle de Wesley, sa pensée était éclectique, créative, synthétique, et donc unique. Son livre remet en cause des modèles qui représentaient auparavant la seule perspective de l'entière sanctification. Cela a suscité des controverses, beaucoup la considérant comme trop radicale. Cependant, plus de trente ans après, son livre demeure influent et il est toujours employé dans l'enseignement supérieur au sein du mouvement wesleyen de la sainteté.

Pourquoi dont la théologie de Wynkoop est-elle si importante ? À cause de son insistance sur l'expérience et les relations humaines ? Sa compréhension du péché et de la sainteté s'articulent en termes relationnels. Notre capacité d'avoir des relations, des relations d'amour, constitue notre dessein et notre destinée selon Dieu. Il y a une manière sainte, voulue par Dieu, d'être en relation avec lui, avec les autres, et même avec nous-mêmes. Le péché déforme ces relations, mais l'amour dérivé de Dieu les restaure. La sainteté est donc manifestée le plus clairement lorsque nous aimons comme Dieu nous a aimés le premier. Ainsi, le péché n'est pas simplement réduit à un ensemble de règles et de lois violées, qui peut mener facilement à un légalisme stagnant : le péché est le contraire d'une relation d'amour. La sainteté en tant qu'amour, telle que définie par l'interprétation défendue par Wynkoop de la théologie de John Wesley, est dynamique et vivante. Surtout, elle est pertinente dans notre vie quotidienne. La sainteté doit être « crédible » dans la vie réelle[37].

GEORGE ALLEN TURNER (1908-1998)

George Allen Turner était un exégète biblique influent de la tradition de la sainteté au 20ème siècle. Son ministère inclut une expérience pastorale au sein de l'Église chrétienne congrégationaliste et de l'Église méthodiste libre, ainsi qu'une longue carrière d'enseignement à l'Asbury College. Une dimension de son héritage est son emphase sur l'impératif wesleyen de prendre soin des pauvres et des opprimés. Sa dissertation doctorale, publiée sous le titre de *The More Excellent Way* (La voie par excellence) (1952), a par la suite été révisée et publiée en 1964 sous le titre de *The Vision Which Transforms* (La vision qui transforme). Il s'agit d'une des défenses bibliques les plus solides de la théologie de la sainteté au 20ème siècle.

À l'occasion d'un débat organisé par la Wesleyan Theological Society, Turner a par la suite défendu la position du milieu du 19ème siècle, qui associe l'entière sanctification au baptême du Saint-Esprit. Ce débat jouerait un rôle décisif dans le développement de la théologie de la sainteté au 20ème siècle. D'autres figures importantes du débat étaient Donald Dayton et Larry Wood. Ce débat révèle une différence marquée entre ceux qui voulaient insister sur le côté wesleyen du mouvement ou sur sa dimension de la sainteté. À partir de là, on constate une tendance à identifier les théologiens de la sainteté par leur position sur cette question. Il est probablement juste de dire que les théologiens contemporains sont toujours identifiés ainsi.[38]

RICHARD S. TAYLOR (1912-2006)

Richard S. Taylor s'inscrit clairement dans la dimension de la sainteté de la tradition wesleyenne de la sainteté. Il était pasteur et éducateur au sein de l'Église du Nazaréen. C'était un des auteurs wesleyens de la sainteté les plus prolifiques du 20ème siècle. « Le ministère de Taylor s'est caractérisé par des polémiques vigoureuses contre le calvinisme et par des défenses approfondies des formulations doctrinales traditionnelles du mouvement wesleyen de la sainteté. »[39] C'était un des plus fervents partisans de la compréhension de l'entière sanctification définie par le mouvement de la sainteté au 19ème siècle. Ses ouvrages les plus importants étaient *The Right Conception of Sin* (Une juste conception du péché) (1939), *The Disciplined Life* (Une vie disciplinée) (1962) et *Exploring Christian Holiness, Vol. 3: Theological Foundations* (Explorer la sainteté chrétienne, vol. 3 : fondements théologiques) (1985).

WILLIAM M. GREATHOUSE (1919-2011)

William Greathouse représente ceux qui appelaient à un retour à un wesleyanisme plus classique. Greathouse a servi au sein de l'Église du Nazaréen, en tant que professeur, Président du Trevecca Nazarene College et du Nazarene Theological Seminary, ainsi que surintendant général de la dénomination. Ses publications ont également joué un rôle important dans le développement de la théologie wesleyenne de la sainteté au 20ème siècle. Il a beaucoup publié dans les domaines de la théologie historique et biblique par rapport à la doctrine de la sainteté. Sa publication la plus récente est un commentaire en deux volumes de l'Épître aux Romains, coécrit avec George Lyons.

Greathouse représente l'équilibre mentionné précédemment entre une forte emphase sur l'entière sanctification comme un moment décisif et le besoin de croissance progressive en grâce. Il s'intéresse particulièrement à la réarticulation de l'importance des moyens de grâce, notamment du repas du Seigneur, comme des catalyseurs vitaux pour notre croissance en sainteté.

J. KENNETH GRIDER (1921-2006)

Joseph Kenneth Grider, qui a eu son doctorat à l'Université de Glasgow, était un théologien et éducateur influent de l'Église du Nazaréen. Il était professeur de théologie au Nazarene Theological Seminary de 1953 à 1992. Grider a contribué au mouvement wesleyen de la sainteté par beaucoup d'ouvrages théologiques. Son ouvrage le plus important est *Entire Sanctification: The Distinctive Doctrine of Wesleyanism* (L'entière sanctification : la doctrine caractéristique du wesleyanisme) (1980), qui défend fermement le modèle de sainteté du 19ème siècle et le baptême du Saint-Esprit. Il a publié aussi, en 1994, *A*

Wesleyan-Holiness Theology (Théologie wesleyenne de la sainteté), un ouvrage souvent considéré comme son chef d'œuvre, qui vise à offrir une alternative à *Grace, Faith and Holiness* (Grâce, foi et sainteté) de H. Ray Dunning. Grider considérait Dunning comme un des théologiens relationnels (avec Mildren Bangs Wynkoop, William Greathouse et Rob Staples) qui, selon lui, réduisaient l'emphase ferme et caractéristique sur l'entière sanctification qui dominait la pensée de la sainteté au 19ème siècle. En un sens, Grider croyait que le 19ème siècle avait apporté des améliorations à l'œuvre de Wesley lui-même, tandis que les théologiens relationnels appelaient à la réappropriation d'une interprétation plus classique de la théologie wesleyenne, qui, pour lui, constituait une menace pour la centralité du message de l'entière sanctification.

ROB L. STAPLES (1929-2015)

Les théologiens relationnels, comme Rob L. Staples, n'ont pas abandonné la doctrine de l'entière sanctification, mais ils croyaient que l'équilibre que Wesley avait trouvé entre régénération, sanctification progressive et l'entière sanctification, avait été largement oublié et que la compréhension de l'entière sanctification au 19ème siècle avait obscurci la grâce de Dieu à travers le parcours de vie chrétienne. Avant sa retraite, Rob Staples était professeur de théologie au Bethany Nazarene College (maintenant la Southern Nazarene University) et au Nazarene Theological Seminary. Grider et Staples ont fréquenté le NTS à la même époque. Staples s'est impliqué dans le débat au sein de la Wesleyan Theological Society, autour du baptême du Saint-Esprit, qui a marqué les années 1970, en écrivant un résumé des enjeux[40].

La principale contribution de Staples à la théologie wesleyenne de la sainteté est sa publication de *Outward Sign and Inward Grace: The Place of Sacraments in Wesleyan Spirituality* (Signe extérieur et grâce intérieure : la place des sacrements dans la spiritualité wesleyenne), en 1991. Staples mettait l'accent sur le rôle important des moyens de grâce et, particulièrement, du sacrement de la communion, dans le développement spirituel. Il appelle la communion le sacrement de la sanctification et relie ainsi la spiritualité sacramentelle à la doctrine wesleyenne de la perfection chrétienne.

JAMES EARLY MASSEY (1930-2018)

James Earl Massey était pasteur, prédicateur et éducateur de l'Église de Dieu (Anderson). Il a servi pendant de nombreuses années à l'Anderson College, en tant que pasteur du campus, professeur de théologie et de Nouveau Testament et doyen de l'école de théologie. Il a servi aussi en tant que professeur d'Université et doyen de la chapelle à la Tuskegee University.

Massey était un prédicateur et exégète afro-américain très influent au sein de la tradition de la sainteté au 20ème siècle. La réconciliation est un thème récurrent chez lui, qu'il a mis en pratique pendant le mouvement des droits civiques, en tant que pasteur et ami de Martin Luther King Jr. et qu'il a développé dans les sermons et commentaires bibliques dont il est l'auteur ou l'éditeur. Trois de ses livres portent sur l'art de prêcher en tant que moyen de réconciliation du peuple de Dieu.

Avec un œcuménisme inhabituel, Massey a servi au sein de conseils d'église, enseigné dans des dizaines de facultés et de séminaires et été honoré comme un des plus grands prédicateurs des dernières générations. Il est respecté dans la communauté évangélique plus vaste, ainsi que par les dénominations traditionnelles. Il est membre à vie du conseil d'administration de l'Asbury Theological Seminary et titulaire du Lifetime Achievement Award de la Wesleyan Theological Society[41].

HOWARD SNYDER (NÉ EN 1940)

Howard Snyder est né en République dominicaine en 1940. Il a servi au sein de l'Église méthodiste libre en tant que pasteur, missionnaire (au Brésil) et professeur. Il a enseigné à l'United Theological Seminary de Dayton, dans l'Ohio, et il est membre de l'équipe pédagogique de l'Asbury Theological Seminary depuis 1996. « Snyder a longtemps exhorté les Wesleyens à affirmer une ecclésiologie radicale d'église de croyants, tout en agissant en faveur de la justice raciale, économique et environnementale. »[42] Il vient de terminer une biographie approfondie de B. T. Roberts. Snyder a été et demeure une voix théologique de premier plan au sein de la tradition wesleyenne de la sainteté.

SUSIE STANLEY (NÉ EN 1948)

Susie Stanley est mentionnée ici en tant que fondatrice d'une organisation extrêmement importante : la Wesleyan-Holiness Women's Clergy Association (association du clergé féminin du mouvement wesleyen de la sainteté). Elle a obtenu son doctorat en religion et culture américaine de l'Iliff School of Theology en 1987 et enseigné la théologie historique au Western Evangelical Seminary et au Messiah College. En 1993, elle a représenté le mouvement de la sainteté à la Conférence mondiale sur la foi et l'ordre du Conseil Œcuménique des Églises. Elle est ancienne ordonnée de l'Église de Dieu (Anderson).

Au début des années 1990, Stanley a pris conscience d'un besoin important dans la vie de beaucoup de femmes pasteures du mouvement wesleyen de la sainteté et elle a cherché à trouver des moyens de les mettre en contact entre elles. Plus d'une centaine de femmes ont participé à la première conférence Come to the Water (Viens à l'eau), à Glorietta, Nouveau-Mexique. Cette conférence se réunit depuis tous les deux ans. Près de 600 femmes ont participé à l'édition de 2008, à Nashville. En plus de cette conférence, Stanley a orienté l'organisation vers la publication d'ouvrages et le développement d'un programme consacré au sujet du ministère féminin. Ses deux livres, *Feminist Pillar of Fire: The Life of Alma White* (Colonne de feu féministe : la vie d'Alma White) (1993) et *Holy Boldness: Women Preachers' Autobiographies and the Sanctified Self* (Saint courage : autobiographies de femmes prédicatrices et le soi sanctifié) (2002), représentent également un aperçu important de la vie des femmes responsables et prédicatrices au 19ème siècle.

Maintenant que nous avons terminé la revue biblique et historique de la théologie de la sainteté à laquelle sont consacrés les premiers chapitres de ce livre, nous nous intéresserons à ce à quoi la théologie de la sainteté doit ressembler aujourd'hui. Pour ce faire, nous poursuivrons notre dialogue avec les Écritures et avec l'histoire, dans l'espoir de communiquer une théologie de la sainteté pertinente à la fois pour le présent et l'avenir.

OBSERVATIONS RÉCAPITULATIVES

1. John Fletcher et les autres méthodistes britanniques primitifs ont modifié certains enseignements de Wesley sur la perfection chrétienne.
2. La compréhension méthodiste de la perfection chrétienne en Amérique a été influencée par les principes et la culture américaine.
3. Le revivalisme a été un mécanisme important de prédication de la perfection chrétienne.
4. Le mouvement de la sainteté était profondément connecté à la réforme sociale et à l'égalitarisme.
5. Le mouvement de la sainteté mettait l'accent sur l'instantanéité de l'entière sanctification.
6. Les théologiens de la sainteté du 20ème siècle divergeaient dans leur emphase, soit sur le wesleyanisme classique, soit sur les modifications apportées par le mouvement de la sainteté aux enseignements de Wesley.

QUESTIONS DE RÉFLEXION

1. Le mouvement de la sainteté aujourd'hui est-il préoccupé par la réforme sociale ?
2. En quoi le mouvement de la sainteté est-il différent du méthodisme de la fin du 19ème siècle ?
3. La fidélité théologique à Wesley est-elle importante ? Justifiez votre réponse.
4. Quelles questions se posent aujourd'hui, alors que le mouvement de la sainteté évolue dans un monde postmoderne ?

PARTIE III

La théologie de la sainteté pour aujourd'hui

CINQ
LE DIEU SAINT

OBJECTIFS D'APPRENTISSAGE

Votre étude de ce chapitre vous permettra ...
1. de comprendre certains débats historiques et contemporains autour de la nature de Dieu,
2. d'identifier les divers rôles de Jésus-Christ en tant que Serviteur,
3. d'identifier l'œuvre de régénération et de sanctification du Saint-Esprit,
4. de reconnaître la centralité de l'emphase sur l'amour de Dieu dans la tradition wesleyenne de la sainteté.

MOTS-CLÉ

Trinité	théologie naturelle
théodicée	marcionisme
transcendance	*imago Dei*
synergisme	restauration
attributs moraux	grâce prévenante
attributs naturels	sens spirituels
je-tu	rationalisme
immanence	empirisme
omniprésent	épistémologie
patripassionnisme	inclusivisme
modalisme	exclusivisme
impassibilité	pluralisme
panenthéisme	régénération
aséité	*ordo salutis*
sotériologie	*via salutis*
déisme	réveil
condescendance	Paraclet

Dieu et saint et il nous appelle à la sainteté. Une meilleure compréhension de Dieu est donc essentielle à notre étude de la sainteté. Même si nous ne pouvons pas examiner tout ce que la Bible et la tradition chrétienne disent de Dieu, nous porterons notre attention sur les domaines particulièrement pertinents pour la théologie de la sainteté. Pour cela, certaines qualifications seront utiles à garder à l'esprit avant de continuer.

Bien que nous voulions demeurer fidèlement trinitaires, nous n'examinerons pas les aspects les plus profonds de la doctrine de la trinité. Une étude de la Trinité pourrait s'étendre à l'examen à la fois de la vie unifiée de Dieu au sein de la Trinité et de ses interactions trinitaires avec nous. La/les relation(s) de Dieu au sein de son propre être est/sont matière à spéculation, mais son identité par rapport à nous est quelque chose que nous pouvons connaître, car il a choisi d'entrer en relation avec nous. Ce chapitre mettra donc en lumière l'activité de Dieu à l'égard de l'humanité, en prenant particulièrement en considération son offre de salut. *Dieu est le Dieu qui nous sauve*, ce qui nous apprend quelque chose de bien défini sur sa nature sainte. Sa sainteté affecte sa relation avec nous.

Ce chapitre et les chapitres suivants se répètent de bien des manières. Les chapitres suivants couvriront les sujets de l'humanité, du péché et du salut. On observe une distinction souhaitée entre ces chapitres : alors que ce chapitre traite de l'activité de Dieu envers nous, les chapitres suivants parlent de notre réponse à cette activité.

LE SALUT

> Le « salut », au sens wesleyen, n'est pas seulement synonyme de justification ou de pardon des péchés : il a des implications pour toute la vie chrétienne et inclut nécessairement la sanctification, la croissance chrétienne et la transformation, tout au long de la vie d'une personne, jusqu'à sa mort. Le salut va donc plus loin que de simplement aller au ciel.

▸ LA SAINTETÉ DE DIEU

La théologie qui parle de Dieu est complexe. La grande variété des théologies disponibles peut ressembler au menu d'un buffet. En plus des nombreuses nuances des traditions plus classiques (catholique, orthodoxe, luthérienne, calviniste, wesleyenne, etc.), l'ajout des théologies contextualisées du milieu à la fin du 20ème siècles offre une infinité d'options. Même les efforts plus récents de retour à la tradition (par ex. l'orthodoxie radicale) sont des réactions à des réactions précédentes contre une compréhension supposément dépassée de Dieu. Pourquoi « Dieu » a-t-il inévitablement changé au 20ème siècle ? Pourquoi est-il « mort » ? Pourquoi est-il ressuscité sous tant de formes différentes ? Ce sont des questions clairement complexes. Voici quelques modestes éléments d'explication.

LA THÉOLOGIE DE LA « MORT DE DIEU »

> L'idée de la « mort de Dieu » a connu un tel succès qu'elle est considérée comme une théologie à part entière, plusieurs décennies après l'affirmation de Nietzsche. Le mouvement de la « mort de Dieu » s'est développé au cours des années 1960, autour de figures comme Harvey Cox.

D'abord, « Dieu » s'effondre sous le lourd poids de l'existence du mal abject. Il est peut-être compréhensible que le problème du mal soit devenu une préoccupation fondamentale de la théologie après l'Holocauste. La théodicée a pris davantage d'importance qu'elle n'en a jamais eue auparavant, tout au long de l'histoire du christianisme. L'amour de Dieu qui permet une telle souffrance est mis à l'épreuve. Pour contrer les arguments de la théodicée, certains affirment la vision traditionnelle de Dieu comme monergistiquement coercitive (c'est-à-dire qu'il est prêt à dépasser notre libre arbitre et à agir indépendamment de nos réactions). On comprend que beaucoup soient tentés de réaffirmer fermement que Dieu garde les commandes d'un monde qui semble hors de contrôle. Une telle souveraineté est cependant souvent considérée comme incompatible à la fois avec un Dieu d'amour et avec l'immense quantité de souffrance dans le monde. Surtout pour les Wesleyens, il semble erroné de mettre en avant le contrôle de Dieu, dans un effort visant à le sauver des questions qui se posent au cœur de la tragédie. Il y a cependant aussi la tentation de passer à l'autre extrême et de réduire Dieu et sa capacité à agir dans le monde. En l'occurrence, nous sommes tentés de céder à la tendance de nous fabriquer un Dieu à notre image.

Maintenir la sainteté de Dieu est une manière d'éviter notre tendance à l'anthropomorphiser (c'est-à-dire à le décrire en ne se servant que de caractéristiques humaines). Cette tentation de faire de Dieu une sorte de co-créature a toujours existé en théologie[1]. (En un sens, c'est ce Dieu humanisé que Feuerbach, Nietzsche, Freud et Marx ont peut-être tué à juste titre.) Cependant, même en évitant tout anthropomorphisme, le danger demeure de restreindre Dieu à nos propres assertions. En ce sens, tous nos efforts, notamment métaphysiques, visant à définir Dieu, impliquent la tentation d'ériger nos propres idées de lui en idoles. Une saine compréhension de la sainteté de Dieu mène cependant à confesser son mystère. Tout effort visant à le redéfinir, qui exclut le mystère, est erroné.

Un des avantages du passage d'une approche moderne, fondée sur la confiance en la raison pour fournir des conclusions exhaustives à propos de Dieu, à une approche postmoderne, est la revitalisation de la nature mystérieuse de Dieu. En un sens, il s'agit de la revitalisation de la sainteté de Dieu, d'une réaffirmation de sa transcendance.

DIEU EST TRANSCENDANT

Dieu est transcendant. Un aspect fondamental de sa sainteté est son altérité. Dieu est « tout autre », différent de tout ce qu'il a créé. C'est cette altérité qui rend possible l'affirmation paradoxale que lui seul est saint et que par conséquent, il nous appelle à être saints. La vérité suivante, *que Dieu est nécessairement indépendant de tout ce qui n'est pas Dieu, est fondamentale pour maintenir sa transcendance et sa sainteté*. Un autre paradoxe est que Dieu est nécessairement libre.

Ce point de vue, qui reflète pourtant une compréhension classique de Dieu, n'est pas toujours maintenu aujourd'hui, même dans les milieux wesleyens. Il pose la question de savoir si Dieu est vraiment intimement impliqué dans notre vie, s'il souffre avec nous, ainsi que celle de son immanence dans le monde. *L'indépendance* de Dieu n'annule cependant pas cette croyance fondamentale. La transcendance et l'indépendance n'impliquent pas que Dieu est indifférent ou n'a pas d'empathie envers sa création. Au contraire, c'est son « altérité » qui lui permet de s'engager librement avec sa création, notamment en lui exprimant son amour.

Certaines théologies, en réaction à certaines théories de la transcendance, ont suggéré une forme *d'interdépendance* panenthéiste au niveau de la relation entre Dieu et l'humanité, à travers laquelle Dieu se retrouve presque réduit à un niveau humain. Au lieu de suivre cette voie, la théologie wesleyenne a cependant maintenu qu'une relation dynamique et synergique entre Dieu et l'homme est plus que suffisante afin de maintenir les interactions d'amour de Dieu avec nous. Ce synergisme n'a pas besoin de limiter la liberté de Dieu afin d'affirmer la nôtre.

LA VOLONTÉ DIVINE

> Pendant plusieurs siècles (depuis la période scolastique, vers 1100-1400 av. J.-C.), les théologiens ont débattu sur la question de savoir si Dieu dispose ou non d'une volonté. Voici un résumé de ce débat : d'une part, si Dieu est quelque chose par nature, alors il ne peut agir autrement ; d'autre part, limiter sa capacité d'être ou d'agir en faisant appel à sa nature implique forcément de lui imposer des limites « naturelles », le privant ainsi de sa <u>liberté</u> essentielle. Le débat survient lorsque la théologie cherche à discerner et à distinguer les <u>attributs naturels</u> de Dieu de ses <u>attributs moraux</u>. Les attributs naturels sont les qualités de Dieu qui constituent ses attributs nécessaires. Autrement dit, si Dieu cesse d'être ainsi, alors il cesse d'être Dieu. L'amour de Dieu est souvent considéré comme un attribut naturel : si Dieu cesse d'aimer, il cesse d'être Dieu.

La liberté de Dieu pose des questions intéressantes. Dieu est-il forcément en relation avec sa création ? Certains théologiens contemporains affirment qu'il a besoin d'être en relation avec quelque chose d'extérieur à lui-même[2]. La question qui se pose ici a des implications sur son autosuffisance et donc, sur sa sainteté.

Si Dieu avait besoin de l'humanité, il pourrait pour ainsi dire en abuser à ses propres fins. Pourtant, Dieu ne nous a pas aimés, ni même créés au commencement, parce qu'il avait un vide qu'il avait besoin de remplir. Ce serait comme un parent qui procrée un enfant afin de répondre à ses propres besoins : on penserait qu'un tel parent n'a pas compris ce que cela implique vraiment d'être parent et qu'il peut même être dangereux pour son enfant ![3] Il y a des dons associés à la vie, qu'un enfant reçoit de ses parents. Lorsque les parents ne considèrent plus leur vie comme un don, les enfants peuvent souffrir. Si nous jugeons que de tels parents sont dangereux, pourquoi estimons-nous qu'un Dieu qui pense de la même manière peut être toléré ou qu'il est digne de notre adoration ? Un tel Dieu se servirait du monde à son propre avantage. Cependant, même si nous exprimons d'une manière plus édulcorée l'idée que Dieu a besoin d'être en relation avec ses enfants, nous réduisons ainsi son indépendance, donc sa liberté essentielle, donc sa sainteté, donc enfin sa capacité à aimer comme il aime. Nous devons maintenir la création de Dieu comme un *don*.[4]

Dieu ne peut aimer d'un amour agapê que s'il est essentiellement libre de tout besoin et lien de dépendance avec la création. Si nous affirmons qu'il veut voir les hommes aimer d'un amour agapê, alors cet amour agapê exige une liberté de nos propres besoins dans tous nos actes d'amour. De même que pour la transcendance de Dieu, ce n'est qu'à travers une forme d'auto-transcendance que l'amour devient réellement possible. Si nous cherchons à répondre à nos besoins à travers une autre personne, notre amour deviendra forcément *phileo ou eros*. Le sacrifice de soi est nécessaire à l'amour agapê[5]. Si c'est vrai pour nous, cela l'est certainement aussi pour Dieu, la source de toute forme d'amour. Toute forme d'interdépendance nécessaire entre Dieu et sa création entrave son amour inconditionnel, en objectifiant la/les personne(s) dont il a besoin. L'argument devenu classique de Martin Buber sur la différence entre je-tu et je-ça s'applique certainement à la relation de Dieu avec sa création. Pour résumer, Martin Buber croyait que toute forme de relation doit être fondée sur le traitement des autres comme des personnes, des tu. Dans une relation je-ça, au contraire, les deux parties traitent l'autre comme un objet, uniquement en termes de ce qu'il peut leur apporter ; une telle relation est inhéremment égoïste. Encore une fois, nous devons voir Dieu comme celui qui a établi et maintient certainement la relation je-tu entre lui et l'humanité. En affirmant cette ligne de pensée, on envisage difficilement Dieu comme ayant un besoin, quel que soit le sens donné à ce terme. Dieu est saint dans son indépendance. C'est dans cette veine que nous affirmons la transcendance de Dieu.

DIEU EST IMMANENT

La sainteté de Dieu, en tant que sa liberté, son altérité et sa transcendance essentielles, est une abstraction raisonnée. Cependant, lorsque nous affirmons sa sainteté en tant que son immanence et son implication immanente dans le monde, nous parlons à la fois de révélation et de notre expérience de Dieu. La sainteté de Dieu en son immanence, qui s'exprime par l'amour agapê, le pousse à un amour « large, long, haut et profond », que nous pouvons « connaître » même s'il « surpasse tout ce qu'on peut en connaître ». En fait, c'est cet amour qui nous remplit « de toute la plénitude de Dieu » (Éphésiens 3.18-19). Peut-il y avoir une meilleure expression de l'immanence de Dieu que celle de Paul ? Cet amour est tout sauf indifférent et impassible.

Bien qu'il soit indépendant, Dieu est engagé avec le monde. Il a choisi librement, non seulement de créer toutes choses, mais aussi d'être intimement impliqué depuis. En fait, c'est par Dieu que l'univers subsiste. Un élément central de cette vérité est l'affirmation qu'il est à la fois omniprésent et toujours présent. Son omniprésence, à travers l'Esprit, signifie qu'il est partout. Quant à sa toujours-présence, elle affirme sa nature éternelle et son immuabilité. Plus encore, elle affirme qu'il n'a jamais cessé d'être avec sa création, tout au long de son histoire. Par ailleurs, son omniprésence et sa toujours-présence ne sont pas que des assertions théologiques, mais aussi sotériologiques, avec des implications pour la vie chrétienne. À travers la présence de Dieu, nous avons un aperçu de sa dévotion infinie à notre égard, de son dévouement à notre salut – notre renouvellement à l'image de Dieu – et nous expérimentons directement sa sainteté. À la lumière de ce principe, nous ferions bien d'aborder une notion de la sainteté divine qui a eu des effets pratiques négatifs.

Une compréhension erronée, à la fois de la transcendance et de l'immanence de Dieu, a mené à l'idée que, parce que Dieu est saint, il est incapable de cohabiter avec le péché. Cette forme de pensée a commencé comme un effort légitime visant à maintenir la sainteté de Dieu et son altérité. Malheureusement, cette idée est allée trop loin. La vérité que Dieu ne peut être présent là où il y a le péché a mené certaines personnes à désespérer de la présence de Dieu dans leur vie. L'idée que Dieu nous quitte à chaque fois que nous péchons s'oppose à beaucoup de versets bibliques qui proclament qu'il est toujours présent[6]. Il s'agit en fait d'une mauvaise compréhension de l'expiation que de suggérer que, malgré le sentiment d'abandon existentiel de Jésus sur la croix, Dieu l'a effectivement quitté. Cette idée s'oppose à une qualité importante de Dieu : l'unité de son dessein. Nous devons maintenir le mystère que Dieu a expérimenté la mort.

Dans le cas présent, le Saint-Esprit ne nous abandonne certainement pas chaque fois que nous commettons un péché. On peut même dire qu'il doit être « présent dans le péché », afin de le purifier. L'amour de Dieu pour nous a poussé Christ à prendre sur lui le péché du monde, afin que nous puissions en être délivrés. Nous devons garder à l'esprit que Dieu est en colère contre le péché, à cause de ses effets néfastes sur nous. Il cherche à le vaincre, mais pas parce qu'il est trop pur pour être en sa présence, car après tout, il est omniprésent. Il cherche à vaincre le péché parce qu'il est pour nous.

Ainsi, une compréhension profonde de l'immanence de Dieu nous préserve de l'idée du moindre soupçon d'indifférence chez lui. Non seulement son amour pour l'humanité l'a poussé à envoyer « son Fils unique », mais aussi, ainsi que Jésus l'a lui-même promis, il ne nous a pas laissés et ne nous laisse pas orphelins. Le Saint-Esprit est venu pour être omniprésent et toujours présent dans le monde et dans notre vie, une présence pleine d'empathie et de passion.

Cela nous mène à un autre danger apparent en examinant l'immanence de Dieu, un danger qui a été débattu tout au long de l'histoire de l'Église. On peut le résumer par cette question : Dieu est-il impassible ? Autrement dit, pouvons-nous l'influencer au point de le faire « changer » ? Cette croyance, appelée « patripassionnisme » (ce qui signifie littéralement « le Père souffre »), a été condamnée pour hérésie, mais sa censure a mené à un retour de bâton qui niait l'existence de toute forme de passion chez Dieu.

L'hérésie originale affirme que Dieu le *Père* s'est incarné et qu'il est mort sur la croix, ce qui suggère une forme de modalisme (Dieu le Père est devenu Dieu le Fils, puis Dieu le Saint-Esprit, ce qui revient à nier la Trinité). Malheureusement, la dénonciation de cette hérésie a mené certains penseurs orthodoxes à aller plus loin, en propageant l'idée que le Père a des traits stoïques. Il s'agit cependant d'une mauvaise compréhension du caractère de Dieu, surtout pour ceux dont la tradition met l'accent sur l'amour de Dieu. Dieu est touché, il a de l'empathie et il souffre avec nous. Il est tout sauf stoïque.

Une autre question liée à celle de l'impassibilité de Dieu est celle de savoir s'il change. L'Ancien Testament contient des preuves indiscutables que Dieu change d'« avis » et qu'il change même ses plans. À la lumière de cette vérité, les versets comme : « Jésus-Christ est le même hier, aujourd'hui et pour toujours » (Hébreux 13.8) ou : « Dieu n'est pas homme pour mentir, ni humain pour se repentir » (Nombres 23.19) ne doivent pas être interprétés d'une manière trop rigide (sauf si on entend par là que la nature essentielle de Dieu ne change pas). Nous devons cependant éviter aussi de passer à une compréhension panenthéiste de Dieu en acceptant les preuves bibliques que Dieu peut changer d'avis. Le panenthéisme affirme que le monde est « en » Dieu, dans un sens à la fois métaphorique et métaphysique ; ainsi, chaque fois que le monde change, Dieu change avec lui. Il n'est pas nécessaire d'adhérer à cette idée afin d'affirmer les qualités plus empathiques de Dieu. Il est plus que possible de maintenir à la fois l'indépendance de Dieu et sa relationnalité passionnée.

DIEU EST AMOUR

La relationnalité est un attribut naturel de Dieu. Dieu est relationnel par nature. Une explication plus approfondie s'avère cependant nécessaire si nous ne voulons pas revenir au débat autour de l'indépendance de Dieu. Ainsi que l'a affirmé Augustin, le Dieu trinitaire est composé des relations internes à la Trinité[7], et ainsi que le montrent les théologiens orientaux, l'amour interne à la Trinité essentielle mitige toute forme de subordination d'une personne à une autre. Ainsi, l'amour agapê manifesté par Dieu s'exprime d'abord en lui. Il y a un amour partagé entre les trois personnes de la Trinité. On peut donc dire que Dieu est amour, sans pour autant devoir suggérer que nous sommes les seuls objets de cet amour, comme si Dieu avait besoin de nous afin d'être qui il est, en tant qu'amour.

La relationnalité de Dieu s'arrête-t-elle cependant aux limites de sa propre essence ? En tant qu'attribut naturel, oui. C'est ce que les théologiens entendent par l'aséité de Dieu : Dieu se suffit à lui-même et n'émane de rien d'autre que de lui-même ; il n'est pas dérivé. Ainsi, la relationnalité de Dieu est d'abord un témoignage à propos de la Trinité. Cependant, Dieu, qui est amour en lui-même et entre ses personnes, a choisi d'étendre cet amour à sa création. Les récits de ses interactions avec l'humanité dans la Genèse montrent clairement que Dieu veut être en relation avec ce qu'il a créé, surtout, d'une manière unique, les hommes. Dieu a-t-il « besoin » de cette relation ? Non, à la lumière de tout ce que nous avons dit ci-dessus ; mais il y a une différence entre désir et besoin. Il est juste et approprié de dire que Dieu souhaite être en relation avec l'humanité. Il est capable d'aimer à cause de sa nature trinitaire. Cependant, Dieu, qui choisit de créer afin d'étendre son amour au-delà de son propre être, aspire à une relation d'amour avec tout.

Enfin, une compréhension de Dieu comme saint, transcendant, immanent et relationnel nous mène à l'affirmation suprême qu'il est amour. Cet amour est ce qui définit le plus précisément sa sainteté et qui modifie le plus précisément sa relation transcendante et immanente avec le monde. La sainteté de Dieu manifestée par son amour n'est pas que le sommet, mais aussi la profondeur même de tout ce qu'affirme la théologie wesleyenne. L'amour de Dieu s'étend à la fois en long et en large dans tout ce qu'il croit. Cela ne contredit pas la suggestion selon laquelle, au cœur de la théologie wesleyenne, il y a la sotériologie, car l'amour de Dieu est un amour qui s'étend infiniment vers nous afin de nous sauver. L'expression ultime de cet amour vient à nous à travers l'incarnation. Christ est l'amour personnifié. En tant que tel, il révèle que la nature de l'amour est une servitude incarnée, disposée à porter sa croix.

▶ LA SERVITUDE DU FILS

Toute tendance déiste émanant de l'affirmation de la transcendance de Dieu est contrée non seulement par une solide compréhension de son immanence relationnelle et de son amour, mais aussi par l'affirmation que « Dieu a tant aimé le monde qu'il a donné son Fils, son unique » (Jean 3.16). Ainsi que le dirait Martin Luther, cette condescendance divine à travers le Fils fait réellement partie des plus grands actes d'amour (donc salvifiques) de Dieu envers nous[8]. Il y a beaucoup de ramifications importantes relatives au don du Fils de Dieu : l'incarnation nous révèle le caractère de Dieu ; Jésus restaure l'humanité en nous ; sa vie d'amour est un modèle pour nous ; le Fils est le moyen à travers lequel Dieu nous sauve, nous et le monde entier ; le Fils est notre espérance de la résurrection ; le Fils a assumé le rôle de prêtre pour nous ; dans tous ces actes, il nous montre que même l'amour divin s'exprime le mieux par la servitude.

Nous allons à présent examiner chacune de ces expressions christologiques de l'amour saint.

LE FILS EN TANT QUE RÉVÉLATION DE DIEU

Si nous voulons savoir à quoi Dieu ressemble, nous devons regarder à Jésus. Le fait même d'envoyer son Fils est de la part de Dieu un acte d'amour qui se donne. Plus encore, la personne du Fils révèle le Père parfaitement (mais pas d'une manière exhaustive), comme un Dieu d'amour saint et parfait. Jésus-Christ est la révélation pleine et finale de Dieu. La théologie naturelle s'efface à la lumière de la révélation de Dieu manifestée par l'incarnation. À travers la proclamation du mystère de la foi chrétienne, nous affirmons que Christ est né. Le *logos* de Dieu est devenu chair et a habité parmi nous. Ce « scandale de la particularité », cet « universel concret », ce Dieu incarné, est la « folie » sur laquelle l'Évangile est fondé. Bien que l'Église ait mis plus de 450 ans à décrire pleinement le sens paradoxal de l'incarnation divine (dans le Concile de Chalcédoine), cette simple proclamation biblique a changé le monde et continue de le changer.

Ce que nous étions incapables de faire pour nous-mêmes, « Dieu l'a fait » (Rom. 8.3) en envoyant son Fils. L'Église le dit clairement : Jésus n'était pas seulement semblable à Dieu dans ses caractéristiques, mais il était pleinement Dieu (dans son essence), donc pleinement capable de le révéler.

On pourrait assembler une longue liste de dispositions et d'actes semblables à Christ, fondée sur son ministère qui nous est décrit dans les Évangiles. Le cœur même de Christ révèle un Dieu d'amour saint. Plus encore, Jésus-Christ nous révèle aussi les intentions de Dieu pour l'humanité.

L'ANCIEN ET LE NOUVEAU TESTAMENTS

Tout au long de l'histoire de l'Église, notamment dans l'histoire de l'interprétation de la Bible, il y a eu un débat sur la « cohérence » entre le Dieu de l'Ancien et du Nouveau Testament. L'expression ultime de cette discontinuité se trouve dans le marcionisme, qui a été déclaré hérétique. Pourtant, l'initiative de Marcion est peut-être plus noble qu'il n'y paraît à première vue : il cherchait sérieusement à résoudre le problème d'un Dieu présenté dans l'Ancien Testament comme un Dieu de colère, même homicide (voire génocide) envers certaines personnes ou groupes.

> D'autres tentatives visant à trouver la grâce de Dieu dans l'Ancien Testament ont été effectuées. Un adage chrétien consiste à interpréter l'Ancien Testament à la lumière du Nouveau. La question qui se pose est donc de savoir si Jésus-Christ doit être un correctif de notre vision de Dieu ?

LE FILS EN TANT QUE REPRÉSENTANT DE L'HUMANITÉ

Irénée de Lyon, qui écrivait au 2ème siècle, a développé une christologie préliminaire, mais solide, qui a influencé l'Église par la suite (voir la partie qui lui est consacrée au chap. 3). Une de ses idées les plus profondes est que Jésus-Christ est le restaurateur de l'humanité. Irénée a développé la compréhension paulinienne de Christ comme le deuxième Adam (voir Romains 5). Ainsi, ce qui a été perdu à cause de la désobéissance et de la chute d'Adam est restauré à travers l'obéissance de Christ.

La vie incarnée de Jésus-Christ (et pas seulement sa mort) nous révèle la véritable humanité, telle qu'elle était censée être. Jésus est à la fois pleinement Dieu et pleinement homme. En tant que tel, il peut nous montrer clairement qui Dieu est et ce pourquoi il nous a créés à l'origine : non seulement à l'image de Dieu, mais aussi pleinement humains. En Jésus, nous voyons notre potentiel. Le péché est une aberration dans la vie humaine et dans la création dans son ensemble, mais nous voyons la pleine humanité, l'humanité parfaite, en la personne de Jésus-Christ. En Christ, nous voyons qui nous sommes censés être en tant qu'êtres humains. En Christ, nous pouvons être restaurés, renouvelés en notre humanité.

Contrairement à d'autres traditions, la théologie wesleyenne est résolument optimiste quant à une telle restauration, une telle transformation de la vie humaine. En Christ, nous avons l'expérience d'actualiser notre potentiel d'être réellement humains. Cette transformation est au cœur de notre compréhension de la sanctification. La chute a déformé l'image de Dieu en l'homme ; l'obéissance de Christ (jusqu'à la mort sur la croix) rend possible la restauration progressive du renouveau de cette même image. Qu'est-ce donc que l'*imago Dei* dans la théologie wesleyenne ? Il s'agit de la capacité d'aimer et d'être aimé dans les relations humaines et divines, tout en aimant aussi la création. Ainsi, on peut légitimement affirmer que la vie sanctifiée est une vie dans laquelle nous recevons la capacité d'aimer comme Dieu aime. À la lumière de la doctrine de la restauration, on peut affirmer que, par la grâce, nous devenons de plus en plus humains et sommes ainsi renouvelés à l'image de Dieu. (Nous approfondirons cette idée aux chapitres suivants.)

En Christ, nous voyons notre appel à devenir davantage semblables à Christ, ainsi que l'appel à devenir de plus en plus nous-mêmes, ce pourquoi Dieu nous a créés à l'origine. Tout espoir de grâce transformatrice émane de la vie sacrificielle de Christ, qui s'exprime à travers sa mort sur la croix, mais se révèle aussi d'une manière vitale dans son attitude continuelle de serviteur pendant sa vie.

LE FILS EN TANT QUE SERVITEUR ET MODÈLE

L'idée que Christ est notre enseignant est profondément enracinée dans la tradition chrétienne. Clément d'Alexandrie fait partie de ceux qui ont mis l'accent sur la nature didactique du ministère terrestre de Christ. Non seulement Jésus-Christ nous révèle Dieu, non seulement il personnifie l'humanité telle qu'elle a été créée à l'origine, mais il nous montre aussi comment vivre notre vie humaine en Dieu. Il a enseigné ses disciples, notamment à travers ses sermons, paraboles et illustrations, mais aussi par son exemple. En ce sens, Jésus représente pour nous l'actualisation de l'appel de Dieu à la sainteté. Jésus-Christ a montré à ses disciples une vie d'obéissance totale à Dieu et d'expression la plus totale d'amour envers les autres. Cet appel à la sainteté n'est cependant pas destiné qu'à Jésus. Il adresse ces paroles à l'Église : « Votre Père céleste est parfait. Soyez donc parfaits [ou saints] comme lui. » (Matt. 5.48) Quelles sont les implications de cette sainteté ? Jésus a dit clairement que ce n'est pas la stricte observation de la Loi, mais ce n'est pas non plus de mettre la Loi à l'écart. En fait, la Loi sera accomplie en mettant en œuvre les deux plus grands commandements. L'amour de Dieu et du prochain sont au cœur même de l'enseignement et de la manière de vivre de Christ.

Souvent, Jésus contre l'ordre des choses du monde. À bien des égards, il le renverse. Il nous apprend que les premiers seront les derniers et que les derniers seront les premiers (Matt. 19:30), que pour trouver la vie, nous devons la perdre (Matt. 10.39), que la vie de disciple consiste à mourir à soi-même et à porter sa croix (Luc 9.23), que le Royaume des cieux ne se trouve pas là où on serait tenté de le chercher (Luc 17:20-21), que le Messie ne mènera pas une rébellion terrestre, mais qu'il souffrira et mourra (Jean 18.36 ; Luc 17.25). Au-delà de cet enseignement verbal, nous savons aussi qu'il a pris un drap, l'a enroulé autour de sa taille, a pris de l'eau d'un bassin ordinaire et a lavé les pieds de ses disciples (Jean 13). En tant qu'enseignant et modèle, il a révélé que la vie en Dieu est une vie de service. On peut dire que le service est l'éthique de l'amour de Dieu.

LE FILS EN TANT QUE SAUVEUR DU MONDE

L'incarnation de Christ, son œuvre restauratrice et son modèle de serviteur sont salvifiques, mais c'est sa croix qui exprime le mieux l'amour de Dieu qui sauve. Les Wesleyens sont résolument et opportunément christologiques. Il y a beaucoup de théories de l'expiation, qui comportent chacune des éléments sotériologiques importants et sont peut-être tout aussi valables les unes que les autres, mais les Wesleyens, qui suivent la tradition comme un tout, mettent opportunément l'accent sur la croix comme la plus grande expression de l'amour de Dieu, qui se dépouille, se donne et se sacrifie. Il y a plusieurs passages bibliques qui interprètent le sens de la croix, mais le plus éloquent est certainement l'hymne « chanté » par Paul à l'Église de Philippes :

> Tendez à vivre ainsi entre vous, car c'est ce qui
> convient quand on est uni à Jésus-Christ.
>
> Lui qui était de condition divine,
> ne chercha pas à profiter de l'égalité avec Dieu,
>
> mais il s'est dépouillé lui-même [kénose],
> et il a pris la condition d'un serviteur
> en se rendant semblable aux hommes :
>
> se trouvant ainsi reconnu à son aspect, comme un simple
> homme,
> il s'abaissa lui-même en devenant obéissant,
>
> jusqu'à subir la mort,
> oui, la mort sur la croix.
>
> (Phil. 2.5-8)

D'après l'exégète biblique George Lyons, l'interprétation traditionnelle des sections de ce passage peut mener le lecteur à croire que Jésus agissait « selon » le caractère de Dieu en se dépouillant lui-même sur la croix. « Cependant, à la lumière de la théologie biblique, il me semble qu'une interprétation causale est plus appropriée », c'est-à-dire que « la disposition de Christ à renoncer à ses prérogatives divines, à se faire homme, à devenir serviteur et à accepter la croix, n'est pas *en opposition avec son statut divin précédent, mais en est la cause* : « Lui qui était de condition divine, [...] il s'est dépouillé lui-même. » »[9]

Si Christ nous révèle la nature de Dieu, pleinement et définitivement, alors il faut conclure que la nature de Dieu est son amour saint, manifesté et ainsi défini par le sacrifice de Christ sur la croix. C'est ce type d'amour kénotique que Dieu a exprimé pleinement en envoyant son Fils comme Sauveur du monde.

LE FILS EN TANT QUE RESSUSCITÉ

Le rapport entre la croix et la résurrection, par rapport au salut, est une question complexe. S'il est juste de dire que toute grâce émane de la mort de Christ sur la croix, il s'agit cependant toujours d'un compte-rendu incomplet de l'acte salvifique de Dieu, sans référence à sa résurrection. Ce n'est qu'à la lumière de sa résurrection des morts que sa mort prend le sens salvifique unique qui n'aurait pu être atteint autrement, quelle que soit la sainteté de sa vie. Paul le dit clairement et fermement : « Et si Christ n'est pas ressuscité, notre prédication n'a plus de contenu, et votre foi est sans objet. [...] Or, si Christ n'est pas ressuscité, votre foi est une illusion, et vous êtes encore sous le poids de vos péchés. » (1 Corinthiens 15.14, 17) Nous n'avons pas foi en la résurrection, de même que nous ne mettons pas notre foi en la croix : notre foi est en le crucifié qui est ressuscité.

Le sens de la résurrection se trouve dans son importance théologique et ses ramifications éthiques. Sur le plan théologique, la résurrection est le partenaire dialectique de la croix de Christ crucifié, et elle est donc fondamentale pour une juste compréhension à la fois de la christologie et de la sotériologie. Son importance va cependant au-delà de la simple doctrine : la résurrection doit être vue, non seulement comme un événement historique, mais aussi à travers le regard de la foi, ou, plus précisément, le regard d'une personne qui a la foi. Ce n'est que là que la rigidité des dogmes et confessions de foi prend vie. Notre foi va cependant au-delà du simple événement historique, et même notre espérance va au-delà de notre résurrection à venir. Il y a un aspect de la résurrection auquel nous prenons part dès à présent.

En un sens, non seulement Jésus-Christ est le ressuscité, mais il doit aussi être considéré comme le ressuscité tout au long de sa vie. Cela nous empêche de le voir seulement comme un homme saint ou moral, qui a été prêt à mourir. Même si c'est difficile à comprendre, Jésus, en tant qu'homme, a continuellement pris part à la puissance de la résurrection. Toute sa vie a anticipé la croix et la croix a anticipé la résurrection. Cela ne doit pas diminuer la réalité de la mort de Christ ou de sa souffrance. Nous mettons notre foi en le Christ crucifié, mais cette foi est confirmée par la résurrection, dont elle tire sa puissance. De la même manière, en Christ, nous prenons part dès à présent à la vie et à la puissance de la résurrection, même si nous attendons encore notre résurrection finale. À travers notre participation à cette vie de résurrection et de puissance, notre vie est différente.

LE FILS EN TANT QUE GRAND-PRÊTRE ET MÉDIATEUR

Même en tant que ressuscité, qui est exalté, qui est monté au ciel et se tient à la droite du Dieu Tout-Puissant, Christ demeure notre serviteur. Le Nouveau

Testament décrit l'œuvre de Christ qui se poursuit. Jean appelle Jésus-Christ notre avocat et entend que Christ est toujours pour nous. L'auteur de l'Épître aux Hébreux décrit clairement le rôle de Jésus en tant que notre grand-prêtre. Il est un prêtre capable de compatir à notre faiblesse, à cause de ce qu'il a souffert sur la terre. Jésus, étant pleinement humain, nous représente devant Dieu. En tant que Dieu, il est le médiateur de l'amour de Dieu pour nous. C'est pourquoi, « approchons-nous donc du trône du Dieu de grâce avec une pleine assurance. Là, Dieu nous accordera sa bonté et nous donnera sa grâce pour que nous soyons secourus au bon moment » (Hébreux 4.16).

En Romains 8.34, Paul affirme explicitement : « Christ est mort, bien plus : il est ressuscité ! Il est à la droite de Dieu et il intercède pour nous. » Dans le même chapitre de Romains, il a déjà dit que « l'Esprit lui-même intercède en gémissant d'une manière inexprimable » (verset 26). Pour éviter que nous imaginions que la deuxième et la troisième personne de la Trinité cherchent désespérément à apaiser la première (comme si nous étions des « pécheurs entre les mains d'un Dieu de colère »[10]), Paul interjette qu'en fait, « Dieu est pour nous » (verset 31). « Lui qui n'a même pas épargné son propre Fils, mais l'a livré pour nous tous, comment ne nous donnerait-il pas aussi tout avec lui ? » (verset 32) Ainsi que nous l'avons dit précédemment, Dieu manifeste une unité de dessein, afin de sauver tous ceux qui seront sauvés.

Christ révèle que l'amour de Dieu pour nous est un don, un don de soi en nature, dont le dessein est sotériologique. Ce même amour s'exprime à travers l'attitude de service de Christ à l'égard de ses disciples ; c'est cet amour qui l'a mené à rassurer ses disciples dans la table haute qu'il ne les laisserait pas seuls, mais que le Saint-Esprit viendrait.

▶ LA PRÉSENCE DE L'ESPRIT

Les dénominations de la sainteté, influencées par un paradigme wesleyen, mettent l'accent sur la pleine personnalité du Saint-Esprit, au lieu de subordonner et de dépersonnaliser l'Esprit par des expressions comme « l'Esprit de Christ ». En gardant cela à l'esprit, nous allons poursuivre nos considérations en examinant les activités sotériologiques fondamentales du Saint-Esprit, qui nous révèlent le Dieu saint. Là encore, le thème de la servitude doit être au premier plan de nos pensées, car non seulement le Saint-Esprit est au service des desseins du Père et du Fils, mais il nous *sert* aussi en exprimant l'amour saint kénotique de Dieu pour nous.

LE SAINT-ESPRIT ET LA GRÂCE PRÉVENANTE

Au cœur du paradigme wesleyen, il y a la doctrine de la grâce prévenante. En effet, l'œuvre prévenante de Dieu est synonyme de l'activité de l'Esprit. Techniquement, pour Wesley, la voie du salut commence par le don gratuit de la grâce prévenante, qui « précède » toujours, cherchant à nous attirer et à nous amener à Dieu. La grâce prévenante est la présence et l'œuvre du Saint-Esprit ; cette emphase pneumatologique est ce qui préserve la vitalité et la personnalité de la grâce prévenante et qui l'empêche de devenir un simple concept abstrait. Nous examinerons trois fonctions du Saint-Esprit exprimées par la grâce prévenante : son dessein de conférer la « connaissance » de Dieu, son rôle « extra-chrétien » et sa tâche de réveil.

La théologie wesleyenne est de nature inductive. Elle est informée par l'expérience. Par conséquent, toute affirmation qu'on pourrait faire émane de la vie en Dieu, pas de propositions dogmatiques à son sujet auxquelles on s'efforce ensuite de se conformer. La vérité n'est pas définie à la manière « moderne », découverte, analysée et affirmée d'une manière objective : elle se trouve en des personnes et à travers la « connaissance » expérimentale de ces personnes (elle est donc dynamiquement relationnelle). Par exemple, pour Wesley, on peut adhérer à tous les bons articles de confession de foi, sans pour autant avoir le « cœur droit » ou être en relation avec la source de ces vérités. Cela ne veut pas dire que les confessions de foi ne sont pas importantes : elles peuvent être vues comme l'expérience collective des croyants plus anciens. Au final, cependant, la foi n'est pas qu'une adhésion intellectuelle à des vérités convenues, mais une confiance profonde et courageuse en le Dieu qui sauve. Ainsi, lorsque l'Esprit nous guide dans la vérité, nous sommes guidés par notre expérience de la grâce alors que nous nous confions en Dieu. On pourrait dire aussi que nos sens spirituels informent notre théologie.

Wesley a trouvé une voie médiane entre ses contemporains, les platoniciens de Cambridge, d'une part, et les empiristes populaires, d'autre part, en développant l'idée des sens spirituels. D'une manière similaire aux platoniciens, qui adhéraient à une forme classique de rationalisme, Wesley défendait l'initiative divine dans le don des idées divines. Il était cependant tout sauf un rationaliste pur. Façonné par son époque, il adhérait fermement aux méthodes empiristes de découverte de la vérité. Un empirisme strict mène cependant généralement à la conclusion que toute connaissance concernant Dieu est impossible, car elle ne peut être perçue à travers les cinq sens. Il n'y a donc rien de surprenant à ce que l'épistémologie wesleyenne reflète sa tendance à chercher une via media (voie moyenne). Il concevait un « sens spirituel » donné par Dieu, à travers lequel on pouvait le percevoir.

L'INSPIRATION PLÉNIÈRE

> Les Wesleyens croient que le Saint-Esprit a suffisamment inspiré les auteurs originaux du Canon. Ils croient en l'inspiration plénière des Écritures, ce qui implique un rejet d'une doctrine mécanique ou verbale de l'inerrance absolue, qui dit explicitement que la Bible est parfaite dans son intention de « révéler la volonté de Dieu nous concernant dans les choses nécessaires à notre salut ». Cette position a des implications sur notre manière d'interpréter les Écritures. Là encore, la sotériologie guide nos motifs exégétiques.

D'un point de vue technique, la grâce prévenante révèle ce sens spirituel à tout un chacun ; le Saint-Esprit nous attire tous à Dieu à travers ce sens.

Les Wesleyens affirment que Dieu veut que tous les hommes soient sauvés. Il faut cependant clarifier le sens du salut. La théologie wesleyenne a une vision globale du salut : nous avons été sauvés, nous sommes sauvés et nous serons sauvés. Le ciel n'est donc pas le seul objectif, mais une vie d'abondance spirituelle ici sur terre est tout aussi importante. Cela exclut toute forme de dénigrement de la vie humaine. Cela nous préserve aussi de la tentation chrétienne du dualisme, ou du néo-gnosticisme, qui implique que le but de la vie est de permettre à l'esprit d'échapper au corps. L'évangélisation prend un sens nouveau dans ce contexte d'affirmation de la vie humaine. Nous ne cherchons pas uniquement à « faire aller les gens au ciel », mais nous croyons que la vie chrétienne est la meilleure vie possible dans le monde présent.

Cela pose la question de savoir ce que les Wesleyens pensent des adhérents à d'autres religions. La théologie wesleyenne est une forme d'inclusivisme, qui diffère, d'une part, de l'exclusivisme et d'autre part, du pluralisme (voir glossaire pour les définitions). Les Wesleyens s'inspirent directement de ce que Paul écrit aux premiers chapitres de Romains : il parle de ceux qui vivent sans la loi juive et dit qu'ils seront jugés sans cette loi, selon la conformité de leur vie aux lumières qu'ils ont reçues. Paul parle de la conscience qui a été donnée à toute l'humanité. Il est donc possible de parvenir au salut éternel sans avoir eu l'occasion d'entendre l'Évangile de Christ. Il s'agit d'une fonction de la grâce prévenante. L'exclusivisme, pour sa part, rejette cette idée et affirme que seuls ceux qui ont expressément confessé Christ comme leur Sauveur ont l'espoir d'être sauvés.

Pour les Wesleyens, la grâce prévenante est une expression profonde de l'amour infini de Dieu pour le monde, qui n'exclut personne. À cause de leur ferme attachement à la grâce prévenante, les Wesleyens maintiennent la possibilité pour ceux qui n'ont pas entendu parler de Jésus d'accéder à la vie éternelle.

De la même manière, ceux qui ne se sont pas personnellement appropriés l'Évangile à cause de leurs « infirmités »[11] sont également sauvés par la grâce prévenante de Dieu. Cela inclut les nourrissons et les enfants qui ne sont pas encore capables de prendre une décision personnelle pour Christ, de même que les personnes mentalement ou émotionnellement diminuées ou abîmées.

Au cœur même de la croyance en la grâce prévenante, il y a la conviction que Dieu attire tous les hommes à une relation avec lui. Dès notre naissance, Dieu nous appelle tous à lui. Cet appel est constant et incessant. Dieu nous cherche et veut que nous le cherchions et le suivions. Non seulement il nous cherche, mais il nous réveille aussi. Cet aspect de la grâce prévenante sera couvert à la prochaine section sur la régénération, puisqu'il est étroitement lié à l'*ordo salutis* (*via salutis*), à l'ordre (ou voie) du salut.

LE SAINT-ESPRIT ET LA RÉGÉNÉRATION

C'est la grâce prévenante, le Saint-Esprit, qui nous attire et éveille nos âmes à notre besoin de Dieu. Comme pour toute forme de grâce, nous pouvons lui résister, mais si nous la laissons agir, la grâce prévenante et la présence du Saint-Esprit nous amènent au réveil, lorsque nous sommes convaincus de notre propre péché et de notre incapacité à nous en sortir sans Dieu. Cette œuvre de conviction de Dieu ne nous mène cependant pas au désespoir, car nous sommes convaincus aussi de l'espérance de notre rédemption. Cette conviction et cette espérance ne sont donc pas que des réactions purement humaines à l'œuvre préalable de l'Esprit dans nos cœurs, alors que nous coopérons avec la grâce toujours disponible de Dieu.

Dans le modèle wesleyen, le réveil personnel est étroitement lié à la repentance ; si nous y répondons, il mène à la repentance, à la foi et à la régénération. La repentance équivaut à la tristesse selon Dieu : tristesse, sans le sens où nous sommes convaincus de notre état ; selon Dieu, dans le sens où elle ne nous mène pas au désespoir, mais à la confiance en la suffisance de Dieu (2 Corinthiens 7.10). Un deuxième sens de la repentance est le renoncement au péché et à nos mauvaises voies, en nous tournant vers Dieu[12]. Il est fondamental aussi, lorsqu'on parle de la foi elle-même, d'invoquer l'Esprit, car la foi est un don de Dieu, pas une œuvre humaine. Lorsqu'elle est mise en œuvre en synergie, la repentance et la foi engendrées par l'Esprit mènent à la repentance.

C'est l'œuvre de Jésus-Christ qui rend la régénération possible. Le Saint-Esprit est actif dans cette régénération. Nous sommes devenus une nouvelle créature à travers l'œuvre du Saint-Esprit. La régénération va au-delà du seul sens forensique de la justification (obtenu d'une manière formelle par l'expiation) et du vocabulaire familial d'adoption en tant que fils et filles, cohéritiers de Christ. Elle implique non seulement un changement réel par rapport à notre culpabilité ou à notre relation avec la famille de Dieu, mais aussi un véritable changement d'identité : nous sommes rendus nouveaux.

La régénération peut être correctement mise en lien avec la sanctification initiale. La sainteté est impartie, pas seulement imputée, à ceux qui sont régénérés. Cette œuvre est ainsi rendue effective par l'œuvre transformatrice de l'Esprit, qui commence à la nouvelle naissance. C'est pourquoi, Wesley mettait en garde ses prédicateurs contre le risque de proclamer la sanctification de manière à minimiser la puissance de la nouvelle naissance. La sainteté commence par la régénération. La sanctification commence par notre nouvelle naissance en Jésus-Christ.

Par ailleurs, l'Esprit rend témoignage à notre esprit de cette transformation au niveau de notre nature et de notre relation. Même si Wesley lui-même a adapté la doctrine de l'assurance du salut au cours de sa vie (suggérant au final qu'on pouvait perdre le témoignage sans perdre son salut), la plupart du temps, l'assurance est un don subséquent du Saint-Esprit, afin de nous remplir de confiance spirituelle devant Dieu ou face à nos propres doutes. L'Esprit rend possible une acceptation par le cœur de l'acceptation de Dieu[13].

LE SAINT-ESPRIT ET LA SANCTIFICATION

La volonté de Dieu est que tous soient sanctifiés. On fait souvent référence à l'œuvre sanctificatrice du Saint-Esprit. Certains affirment que l'expression selon laquelle le Saint-Esprit « sanctifie les croyants » constitue un danger pour une bonne emphase christologique par rapport à l'œuvre sanctificatrice de Dieu. Cette expression peut cependant être interprétée comme *l'application* de la grâce christologique à travers l'œuvre de l'Esprit. La sanctification est l'œuvre de Dieu, en Christ, par le Saint-Esprit.

Le Saint-Esprit rend possible l'œuvre libératrice de Dieu, qui s'accomplit par la régénération, la sanctification et une vie sainte. Le Saint-Esprit sanctifie les croyants, initialement, progressivement, entièrement et finalement. Il est donc plus que possible de grandir dans notre capacité à aimer Dieu de tout notre être et à exprimer le saint amour de Dieu envers « nos prochains comme nous-mêmes ». À travers la présence du Saint-Esprit, alors que Dieu déverse son amour dans nos cœurs, l'amour « exclut le péché »[14]. Cette grâce, qui guérit la maladie du péché et nous rend capables de vivre une vie de sacrifice, émane elle aussi du cœur du Dieu trinitaire. Le Saint-Esprit peut effectivement rendre l'attitude des chrétiens semblable à celle de Jésus-Christ, qui s'est dépouillé lui-même (kénose) « de tout, sauf de l'amour »[15].

L'Esprit est continuellement à l'œuvre dans l'œuvre sanctificatrice de Dieu, plus spécifiquement en venant demeurer en nous afin de nous purifier[16]. Par ailleurs, c'est la puissance du Saint-Esprit qui nous rend capables de vivre une vie qui plaise à Dieu (2 Pierre 1.3-4), ce qui implique « le développement spirituel et l'amélioration du caractère et de la personnalité, à l'image de Christ »[17].

LE SAINT-ESPRIT EN TANT QUE PARACLET

Alors que Christ et ses disciples étaient réunis dans la chambre haute, la nuit où il a été trahi, il a commencé à leur parler pleinement des événements douloureux qui allaient se produire. Au cours de ce discours, il a décrit l'avènement du Saint-Esprit. Parmi les nombreuses activités de l'Esprit qu'il a mentionnées, la plus urgente et la plus pressante était peut-être sa promesse que Dieu demeurerait toujours présent avec eux à travers son Esprit, plus spécifiquement en tant que Paraclet. Les termes grecs à la racine de cette expression sont « *para* », qui signifie « aux côtés de », et kaleo, qui signifie « appeler ». Le Saint-Esprit est donc celui qui a été appelé aux côtés des chrétiens, afin de les aider à porter leur fardeau. Cette expression est souvent traduite par « consolateur ».

Le Consolateur vient pleinement après le départ d'Emmanuel. « Dieu avec nous » en Christ envoie quelqu'un d'autre, le Saint-Esprit, afin qu'il soit présent avec ses disciples. Ainsi que Christ représentait le Père, l'Esprit représenterait Christ. C'est ici que l'expression « Esprit de Christ » a le plus de sens. Même si nous voulons maintenir l'Esprit comme une personne définie de la Trinité, son unité de caractère et de dessein avec le Père et le Fils nous garantit la présence aimante de Dieu dans nos vies. Cette présence de Dieu, à travers le Saint-Esprit, est la plus grande source de réconfort dont nous pouvons avoir besoin.

La Pentecôte est véritablement un jour qui a changé le monde. Tout en évitant tout soupçon de modalisme, on peut tout de même voir d'une manière appropriée l'avènement du Saint-Esprit comme un événement sans précédent dans l'histoire. L'Esprit était actif dans l'histoire du peuple hébreu, mais il n'apparaissait qu'à des moments extraordinaires, dans un but très spécifique. Ce n'est qu'après la Pentecôte que nous avons commencé à comprendre la présence du Saint-Esprit qui demeure en nous et nous remplit de sa puissance[18]. La Pentecôte a transformé les disciples. La nature dramatique de cet événement a mené certains penseurs du mouvement de la sainteté à mettre en lien la Pentecôte avec l'expérience de l'entière sanctification[19]. La validité exégétique de cette association est certes débattue, mais la Pentecôte doit au moins être vue comme le début d'une nouvelle ère de l'œuvre et de la présence de Dieu dans le monde. Il s'agit clairement de la nouvelle naissance de l'Église. Ce qui a été initié à ce moment-là se poursuit aujourd'hui. En fait, nous affirmons non seulement que l'Esprit est présent et agit en chacun de nous, mais aussi le mystère de sa présence au sein de l'Église.

LE SAINT-ESPRIT ET L'ÉGLISE

Le Saint-Esprit est réellement présent et il agit dans l'Église, continuellement et efficacement. C'est lui qui rassemble l'Église en tant que corps de Christ. Les marques incarnées de l'Église sont des marques spirituelles, manifestées uniquement par la présence et l'activité de l'Esprit. C'est à travers l'œuvre de l'Esprit que l'Église est une ou unifiée. La manière dont Dieu peut prendre toute cette diversité, si évidente dans cette institution humaine, pour lui donner une unité d'esprit et de dessein, est un mystère de la grâce. Le langage de vie du « corps » est une expression de l'interdépendance et de l'égalité de tous ses membres, appelés et rendus capables par l'œuvre de grâce de Dieu.

Par ailleurs, l'Église est en communion avec le Saint-Esprit, lorsqu'elle exprime son essence et son dessein à travers le culte, la prédication, l'administration des sacrements, l'obéissance à Christ et la responsabilité mutuelle. Le Saint-Esprit est pleinement immergé dans les pratiques et fonctions de la vie d'Église. Le culte de Dieu est assisté par l'Esprit, dont la présence au milieu de ceux qui sont rassemblés en Christ est garantie. Toute la prédication, du texte au sermon et à la déclamation, est effectuée sous l'inspiration, la direction et la présence du Saint-Esprit. Toute forme de ministère dans laquelle l'Église investit ne porte du fruit que lorsque l'Esprit l'amène à maturité. L'obéissance à Christ est possible à travers l'œuvre du Saint-Esprit, qui nous en rend capables. La responsabilité mutuelle va au-delà des efforts humains : c'est un moyen de grâce. Tous les moyens de grâce, notamment les sacrements, sont efficaces à travers l'œuvre de l'Esprit[20]. Lorsque l'Église manifeste l'œuvre rédemptrice de Christ dans le monde, elle ne le fait que par la puissance du Saint-Esprit.

Le Saint-Esprit, la troisième personne de la Trinité, dont l'essence est aussi l'amour kénotique saint, est réellement toujours présent et efficacement actif en et à travers l'Église de Christ, l'Esprit convainc réellement le monde de péché et régénère réellement ceux qui se repentent et qui croix, et il sanctifie réellement les croyants et les guide dans toute la vérité qui est en Jésus.

OBSERVATIONS RÉCAPITULATIVES

1. C'est l'amour qui définit avec le plus de précision la sainteté de Dieu et qui modifie sa relation transcendante et immanente avec

le monde. La sainteté de Dieu en tant qu'amour est la hauteur et la profondeur de tout ce qu'affirme la théologie wesleyenne.
2. Il faut garder le bon équilibre entre la transcendance et l'immanence de Dieu.
3. L'incarnation révèle le caractère de Dieu ; Jésus restaure l'humanité ; il nous sert de modèle d'une vie d'amour ; il est le moyen de notre salut ; il est notre espérance de la résurrection ; il est notre prêtre ; et dans tout cela, il nous montre que même l'amour divin s'exprime le mieux par le service.
4. La kénose est au cœur du caractère de Dieu révélé en Jésus-Christ.
5. Le Saint-Esprit est véritablement toujours présent et à l'œuvre d'une manière efficace dans l'Église ; il convainc le monde de péché, agit dans la régénération et la sanctification et nous guide en toute vérité, ainsi qu'en Jésus.
6. Le désir de Dieu d'une relation avec nous implique l'intimité du Saint-Esprit qui vient demeurer en nous.

QUESTIONS DE RÉFLEXION

1. En quoi l'emphase de la tradition wesleyenne de la sainteté sur l'amour de Dieu est-elle différente de celle des autres traditions ? Nous mène-t-elle à des conclusions théologiques différentes ?
2. Qu'est-ce que cela veut dire que Dieu est saint ? Qu'est-ce que sa sainteté implique ?
3. Pourquoi est-il important de dire que Jésus-Christ est pleinement humain ?
4. Quel est le rôle du Saint-Esprit dans notre salut ?

SIX
L'HUMANITÉ CRÉÉE ET DÉCHUE[1]

OBJECTIFS D'APPRENTISSAGE

Votre étude de ce chapitre vous permettra …
1. de reconnaître les aspects les plus importants de l'humanité d'une perspective théologique,
2. de définir le péché,
3. de comprendre la doctrine du péché originel, d'une perspective wesleyenne,
4. d'identifier les effets de la grâce prévenante sur le péché originel.

MOTS-CLÉ

anthropologie théologique
image naturelle
image morale
privation
dépravation
état naturel
état légal
état évangélique

affections
humeurs
dispositions
hamartiologie
idolâtrie
salut forensique
pélagianisme

La réflexion sur ce que cela implique d'être humain, en tant créature de Dieu et en relation avec lui, est fondamentale pour toute théologie de la sainteté. Une juste compréhension du péché, notamment de comment celui-ci affecte l'humanité depuis la chute, est tout aussi fondamentale. On ne peut parler d'une sorte d'humanité originelle ou parfaite, telle que celle expérimentée par Adam et Ève, qu'au conditionnel. On peut parler plus concrètement d'une humanité parfaite, manifestée par la personne de Jésus-Christ. Cependant, chaque fois que nous examinons notre condition humaine actuelle, nous devons comprendre qu'elle est déchue. Mais qu'est-ce que cela signifie ? Reste-t-il encore quelque chose du dessein originel ? Si oui, quoi ? Qu'est-ce qui peut en être restauré ? Et surtout, qu'est-ce qui peut être renouvelé ? Ces questions, avec d'innombrables autres, montrent que le salut et la sanctification sont inséparables de l'anthropologie théologique (par ex. de l'étude de l'humanité en relation avec Dieu) et de la doctrine du péché.

▶ L'HUMANITÉ

Une discussion exhaustive de l'humanité dépasserait l'étendue de cet ouvrage, surtout pour ce qui est de la doctrine de l'anthropologie théologique. Parler de l'humanité d'une perspective purement théologique ne va pas sans poser problème, car les hommes ne peuvent être dissociés de la biologie, de la sociologie, de la psychologie et d'autres champs d'étude sociaux et scientifiques. La réflexion sur ce que cela implique d'être humain pose des questions anthropologiques clé, théologiques ou non. Il y a cependant beaucoup de choses à dire à propos de l'humanité, sur le plan théologique et biblique, qui demeurent valides indépendamment de la recherche sociale et scientifique. Nous allons essayer de résumer d'une manière concise ce qu'on peut dire de l'humanité telle qu'elle a été créée *par Dieu*.

Il y a deux thèmes théologiques importants qui émanent du récit de la création contenu dans la Genèse.

D'abord, à la fois selon l'interprétation juive et chrétienne, il est extrêmement important d'affirmer que tout ce que Dieu a créé, notamment l'être humain, est bon. Cela contraste avec les mythes de la création d'autres religions et philosophies.

Au cours des premiers siècles de l'histoire du christianisme, un mouvement connu sous le nom de gnosticisme a commencé à menacer l'Église de l'intérieur. Un des points sur lesquels le gnosticisme a été considéré comme hérétique est sa conception de la création du monde et son estimation de cette création. Même s'il y avait des différences entre gnostiques, leur récit fondamental de la création comportait deux éléments déviants. D'abord, le gnosticisme affirmait que Dieu n'est pas le Créateur, mais que le monde a été créé par une divinité inférieure déchue. La conséquence logique est que tout ce que cette divinité inférieure a créé est forcément mauvais. Ainsi, toute la création, y compris l'humanité, est intrinsèquement corrompue dès l'instant de sa création. Tout le monde matériel est ennemi de l'âme ou de l'esprit. Il s'agit d'une imitation d'une idée de Platon, selon laquelle « le corps est la prison de l'âme ». Selon les gnostiques, l'objectif de la spiritualité est d'enfin délivrer l'élément éternel de l'humanité de son corps matériel, fini et destructeur. Face à cette menace gnostique, l'Église orthodoxe a résolument affirmé l'incarnation et la « résurrection du corps » dans sa théologie et ses confessions de foi. Il est fondamental pour les chrétiens d'affirmer que Dieu nous a créés bons dans toute notre humanité, corps et esprit. Certaines remarques sur les « parties » en l'homme s'avèrent utiles ici.

Il y a une différence entre la perspective grecque et hébraïque de l'humanité. Les Hébreux de l'Ancien Testament avaient une vision holistique de l'homme, sans distinction radicale entre le corps et l'âme. Ce n'est pas comme si le corps avait une âme ou que l'âme avait un corps, mais l'âme et le corps sont tellement liés qu'ils sont pratiquement impossibles à distinguer dans la vie réelle. La philosophie grecque, pour sa part, a tendance à parler de parties distinctes : le corps, l'âme et l'esprit. En fait, Paul lui-même emploie ce langage. La différence entre les trois a cependant été poussée à l'extrême de la trifurcation (ou de la bifurcation, dans certains cas) entre chacun de ces aspects, afin de constituer des entités distinctes. Le modèle paulinien doit-il être considéré comme l'anthropologie du Nouveau Testament, donc supérieure ? Ou bien, ainsi que le pensent certains spécialistes, le modèle hébraïque est-il le modèle plus fondamentalement biblique, auquel la philosophie grecque est superposée ?

Ici, nous ferions bien d'examiner des informations obtenues en dehors d'un cadre strictement théologique. Les découvertes récentes sur le fonctionnement du cerveau permettent de poser la question différemment. Quelle est la différence entre le cerveau et la pensée ? Y a-t-il quelque chose en nous qui transcende la pure neurophysiologie ? Sommes-nous réduits uniquement à des synapses et à des neurotransmetteurs, puisque ces impulsions physiques permettent réellement de nous expliquer ? Est-ce là tout ce que nous sommes ? Ces découvertes ont conduit un neuropsychologue de confession wesleyenne à défendre ce qu'il appelle un « physicalisme non réducteur »[2]. Selon ce modèle, nous sommes nos corps, certes, mais cela ne veut pas dire que nous ne sommes rien d'autre que nos corps. Il y a quelque chose en nous qui transcende et, de ce fait, contredit la notion d'une humanité réduite à sa seule biologie. On peut même appeler le modèle hébreu une anthropologie holistique de physicalisme non réductif ! Pour Mildred Wynkoop, tout le Nouveau Testament présume d'une unité de la personnalité et réfute ce qu'elle appelle la « trichotomie spéculative » comme un hellénisme inutile[3].

La deuxième vérité fondamentale tirée du récit de la Genèse et que l'humanité, hommes et femmes, est créée à l'image de Dieu. Les diverses traditions ont défini cette image de différentes manières. Une interprétation courante à l'époque de l'Église primitive (qui a finalement été considérée comme hérétique) a proposé que cette image est une ressemblance physique réelle avec Dieu[4]. Les Écritures contiennent certes beaucoup d'images anthropomorphiques, mais au final, l'orthodoxie a affirmé que ces images doivent être interprétées métaphoriquement.

Certains exégètes occidentaux de l'image de Dieu ont affirmé qu'il s'agit de notre capacité humaine à raisonner. C'est l'opinion de beaucoup de théologiens classiques, notamment le grand théologien catholique Thomas d'Aquin (mort en 1275). Une autre interprétation est que l'humanité ressemble à Dieu dans son rapport au reste de la création : tout comme Dieu est hiérarchiquement supérieur à l'humanité, celle-ci est hiérarchiquement supérieure à la terre. Une autre explication de l'image de Dieu est celle de la liberté humaine : Dieu nous a créés libres et autodéterminés. Ces conclusions divergentes quant à ce que l'image de Dieu est vraiment présentent une diversité d'opinions qui peut sembler inconfortable, mais les Écritures n'offrent pas leur propre explication. Y a-t-il une interprétation spécifique à la tradition wesleyenne de la sainteté ?

Au cœur de la compréhension de l'humanité propre à Wesley, il y a l'idée que nous sommes des êtres relationnels. Nous avons été créés pour être en relation. Nous sommes créés pour l'amour et pour aimer. Wesley était conscient des différentes interprétations de l'*imago Dei*, mais, d'après Mildred Bangs Wynkoop et d'autres, il était fermement attaché à l'image de Dieu comme la capacité d'aimer[5]. H. Ray Dunning l'a étendu aux relations qui définissent l'humanité telles qu'elles étaient censées être : nous avons été créés pour aimer Dieu, nous aimer les uns les autres et avoir un amour approprié de nous-mêmes et du monde[6]. Le passage biblique qui définit le plus profondément la théologie wesleyenne de la sainteté est Luc 10.27 : « Tu aimeras le Seigneur ton Dieu, de tout ton cœur, de toute ton âme, de toute ton énergie et de toute ta pensée, et ton prochain comme toi-même » (voir Lévitique 19.18 ; Deutéronome 6.5).

Il y a des moments dans les écrits de Wesley, où il distingue l'image naturelle et l'image morale de Dieu en l'homme, en parallèle avec ses attributs moraux et naturels. L'image naturelle de Dieu en l'homme fait référence aux caractéristiques ou aux facultés qui définissent l'humanité, tandis que l'image morale fait référence au caractère de sainteté et d'amour que Dieu avait prévu pour l'homme à l'origine et qu'il continue de vouloir pour lui.

La clé pour comprendre la vision wesleyenne de l'humanité et du salut est le fait qu'après la chute, l'image de Dieu demeure. Elle est déformée, mais pas effacée. Ainsi, pour Wesley, le salut (qui, sans son sens vaste, inclut la sanctification) est le processus de restauration et de renouvellement de l'image de Dieu en nous. Cette idée que l'image de Dieu demeure après la chute a mené certains interprètes de Wesley à parler de la doctrine de la privation totale, au lieu de la dépravation totale, comme son expression préférée des effets de la chute[7]. À cause de la chute, nous sommes privés de notre relation fondamentale, avec Dieu, et par conséquent, nos autres relations sont également affectées ; mais notre capacité d'aimer, ainsi que l'espérance d'un renouveau, demeurent. La grâce prévenante nous permet d'accomplir cette capacité et ouvre nos sens à Dieu. Puisque cette grâce prévenante est donnée à tous, l'humanité « sans Dieu » est une « abstraction logique »[8]. D'autre part, la doctrine calviniste, qui insiste lourdement sur la dépravation totale, n'est pas aussi optimiste[9] : à cause de la chute, nous sommes totalement dépravés, sans Dieu dans le monde et corrompus au-delà de toute capacité de réparation dans la vie présente. L'idée calviniste de la grâce commune nous soutient face aux effets de la chute, mais pas autant que la grâce prévenante de Wesley. Ces deux conceptions très différentes de la chute et de ses effets sur l'*imago Dei* mèneront à deux doctrines très différentes du salut chez Wesley et Calvin.

Wesley a parlé aussi de divers états humains : l'état naturel, légal et évangélique[10]. L'état naturel n'est qu'un état hypothétique, avant la chute. C'est l'état dans lequel Dieu a créé Adam et Ève. Jésus, en tant que Christ, est le seul à être né dans un état naturel, libre du péché originel (sur lequel nous reviendrons ci-dessous). Par l'état légal, Wesley entend notre position devant Dieu avant notre expérience de la nouvelle naissance : nous sommes soumis à la loi et si nous la laissons accomplir son œuvre, elle nous mènera à reconnaître notre besoin d'être sauvés. La grâce prévenante nous assiste en nous éveillant à ce besoin. Enfin, l'état évangélique est notre état une fois que nous sommes nés de nouveau en Christ : nous ne sommes plus sous la loi, mais sous la grâce. Cette nouvelle naissance entame le processus de renouvellement de l'image de Dieu en nous.

Un autre aspect important de l'anthropologie de Wesley est son emphase sur ce qu'il appelle les affections et humeurs religieuses. Même s'il est juste d'interpréter Wesley comme défendant une vision plus hébraïque et holistique de l'humanité, afin d'expliquer la croissance chrétienne en sainteté, il distingue certaines facettes de la psychologie de chaque personne. Avec la volonté humaine et la liberté individuelle, il identifie les affections comme les dispositions intérieures qui intègrent la dimension rationnelle et émotionnelle de la vie humaine. Lorsque nous nous habituons à ces dispositions, elles deviennent des affections persistantes qui nous délivrent des actes humains. Par exemple, une personne qui prendrait l'habitude d'accomplir des actes de bonté, pourra être qualifiée de bonne personne, car la bonté en viendra à faire partie de ce qu'elle est. Lorsque la prochaine occasion se présentera, elle sera libre d'être bonne, dans le sens où il sera très improbable qu'elle choisira de manquer de bonté. Cette personne a développé une inclinaison dans le bon sens. Ses affections iront dans le même sens que ces inclinaisons acquises par l'habitude.

Ici, Wesley s'inspire d'Aristote (tel que communiqué par Thomas d'Aquin). La différence entre Aristote et Thomas d'Aquin, que Wesley suit, est qu'une vision chrétienne de la vertu d'Aristote (un modèle qui se concentre sur le développement du caractère à travers la pratique de certaines vertus, comme l'honnêteté, la bonté et le courage) inclut la grâce. Tout ce qui a été dit ici peut être répété pour le développement d'un caractère de sainteté. Avec l'aide de la grâce sanctifiante, la sainteté peut devenir ce à quoi nous sommes inclinés, car nos dispositions sont devenues des affections, qui produisent à leur tour, dans le cas présent, un caractère saint. Nous y reviendrons au chapitre 11.

▸ LE PÉCHÉ

Qu'est-ce que le péché ? Il est peut-être surprenant de constater qu'il n'est pas facile de répondre à cette question. La définition du péché varie selon les traditions. Il y a aussi différents types de péchés. On répartit souvent le péché en trois catégories distinctes : le mal systématique, le péché personnel et le péché originel. Le mal systématique se définit le mieux comme une série d'événements qui finissent par blesser ou par opprimer les autres. Les produits que nous achetons ont peut-être été fabriqués par des esclaves ou grâce au travail des enfants. Même si nous ne voulons certainement pas contribuer à ce fléau, en un sens, le système dans lequel nous vivons est déchu. Peut-être que nous devrions boycotter certaines sociétés qui se fournissent auprès d'autres sociétés oppressives (et la chaîne peut remonter plus loin). Le problème est qu'il est pratiquement impossible de ne pas finir par acheter quoi que ce soit qui contribue à l'oppression de quelqu'un d'autre. De même qu'il n'y a pas de système économique parfait, il n'y a pas de système politique parfait non plus. Parfois, le simple fait d'être citoyen d'un certain pays nous implique dans une injustice. La notion de mal systématique implique l'existence de péchés sociétaux, mais on ne se dit généralement pas qu'on est soi-même coupable de ces péchés.

Les péchés personnels sont ceux dont nous nous sentons généralement coupables. Il s'agit le plus souvent d'actes de désobéissance à une forme de loi. Les lois qu'on trouve dans les Écritures sont cependant moins arbitraires qu'il n'y paraît. Même les centaines de lois juives que nous ne suivons plus avaient toutes un dessein très spécifique. La plupart d'entre elles, voire toutes, avaient été données par Dieu afin de nous protéger. Les Dix Commandements ne sont pas que dix lois que Dieu a inventées pour que nous sachions que c'est lui le patron et que si nous les violons, nous serons des pécheurs. En approfondissant, on constate que chacun de ces commandements a sa raison d'être et que de les respecter est une manière d'honorer Dieu et les autres. Jésus dit clairement qu'en respectant les deux commandements de l'amour, on accomplit toute la Loi. On peut donc dire que de violer une loi est contraire à l'amour. En fait, on peut définir le péché comme le fait d'aller à l'encontre de la loi de l'amour. Les définitions divergentes du péché proposées par différentes traditions ont cependant permis l'émergence de différentes théologies du péché.

Ainsi que nous venons de l'observer, la position wesleyenne et calviniste sur les effets de la chute sur l'image de Dieu implique de profondes divergences entre leurs théologies respectives. Ainsi, wesleyens et calvinistes sont également en désaccord sur la question du péché. Leur désaccord est fondé sur deux conceptions radicalement différentes de sa nature. Pour Jean Calvin, le péché consiste à passer à côté de la gloire de Dieu, à rater la cible. Ainsi, toute imperfection ou qualité humaine indigne de Dieu est considérée comme pécheresse. On peut donc comprendre pourquoi un calviniste peut affirmer que nous péchons quotidiennement en pensées, en paroles et en œuvres. La plupart d'entre eux diraient tout simplement que nous sommes pécheurs parce que nous ne sommes pas Dieu.

Les Wesleyens, pour leur part, mettent l'accent sur la dimension volontaire du péché. Pour Wesley, le péché est une transgression volontaire d'une loi connue de Dieu, c'est-à-dire qu'il s'agit toujours d'un acte conscient de rébellion contre ce que Dieu veut pour nous. Cela peut impliquer aussi que l'ignorance de la loi est une excuse légitime : nous sommes innocents si nous sommes ignorants. Paul aborde cependant ce problème en Romains 2, en introduisant la notion de conscience et en affirmant que, parce que tous les hommes ont un sens intérieur du bien et du mal, ils sont sans excuse, même s'ils ignorent la loi hébraïque. Ils sont tous responsables devant Dieu. En un sens, cette vérité est fondamentale afin de comprendre la perspective du mouvement de la sainteté sur la sanctification, puisque celle-ci affirme qu'une telle rébellion, contre la Loi ou contre la conscience, n'est pas *nécessaire*. La victoire sur le péché (selon cette définition) est possible. Wesley n'a cependant pas donné cette définition de la transgression volontaire comme sa seule définition du péché.

BREBIS ET BOUCS

« Quand le Fils de l'homme viendra dans sa gloire, avec tous ses anges, il prendra place sur son trône glorieux. Tous les peuples de la terre seront rassemblés devant lui. Alors il les divisera en deux groupes – tout comme le berger fait le tri entre les brebis et les boucs. Il placera les brebis à sa droite et les boucs à sa gauche.

Après quoi, le roi dira à ceux qui seront à sa droite : « Venez, vous qui êtes bénis par mon Père : prenez possession du royaume qu'il a préparé pour vous depuis la création du monde. Car j'ai eu faim, et vous m'avez donné à manger. J'ai eu soif, et vous m'avez donné à boire. J'étais un étranger, et vous m'avez accueilli chez vous. J'étais nu, et vous m'avez donné des vêtements. J'étais malade, et vous m'avez soigné. J'étais en prison, et vous êtes venus à moi. »

Alors, les justes lui demanderont : « Mais, Seigneur, quand t'avons-nous vu avoir faim, et t'avons-nous donné à manger ? Ou avoir soif, et t'avons-nous donné à boire ? Ou quand t'avons-nous vu étranger et t'avons-nous accueilli ? Ou nu, et t'avons-nous vêtu ? Ou malade ou prisonnier, et sommes-nous venus te rendre visite ? »

Et le roi leur répondra : « Vraiment, je vous l'assure : chaque fois que vous avez fait cela à l'un de ces plus petits de mes frères, c'est à moi-même que vous l'avez fait. »

Puis il se tournera vers ceux qui seront à sa gauche : « Retirez-vous loin de moi, vous que Dieu a maudits, et allez dans le feu éternel préparé pour le diable et ses anges. Car j'ai eu faim, et vous ne m'avez rien donné à manger. J'ai eu soif, et vous ne m'avez rien donné à boire. J'étais un étranger, et vous ne m'avez pas accueilli chez vous. J'étais nu, et vous ne m'avez pas donné de vêtements. J'étais malade et en prison, et vous n'avez pas pris soin de moi. »

> Alors, ils lui demanderont à leur tour : « Mais, Seigneur, quand t'avons-nous vu souffrant de la faim ou de la soif ; quand t'avons-nous vu étranger, nu, malade ou en prison, et avons-nous négligé de te rendre service ? »
>
> Alors il leur répondra : « Vraiment, je vous l'assure : chaque fois que vous n'avez pas fait cela à l'un de ces plus petits, c'est à moi que vous avez manqué de le faire. »
>
> Et ils s'en iront au châtiment éternel. Tandis que les justes entreront dans la vie éternelle. » (Matt. 25.31-46)

Par exemple, Wesley était prompt à mettre en avant l'existence des péchés d'omission autant que de commission. Un péché de commission consiste à commettre un acte interdit, à violer une loi. Jacques dit cependant clairement dans sa lettre que le péché, c'est aussi lorsque nous sommes conscients du bien que nous sommes censés faire et ne le faisons pas (omettons de le faire) (Jacques 4.17). En un sens très réel, particulièrement à la lumière de Matthieu 25, nous savons que nous devons prendre soin des pauvres, rendre visite aux malades et aux prisonniers et accomplir d'autres actes de miséricorde. La plupart d'entre nous omettent cependant quotidiennement ces actes. Ainsi, selon cette définition, nous péchons. Cela réduit-il à néant notre espérance d'une vie sanctifiée ? Non, si nous avons une idée claire de ce qu'implique la sanctification. Une compréhension malsaine de la sainteté, qu'on pourrait qualifier de perfectionnisme, promeut à tort l'idée que la confession n'a pas sa place dans la vie du chrétien sanctifié. Ce n'est certainement pas le cas pour Wesley.

Plus nous nous approchons de Dieu, plus nous aurons besoin de vivre une vie de confession, de confesser notre dépendance totale de lui au plus profond de notre être. Ainsi, le problème de la violation d'une loi évidente, ou même de l'omission d'une bonne œuvre, se posera de moins en moins alors que nous grandirons dans la grâce. Alors, le Saint-Esprit, qui nous forme et nous façonne, pourra pénétrer de plus en plus profondément dans nos cœurs. Notre réponse, chaque fois que nous attristons le cœur de Dieu, doit être la tristesse selon Dieu.

Wesley était fatigué du débat autour de la question de savoir si la sanctification mène à une vie sans péché[11]. Sa préoccupation plus profonde était celle d'une vie remplie de l'amour de Dieu, à travers laquelle nous croissons en discernement afin de savoir comment nous exprimer au mieux cet amour les uns aux autres et à ce monde, qui en a tant besoin. Parfois, ainsi que le dit Jean 1, notre préoccupation pour le péché émane de la crainte d'un châtiment (4.18).

Wesley, selon ce verset, mettait en avant le fait que l'amour parfait exclut la crainte. Lorsque nous dépassons cette crainte, notre motivation change. Nous ne cherchons pas la sainteté pour nous-mêmes, afin de pouvoir nous déclarer saints et sans péché et en tirer notre sécurité. La sainteté est normative et caractéristique de l'amour de Dieu de tout notre être, ainsi que de notre prochain comme nous-mêmes. La sainteté se préoccupe toujours des autres. Ce faisant, nous sommes ce pourquoi Dieu nous a créés. Ainsi que l'a dit Wesley, l'amour exclut le péché. Cela s'applique non seulement aux péchés personnels que nous commettons, mais aussi à la doctrine du péché originel.

Le passage récent d'un cadre théorique moderne à un cadre postmoderne revêt toutes sortes de connexions avec la vie réelle. Le théologien est confronté au besoin de corrélation, de communiquer des vérités religieuses dans un contexte nouveau. Nous devons accomplir cette tâche de dire la vérité sans lui faire perdre de son dynamisme. Toute forme de langage concernant le péché est métaphorique ; mais l'emploi de métaphores, peut-être même de nouvelles métaphores pour une nouvelle génération, n'exclut pas la réalité du péché. L'expérience ne nous permet pas de l'ignorer. La théologie postmoderne, malgré les changements qu'elle apporte, ne doit pas prendre le péché à la légère.

LE PÉCHÉ ORIGINEL

Dans le cadre d'un effort sérieux visant à « prendre suffisamment en compte la dimension humaine de la vie »[12] et à éviter de parler uniquement d'une manière abstraite de la doctrine la plus expérimentale de toutes, nous nous tournerons vers la Bible, puis vers Wesley, afin d'examiner sa compréhension du péché « inné », ou originel. Dans son emphase sur une vie et une foi fondées sur l'expérience, ainsi que sur la nature du péché, on trouve un vocabulaire qui résonne et communique bien aussi avec les « besoins » postmodernes de relations, la quête de sens et d'une spiritualité fondée sur l'expérience. Avant de commencer cette revue historique ou systématique du péché, nous devons partir des Écritures, qui constituent le fondement de tout ce que nous savons de l'humanité déchue.

Nous devons d'abord reconnaître que les Écritures ne satisfont pas entièrement notre curiosité par rapport au péché originel. Elles n'expliquent pas la cause du péché. Il est intéressant de constater que les termes théologiques les plus familiers pour décrire le péché ne sont pas des expressions bibliques. Les expressions comme « péché originel », « péché hérité », « carnalité », « dépravation » et « péché inné » ne se trouvent pas directement dans la Bible. Il s'agit de généralisations ou d'abstractions ; or, les termes abstraits sont rares, voire absents de la Bible. Même la « chute » n'est pas un terme biblique.

À l'exception de quelques références à Adam dans les écrits de Paul, la Bible garde le silence sur la transmission de la chute. Il n'y a rien qui suggère que nous péchons inévitablement à cause de cette expérience historique. En 2 Corinthiens 11.3, Paul, exprimant sa crainte de voir les croyants s'éloigner de la simplicité de cœur qui est en Christ, fait référence à Ève. Ce passage ne dit cependant rien de l'influence de son péché sur l'humanité. L'assertion évidente est plutôt que nous ne devons pas pécher. La référence de Paul au péché d'Adam, en Romains 5 et en 1 Corinthiens 15, n'est pas une théorie du péché, mais une occasion de magnifier la victoire de Christ sur les effets du péché. Paul dit que la mort est entrée dans le monde à travers le péché d'un seul homme, mais aussi, plus important, que la vie est venue à travers Christ.

Le lien le plus étroit que Paul fait entre le péché humain et Adam est en Romains 5.19 : « Comme, par la désobéissance d'un seul, beaucoup d'hommes ont été déclarés pécheurs devant Dieu, de même, par l'obéissance d'un seul, beaucoup seront déclarés justes devant Dieu. » Dans ce passage, la référence à Christ constitue cependant une théorie détaillée du péché originel (qui ne sera développée que plus de 300 ans après) qu'on ne peut tenir pour biblique. L'objectif de Paul est de montrer que tous les hommes pèchent. En ce sens, il est profondément réaliste. Même en Romains 3.23, Paul dit que c'est en péchant que les hommes sont tombés, pas qu'ils pèchent parce qu'ils sont tombés. Les Écritures disent clairement que, pour que le péché soit réellement péché, cela présuppose une véritable mesure de responsabilité personnelle. Cela ne discrédite pas tout discours théologique sur le lien entre Adam et nous ; mais la Bible veut surtout communiquer l'idée que chaque individu est essentiellement la véritable cause des péchés qu'il commet. Quelle que soit l'explication de l'impulsion humaine universelle à rejeter Dieu (que la Bible n'explique pas), il n'en demeure pas moins que nous sommes tous personnellement responsables de ce rejet.

Là encore, il est assez étrange de constater que la Bible n'a rien à nous dire de la manière dont le péché est transmis. Son influence est forte, mais la manière dont elle s'exerce n'est pas expliquée. En fait, nous n'obtenons pas de solutions spéculatives à tous les problèmes intellectuels que peut poser une théorie du péché. Seuls les effets dévastateurs des péchés que nous avons personnellement choisis de commettre sont abordés et cela semble être tout ce que nous avons besoin de savoir. Tout ce que nous pouvons dire, qui dépasse l'enseignement explicite des Écritures, doit donc être identifié comme une tradition humaine, même sacrée. Malheureusement, la tradition (en tant que source de vérité dans le quadrilatère wesleyen) ne dispose pas d'une expression uniforme de la théorie de la transmission et n'est pas non plus cohérente sur d'autres aspects de la théologie du péché. L'humilité sur les questions liées à l'hamartiologie nous gardera de déformer le thème biblique du salut.

La Bible se tait aussi sur l'interprétation de l'« essence » du péché d'Adam et de comment cette essence, ou la racine du péché, se manifeste en nous. Augustin a été le premier à défendre cette interprétation « doctrinale » pour l'Église.

Augustin et Pélage étaient contemporains, à la fin du 4ème et au début du 5ème siècles. Pélage affirmait que l'homme n'hérite pas de la culpabilité d'Adam, ni de sa corruption non plus. Ainsi, chaque personne dispose du même choix qu'Adam et Ève dans le jardin. Il affirme que nous sommes nés *naturellement libres*. Augustin, pour sa part, a beaucoup insisté sur une ferme doctrine du péché originel, de la dépravation totale et de la culpabilité héritée, afin de parvenir à une très forte doctrine de la grâce (qui mène, en définitive, à sa théorie de la prédestination). En conclusion de ce débat, Pélage a été considéré comme hérétique par le christianisme orthodoxe. La victoire d'Augustin n'était cependant pas totale : le Concile d'Orange (529) a confirmé sa doctrine du péché originel, mais sans affirmer sa doctrine de la double prédestination.

Wesley rejetait Pélage (même s'il lui manifeste une certaine sympathie)[13], sans pour autant adhérer à la doctrine d'Augustin. Pour celui-ci, l'essence ou la racine du péché originel se définit le mieux comme l'orgueil. La plupart des exégètes ont suivi la vision traditionnelle du péché originel comme l'orgueil, mais une autre lecture de Wesley a été proposée[14]. Selon cette analyse, Wesley emploie souvent le terme d'« orgueil », mais jamais comme paradigme d'ensemble du péché originel. Son sermon le plus direct sur la question, « Le péché originel » (1854), montre ce manque de prédominance du terme d'« orgueil » : c'est l'idolâtrie qui y est clairement décrite comme la définition fondamentale du péché originel, avant « l'orgueil », « la volonté propre » et « l'amour du monde »[15]. Wesley dit que « tout orgueil est une forme d'idolâtrie »[16], de même que « l'amour du monde ». Il y a donc deux formes de péché originel : l'amour désordonné de soi (l'orgueil) et des autres, décrit ici comme « l'amour du monde ». Wesley va plus loin, en répondant à cette question : « Qu'y a-t-il de plus naturel pour nous que de chercher le bonheur en la créature au lieu du Créateur ? »[17] Il a écrit aussi, vers la fin de sa vie, un sermon intitulé « L'idolâtrie spirituelle », dans lequel l'idolâtrie est clairement sa principale manière de parler de l'essence du péché originel.

EXTRAIT DU SERMON DE WESLEY « L'ESPRIT CATHOLIQUE »

Incontestablement, Dieu veut que nous nous aimions les uns les autres. C'est sa volonté que nous aimions nos relations et nos

> frères et sœurs chrétiens d'un amour spécifique, surtout ceux qu'il a rendus particulièrement utiles à nos âmes, qu'il nous demande d'« aimer avec ferveur », mais « d'un cœur pur ». N'est-ce pas « impossible à l'homme » de conserver la force et la tendresse de l'affection, mais sans tache à notre âme, avec une pureté immaculée ? Je ne veux pas dire seulement sans convoitise ; cela, je sais que c'est possible, qu'une personne peut avoir une affection inexprimable pour une autre sans cette sorte de désir ; mais sans idolâtrie ? Sans aimer la créature plus que le Créateur ? N'est-ce pas mettre un homme ou une femme à la place de Dieu ? Lui donner notre cœur ? Cela, nous devons l'examiner attentivement, même pour ceux que Dieu a unis, mari et femme, parents et enfants. On ne peut nier que ceux-ci sont appelés à s'aimer tendrement : Dieu le leur ordonne même ; mais il ne leur ordonne ni ne leur permet de s'aimer d'une manière idolâtre. Et pourtant, comme c'est courant ! Si souvent, un époux, une épouse, un enfant prennent la place de Dieu. Combien de ceux qui sont considérés comme de bons chrétiens fixent leurs affections les uns sur les autres, au point de ne plus laisser de place pour Dieu ! Ils cherchent leur bonheur en la créature au lieu du Créateur. On peut véritablement dire à l'autre qu'on le voit comme le seigneur et la fin de nos désirs, c'est-à-dire : « Je ne désire rien d'autre plus que toi ! Tu es ce à quoi j'aspire ! Tous mes désirs se portent vers toi et vers le souvenir de ton nom. » Si ce n'est pas de l'idolâtrie, je ne puis dire ce que c'est.[18]

Le péché originel en tant qu'idolâtrie est un autre sujet-clé du développement de la théologie de la sainteté en Amérique. Phoebe Palmer a développé des doctrines du péché et de la sainteté qui ont eu des implications significatives sur le mouvement au 19ème siècle. Aux fins de ce chapitre, Palmer a suivi Wesley dans sa discussion de l'idolâtrie spirituelle, mais elle s'exprime d'une perspective féminine. Au lieu de reprendre la litanie traditionnelle de tout ce qui interfère avec la vie spirituelle – l'égoïsme, le manque de foi, les trahisons de la chair – Palmer, avec une franchise surprenante, a reconnu que l'obstacle principal à sa croissance spirituelle a été « une grande maison qui exige des soins proportionnés ». Sa propre expérience de l'entière sanctification passait par le renoncement aux « idoles » de son mari et de ses enfants. Il est fondamental de noter que, si son expérience de la sanctification implique une sorte de libération des affections terrestres et des obligations domestiques, cette libération ne s'est pas développée à partir d'une insatisfaction de ses liens familiaux. Le premier commandement rend donc possible l'accomplissement du second : en aimant Dieu de tout notre être, sans rival, on peut aimer les autres. Ainsi, la définition de la sainteté préférée par Wesley, l'amour, est rendue possible en renonçant non seulement à la traditionnelle idolâtrie de soi, mais aussi à celle des autres.

Pourquoi est-ce important pour nous ? La prédication de la sainteté a souvent mis l'accent sur le péché d'orgueil comme étant la cause du péché d'une personne. Cela a donc du sens d'exhorter une telle personne à penser moins à elle-même. Une faible estime de soi est cependant un problème courant, même dans les communautés chrétiennes, si bien qu'une prédication qui présuppose le péché peut même aggraver la situation. Si l'égocentrisme inapproprié est une forme de péché, l'inverse l'est tout autant. La métaphore d'ensemble de l'idolâtrie s'adresse aux deux formes de péché. L'idolâtrie des autres est intrinsèquement liée à une faible estime de soi. Les personnes encouragées à se trouver elles-mêmes en Christ seul, y trouvent aussi une vision saine et équilibrée d'elles-mêmes.

Le péché, quel qu'il soit en pratique, ne peut être reconnu pleinement pour ce qu'il est vraiment qu'en l'opposant à son contraire : la sainteté. Toute définition du péché, avant la proclamation de la provision de la grâce, passe à côté de la priorité biblique de la sainteté. L'observation selon laquelle une compréhension claire du péché est nécessaire afin de comprendre la largeur et la profondeur de la rédemption de l'homme est également vraie.

La compréhension wesleyenne du péché est fondée sur une de ses métaphores les plus parlantes du salut : le salut en tant que guérison, qui a nécessairement mené Wesley à une compréhension du péché comme une « maladie », le salut étant « thérapeutique ». Sur ce point, on trouve chez Wesley de profondes réminiscences des Pères orientaux. Cette manière de conceptualiser le péché comme une maladie correspond à l'optimisme wesleyen par rapport à la grâce (sanctifiante), laquelle est vue comme une guérison profonde (et progressive). Cette métaphore est très utile. Pourtant, cette perspective plus orientale peut être critiquée à cause de la légèreté, pour ainsi dire, de sa conception du péché, jusqu'au point où la chute est interprétée comme une conséquence compréhensible de l'immaturité d'Adam et d'Ève. De même, une emphase exagérée sur la restauration de l'image de Dieu en l'humanité peut se faire aux dépens de sa déformation. Ce point demeure extrêmement pertinent, étant donné qu'une certaine théologie postmoderne peut également être critiquée comme prenant le péché à la légère.

Les apports sur le péché des penseurs « occidentaux » (comme Augustin, Luther, Calvin, Sören Kierkegaard, Karl Barth et Reinhold Niebuhr) ne doivent pas être ignorés. Même s'il faut reconnaître que l'Occident a peut-être trop étroitement lié le salut forensique à une certaine vision du péché (en mettant davantage l'accent sur le salut en tant que pardon que sur la transformation intérieure), la lutte avec la profondeur du péché de l'homme de ceux qui adhèrent à une telle vision est utile aussi. Ce faisant, l'optimisme wesleyen quant à une véritable transformation de notre nature ne peut qu'être renforcé. Nous exposons ici une de ces visions occidentales, afin de l'analyser d'une perspective wesleyenne.

Selon certains exégètes (Sören Kierkegaard et ceux qui ont adapté ses idées), l'humanité est née dans une réalité existentielle anxiogène, survenant de la création, même déjà avant la chute. Cette réalité-prototype qu'on trouve en Éden est en chacun de nous. Adam est différent de nous en ce qu'il était le premier (celui-ci étant toujours différent de ceux qui viennent après lui), mais ce n'est qu'une différence quantitative, non pas qualitative.

> [L'individu] appartient à la nature, mais pas à elle seule, car il est pris au piège entre la nature et un autre règne et soumis à des impératifs qu'aucun des deux règnes ne suffit à expliquer. Il est matériel, mais spirituel ; déterminé, mais libre ; comme le reste de la nature, il est dérivé de ce qui l'a précédé, mais pourtant, contrairement à tout ce qu'il y a d'autre dans la nature, il est le seul responsable de sa propre création[19].

Cela le mène à l'angoisse. Pourtant, en réalité, l'homme « ne s'inquiète de rien », c'est-à-dire que son angoisse n'est pas la conséquence d'une situation immédiate, mais liée à sa capacité à atteindre son potentiel dans un monde qui le limite. Dans ce schéma, l'angoisse est définie comme une disposition qui résulte de cette vaste situation.

Lorsqu'une personne cherche à gérer son angoisse sans Dieu, elle le mène au péché. Cette personne est consciente de sa liberté potentielle ; elle est capable de l'atteindre. Elle est cependant consciente aussi de sa destinée et de sa fixation. La conscience à la fois de ses capacités et de ses limites mène à l'angoisse, là où le fini touche l'infini, où le temporel touche l'éternité et où la nécessité touche la liberté. Cet état d'ambiguïté mène à la tentation de tomber d'un côté ou de l'autre de ces tensions opposées. Si la personne tombe du côté de la finitude et de la fixation, elle péchera en échouant à choisir d'atteindre tout son potentiel. Si elle tombe du côté de l'infini et de la liberté, elle péchera en cherchant à l'atteindre sans Dieu.

C'est pour sortir de cette impasse qu'Adam et Ève ont péché et se sont séparés de Dieu. Toute l'humanité après eux est également tombée par son péché. Ainsi, le péché originel d'Adam et d'Ève se trouve en chacun de nous. C'est ce péché originel qui nous affecte, mais c'est toujours nous qui décidons de rendre le péché manifeste en choisissant de pécher.

Ce modèle occidental nous inspire un sens de la profondeur du péché et de la manière dont il affecte tout notre être, particulièrement nos relations. Le péché, un acte intentionnel de notre volonté, brise toutes nos relations, même avec nous-mêmes. Par exemple, même face à l'offre de miséricorde, le désespoir nous dit que nous sommes déjà allés trop loin. Cette rupture profonde fragmente notre être, nuit aux relations que nous souhaitons avoir avec d'autres, et, surtout, elle nous sépare de Dieu, même si nous apercevons son appel à la réconciliation. C'est notre péché qui nous empêche de croire qu'il y ait quoi que ce soit qui puisse le vaincre.

La notion de grâce prévenante, longtemps perçue comme fondamentale à toute la théologie wesleyenne, était le plus souvent présumée plutôt que mise en avant d'une manière appropriée. On constate son importance en l'apposant à la notion de dépravation, omniprésente en Occident. La compréhension wesleyenne de la grâce prévenante nous aide à voir le potentiel pour quelque chose de différent. Le fondement de toute doctrine du péché originel est la croyance selon laquelle l'humanité est incapable de rétablir sa situation. Dieu est le seul moyen par lequel notre être fracturé reçoit la possibilité de changer. Mais comment sommes-nous sauvés, délivrés de notre dépravation absolue ?

L'emphase d'Augustin et de la tradition réformée sur cette dépravation les a menés à la doctrine de la prédestination. Dieu seul peut nous sauver. Le salut doit venir à travers l'élection, car nous sommes totalement incapables de faire quoi que ce soit, même de mettre en œuvre notre foi, afin de participer ou de contribuer au salut de Dieu. Augustin n'est finalement parvenu à cette position extrême qu'à travers son débat avec Pélage.

Si les Wesleyens n'ont jamais adhéré à aucune notion de prédestination, ils sont parfois allés dans l'autre sens, vers un pélagianisme pratique. Sans compréhension de la grâce prévenante, nous ne pouvons expliquer comment les pas de foi sont possibles, sauf comme un acte de la volonté humaine. C'est nous qui devons aller vers la réconciliation et la foi. Si nous pouvons trouver un Christ qui a souffert pour nous, nous ne trouvons pas réellement le mécanisme à travers lequel nous parvenons à la foi et nous ne pouvons pas expliquer comment la foi surmonte la séparation. Si c'est la présence de Dieu qui est victorieuse sur la puissance du péché, est-ce à nous de trouver notre voie vers cette présence ou y a-t-il un mouvement vers nous, même alors que nous sommes séparés de lui, qui ne s'impose pas à notre volonté ? C'est ici que la puissance de la notion (et certainement aussi de la réalité) de la grâce prévenante résout le problème, en offrant une alternative à la fois à la prédestination et à notre pélagianisme caché.

Ainsi que nous l'avons suggéré précédemment, la meilleure manière de comprendre la grâce prévenante est pneumatologique : cette grâce n'est pas davantage une substance que le péché n'en est une, mais nous sommes mieux servis en la voyant comme une activité, voire même comme la présence du Saint-Esprit. Contrairement aux penseurs réformés occidentaux, la théologie wesleyenne affirme que la condition de péché dans laquelle nous sommes nés n'est pas le seul facteur de notre situation humaine. Si nous sommes entraînés par un péché originel accumulé à travers l'histoire, cette dynamique est compensée par une dynamique contraire, qui nous attire à la vie en nous éloignant de l'auto-destruction. La présence de Dieu, à travers l'œuvre de grâce du Saint-Esprit, rend notre volonté capable, non pas de se sauver elle-même, mais d'aller vers Dieu qui vient vers nous. Cette idée est différente de la conception pélagienne de la manière dont agit la volonté. Nous disposons du libre arbitre, car nous avons reçu la grâce de la présence même de Dieu. Nous avons reçu le libre arbitre comme une grâce.

Si nous adhérons à une vision fracturée de nous-mêmes, comme incapables d'être en relation avec les autres sans grande déformation, nous pouvons adhérer aussi à la notion wesleyenne de grâce prévenante, qui rend possible un renouveau de l'*imago Dei*, afin de nous permettre d'aimer vraiment les autres, nous-mêmes, la terre et enfin, Dieu. Ce renouveau ne commence-t-il cependant qu'au moment où nous sommes sauvés ? C'est une question difficile, à laquelle Wesley donne une réponse surprenante. Mais commençons par une citation de Kierkegaard :

> [Notre] état de base fait qu'il nous est impossible, en définitive, de nous améliorer nous-mêmes. C'est la force de l'expression grecque d'Aristote, qui signifie « en termes de possibilités », par ex. comme le chêne est dans le gland ou la poule dans l'œuf. [...] L'identité à laquelle nous aspirons n'est pas même potentiellement présente et tous nos efforts visant à la développer à partir de la base existante sont futiles, jusqu'à ce que notre être soit parvenu à l'« équilibre ». C'est alors seulement que notre être existe « en termes de possibilité », présent en lui-même comme une base idéale pour un développement satisfaisant. Maintenant, nous pouvons « devenir ».[20]

Ainsi, Kierkegaard, avec d'autres penseurs réformés, croyait que ce n'est qu'après que nous soyons parvenus à une relation salvifique (et même prédestinée) avec Dieu, que nous recevons seulement cette potentialité. Avant le salut, il n'y a pas de gland du tout. La véritable humanité n'est pas même potentiellement présente en ceux qui sont dans le péché et qui ont choisi de rendre ce péché manifeste. La théologie wesleyenne, pour sa part, ouvre la possibilité d'un potentiel d'humanité véritable chez ceux qui n'ont pas encore trouvé l'équilibre et le salut. C'est la grâce prévenante qui nous donne ce potentiel. Notre nature elle-même change immédiatement de potentiel, dès l'instant de notre naissance (du début de notre vie), car non seulement nous sommes affectés par le péché originel, mais la grâce prévenante a un effet contraire à ceux de ce péché. Notre potentiel est restauré et commence à se manifester par la foi qui sauve.

Pour résumer, Pélage affirmait que non seulement l'homme n'hérite pas de la culpabilité d'Adam, mais qu'il n'hérite pas non plus d'aucune forme de corruption. Ainsi, chaque personne dispose du même choix qu'Adam et Ève dans le jardin. Il affirme que nous sommes nés avec une *liberté naturelle*. Augustin, pour sa part, a beaucoup insisté sur une doctrine très ferme de la dépravation totale et de la culpabilité héritée, ainsi que sur une forte doctrine du salut comme un don de Dieu en Christ, par le Saint-Esprit. La *via media* s'exprime dans la doctrine wesleyenne de la grâce prévenante : la grâce que Dieu donne à tous les hommes qui naissent dans le monde lui octroie *gracieusement la liberté*. Même si nous héritons d'une inclinaison au péché, la grâce que nous recevons fait que nos péchés (réels) demeurent un choix duquel nous pouvons à juste titre être tenus pour responsables. Le rejet wesleyen de la culpabilité héritée maintient que Dieu est réellement juste. Il lui évite aussi d'être contraint d'affirmer la prédestination. La doctrine augustinienne du péché était si forte que seul un acte prédéterminé et irrésistible de Dieu pouvait nous sauver. Wesley évite cette conclusion logique en affirmant la grâce prévenante universelle.

Wesley affirmait cependant aussi que notre potentiel n'est pas tout simplement identique à celui des premiers hommes. Il dit clairement dans son sermon : « Qu'est-ce que l'homme ? » que notre potentiel est à présent encore plus grand, depuis la venue sur terre de Christ. Nous pouvons devenir plus qu'Adam et Ève ne l'ont jamais été. La grâce prévenante nous permet d'atteindre ce potentiel, mais le processus d'actualisation commence surtout au moment de notre nouvelle naissance, qui marque le véritable début du processus que nous avons appelé la guérison. Nous y reviendrons au prochain chapitre, vers lequel les mots suivants de Wynkoop offrent une transition adaptée :

> Le salut s'applique à l'ensemble de la relation brisée. Étant une disruption aux yeux de Dieu et dans les cœurs des [hommes], la préoccupation centrale est de corriger cette relation. Rien de moins ne mérite d'être appelé salut. L'aliénation doit cesser. Dieu seul peut accomplir cela. Nous savons qu'en Christ, nous ne sommes plus étrangers. Nous devons aller à la rencontre de Dieu d'un cœur entier. Toute forme de duplicité ou de motivations mélangées rend impossible la communion qui purifie. Le sacrifice de Christ sur la croix a rendu possible non seulement l'approbation de Dieu, mais aussi la pureté de cœur. Le péché, dans cette vie, peut être corrigé. L'aliénation entre Dieu et [nous] a pris fin. L'antithèse

de l'amour de Dieu n'est pas un état, pas plus que la sainteté n'en est un ; mais il s'agit d'une atmosphère à maintenir chaque jour, à chaque heure, peut-être même à chaque moment, dans la présence et par la puissance du Saint-Esprit. Cela exige la plus profonde mesure de participation. Cette participation n'est cependant pas tendue, non naturelle et inspirée par la crainte, mais il s'agit de la consécration totale de la personne qui s'abandonne à Dieu. Cela n'impose pas à l'âme humaine un fardeau impossible à porter, pas plus que cela n'exige une mesure spécifique de maturité, de capacité ou de connaissance, mais cela exige la croissance et le soin, ainsi qu'une sensibilité spirituelle qui ne cesse jamais de croître[21].

OBSERVATIONS RÉCAPITULATIVES

1. Il est important de maintenir la bonté de la création, surtout de l'homme.
2. L'*imago Dei* se définit comme la capacité d'aimer et d'être en relation, selon la théologie wesleyenne de la sainteté.
3. La « chute » n'a pas effacé l'*imago Dei* dans l'humanité.
4. Notre définition du péché est intrinsèquement liée à notre compréhension du salut.
5. Wesley définit le péché originel comme l'idolâtrie.
6. Le péché peut être surmonté dans cette vie, par la grâce sanctifiante de Dieu.

QUESTIONS DE RÉFLEXION

1. Comment expliquer les actes de bonté venant de ceux qui ne croient pas encore ?
2. Quelles informations tirées des sciences peuvent informer notre anthropologie théologique ?
3. En quoi la position de Wesley est-elle un juste milieu entre Pélage et Augustin ?
4. Le péché originel nous rend-il coupables devant Dieu, selon la théologie wesleyenne de la sainteté ? En quoi est-ce important ?

SEPT

LE PLEIN SALUT[1]

OBJECTIFS D'APPRENTISSAGE

Votre étude de ce chapitre vous permettra …
1. d'identifier des aspects-clé de l'expiation de Christ,
2. de comprendre les diverses concomitantes de la conversion,
3. d'examiner beaucoup d'idées fausses à propos de l'entière sanctification,
4. de déterminer la place des diverses formes de sanctification dans l'ordo (via) salutis.

MOTS-CLÉ

nouvelle naissance
justification
régénération
adoption
assurance
témoignage de l'Esprit
rédemption
réconciliation

justice imputée
justice impartie
entière sanctification
sanctification initiale
sanctification progressive
sanctification finale
ontologique
téléologique

Lorsque les évangéliques[2] évoquent la métaphore du salut, ils parlent de relation personnelle avec Dieu, par Jésus-Christ. Ils identifient généralement un moment où la personne met sa foi en Christ comme le début de cette relation. Une expression spécifique a été empruntée à la discussion de Jésus avec Nicodème, en Jean 3 : « Il vous faut renaître d'en haut » (ou « *naître de nouveau* ») (verset 7). D'autres métaphores peuvent être également employées, mais la première que nous évoquons, sur le plan théologique, est celle du salut. La doctrine de la sotériologie dérive du terme grec pour salut, *soteria*.

On peut légitimement se demander de quoi nous sommes sauvés. Les évangéliques et le mouvement de la sainteté croient tous deux que nous sommes sauvés de l'enfer, ainsi que de la culpabilité de nos péchés ; mais la théologie de la sainteté va explicitement plus loin, en affirmant que nous pouvons aussi être sauvés de la puissance du péché dans cette vie. Dieu « brise la puissance du péché effacé »[3]. C'est ici que la théologie wesleyenne de la sainteté va au-delà des formes d'évangélisme plus réformées : pour Wesley, le salut englobe toute la vie chrétienne, de la nouvelle naissance à la mort et à la vie éternelle.

Au sens strict, nous ne sommes pas sauvés en suivant la loi, mais uniquement à travers ce que Christ a accompli à la croix. Le salut englobe cependant plus que de seulement recevoir le don de cet acte qui a été accompli pour nous. Le plein salut implique une transformation authentique, par la grâce de Dieu, de telle manière que, comme le dit Paul, « la juste exigence de la Loi soit pleinement satisfaite en ce qui nous concerne » (Rom. 8.4). Dans la vie humaine, la justification (libération de la culpabilité du péché) et la sanctification (libération de la puissance du péché) sont donc intimement liées. Ce n'est qu'aux fins de la discussion et par souci de clarté que nous les distinguons ici, en parlant du salut pour le pardon obtenu par l'expiation et de la sanctification pour la transformation intérieure qui émane d'une participation plus totale à la vie de Dieu (à travers l'expiation de Christ et selon l'Esprit).

▸ LE SALUT

Les dénominations issues du mouvement de la sainteté peuvent à juste titre être décrites comme protestantes, car elles affirment l'élément fondamental mis en avant par Martin Luther : nous sommes sauvés par grâce, à travers la *foi seule* (le salut par grâce, à travers la foi en *Christ seul*). Ainsi que le dit Éphésiens, nous sommes sauvés par la grâce, à travers la foi en Christ, et non pas les œuvres, si bien que nous ne pouvons pas nous glorifier ou mettre notre confiance en nos propres exploits (voir 2.8-9). Cette grâce vient de ce que Christ a souffert pour nous sur la croix.

Une étude approfondie des diverses théories de la souffrance de Christ, des diverses théories de l'expiation qui se sont développées depuis l'époque de l'Église primitive, dépasserait l'étendue de ce chapitre. Nous allons cependant aborder certains aspects-clé de la mort de Jésus, que nous considérons comme fondamentaux pour le salut et pour une pleine compréhension de ce qu'il a fait pour nous.

Avant tout, nous affirmons que la mort de Jésus était *volontaire*, qu'il a choisi de mourir. Il n'y a pas été contraint contre sa volonté par ceux qui l'ont jugé, battu et tué. Il a agi volontairement. De plus, et c'est peut-être le plus important, il n'a pas été contraint par Dieu. Alors qu'il luttait dans le jardin de Gethsémané, il aurait pu refuser de boire la coupe de tristesse, de douleur et d'angoisse. Dieu ne l'y aurait pas contraint. Il disposait du libre arbitre et Dieu n'y aurait pas porté atteinte. Nous savons pourtant qu'il s'est soumis à la volonté de Dieu et a prononcé ces paroles, du fond de son cœur : « Toutefois, que ta volonté soit faite, et non la mienne. » (Luc 22.42) La mort de Jésus était volontaire. Autrement, elle n'aurait pas été efficace afin de nous sauver.

Ensuite, nous affirmons que la mort de Jésus *avait* du sens. Ce ne sont pas des événements aléatoires qui l'ont amené à la croix, comme si d'autres événements aléatoires auraient pu mener à une conclusion différente. Jésus-Christ était né pour mourir. Dieu voulait que cela se produise. Là encore, il n'aurait pas forcé Jésus à aller jusqu'au bout ; mais nous affirmons que c'était là le plan de Dieu pour la rédemption du monde. « Car ce que la Loi était incapable de faire [...], Dieu l'a fait : il a envoyé son propre Fils. » (Rom. 8.3) Alors que les Juifs, même les disciples de Jésus, attendaient une autre sorte de Messie (un Messie politique), Jésus, le Messie, est venu conformément aux prophéties. On constate une attente sincère, fondée sur les desseins révélés de Dieu. À la fin de sa vie, lorsque Jésus a dit directement à ses disciples qu'il mourrait, leurs yeux ont fini par voir (même s'ils ne l'ont pas vu pleinement jusqu'après la Pentecôte) que c'était là la direction dans laquelle sa vie allait depuis le début.

Nous affirmons aussi que la mort de Jésus était *réelle*. Certaines hérésies chrétiennes primitives niaient le fait que Jésus était mort d'une mort pleinement humaine. Les gnostiques adhéraient à une croyance appelée docétisme (du grec dokein, « sembler »). Conformément à leur mythe de la création et à leur croyance que tout le monde matériel est intrinsèquement mauvais, ils croyaient que Dieu n'aurait pas pu laisser Jésus avoir un véritable corps humain : il semblait seulement en avoir un et il est mort en apparence seulement. La croyance orthodoxe a cependant estimé que la réalité de sa mort était fondamentale pour qu'elle puisse être salvifique. Son sang a vraiment coulé, ses blessures était réelles, il a vraiment subi des souffrances atroces et est mort d'une véritable mort humaine. En fait, sa mort était peut-être même encore plus terrible, parce qu'il portait le poids du péché du monde.

Enfin, nous affirmons que Jésus était *innocent* et que son innocence était absolument essentielle à sa capacité de nous sauver. L'Ancien Testament parle du sacrifice parfait pour nos péchés d'un agneau immaculé. Jésus est décrit par Jean-Baptiste comme l'Agneau de Dieu. Cela implique que son sacrifice était parfait. Selon la tradition, c'est parce qu'il n'a jamais péché qu'il a pu prendre sur lui les péchés du monde. S'il était lui-même pécheur, il aurait pu mourir seulement pour ses propres péchés, car, ainsi que le dit Paul, « tous ont péché, en effet, et sont privés de la gloire de Dieu » (Rom. 3.23), ce qui implique que tout péché médite une punition. Nous savons cependant que le Nouveau Testament affirme clairement que Jésus était en toutes choses comme nous, à l'exception du fait qu'il n'a jamais péché. Son innocence était nécessaire afin que sa mort puisse sauver toute l'humanité, et pas seulement lui-même.

C'est l'expiation, accomplie par Jésus à la croix, qui nous sauve, mais ce n'est qu'une partie de toute l'étendue de l'étude de la sotériologie. Un aspect s'intéresse à la manière dont la vie et la mort de Jésus expient notre péché. La question la plus importante, d'une perspective wesleyenne de la sainteté, est peut-être comment son expiation nous affecte.

La première affirmation que nous devons faire à partir de notre théologie est que le salut est synergique : l'expiation est sa source, mais nous devons l'accepter. Cela veut dire que nous devons prendre part à la grâce disponible à travers l'œuvre de Christ, en coopérant à notre salut. Cela implique d'accepter activement la grâce, et même la foi que Dieu donne. Cette foi ne doit pas être vue comme une œuvre que nous faisons, mais comme la réception consciente de l'œuvre que Christ a accomplie pour nous. Lorsque cette foi est activée et la grâce reçue, nous sommes sauvés, à la fois de la culpabilité du péché et par le début du processus à travers lequel Dieu brise la puissance du péché, qu'on appelle sanctification. Il y a beaucoup de métaphores qui décrivent cet événement salvifique initial. Chacune des expressions suivantes désigne un aspect différent de ce même moment du salut.

LA JUSTIFICATION

Être justifié par Dieu implique que nos péchés sont pardonnés. Notre culpabilité est enlevée. Dieu ne nous condamne plus pour nos transgressions. Ce thème est au cœur de la Réforme : Luther s'opposait à ses vis-à-vis catholiques par sa confession du salut par la foi seule, qu'on appelle sa doctrine de la justification. On parle parfois de vision forensique du salut : nous sommes coupables et méritons d'être punis, mais Jésus-Christ prend sur lui la punition de nos péchés. Ainsi, Dieu, en tant que juge, ne nous tient plus rigueur de nos péchés passés. Notre culpabilité est expiée. Wesley croyait certainement aussi en la justification, de même que Luther croyait aussi en la sanctification ; Wesley a cependant particulièrement mis en avant le fait que le salut va au-delà de la justification, en répondant au problème ou au mal sous-jacent à celle-ci. Le modèle thérapeutique de Wesley l'a fait aller plus loin.

LA RÉGÉNÉRATION

L'expression préférée de Wesley pour le salut est la « nouvelle naissance ». Cette notion implique que nous sommes régénérés, nés de nouveau, et sommes une nouvelle créature en Christ. Wesley n'a jamais voulu que sa doctrine de la sanctification minimise l'importance et la puissance de la nouvelle naissance. Certainement, « les choses anciennes sont passées : voici, les choses nouvelles sont venues » (2 Corinthiens 5.17). Wesley est allé plus loin, en affirmant que la nouvelle naissance joue un rôle fondamental, en brisant la puissance du péché sur nos vies, si bien que nous devons nous attendre à des changements significatifs dès le moment où une personne trouve la foi. C'est ce qu'on appelle la régénération.

L'ADOPTION

Wesley insistait beaucoup sur l'importance d'être enfant de Dieu et cohéritier de Christ. Cet aspect du salut implique aussi que nous sommes nés dans une famille, une communauté de frères et sœurs en Christ. Cela nous empêche d'imaginer le salut comme purement individuel. Nous sommes adoptés par Dieu, dans sa famille. Les versets que Wesley cite sur ce point sont Romains 8.14-15.

L'adoption n'est pas le seul point mentionné ici. Paul met en avant également ce que Wesley appelle la doctrine de l'assurance, appelée aussi le témoignage de l'Esprit. Non seulement nous sommes adoptés en tant qu'enfants de Dieu, mais le Saint-Esprit rend témoignage à notre esprit que c'est le cas. Il nous donne une profonde assurance intérieure que nous avons été agréés par Dieu comme ses enfants bien-aimés et que Jésus est plus proche de nous qu'un frère.

LA RÉDEMPTION

La rédemption implique la libération du péché. L'Exode constitue la principale métaphore biblique de la rédemption. Il s'agit clairement d'une métaphore importante pour la compréhension du plein salut, ou de la sanctification, propre au mouvement wesleyen de la sainteté. De même que le peuple d'Israël était esclave des Égyptiens, nous sommes esclaves du péché. Le péché est notre maître, selon Romains 7. Cependant, de même que Moïse a fait sortir son peuple d'Égypte, Jésus fait sortir ses frères et sœurs de l'esclavage et les fait entrer dans la « terre promise », où plus rien ne les maintient captifs, si ce n'est leur obéissance volontaire à Dieu. Nous ne sommes plus esclaves du péché. La rédemption implique aussi de recevoir une nouvelle raison d'être : celle d'aimer Dieu de tout notre être et notre prochain comme nous-mêmes. De même qu'un « centre de rédemption » recycle un vieux produit afin d'en faire un nouveau, notre vie est rachetée du péché, pour aimer.

LA RÉCONCILIATION

Nous sommes réconciliés avec Dieu. Il s'agit d'un thème que nous trouvons dans les écrits de John Wesley, ainsi que dans les hymnes de Charles Wesley. C'est dans ce sens que l'aliénation d'avec Dieu implicite au péché est surmontée lorsque nous parvenons à une nouvelle relation avec lui. C'est cette réconciliation qui renverse ce que certains spécialistes de Wesley ont appelé la privation totale, ou relationnelle. La privation totale, ainsi que nous l'avons mentionné précédemment (voir p. 158), est une compréhension modifiée de la notion calviniste de dépravation totale, qui affirme que la chute d'Adam a enfermé toute sa descendance (l'humanité entière) dans des ténèbres totales et insurmontables. La privation, pour sa part, affirme que l'image de Dieu, bien que déformée, demeure, mais que nous sommes d'abord pécheurs parce que nous avons été privés de l'intimité avec Dieu prévue à l'origine. Au moment du salut, l'aliénation est surmontée et notre relation avec Dieu est restaurée ; elle grandit ensuite en intimité à mesure que nous grandissons spirituellement.

LA SANCTIFICATION INITIALE

Wesley n'a jamais employé l'expression de sanctification initiale, qui exprime sa croyance que le processus de justification commence au moment du salut, où la justice de Christ nous est imputée (justice imputée). Cela veut dire que Dieu nous considère comme saints à cause de la sainteté de Christ. Là encore, on s'éloigne de la tradition réformée, car les Wesleyens croient fermement que, dès le moment où nous sommes sauvés, Dieu commence à nous impartir sa justice (justice impartie). Ainsi, non seulement il nous considère comme justes ou saints, mais il nous sanctifie aussi progressivement, à partir du début de notre parcours de vie chrétienne. Ce n'est pas que Luther et les autres ne croient pas en la justice impartie ; mais Wesley en a fait un élément crucial de sa théologie de la sainteté. Le moment de notre salut est aussi celui de notre sanctification initiale, qui progresse rapidement vers une sanctification croissante. Nous allons maintenant examiner la sanctification, dans son ensemble.

LE PLEIN SALUT   195

▶ LA SANCTIFICATION

Nous allons commencer notre discussion de ce qu'est la sanctification en donnant une idée claire de ce qu'elle n'est pas. Wesley lui-même employait souvent la figure rhétorique qui consiste à définir un aspect de sa théologie en montrant d'abord ce qu'il n'est pas. Nous chercherons à clarifier notre compréhension de la sanctification en réfutant certains mythes.

1. Sainteté et l'entière sanctification sont synonymes

C'est une erreur dans laquelle il est facile de tomber. En toute précision théologique, la sainteté et la sanctification commencent au moment de notre nouvelle naissance et se poursuivent tout au long de notre vie. La sainteté ne doit jamais être limitée à un événement instantané. De plus, elle est une manière d'être. L'entière sanctification est un des mécanismes qui approfondit cette manière d'être en nous.

Le diagramme ci-dessous représente toute l'œuvre de sanctification de Dieu dans nos vies.

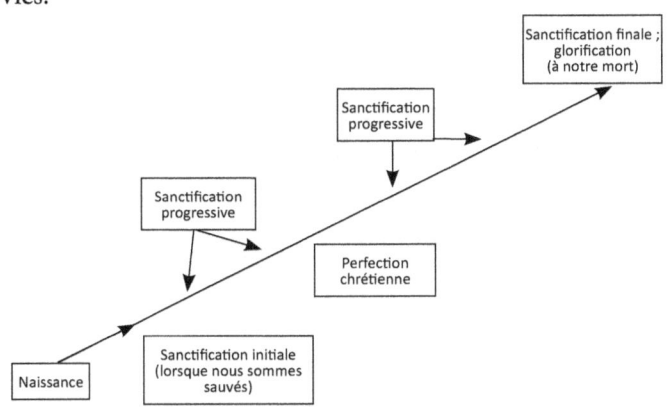

Ce schéma représente ce qu'on appelle parfois l'*ordo salutis*, ou ordre du salut. (Certains spécialistes de Wesley, comme Randy Maddox, préfèrent l'expression de *via salutis*, ou voie du salut, afin d'exprimer une dynamique plus fluide et continuelle.) Au moment de notre naissance, nous recevons tous la grâce prévenante, qui nous attire à une relation avec Dieu. Si nous coopérons avec cette grâce, survient un moment de conversion ou de salut, à travers un réveil, une conviction, la repentance et la foi. Le même moment marque le début du processus de sanctification, qui commence par ce qu'on appelle la sanctification initiale. Dieu nous impute sa justice et commence à nous l'impartir, de manière à nous sanctifier (au présent actif). Cela ne s'arrête cependant pas là, mais notre sanctification se poursuit à travers la sanctification progressive, qu'on peut appeler aussi sanctification graduelle, croissance en grâce, ou même formation spirituelle. À mesure que nous grandissons, nous parvenons à un moment de consécration encore plus profonde : c'est l'entière sanctification. Après que cette œuvre de grâce plus profonde ait eu lieu, la sanctification progressive se poursuit. Dieu continue de nous sanctifier, à travers notre persévérance dans la dévotion totale, jusqu'au moment de notre mort et de notre sanctification finale, ou glorification. « Nous serons semblables à lui, car nous le verrons tel qu'il est. » (1 Jean 3.2)

2. L'entière sanctification est la destination de la vie chrétienne

Cette idée fausse revêt trois implications dangereuses. D'abord, elle entend que l'expérience de l'entière sanctification est la fin de la croissance chrétienne. Il est tout aussi important d'insister sur la croissance en grâce *après* l'expérience de l'entière sanctification qu'avant cette expérience. Ensuite, elle entend que nous sommes parvenus au sommet de l'expérience chrétienne et que la grâce de Dieu a accompli tout ce qu'elle peut accomplir, ce qui est également faux. Dieu a prévu que nous continuions d'être renouvelés à son image tout au long de notre vie. L'entière sanctification est une étape importante, mais certainement pas *l'expérience* ultime. Enfin, nous ne devons jamais courir après une expérience : l'entière sanctification n'est possible que si nous cherchons d'abord Dieu et la vie en lui. Elle dépend de notre relation avec lui et il est regrettable de déconnecter cette expérience de ses aspects relationnels.

3. La perfection chrétienne nous ôte notre capacité à pécher

Ainsi que nous l'avons vu au dernier chapitre, le péché est une question complexe dans la compréhension du salut propre au mouvement wesleyen de la sainteté. Nous savons cependant avec certitude que rien n'effacera jamais notre *capacité* à pécher. Notre libre arbitre demeure toujours en jeu. Dieu ne nous prive pas de notre capacité à faire des choix, si bien que nous pouvons toujours choisir de pécher. La grâce nous offre une porte de sortie, mais en définitive, c'est nous qui choisissons de répondre au Saint-Esprit ou de rejeter l'aide de Dieu. L'idée que notre capacité à pécher nous est enlevée après l'entière sanctification est clairement erronée. Il se trouve qu'il s'agit d'une erreur à laquelle Wesley a lui-même été confronté (dans le cadre de la « controverse perfectionniste »[4]). Il était prompt à s'y opposer et à la combattre fermement.

4. Nous ne recevons pas pleinement le Saint-Esprit avant d'atteindre l'entière sanctification

Cette idée est contraire à l'enseignement biblique, mais pourtant, il s'agit d'un mythe courant dans la théologie populaire. Paul dit en Romains 8 que si nous sommes en Christ, nous avons reçu le Saint-Esprit. C'est au moment de notre nouvelle naissance qu'il vient demeurer en nous. Encore plus précisément, le Saint-Esprit est très actif dans notre vie déjà avant notre rencontre avec Christ, à travers son ministère de la grâce prévenante. Nous croyons que l'Esprit est à l'œuvre dans la vie de chacun de nous, dès notre naissance, en nous attirant tous à une relation avec Dieu. Nous croyons aussi qu'il nous éveille à notre besoin de salut, nous convainc de péché et nous applique l'expiation de Christ lorsque nous répondons par la foi. C'est la grâce de Dieu, que nous nous approprions par une telle foi, qui mène au salut. L'Esprit *demeure* dans le croyant dès ce moment-là.

Une autre compréhension erronée de ce point est l'idée que nous obtenons une part de l'Esprit au moment de notre salut, puis la totalité lors de notre entière sanctification, comme si Dieu était avare avec le Saint-Esprit. Notre sentiment de recevoir davantage de l'esprit par la suite s'explique peut-être par notre capacité croissante à expérimenter la plénitude de Dieu. Là encore, cependant, ce n'est pas Dieu qui nous refuse l'Esprit, mais c'est notre capacité à l'expérimenter qui grandit et se développe.

5. Les croyants qui n'ont pas encore atteint l'entière sanctification sont pécheurs et des citoyens de second rang

Ainsi que nous venons de le dire, le rapport entre péché et salut est complexe. Il est dangereux de trop mettre l'emphase sur l'entière sanctification, aux dépens de l'expérience de la nouvelle naissance. La vie chrétienne, jusqu'au moment de l'entière sanctification, a parfois été présentée comme une vie épouvantable, d'esclavage du péché, sans pour ainsi dire aucune victoire. Cette idée est contraire à la pensée de Wesley, ainsi que nous le verrons aux prochains chapitres. Nous ne devons en aucun cas voir ceux qui ont été entièrement sanctifiés comme meilleurs que les autres, ni ceux qui sont encore en route vers l'entière sanctification comme des chrétiens de second rang. Si nous sommes en Christ, nous sommes entièrement chrétiens.

Un corollaire à cette idée erronée est la croyance selon laquelle les meilleurs candidats à l'entière sanctification sont les rétrogrades ! Le fait de s'être détourné de Dieu n'est certainement pas un prérequis pour un engagement plus profond. Le vocabulaire employé par certains afin d'exprimer l'expérience de l'entière sanctification, « j'ai *reconsacré* ma vie à Christ », peut donner, à tort, l'impression qu'il est d'abord *nécessaire* d'échouer ou de s'égarer avant que cette expérience ne puisse se produire. C'est tout à fait faux. L'idéal est de grandir en Christ, sans régression, entre la première et la deuxième œuvre de grâce.

6. Seuls les croyants ayant atteint l'entière sanctification iront au ciel

Ce mythe dérive d'une interprétation erronée de Hébreux 12.14, qui parle de « la sainteté sans laquelle nul ne verra le Seigneur ». Cette fausse conception émane de l'erreur qui consiste à réduire la sainteté à la seule expérience de l'entière sanctification. Ainsi que nous le verrons, la sainteté revêt un sens bien plus vaste. L'œuvre sanctificatrice de Dieu nous est impartie dès le moment de notre nouvelle naissance et jusqu'à notre glorification céleste, l'entière sanctification n'était qu'une étape significative de ce parcours spirituel. C'est pervertir l'Évangile lui-même que de prétendre que seuls ceux qui ont atteint cette étape sont candidats à la vie éternelle. Une interprétation encore plus subtile est possible ici, dans le cadre de ce mythe : la suggestion que c'est par notre propre justice que nous entrons au ciel. Cela nous mène au prochain point.

7. La sainteté et une forme de propre-justice légaliste

Lorsqu'on réduit la sainteté à une liste de chose à faire ou à ne pas faire, on aboutit rapidement au légalisme. C'était là le problème des Pharisiens que Jésus a confrontés : ils ne voyaient que l'apparence extérieure, oubliant l'importance du cœur et de la vie intérieure. Ils oubliaient aussi que toute justice vient de Dieu. Paul dit clairement dans sa lettre aux Philippiens qu'il était parfait pour ce qui est de l'obéissance à la Loi ; mais cela ne suffisait pas : il avait besoin de Christ afin de le purifier de l'intérieur. Un des dangers de l'emphase sur le besoin de sainteté personnelle est que nous pouvons en oublier le dessein et en faire une fin en soi. Cela nous mène au prochain mythe.

8. L'objectif d'une vie sanctifiée est de ne plus pécher

L'interprétation correcte de Wesley affirme clairement que si nous conceptualisons la sainteté comme l'absence de quelque chose, en l'occurrence du péché, nous avons non seulement une définition faible et erronée de la sainteté, mais nous risquons aussi de perdre l'essence même de la vie chrétienne. La sainteté, c'est la présence de quelque chose : l'amour. Or, l'amour est totalement relationnel. Nous pouvons peut-être concevoir une vie sans péché, en définissant le péché comme un acte de rébellion contre la Loi de Dieu ; mais une telle vie ne serait pas réellement sainte sans amour authentique.

Jésus a raconté une parabole sur un mauvais esprit qui est sorti de quelqu'un. Il erre çà et là dans des lieux déserts, à la recherche d'un lieu de repos, et il n'en trouve pas. Il se dit alors : « Mieux vaut regagner la demeure que j'ai quittée. » Il y retourne donc et la trouve balayée et mise en ordre. Alors il va chercher sept autres esprits encore plus méchants que lui et les amène avec lui. Ils entrent dans la demeure et s'y installent. Finalement, la condition de cet homme est pire qu'avant. (Luc 11.24-26) Jésus veut dire qu'en voyant la sainteté uniquement comme une maison bien en ordre, sans rien d'autre pour remplir le vide, nous risquons de devenir encore plus pécheurs qu'avant. Il est crucial de comprendre qu'une vie sans péché n'est pas l'objectif final de la sainteté et de la sanctification. Le vide doit être rempli par l'amour. La définition wesleyenne de la sainteté est « l'amour de Dieu et du prochain ».

9. Les croyants ayant atteint l'entière sanctification ne sont plus tentés

Là encore, même si cette idée est immédiatement contredite par les Écritures, il s'agit pourtant d'un mythe qui cause beaucoup de confusion. Les Écritures nous apprennent que Jésus a été tenté dans le désert. Elles disent explicitement aussi qu'il a été tenté en toutes choses comme nous, mais sans céder à la tentation (Hébreux 4.15). Ainsi, nous croyons que même si Jésus était sans péché depuis sa naissance et saint en toutes choses, il a lui-même fait face à la tentation. Pourtant, nous sommes souvent troublés par l'idée qu'à mesure que nous grandirons dans la foi, la tentation diminuera. Lorsqu'une personne qui a expérimenté l'entière sanctification a une telle attente, puis qu'elle se retrouve tentée, cela cause beaucoup de souffrance inutile, sous la forme de doutes spirituels.

10. Il est impossible d'être à la hauteur des attentes d'une vie sanctifiée

L'évangélisme authentique a enseigné aux dernières générations que nous sommes pécheurs, sauvés par la foi. Il s'agit d'un message important ; mais lorsque nous employons parfois l'expression de « plein salut », nous entendons que cela va plus loin. Nous sommes pécheurs, sauvés par la grâce, mais le plan de Dieu est de nous transformer intérieurement, afin de faire de nous quelque chose de plus. Le message wesleyen est que nous ne sommes pas condamnés, dans notre vie chrétienne, à demeurer dans le cycle perpétuel du péché et de l'échec, où la puissance du péché semble plus grande que celle de la grâce ! Au contraire, depuis la fondation du monde, Dieu a prévu que nous soyons semblables à Christ dans nos cœurs et dans nos vies. Il est fidèle dans son appel à une vie sainte ; s'il nous a appelés, alors il « accomplira tout cela » en nous (1 Thessaloniciens 5.24).

Nous avons passé en revue certains mythes concernant l'entière sanctification, ce qu'elle n'est pas. Nous tournons maintenant notre attention vers les affirmations positives que nous pouvons faire.

1. L'entière sanctification intervient après la régénération

Cela implique une deuxième expérience dans notre parcours de vie chrétienne, qui nous amène au-delà de ce qui est accompli au moment de notre salut. La sanctification progressive intervient aussi après la régénération, mais l'entière sanctification survient le plus souvent à un point de décision.

2. L'entière sanctification brise le pouvoir du péché

La tradition wesleyenne de la sainteté affirme que la puissance du péché peut être brisée (que le péché peut être effacé, purifié), afin que nous puissions vivre une vie victorieuse dès à présent.

3. L'entière sanctification se caractérise par une consécration totale à Dieu

La première exigence d'une vie d'entière sanctification est de tout consacrer à Dieu (nous-mêmes, nos biens, notre famille et nos amis) et de nous engager entièrement à son service.

4. L'entière sanctification a pour fruits l'obéissance et l'amour

Lorsque la puissance du péché est anéantie par la grâce, nous sommes remplis par cette même grâce d'une nouvelle puissance, qui nous rend capables d'obéir au désir le plus profond de Dieu pour nous. Nos intentions sont purifiées et notre capacité à aimer grandit et se développe réellement.

5. L'entière sanctification comporte à la fois un élément additif et soustractif

Notre disposition intérieure à pécher est « enlevée ; à sa place, le Saint-Esprit vient immédiatement demeurer en nous d'une manière plus profonde et plus envahissante que jamais auparavant. Wesley l'a décrit en ces mots : « l'amour [de Dieu] exclut le péché » dans nos cœurs[5].

6. L'entière sanctification passe par la foi (par la grâce) seule

John Wesley a pris la doctrine de sola fide, de Martin Luther, et l'a appliquée à la deuxième œuvre de grâce[6]. De même que nous ne pouvons rien faire afin de mériter le salut, nous ne pouvons rien faire non plus afin de mériter la sanctification. Nous devons toujours coopérer avec la grâce de Dieu, mais nous ne pouvons pas la mériter.

7. L'entière sanctification est (généralement) suivie du témoignage de l'Esprit

Ainsi que nous l'avons mentionné précédemment, une des doctrines wesleyennes les plus importantes est celle du témoignage de l'Esprit, ou de l'assurance : l'Esprit rend témoignage à notre esprit que nous sommes enfants de Dieu. Nous avons également appliqué cela à l'expérience de l'entière sanctification. Dieu nous donne l'assurance que nous l'avons laissé accomplir cette œuvre plus profonde et qu'il nous a donné la grâce sanctifiante. (À noter que Wesley a pris conscience par la suite que des facteurs non spirituels [tels que par exemple une maladie mentale, en termes contemporains] peuvent éventuellement empêcher une personne de ressentir cette assurance intérieure.)

8. On peut employer plusieurs expressions métaphoriques pour décrire l'entière sanctification

Cela implique qu'aucune expression linguistique n'est préférable à une autre. Certaines périodes historiques ont préféré certaines expressions à d'autres, mais aucune n'est normative. En un sens, toute forme de langage est métaphorique. De nouvelles métaphores doivent émerger pour et de la part des nouvelles générations.

9. L'entière sanctification exige une croissance ultérieure, qui doit être recherchée constamment

L'entière sanctification est loin d'être notre objectif final. Après avoir vécu cette expérience, nous n'attendons pas passivement la fin ! Au contraire, l'expérience de l'entière sanctification nous permet de grandir sans certains obstacles qui nous entravaient précédemment. Il y a une grande différence entre un cœur pur et la maturité chrétienne. Avoir les intentions de notre cœur purifiées nous donne un potentiel nouveau, qui dépend cependant toujours de notre croissance en maturité afin d'être mis en œuvre de plus en plus.

10. Cette croissance consiste à devenir davantage semblable à Christ

Nous devons toujours garder en vue l'objectif de la vie chrétienne : devenir de plus en plus semblables à Christ. Telle est la norme et la définition d'une vie sanctifiée, avec l'amour de Christ au centre de notre compréhension du caractère de Dieu.

▸ LA STRUCTURE D'UNE EXPÉRIENCE

La question demeure : comment se produit l'entière sanctification ? C'est là qu'on constate des différences entre Wesley et le paradigme du 19ème siècle. Pour Wesley, l'entière sanctification est possible pendant cette vie. Beaucoup de témoignages issus de son milieu méthodiste le confirmaient, selon lui. Il conseillait cependant à ceux qui aspiraient à cette expérience d'« attendre les moyens ordonés par Dieu ». Cette attente n'est pas passive (la quête des moyens de grâce est, au contraire, très active), mais elle reflète son profond respect pour le temps de Dieu, qui est généralement inconnu de ceux qui l'attendent.

Le modèle du 19ème siècle, au contraire, encourageait les croyants à rechercher cette expérience, presque agressivement, à y aspirer et à s'y attendre dès à présent. Une formule connue sous le nom d'alliance de l'autel s'est développée. Cette formule est constituée de trois étapes distinctes : d'abord, la personne qui recherche l'entière sanctification doit tout consacrer à Dieu, en le déposant sur l'autel de Christ ; ensuite, elle doit avoir la foi que Dieu est capable de la sanctifier entièrement et qu'il peut le faire dès à présent, et les personnes qui ont mis en œuvre cette foi peuvent avoir la certitude absolue que Dieu les a sanctifiés ; enfin, elle doit témoigner de cette expérience. Cette formule a parfois été sévèrement critiquée, comme une version « revendicative », rationaliste, voir même austère de la « foi seule »[7]. Si cette accusation est peut-être en partie fondée, les personnes qui ont suivi ce modèle affichent souvent une profonde émotion, laquelle est également critiquée. On voit mal comment les critiques de ce paradigme peuvent accuser les croyants en quête de sainteté du 19ème siècle à la fois de rationalisme sobre et d'émotivité exagérée. Il est vrai que l'alliance de l'autel a rendu l'expérience de l'entière sanctification accessible à tous.

Phoebe Palmer, par exemple (qui a été la première à articuler le paradigme de l'alliance de l'autel ; voir p. 114), a lutté pendant des années pour vivre cette expérience, parce que l'enseignement méthodiste à ce sujet, au cours de la première partie du siècle, était trop sophistiqué et obtus pour être accessible aux laïcs moyens. Elle voulait aider les plus simples à trouver leur voie plus vite qu'elle-même, qui était passée par une longue attente remplie d'échecs et de frustrations. Sa formule a aidé des milliers de personnes à trouver la deuxième bénédiction. Le contexte de l'optimisme et du revivalisme américains ont servi de terreau dans lequel ce raccourci a pu porter du fruit.

Même si ce néo-revivalisme du 19ème siècle, qui prêchait que le salut et l'entière sanctification sont disponibles dès à présent « pour ceux qui les prennent », a permis à beaucoup de personnes de trouver cette expérience, le danger demeure de voir ce modèle de voie vers la sainteté se fixer et se solidifier comme la seule vérité. Chaque fois qu'une expérience spirituelle (qui transcende toujours le vocabulaire employé pour la décrire) est réduite à une formule, elle risque de se rigidifier. On peut donc affirmer que si l'expérience d'une personne en diverge, même d'une manière minimale, elle n'est pas légitime. Nous devons faire attention à ne pas propager l'idée que tout ce qui sort de nos paramètres prédéfinis est suspect, d'autant plus que l'expérience de l'entière sanctification peut être vécue de bien des manières différentes :

- Pour certains, il s'agit d'un doux murmure ; pour d'autres, d'un bruit fort comme le tonnerre.
- Pour certains, il s'agit tout simplement du prochain pas d'obéissance ; pour d'autres, d'un déchirement de l'âme.
- Pour certains, cette expérience survient tôt dans leur vie chrétienne ; pour d'autres, après l'avoir cherchée pendant des années.
- Pour certains, il s'agit d'une réponse à la prédication de la sainteté ; pour d'autres, d'une expérience à laquelle Dieu les conduit, sans qu'ils n'aient jamais entendu d'explication à ce sujet.

L'expérience de l'entière sanctification est aussi unique que chaque personne qui la vit. Il n'est pas utile, voire parfois même nocif, de comparer sa propre expérience à celle des autres. Exiger que le témoignage d'une personne corresponde à celui des autres ne sert qu'à imposer une norme nous permettant de juger et de critiquer tout ce qui n'entre pas dans le moule.

Nous devons trouver un équilibre entre l'interprétation de l'entière sanctification proposée par Wesley et celle de ses successeurs américains. Cet équilibre nous protège souvent contre les excès. Il y a cependant toujours un domaine auquel nous devons vraiment faire attention.

En ce début du 21ème siècle, nous avons clairement besoin de remettre en avant la doctrine de l'entière sanctification, en employant un langage et des symboles permettant aux personnes de ce nouveau millénaire de trouver par elles-mêmes cette œuvre plus profonde de Dieu. Du fait que beaucoup d'entre eux perçoivent cette doctrine comme confuse ou irréaliste, nous avons besoin de nouvelles manières de l'exprimer. Pourtant, afin de répondre à ces questions légitimes, certaines voix au sein de la tradition wesleyenne de la sainteté ont suggéré qu'il pourrait être utile de ne pas trop mettre l'emphase sur le deuxième aspect de crise de cette expérience.

Cette préoccupation a suscité beaucoup de sympathie. Il est important de définir le terme de « crise » et ses implications. Cependant, en abandonnant la notion de secondéité, on remettrait en question un élément important de la tradition wesleyenne de la sainteté. Nous devons trouver des manières de maintenir le dynamisme, la pertinence et le réalisme de notre expression de l'entière sanctification, tout en gardant de la place pour les différences entre individus, mais il est important de maintenir la distinction entre entière sanctification et progressive. Ce problème, qui a mené certains à proposer de cesser de mettre l'accent sur la seconde crise, peut être résolu en mettant d'autant plus en avant la transformation rendue possible par la formation spirituelle. Il est absolument crucial de remettre en avant la compréhension wesleyenne des moyens de grâce, pour une proclamation saine et équilibrée de l'œuvre sanctificatrice de Dieu dans la vie de ses enfants. Nous reviendrons plus longuement sur ce sujet au chapitre 11.

▶ LES EFFETS DE L'ENTIÈRE SANCTIFICATION

Qu'est-ce que l'entière sanctification fait pour nous ? Nous allons aborder cette question en évoquant certains termes théologiques. L'entière sanctification a des effets ontologiques, téléologiques et relationnels sur nos vies.

EFFETS ONTOLOGIQUES

Lorsque les théologiens parlent d'ontologie, ils font référence à l'étude de l'être. Cette idée peut revêtir un sens assez abstrait dans les explorations théologiques, mais elle a aussi un sens très pratique et concret, pertinent pour notre compréhension de la sainteté. L'ontologie pose des questions comme : qu'est-ce que c'est que d'être ? Quelles en sont les implications, en relation avec les autres ? en relation ave Dieu ? avec nous-mêmes ? Et qu'en est-il de notre nature ? Qu'est-ce que cela implique d'être humain ? Nous avons répondu à quelques-unes de ces questions aux chapitres précédents. Il est important de noter ici qu'on peut concevoir la sanctification en termes de ses effets sur notre être ou notre nature. La question qui se pose est : la sanctification change-t-elle notre nature même ? Si oui, en quoi ?

Même s'il y a des différences entre Wesley et le mouvement de la sainteté du 19ème siècle sur cette question, la théologie wesleyenne de la sainteté affirme généralement que Dieu transforme réellement notre nature à travers la sanctification, ou, plus précisément, qu'il renouvelle notre nature originelle. L'adage populaire selon lequel nous péchons parce que le péché est « humain » ou que « nous sommes humains » est tout simplement erroné sur le plan théologique. Le dessein original de Dieu pour l'humanité était intrinsèquement bon. Ce n'est qu'après la chute que les hommes sont devenus pécheurs et sont passés sous la coupe du péché originel pour chaque nouvelle génération. Ainsi, techniquement, le péché est une aberration de la condition humaine, une grande malformation. Ce n'est pas « humain » de pécher.

Le péché nous éloigne de notre humanité au lieu de nous en rapprocher. Être renouvelé à travers la sanctification (sous sa forme à la fois totale et progressive) revient à être restauré dans la nature prévue par Dieu à l'origine. Une métaphore qui peut s'avérer utile ici est celle du cancer : dans notre état original, nous sommes en bonne santé, sans cancer, mais lorsque le cancer envahit une partie du corps, le corps devient malade. Le corps est toujours un corps, son essence ne change pas, mais c'est un corps malsain. Ce n'est qu'en retirant la maladie de la personne que le corps retrouve son état de santé original. Ainsi, cela implique que de devenir saint revient à devenir véritablement humain. Cette véritable humanité, obtenue à travers la transformation intérieure et la restauration de notre nature effectuées par Dieu, implique de devenir tout ce pourquoi nous avons été créés : saints et entièrement nous-mêmes.

EFFETS TÉLÉOLOGIQUES

Si notre ontologie est changée (restaurée) par la sanctification, alors notre *telos*, notre destinée, change également. Certaines traductions bibliques traduisent le terme grec *telos* par parfait. Ce terme signifie littéralement une maturité complète, ou pleine, dans un sens culminant. Il est parfois traduit comme « accompli », dans le sens de maturité de temps, de circonstances ou de caractère. Il peut désigner aussi ce qui a été achevé en cohérence avec une fin prévue. Il implique un sens de destinée, non pas dans un sens prédéterminé, mais dans le sens où ceux qui se laissent influencer par la grâce sanctifiante de Dieu s'alignent sur leur destinée. Nous avons été créés afin de vivre en communion avec Dieu, et ce éternellement. Même si le péché est entré dans le monde, Dieu mènera toutes choses à leur terme, afin que nous puissions vivre en communion avec lui pour toujours. Ainsi, notre relation avec Dieu dès à présent est non seulement une restauration d'Éden, mais aussi un avant-goût du Royaume de Dieu.

EFFETS RELATIONNELS

La « relationnalité » n'est pas une invention de l'ère ou de l'Église post-moderne : elle existe depuis avant la fondation du monde. Dieu, dans sa nature trinitaire et dans la manière dont il s'exprime à travers la création, est essentiellement relationnel, et nous, qui sommes créés à son image, le sommes aussi. Sur le plan théologique (plus spécifiquement en mode wesleyen), cela implique que l'homme ne peut être imaginé sans référence relationnelle ; être humain implique forcément d'être en relation, avec Dieu, les autres, soi-même et le monde. Être saint implique de bonnes relations d'amour à chacun de ces niveaux. Tel est le dessein et la destinée de Dieu pour l'humanité. Si le péché est une déformation de ces relations, à travers différentes formes de manque d'amour ou d'aliénation existentielle, alors la sainteté implique une relation, non seulement de notre nature et de notre *telos*, mais aussi de notre capacité relationnelle elle-même. L'amour n'est jamais abstrait pour Wesley et la sainteté est impossible sans amour participatif actif. Qualifier un théologien wesleyen de relationnel est un pléonasme. De même, la sainteté et l'amour, bien que distinctes dans leur définition, sont synonymes dans la vie pratique.

En examinant la sainteté depuis les trois perspectives que nous venons d'aborder, on en vient à présenter certains thèmes récurrents de la théologie de la sainteté. En voici quelques-uns :

Pourquoi est-il important d'avoir une doctrine trinitaire de la sainteté ? La diversité théologique au sein de l'Église, tellement évidente alors que nous avançons dans le 21ème siècle, a poussé beaucoup de théologiens à appeler à un retour à la Trinité comme fondement de tout autre rendement théologique. Ainsi, par souci d'accord avec la tradition chrétienne des derniers 1700 ans, il est important que notre théologie de la sainteté elle-même s'enracine dans un modèle trinitaire. Pourquoi est-ce si important ?

Tout au long de l'histoire du mouvement de la sainteté, nous sommes souvent tombés trop facilement dans le piège de la bifurcation, ou plutôt de la trifurcation, entre l'œuvre des trois personnes de la Trinité. Trop souvent, certains en sont venus à dire que Jésus-Christ sauve et le Saint-Esprit sanctifie, ou encore que lorsque nous sommes sauvés, nous recevons Christ, puis nous recevons le Saint-Esprit lors de notre entière sanctification. C'est un des problèmes pratiques liés à l'emploi de l'expression « baptême du Saint-Esprit » comme métaphore de l'entière sanctification. Une telle métaphore peut être utile, mais pas si elle communique le message que le croyant non sanctifié (une autre appellation erronée) n'a pas le Saint-Esprit dans sa vie.

Le mauvais emploi de cette métaphore donne l'impression aussi que la sanctification est distincte de l'expiation de Christ. Une compréhension plus précise est que le salut et la sanctification sont possibles à travers le don de Dieu, de son Fils unique, à travers l'obéissance de celui-ci, jusqu'à la mort sur la croix, et à travers le Saint-Esprit, qui applique à notre vie ce que le Fils a accompli, alors que nous nous approprions les dons gratuits du pardon et de la purification. Cela n'exclut pas le fait que la grâce prévenante (qui nous attire) nous rend capables de répondre à l'assurance du salut qui en résulte, à travers le Saint-Esprit. Toute l'œuvre de Dieu dans le cœur humain est une œuvre du Dieu trinitaire.

Un paradigme relationnel implique-t-il une sainteté « positionnelle » ? Au cours du dernier quart du 20ème siècle, plusieurs théologiens ont défendu un nouveau paradigme afin de comprendre la doctrine de la sainteté. Ils ont cherché à reformuler cette doctrine, croyant que le paradigme du milieu du siècle était devenu stérile et avait perdu sa pertinence face aux changements culturels massifs. Les partisans de ce nouveau paradigme croyaient qu'un retour à Wesley était le meilleur moyen de rendre la sainteté contemporaine. Ils ont découvert, ainsi que nous l'avons vu précédemment, que Wesley était un théologien relationnel. Pour ces exégètes, redécouvrir Wesley impliquait de redécouvrir la dynamique relationnelle de la théologie de la sainteté.

Cet appel à redécouvrir la sainteté se poursuit en cette aube du 21ème siècle. Nous avons besoin de nous recentrer sur notre tradition, afin de garder notre identité wesleyenne de la sainteté, à une époque où évangélisme est de plus en plus synonyme de fondamentalisme. Certains théologiens ont commencé à exprimer ce nouveau (mais ancien) paradigme relationnel au cours des années 1970 et 1980. Ils ont fait face à une forte résistance, qui les accusait de favoriser le danger de la sainteté positionnelle.

L'expression de sainteté positionnelle est souvent employée afin de décrire une compréhension calviniste ou keswickienne de la sanctification. Ainsi que nous l'avons mentionné précédemment, pour un calviniste, nous ne sommes justifiés que par l'imputation de la justice de Christ. À cause de notre position en Dieu à travers l'expiation de Christ, Dieu nous perçoit comme justes, même si nous n'avons aucune justice propre. Les Keswickiens appliquent cette compréhension de la justification aussi à la sanctification : aucune purification intérieure autre que la puissance de l'Esprit ne peut effacer notre nature pécheresse. La pensée wesleyenne de la sainteté, pour sa part, met l'accent sur la justice que Dieu nous impartit, en nous rendant réellement justes à travers une œuvre intérieure de grâce, qui commence au moment de la régénération et revêt une importance particulière au moment de l'entière sanctification.

L'étiquette « sainteté positionnelle » décrit bien la compréhension calviniste ou suppressionniste de comment Dieu justifie ou sanctifie le croyant, mais l'accusation de sainteté positionnelle portée contre les théologiens plus relationnels de la tradition wesleyenne de la sainteté est infondée. L'emphase sur l'aspect relationnel de la sainteté, qui s'exprime par l'amour, ne néglige pas l'œuvre transformatrice de Dieu dans notre être intérieur. Elle ne nie certainement pas les changements ontologiques et téléologiques qui émanent du processus et de la crise de sanctification.

Jusqu'ici, dans cette partie de notre étude, nous avons examiné les fondements théologiques d'une compréhension claire de la sainteté. La théologie de la sainteté doit refléter le caractère de Dieu, avant de commencer à articuler une notion de la sainteté humaine. Nous sommes appelés à être « parfaits comme [n]otre Père céleste est parfait » (Matthieu 5.48). Ainsi, la connaissance de la perfection de Dieu est primordiale pour connaître la sainteté à laquelle il nous appelle. Nous avons examiné aussi les doctrines de l'anthropologie théologique et du péché. Une perspective théologique sur ce que cela implique d'être créés pleinement humains à l'image de Dieu est cruciale pour comprendre la sainteté comme le renouvellement de cette image, afin de nous préserver de toute notion selon laquelle la sainteté exige que nous soyons plus qu'humains. La sainteté doit aussi être définie uniquement après un examen attentif de son contraire, le péché. Le lien entre salut et sanctification, avec un *ordo* ou une *via salutis* pleinement incarnés, nous gardera contre beaucoup de conceptions erronées de la sainteté, à la fois sur le plan théologique et dans la vie pratique.

Nous nous intéresserons à présent, dans la partie 4 de ce livre, à la mise en pratique de ces *fondements* bibliques, historiques et théologiques. La sainteté sera liée aux thèmes suivants : sainteté et pureté, perfection, puissance, caractère et amour. Chacun de ces thèmes a certainement des fondements bibliques, historiques et théologiques. La différence vient cependant de l'emphase sur la sainteté pratique. Une sainteté qui n'est pas mise en pratique est certainement morte.

▸ EXCURSUS : « ET SI J'AI TOUJOURS ÉTÉ CHRÉTIEN ? »

Ce chapitre a été écrit comme une revue basique du sujet du salut et de la sanctification. L'*ordo salutis* employé est un modèle évangélique typique (parfois appelé aussi piétiste), qui ne représente cependant que la moitié de notre héritage théologique. Il dérive de la dimension revivaliste et pionnière de nos racines, qui s'est étendue dans l'Ouest américain et a prêché aux pécheurs la repentance et le baptême. Wesley était également évangélique dans sa prédication, mais son héritage anglican impliquait la pratique du baptême d'enfants, suivi de la confirmation de la foi de la personne. Wesley n'ignorait pas le baptême des croyants, mais celui-ci était plus rare que pour nous aujourd'hui, car presque tout le monde en Angleterre à cette époque avait déjà été baptisé enfant.

Wesley lui-même n'a jamais affirmé avoir vécu une expérience de conversion évangélique, au sens où on l'entend aujourd'hui. D'autres voient son expérience à Aldersgate, en 1738, comme sa conversion évangélique, mais Wesley ne faisait que rarement allusion à cette expérience plus tard dans sa vie. Au contraire, il décrit ses expériences de 1725 (son année préparatoire à l'ordination au diaconat) comme plus déterminantes. L'interprétation la plus précise de l'expérience d'Aldersgate est probablement qu'il a enfin ressenti le témoignage de l'Esprit, pour un salut qu'il avait déjà expérimenté. En quoi cette distinction est-elle utile pour nous aujourd'hui ?

La tradition de la sainteté est assez ancienne pour avoir quatre, voire même cinq générations d'adhérents, soit des milliers de personnes nées dans la tradition au lieu d'y être entrées au moment de leur salut. Ils ne baptisent pas forcément leurs enfants (même si certaines dénominations de la sainteté le permettent), mais ils les élèvent dans la théologie et les doctrines de cette tradition. Malheureusement, ils emploient souvent un langage qui échoue à reconnaître la réalité. Ils cherchent à mener leurs enfants au salut, comme s'ils étaient des pécheurs adultes. Avec une solide doctrine de la grâce prévenante, telle que nous devrions l'avoir, de tels efforts n'ont cependant aucun sens sur le plan théologique.

Nous croyons que la grâce prévenante couvre les cœurs des enfants, jusqu'à ce qu'ils soient parvenus à l'âge de raison (probablement vers 12 ans, à la lumière de la psychologie et de la neurobiologie). Si donc ils acceptent Jésus-Christ personnellement avant cet âge, ils n'ont techniquement jamais été pécheurs ! Wesley croyait que la plupart des anglicans avaient péché en écartant la grâce de leurs baptêmes d'enfants. Son réveil méthodiste, avec son objectif d'apporter le réveil à l'Église anglicane, s'adressait cependant aux adultes. Pour ce qui est des enfants, Wesley défendait fermement une éducation chrétienne, pas des expériences de conversion dans l'enfance.

Cela signifie-t-il que nous devons arrêter d'évangéliser nos enfants ? Oui et non. Oui, si nous les voyons comme étant sortis de la grâce de Dieu ; mais non, si nous entendons par là le fait de leur donner une occasion de s'approprier l'amour de Dieu et de l'expérimenter pour eux-mêmes.

Cette saine compréhension de la théologie devrait être utile à ceux qui ont l'impression qu'il manque quelque chose à leur témoignage parce qu'ils se sont toujours sus chrétiens. Cependant, en y réfléchissant, quel meilleur témoignage à la grâce de Dieu pourrait-il y avoir ? Il n'est pas nécessaire d'avoir eu une vie de péché épouvantable afin de pouvoir louer Dieu pour sa grâce glorieuse ! Sans pour autant tourner le dos à ses racines piétistes et à la doctrine de la sola fide, la théologie de la sainteté doit cependant garder de la place pour ceux qui expérimentent ce qu'on peut appeler le modèle plus anglican de ses racines, même au sein des dénominations de la sainteté.

OBSERVATIONS RÉCAPITULATIVES

1. Le « salut », pour Wesley, est un terme vaste, qui englobe l'ensemble de la vie chrétienne, ce qui inclut la sanctification.
2. L'expiation de Jésus-Christ était volontaire, à dessein, réelle et innocente.
3. Le moment du salut revêt plusieurs sens : justification, régénération, adoption, réconciliation, rédemption et sanctification initiale.
4. La sanctification commence à notre conversion et prend fin à notre mort. Il est erroné d'employer ce terme uniquement pour l'entière sanctification.
5. L'entière sanctification a des effets ontologiques, téléologiques et relationnels sur la personne.
6. La sanctification est le renouvellement de l'image de Dieu, qui nous rend aussi de plus en plus humains.

QUESTIONS DE RÉFLEXION

1. Pourquoi est-ce important d'avoir une théologie trinitaire de la conversion et de l'entière sanctification ?
2. Pourquoi est-ce important de dire que la grâce sanctifiante est une grâce « humanisante » ?
3. L'« alliance de l'autel » communique-t-elle encore aujourd'hui ? Justifiez votre réponse.
4. Avez-vous des idées de nouvelles métaphores de l'entière sanctification qui correspondent mieux au 21ème siècle ?

5. Votre expérience de conversion correspond-elle au modèle piétiste ou anglican ?

PARTIE IV

UNE VIE DE SAINTETÉ POUR UN SIÈCLE NOUVEAU

HUIT

La sainteté en tant que pureté

OBJECTIFS D'APPRENTISSAGE

Votre étude de ce chapitre vous permettra …
1. de définir le légalisme et l'antinomisme et d'identifier les dangers qui s'y attachent,
2. de comprendre l'importance de la grâce qui purifie pour équilibrer la tradition,
3. de distinguer la pureté d'intention et la pureté de vie,
4. d'identifier l'obéissance comme un moyen de grâce,
5. d'examiner le sujet de la sexualité humaine dans le contexte de la pureté.

MOTS-CLÉ

alliance
légalisme
antinomisme

Il y a plusieurs thèmes au cœur de la théologie wesleyenne de la sainteté. La pureté en fait partie. On ne peut définir pleinement la sainteté sans parler de pureté de cœur. Malheureusement, la pureté fait partie des idées souvent mal comprises. À cause de ces malentendus, certaines personnes ont été accablées par une doctrine censée être libératrice. Le terme de « pureté » implique souvent des sentiments de honte, au lieu d'une confiance totale en la grâce de Dieu qui purifie. Dans ce chapitre, nous aborderons les notions de moralité, de purification et d'obéissance, avec leur rapport à la sainteté et au péché. L'objectif plus profond est de parvenir à une compréhension saine de la pureté, en première ligne de nos réflexions.

▸ DÉFINIR LA MORALITÉ

On peut distinguer la morale et l'éthique. Aux fins de ce chapitre, nous définirons la « morale » comme l'ensemble de choix individuels d'une personne, consistant à éviter certains actes, pensées et attitudes, et l'« éthique » comme la morale sociale, ce que nous faisons, individuellement et en communauté, dans l'objectif positif d'aider les autres. Dans ce chapitre, nous porterons notre attention sur la morale personnelle, tandis qu'au prochain chapitre, sur la perfection chrétienne, nous mettrons l'emphase sur l'éthique sociale. Une autre manière de faire simple consiste à définir la pureté comme *l'absence* de péché, tandis que la perfection se caractérise par *la présence* de l'amour.

D'où vient notre sens du bien et du mal ? La réponse évidente est : de la Bible. La Bible elle-même semble cependant montrer vers quelque chose de plus profond que la connaissance. Elle entend que chaque homme est doté d'une conscience, d'un centre moral qui semble inhérent à l'humanité. Cette conscience est un don de Dieu, activé par la grâce prévenante. Paul parle d'une connaissance ou d'une conviction intérieure, « indépendamment de la Loi ». Dieu nous donne assez de lumière pour que ceux qui ignorent la Loi juive, ou, par extension, les lois en général, n'ont pas d'excuse valide pour ne pas assumer la responsabilité de leurs propres péchés.

L'emphase principale des Écritures est cependant clairement sur la loi en tant que mesure de ce qu'est le péché. « Seulement, s'il n'y avait pas eu la Loi, je n'aurais pas connu le péché. [...] Pour ma part, autrefois sans la Loi, je vivais, mais quand le commandement est intervenu, le péché a pris vie, et moi je suis mort. Ainsi, ce qui s'est produit pour moi, c'est que le commandement qui devait conduire à la vie m'a conduit à la mort. » (Rom. 7.7, 9-10) La Loi elle-même est « saint[e], juste et bon[ne] » (verset 12), mais elle nous rappelle notre incapacité à la respecter, sans la grâce de Dieu. Ainsi que nous l'avons vu au chapitre 6, les lois n'ont pas été données par Dieu arbitrairement, mais afin de nous protéger et de nous orienter vers l'amour de Dieu et des autres.

Les Dix Commandements, qui constituent le fondement de la Loi juive, sont basés sur l'alliance établie à l'origine avec Abraham. Dans cette alliance, on voit Dieu initier une relation de synergie avec l'humanité. Dieu, pour sa part, demeure toujours fidèle. Abraham doit également lui promettre de lui rester fidèle. Cependant, déjà en Genèse 15, on a une préfiguration de ce que Dieu accomplira pour nous en envoyant Jésus-Christ. À la cérémonie de confirmation rituelle de l'alliance, Abraham est censé passer entre des animaux sacrifiés, mais il ne le fait pas, et donc, Dieu le fait à sa place. Ce qu'il n'a pas pu faire de lui-même, Dieu l'a fait. Ce que nous ne pouvions faire de nous-mêmes, Dieu l'a accompli à la croix.

Tout au long de l'Ancien Testament, on découvre donc le récit d'un peuple qui respecte l'alliance, mais le plus souvent, on voit des personnes infidèles et désobéissantes. Le don de la Loi était un acte de grâce de Dieu, afin de guider le peuple dans la mise en œuvre de sa relation d'alliance entre Dieu et l'homme. Malheureusement, ils ont échoué encore et encore. Pourtant, Dieu leur est toujours demeuré fidèle et son amour et sa miséricorde n'ont jamais failli. Au final, il a établi une nouvelle alliance en Jésus.

L'auteur de l'Épître aux Hébreux fait référence au système de sacrifices par lequel les péchés étaient expiés à l'époque de l'Ancien Testament : « En effet, le sang des boucs et des taureaux et les cendres d'une vache que l'on répand sur des personnes rituellement impures leur rendent la pureté extérieure. Mais Christ s'est offert lui-même à Dieu, sous la conduite de l'Esprit éternel, comme une victime sans défaut. À combien plus forte raison, par conséquent, son sang purifiera-t-il notre conscience des œuvres qui mènent à la mort afin que nous servions le Dieu vivant. » (Hébreux 9.13-14) La Nouvelle Alliance est semblable à l'Ancienne, en ce qu'elle est fondée sur une foi relationnelle. Elle va cependant au-delà de l'Ancienne, car en Jésus-Christ, non seulement nos péchés sont expiés extérieurement, mais aussi, par son sang qui nous purifie, la raison qui nous pousse à pécher est résolue intérieurement. La Nouvelle Alliance est fondée sur l'amour de Dieu, qui a été prêt à donner son propre Fils « une fois pour toutes » (Hébreux 7.27) afin d'inscrire la Loi « dans [nos] cœur[s] » (Rom. 2.15). Nos œuvres correspondent à notre profession de foi, car quelque chose vient de se produire en nous, pas seulement *pour* nous.

Cela pose la question du rapport entre la foi et les œuvres. Ce problème s'est posé tout au long de l'histoire de l'Église. Il n'est pas pleinement résolu, même dans le Nouveau Testament. Il est clair que Paul, en réaction contre son propre arrière-plan pharisien, veut mettre en avant la foi. On trouve des discussions importantes sur ce point en Romains, Galates et Philippiens. Dans Philippiens, Paul écrit : « Si quelqu'un croit pouvoir se confier en ce qui vient de l'homme, je le puis bien davantage : j'ai été circoncis le huitième jour, je suis Israélite de naissance, de la tribu de Benjamin, de pur sang hébreu. Pour ce qui concerne le respect de la Loi, je faisais partie des pharisiens. Quant à mon zèle, il m'a conduit à persécuter l'Église. Face aux exigences de la Loi, j'étais sans reproche. » (Philippiens 3.4-6) Il poursuit cependant en disant qu'il considère tous ces aspects extérieurs comme une perte, « afin de gagner Christ [et] d'être trouvé en lui, non pas avec une justice que j'aurais moi-même acquise en obéissant à la Loi mais avec la justice qui vient de la foi en Christ et que Dieu accorde à ceux qui croient » (versets 8-9).

Martin Luther a été convaincu par sola fide en lisant le livre de Romains, particulièrement le chapitre 4. Paul cite Abraham comme le meilleur exemple de foi : « Prenons l'exemple d'Abraham, l'ancêtre de notre peuple, selon la descendance physique. Que pouvons-nous dire à son sujet ? Quelle a été son expérience ? S'il a été déclaré juste en raison de ce qu'il a fait, alors certes, il peut se vanter. Mais ce n'est pas ainsi que Dieu voit la chose !³ En effet, que dit l'Écriture ? Abraham a eu confiance en Dieu, et Dieu a porté sa foi à son crédit pour le déclarer juste. » (versets 1-3) Le reste du chapitre répète encore et encore que Dieu a compté à Abraham sa justice à cause de sa foi. Cela inclut la foi qu'il a manifestée en sacrifiant Isaac. En fait, ici, Paul dénigre presque les œuvres comme potentiellement dangereuses. Cela ne veut en aucun cas dire qu'il ne se soucie pas de la conduite chrétienne : la plupart de ses lettres parlent de morale et d'éthique, dans une certaine mesure. Comparez cependant la mention d'Abraham par Paul à celle de Jacques :

> Insensé ! Veux-tu avoir la preuve que la foi sans les actes ne sert à rien ? Abraham, notre ancêtre, n'a-t-il pas été déclaré juste à cause de ses actes, lorsqu'il a offert son fils Isaac sur l'autel ? Tu le vois, sa foi et ses actes agissaient ensemble et, grâce à ses actes, sa foi a atteint son plein épanouissement. Ainsi s'accomplit ce que l'Écriture déclare à son sujet : Abraham a eu confiance en Dieu, et Dieu, en portant sa foi à son crédit, l'a déclaré juste, et il l'a appelé son ami. Vous le voyez donc : on est déclaré juste devant Dieu à cause de ses actes, et pas uniquement à cause de sa foi. (Jacques 2.20-24)

Il n'y a donc rien d'étonnant à ce que, selon la rumeur, Martin Luther voulait exclure Jacques du canon !¹ En fait, c'est sur ce point que John Wesley s'est écarté d'une secte d'héritiers théologiques de Luther : les Moraves. Il a commencé à voir que, s'il devait clairement tourner le dos au lèégalisme qui l'avait enchaîné (avant son expérience de *sola fide*, lors de la réunion morave d'Aldersgate), l'antinomisme (quiétisme) potentiel de ses amis moraves devait également être évité. L'antinomisme est l'idée selon laquelle la grâce de Dieu est si totale que nous pouvons continuer à pécher. Jacques est un correctif important au fanatisme auquel peut mener la position de Luther. L'emphase wesleyenne sur la grâce qui mène à *la sainteté* (laquelle grandit en « gloire dont l'éclat ne cesse de grandir », selon 2 Corinthiens 3.18) établit un lien crucial entre légalisme, d'une part, et antinomisme, d'autre part. C'est la grâce purificatrice qui permet de garder l'équilibre et de réparer les dégâts causés par ces deux extrêmes.

Le légalisme a parfois été une des plus grandes menaces auxquelles la tradition wesleyenne de la sainteté a été confrontée. Il est entré dans l'histoire de la tradition par des voies davantage sociologiques que théologiques. Les premiers méthodistes, à l'époque de Wesley, ont émergé du premier Grand Réveil, tandis que le mouvement de la sainteté a émergé du deuxième. Les deux sont issus du revivalisme et on les a donc désignés sous le nom de réveil wesleyen du 18ème siècle et de réveil de la sainteté du 19ème siècle. Il est intéressant de noter que, si les méthodes de ces deux réveils semblaient différentes, leurs résultats étaient les mêmes : des milliers de personnes ont entendu la prédication du salut et de la sainteté et y ont répondu. Wesley s'est servi de ses classes et de ses bandes afin de leur présenter une expérience de la nouvelle naissance et de la sanctification et de les nourrir spirituellement. Le réveil de la sainteté s'est servi du banc du pénitent comme le premier moyen d'appeler les personnes à prendre une décision pour Christ. Chacun de ces réveils a certainement vu le Saint-Esprit agir d'une manière extraordinaire, en Grande-Bretagne (ainsi qu'ailleurs en Europe) et aux États-Unis. Les personnes touchées ont été réellement éveillées à une nouvelle spiritualité.

Un aspect supplémentaire des réveils de la sainteté a été le développement de réunions de camp et de l'Association nationale de réunions de camps. Des personnes issues de divers arrière-plans dénominationnels (notamment méthodistes) sont parties plusieurs jours, parfois même plusieurs semaines, sur l'océan ou dans la forêt, pour entendre des prédications de la sainteté et voir l'œuvre de l'Esprit se manifester. Selon un témoignage courant, le Saint-Esprit a brisé leur désir pour tel et tel vice. Ainsi, d'anciens comportements ont disparu à cause d'une expérience spirituelle intense (et authentique). Comment les prochaines générations sont-elles restées attachées à ces expériences spirituelles qui ont mené à des changements de conduite.

Sur le plan historique, deux efforts dans ce sens se sont manifestés. Il y a eu d'abord la quête de plus en plus de réveils. Après la formation de dénominations issues du réveil et des expériences à l'occasion des réunions de camps, l'aspiration à de nouveaux réveils était très forte, même après que la flamme des Grands Réveils se soit atténuée. Plus d'un siècle après, la place des réveils dans les églises de la sainteté est débattue. Ces méthodes plus anciennes peuvent-elles atteindre le monde post-moderne, ou bien l'Esprit appelle-t-il l'Église à agir par d'autres moyens ?

La deuxième manière dont les générations suivantes ont cherché à conserver les fruits moraux positifs du Deuxième Grand Réveil passe par les listes de règles de conduite qui ont commencé à jouer un rôle crucial dans l'identité de la plupart des dénominations de la sainteté. Ce qui avait été une *conséquence* de l'œuvre du Saint-Esprit était à présent mis par écrit comme une preuve *nécessaire* de cette *œuvre*. Ce qui avait été descriptif était devenu prescriptif. Auparavant, les personnes qui avaient expérimenté la puissance du Saint-Esprit étaient rendues capables de renoncer à certains comportements. Pour les générations suivantes, cela a souvent voulu dire que si certains comportements étaient toujours présents, alors le Saint-Esprit ne l'était certainement pas. La vie de sainteté, d'un mouvement de l'esprit, est devenue pour certains une liste de règles, ouvrant la voie au légalisme et au jugement. La moralité vécue dans le cadre d'une relation vivante avec Dieu a parfois été réduite à moralisme destiné à évaluer sa propre perfection, et même celle des autres.

Cela veut-il dire que les règles et directives qu'on trouve dans les manuels et livres de discipline doivent être rejetées ? Certainement pas. « La loi est bonne. » C'est l'abus de la loi qui menace sa crédibilité. Paul, le champion de la foi, a tout de même pris le temps de faire la liste de ce que nous devions éviter. Voici maintenant trois exemples. Dans le premier passage (Rom. 1.29-32), Paul écrit à propos de ceux qui sont extérieurs à l'Église. Dans le deuxième passage (Gal. 5.16-21), il contraste la vie par l'Esprit avec la nature charnelle, afin d'exhorter les Galates à se souvenir qu'ils ne sont plus de ce monde. Enfin, dans le troisième passage (Col. 3.5-10), il appelle directement les Colossiens à se débarrasser de leurs péchés, car la nouvelle vie en Christ implique clairement un comportement renouvelé.

Romains 1.29-32

> Ils accumulent toutes sortes d'injustices et de méchancetés, d'envies et de vices ; ils sont pleins de jalousie, de meurtres, de querelles, de trahisons, de perversités. Ce sont des médisants, des calomniateurs, des ennemis de Dieu, arrogants, orgueilleux, fanfarons, ingénieux à faire le mal ; ils manquent à leurs devoirs envers leurs parents ; ils sont dépourvus d'intelligence et de loyauté, insensibles, impitoyables. Ils connaissent très bien la sentence de Dieu qui déclare passibles de mort ceux qui agissent ainsi. Malgré cela, non seulement ils commettent de telles actions, mais encore ils approuvent ceux qui les font.

Galates 5.16-21

> Je vous dis donc ceci : menez votre vie dans la dépendance du Saint-Esprit, et vous n'obéirez pas aux désirs qui animent l'homme livré à lui-

même. Car ses désirs sont diamétralement opposés à ceux de l'Esprit ; et l'Esprit a des désirs qui s'opposent à ceux de l'homme livré à lui-même. Les deux sont opposés l'un à l'autre, c'est pourquoi vous ne pouvez pas être votre propre maître. Mais si vous êtes conduits par l'Esprit, vous n'êtes plus sous le régime de la Loi. Tout le monde voit bien ce qui procède de l'homme livré à lui-même : l'immoralité, les pratiques dégradantes et la débauche, l'adoration des idoles et la magie, les haines, les querelles, la jalousie, les accès de colère, les rivalités, les dissensions, les divisions, l'envie, l'ivrognerie, les orgies et autres choses de ce genre. Je ne puis que répéter ce que j'ai déjà déclaré à ce sujet : ceux qui commettent de telles actions n'auront aucune part à l'héritage du royaume de Dieu.

Colossiens 3.5-10

Faites donc mourir tout ce qui, dans votre vie, appartient à la terre, c'est-à-dire : l'inconduite, l'impureté, les passions incontrôlées, les désirs mauvais et la soif de posséder – qui est une idolâtrie. Ce sont de tels comportements qui attirent la colère de Dieu sur ceux qui refusent de lui obéir. Et vous-mêmes aussi, vous commettiez ces péchés autrefois lorsqu'ils faisaient votre vie. Mais à présent, débarrassez-vous de tout cela : colère, irritation, méchanceté, insultes ou propos grossiers qui sortiraient de votre bouche ! Ne vous mentez pas les uns aux autres, car vous vous êtes dépouillés de l'homme que vous étiez autrefois avec tous ses agissements, et vous vous êtes revêtus de l'homme nouveau. Celui-ci se renouvelle pour être l'image de son Créateur afin de parvenir à la pleine connaissance.

Tous les comportements de cette liste représentent le contraire de la pureté, sous une forme ou une autre. On peut cependant certainement répondre que cette liste de règles qu'on trouve dans les Écritures est différente de celle des déclarations dénominationnelles. Une différence est que les listes dénominationnelles changent avec le temps, à mesure que la culture évolue. Cela ne veut pas forcément dire que les dénominations s'accommodent à la culture, même si des églises se sont divisées précisément à cause de cette accusation ; mais cela implique que ce qu'une dénomination considère comme fondamental en matière de conduite chrétienne doit être dynamique. Si les Écritures ne qualifient pas clairement certains comportements de péchés, alors il faut faire preuve d'un certain discernement. Par exemple, la Bible n'est pas silencieuse sur les vêtements, les bijoux, etc. À une époque donnée, cependant, une tenue vestimentaire correcte impliquait des vêtements noirs à longs manches. La question qui se pose est de savoir quelle est la tenue correcte ou non pour nous aujourd'hui ? Il y aura toujours des désaccords sur de telles questions. Nous devons cependant faire attention à ne pas regarder avec mépris tout ce que pensaient nos prédécesseurs comme démodé et ayant perdu toute pertinence. Ils avaient souvent de meilleures raisons que nous le pensons d'appeler à s'abstenir de certains comportements.

La question de l'alcool est un bon exemple. Le mouvement de la sainteté, dès ses débuts, était en première ligne d'un vaste front anti-alcoolique. Des organisations se sont formées afin de proposer l'interdiction totale de l'alcool et ont travaillé dur afin de parvenir à la prohibition. Leurs raisons étaient cependant différentes de ce qu'on peut supposer. Au 19ème siècle, les femmes n'avaient que peu de droits. Elles ne touchaient que rarement un salaire et dépendaient le plus souvent des revenus de leurs maris pour leur propre survie et celle de leurs enfants. Une organisation comme la Women's Christian Temperance Union a en fait été formée afin de protéger les femmes. Non seulement leurs maris dépensaient tous leurs revenus en boisson, mais en plus, ils devenaient violents lorsqu'ils étaient ivres et abusaient de leurs femmes et de leurs enfants. Cet arrière-plan révèle une raison très différente de ce à quoi on s'attendait, pour laquelle les dénominations de la sainteté refusaient la consommation d'alcool. Cette position est-elle toujours pertinente aujourd'hui ? L'existence présente d'organisations comme M.A.D.D. (Mothers Against Drunk Driving, Mères contre l'alcool au volant) semble indiquer que oui.

Le point de cette discussion sur les directives dénominationnelles est double. D'une part, lorsque la lettre devient plus importante que l'esprit de la loi, cela mène au légalisme. De plus, évaluer notre sainteté sur la base du respect des règles est dangereux pour une spiritualité saine. D'autre part, la « loi » elle-même peut cependant demeurer bonne, en nous rappelant d'une manière utile notre besoin d'intégrité chrétienne, car « tout m'est permis, mais tout n'est pas bon pour nous » (voir 1 Corinthiens 10.23).

C'est donc la grâce purificatrice de Dieu qui nous garde à la fois du légalisme et de l'antinomisme. *La grâce* nous protège contre tout soupçon de légalisme propre-juste. La grâce *purificatrice* continue de nous appeler à cette sainteté réelle et transformatrice et à nous éloigner de l'antinomisme. Même si la tentation du légalisme peut être plus forte, les églises de la sainteté ne sont pas épargnées par la tentation de l'antinomisme. Paul a également abordé cette question dans Romains. Il y avait apparemment des personnes qui abusaient de la doctrine de la grâce en affirmant qu'on pouvait « persiste[r] dans le péché pour que la grâce abonde » (Rom. 6.1), ou encore : « Mais si notre injustice contribue à manifester que Dieu est juste [et] si mon mensonge fait d'autant mieux éclater que Dieu est véridique et contribue ainsi à sa gloire, pourquoi serais-je encore condamné comme pécheur ? » (3.5-7)

Même si la plupart des gens ne tiendraient pas ce discours aujourd'hui, le même danger demeure à l'état embryonnaire dans certaines idées. La plus courante est probablement celle-ci : « Si je me complais dans ce péché aujourd'hui, je sais que Dieu me pardonnera demain. » Il s'agit d'une mauvaise compréhension de l'amour inconditionnel de Dieu, laquelle émane d'une attitude qui nous fait brader la grâce, oubliant que notre salut a coûté sa vie à Jésus-Christ. Comme le dit une expression courante, la grâce est gratuite, mais pas bon marché. La grâce que Jésus peut offrir à cause de son sacrifice inclut la grâce purificatrice.

▸ LA GRÂCE QUI PURIFIE

D'après la théologie wesleyenne de la sainteté, un des thèmes principaux des. écritures est l'appel de Dieu à rechercher la sainteté de cœur et de vie. À mesure que Dieu purifie nos cœurs et que nous coopérons avec la grâce et vivons par l'Esprit, notre sainteté intérieure se manifestera par nos actes extérieurs : nous deviendrons des personnes intègres, à travers *l'intégration* de notre vie intérieure et extérieure. Le contraire peut être valable aussi : Jésus a dit à ces disciples, par rapport aux Pharisiens, que « ce qui sort de la bouche vient du cœur, et c'est cela qui rend l'homme impur » (Matt. 15.18). En parlant aux Pharisiens eux-mêmes, il les avertit : « Malheur à vous, spécialistes de la Loi et pharisiens hypocrites ! Vous nettoyez soigneusement l'extérieur de vos coupes et de vos assiettes, mais vous les remplissez du produit de vos vols et de vos désirs incontrôlés. Pharisien aveugle, commence donc par purifier l'intérieur de la coupe et de l'assiette, alors l'extérieur sera pur. » (23.25-26)

Une morale de la sainteté implique d'éviter certains comportements, non par notre propre volonté et discipline visant à nous conformer à un code moral externe, bien qu'un tel code puisse être nécessaire ou pratique, mais parce que ces comportements ne sont pas aimants et que nous sommes purifiés de tout, sauf de l'amour, afin de devenir des personnes aimantes. Nous sommes motivés à vivre comme Christ, qui est la quintessence de l'amour qui se donne. Il est notre véritable motivation et modèle. Ainsi que Jésus l'a dit, en respectant la loi de l'amour, nous respecterons toute la Loi. D'après la théologie de la sainteté, certains comportements sont tout simplement incompatibles avec notre transformation intérieure, si bien que nous les perdrons en marchant dans la vie de l'Esprit.

C'est dans ce sens que la sanctification implique d'être mis à part du monde. Ainsi que le dit le vieil adage fondé sur Jean 17, nous devons être « dans le monde [...], mais [...] pas du monde » (versets 11, 15). Cette idée va clairement à l'encontre de toute interprétation qui implique une séparation littérale de la société, afin de conserver notre pureté. Nous devons être pleinement engagés avec la culture, afin d'être le sel de la terre et la lumière du monde, d'avoir une influence positive ; mais nous ne devons pas être du monde, dans le sens de nous laisser influencer négativement par celui-ci. Les Écritures nous mettent en garde contre le risque de duplicité qui survient si nous ne nous voyons pas comme assez séparés.

Être sanctifié implique aussi d'être mis à part pour les desseins de Dieu. Dans l'Ancien Testament, ce terme et cette image s'étendaient même aux objets inanimés. Un objet qui servait dans le tabernacle ou au temple était dûment sanctifié, surtout avant d'être placé sur l'autel. Nous étendons cette image aux hommes, pour dire que nous devons être saints, sanctifiés, afin de pouvoir être mis à part pour les sains desseins de Dieu dans nos vies. Phoebe Palmer, à la suite d'Adam Clarke, a développé l'alliance de l'autel en interprétant Christ comme l'autel. Lorsque nous nous plaçons pleinement « sûr » lui, nous sommes saints, sanctifiés, mis à part, individuellement et en communauté, comme le peuple saint de Dieu, afin d'accomplir ce à quoi nous avons été appelés par Dieu dans le monde. Palmer n'entendait pas une sorte de sainteté positionnelle, comme si nous n'étions saints qu'en étant placés sur Christ notre autel. Avec cette métaphore, Christ fait plus que de seulement nous mettre à part : il nous purifie aussi intérieurement. Nous sommes purifiés par la grâce de Dieu, si bien que le changement à l'intérieur de nous est réel, pas seulement relatif.

En langage théologiquement précis, la purification divine est le moyen d'avoir un cœur pur. La pureté est le résultat de la grâce de Dieu qui purifie. Elle ne doit cependant jamais être considérée comme un état que nous avons atteint. Selon les mots de Thomas Cook, « nous enseignons, non un état, mais une condition maintenue de pureté, une obéissance et une confiance à chaque instant. « Le sang de Jésus-Christ nous purifie de tout péché », toujours et en ce moment même. »[2]

La position opposée, selon laquelle nous sommes purifiés une fois pour toutes, à travers un acte achevé, a posé problème dans des expressions passées de ce qu'on peut appeler la théologie populaire de la sainteté. La question fondamentale est de savoir ce que cela implique de dire que nous sommes purifiés du péché originel au moment de l'entière sanctification, si la purification continuelle est le modèle biblique dominant. La purification continuelle ne pose problème que si le péché originel est considéré ou conceptualisé comme une substance.

Le terme d'« éradication » a été retiré récemment de la nomenclature officielle d'une dénomination de la sainteté. Ce terme a un long passif historique ; il était employé spécifiquement afin de distinguer la théologie de la sainteté de celle du répressionnisme, appelé aussi keswickianisme, qui affirme que le péché originel demeure, mais qu'il est réprimé afin de ne plus être la force dominante.

Pendant longtemps, le terme d'« éradication » a fait partie de l'identité théologique du mouvement de la sainteté. Il a cependant perdu sa puissance, voire sa pertinence, dans le contexte actuel.

Pourquoi ce terme a-t-il été retiré dans ce cas précis ? Le problème principal posé par ce terme est lié à ses implications malheureuses. Il s'agit clairement d'une métaphore. Éradiquer quelque chose, c'est le déraciner, presque dans le sens d'une intervention chirurgicale qui excise quelque chose de néfaste de notre corps. Cette idée a malheureusement mené à une conceptualisation du péché originel comme une substance, qui nous est ôtée[3]. Cette métaphore est devenue courante dans la théologie populaire. Cependant, si le péché est envisagé comme une substance, comment donner du sens à la métaphore de l'éradication du péché, si nous continuons à pécher ? Le péché nous est-il alors transplanté à nouveau ? Ici, la métaphore perd tout son sens. Cependant, même en employant la métaphore de la purification (peut-être toujours dans un sens médical, comme la désinfection d'une blessure), il n'est pas impossible qu'une infection revienne.

En fait, l'idée de péché originel correspond très bien à la compréhension wesleyenne du péché comme une maladie. Sur le plan métaphorique, Wesley décrit le péché originel comme une maladie, une blessure en l'humanité et en chaque personne, qui a besoin d'être guérie. La purification médicale est certainement une image employée par les Écritures. À cette époque, où il n'y avait pas encore d'antiseptiques, les instruments étaient nettoyés ou purifiés par l'eau ou par le feu, qui ont fini par devenir des symboles religieux.

Quelles que soient les métaphores choisies, l'aspect le plus important de l'entière sanctification est que le péché originel (qui équivaut à la notion paulinienne de *sarx*) est efficacement surmonté par l'œuvre de Dieu, si bien qu'il ne règne plus dans nos cœurs, ainsi que le dirait Wesley. Cependant, afin de maintenir une théologie de la sainteté et non une théologie keswickienne, il faut aller un peu plus loin. C'est la grâce purificatrice de Dieu qui accomplit ce potentiel de victoire et de liberté, en ouvrant la voie à une simplicité de cœur qui nous incline vers la volonté de Dieu. Nous pouvons résister à cette œuvre ou choisir de coopérer avec elle, mais Dieu est capable d'accomplir cette œuvre purificatrice dans nos cœurs. « Celui qui vous appelle est fidèle et c'est lui qui accomplira tout cela. » (1 Thessaloniciens 5.24)

Ici, nous devons aussi clarifier la compréhension wesleyenne de la pureté. Il distingue la pureté des intentions et la pureté de cœur et de vie, en entendant que, si nos intentions peuvent être purifiées, il faut de la maturité pour qu'elles soient toujours à nouveau actualisées. Pour Wesley et ses disciples, il y a une différence entre la pureté chrétienne et la maturité chrétienne. Qu'est-ce que Wesley entend par intentions ? Deux questions s'avéreront utiles ici. Elles sont toutes deux tirées d'un ouvrage très important de Wesley : *Une exposition claire et simple de la perfection chrétienne*. La première citation répond à la question : qu'est-ce que la perfection chrétienne ? Les métaphores spirituelles employées incluent l'idée de pureté des intentions.

> Considérez-la de nouveau ; examinez-la sur tous les points, et avec la plus profonde attention. Sous un point de vue, c'est la pureté d'intention consacrant toute notre vie à Dieu ; c'est donner tout notre coeur à Dieu ; c'est un seul désir, un seul but gouvernant tous nos sentiments ; c'est consacrer à Dieu, non pas en partie, mais entièrement, toute notre âme, tout notre corps et tous nos biens. Sous un autre point de vue, ce sont tous les sentiments qui étaient en Christ, nous rendant capables de marcher comme Christ a marché. C'est la circoncision du coeur ; c'est le dépouillement de toute souillure, de toute tache intérieure aussi bien qu'extérieure. C'est le renouvellement du coeur à l'image complète de Dieu, à la pleine ressemblance de celui qui l'a créé. Sous un troisième point de vue, c'est aimer Dieu de tout notre coeur, et notre prochain comme nous-mêmes. Maintenant, parmi ces différents points de vue, choisissez celui qui vous plaira, car il n'y a point entre eux de différence importante, et c'est toute la perfection, et l'unique perfection, que j'ai reçue et enseignée depuis quarante ans, depuis 1725 jusqu'à 1765.[4]

Plus tôt dans ce document, Wesley a défini plus spécifiquement la pureté de cœur et de vie de ceux qui sont entièrement consacrés à Dieu :

> Car « il a le coeur pur ». L'amour a purifié son coeur de l'envie, de la malice, de la colère et de tout mauvais sentiment, ainsi que de l'orgueil, qui seul produit les disputes ; et maintenant « il s'est revêtu des entrailles de miséricorde, de bonté, d'humilité, de douceur, de longanimité » ; et en vérité, tout sujet possible de disputes est enlevé quant à lui, car nul ne peut lui ôter ce qu'il affectionne, puisqu'il « n'aime point le monde, ni les choses qui sont dans le monde » ; mais « c'est vers le nom du Seigneur et vers son souvenir que tend le désir de son âme ».

> En conséquence, le seul désir, le seul but de sa vie, c'est de faire non point sa propre volonté, mais la volonté de celui qui l'a envoyé. En tous temps et en tous lieux, sa seule intention n'est pas de se plaire à lui-même, mais de plaire à celui qu'aime son âme, « Il a l'oeil simple », et parce que son oeil est simple, « tout son corps est éclairé. » Tout est lumière, comme quand une lampe ardente éclaire la maison. Dieu règne seul ; tout ce qui est dans l'âme est « sainteté à l'Eternel » ; il n'y a pas en son coeur un seul mouvement qui ne soit selon la volonté divine. Chaque pensée qui s'y

élève se porte vers Christ et est soumise à sa loi. Et l'arbre est connu par ses fruits »⁵.

Ces citations révèlent que Dieu purifie d'abord nos intentions, puis, si nous continuons à agir selon ces intentions, notre pureté de vie grandira, vers de plus en plus de maturité. Autrement dit, la pureté des intentions est cruciale afin d'activer notre potentiel de sainteté. Alors que Dieu continue son œuvre, ce potentiel de pureté s'actualise de plus en plus.

Il y a un proverbe qui dit : « L'enfer est pavé de bonnes intentions. » Ce proverbe nous rappelle que si nos intentions ne se traduisent pas par des actes, nous serons en danger. Pour les Wesleyens, ce proverbe n'est cependant pas tout à fait exact. Les intentions sont fondamentales pour nous. Les intentions de nos cœurs, purifiés par la grâce, nous orientent vers la volonté de Dieu. La grâce supplémentaire nous permet de l'accomplir. Kierkegaard a dit : « La pureté de cœur est la volonté de faire une seule chose. »⁶ La volonté de faire cette chose doit cependant nous pousser à l'action. La sanctification doit être suivie d'une maturité croissante. La dimension humaine de cette sanctification est la consécration ou la dévotion. C'est Dieu qui nous purifie, d'abord dans nos intentions, puis dans notre vie vécue selon ces intentions. À partir des idées wesleyennes, la théologie de la sainteté affirme que nous pouvons parler de véritable pureté (ou de perfection) en action.

▶ L'OBÉISSANCE

Cela pose une question importante : quel est le rôle de l'obéissance dans une vie sanctifiée ? Nous venons d'affirmer que nous ne nous contredisons pas en affirmant qu'une pureté naissance grandit, se développe et gagne en maturité, mais il faut tout de même insister assez sur notre appel à aligner notre volonté sur celle de Dieu, qui ne se manifeste que par notre obéissance rendue possible par la grâce.

Là encore, Wesley a dit : « Dieu seul règne ; tout ce qui est dans l'âme est « sainteté à l'Éternel ». Il n'y a aucune motion dans son cœur qui ne soit selon la volonté [de Dieu]. Chaque pensée qui survient montre vers lui et est dans « l'obéissance à la loi de Christ ». »⁷ La loi de Christ est la loi de l'amour, pas une sorte de loi sentimentale molle. Elle exige le plus haut degré de moralité qu'on puisse imaginer, et l'obéissance à cette moralité est la plus grande des qualités ; mais comment éviter d'en faire un nouveau légalisme ?

Sur ce point, Wesley fait preuve de génie : en parlant d'obéissance, il ne met pas l'emphase sur notre propre exercice de notre volonté, mais sur notre disposition à prendre part à la grâce de Dieu. L'obéissance est un des moyens de grâce de Wesley. Comme tous les autres moyens de grâce, l'obéissance à Christ nous donne la grâce afin d'obéir à Christ ! Si nous sommes obéissants, nous recevrons de plus en plus de grâce afin d'être obéissants. Certes, nous devrons exercer notre volonté, mais pas en solitaire : une volonté immergée dans la grâce de Dieu et accompagnée de la présence purificatrice du Saint-Esprit. L'obéissance à Christ et à sa loi n'est pas quelque chose que nous devons maîtriser, en nous efforçant comme nous pouvons de désirer être fidèles et d'agir fidèlement. La grâce nous est donnée afin de nous rendre capables à la fois de vouloir et de faire la volonté de Dieu. Cela nous garde de toute forme de propre-justice légaliste. Il y a cependant aussi un risque d'aller vers l'antinomisme en parlant d'obéissance aux jeunes générations.

Une caractéristique de la pensée postmoderne est qu'elle est très méfiante à l'égard de toute forme d'autorité. L'autorité n'est plus attribuée à qui que ce soit en vertu d'un titre ou d'une fonction. Cela peut être perçu comme un manque flagrant de respect, mais un problème plus profond se pose ici : dans le monde postmoderne, beaucoup de personnes ont souffert des dysfonctionnements et des abus de ceux qui avaient autorité sur eux. Ces blessures profondes ont peut-être légitimement provoqué une profonde méfiance à l'égard de toute forme d'autorité. Même les chrétiens postmodernes n'échappent pas à cette méfiance envers ceux qui ont autorité sur eux dans l'Église. La fonction de pasteur, par exemple, n'est plus un gage suffisant de respect. En général, pour l'esprit postmoderne, toute forme de respect et de disposition à se soumettre à l'autorité de quelqu'un est fondée sur la crédibilité et la confiance qu'inspire la personne. La confiance n'est nourrie que si on se sent aimé.

On peut aussi appliquer cela à Dieu, surtout lorsqu'on ne l'associe qu'à la loi et au jugement et qu'on l'imagine comme un grand magistrat céleste. Par implication, la personne ne laissera la volonté de Dieu faire autorité dans sa vie que si elle juge que Dieu est crédible et digne de sa confiance. Tant de gens aujourd'hui doutent même de l'amour de Dieu. Dans un monde de plus en plus sécularisé, et même post-chrétien, l'amour de Dieu ne peut plus être tenu pour acquis. Dans ce monde post-Holocauste, les questions liées à la théodicée (au rapport entre la justice de Dieu et l'existence du mal) revêtent une importance particulière.

Pourtant, alors même que cette génération n'ose plus faire confiance à Dieu et à son amour, lui est toujours à la hauteur. La théologie wesleyenne de la sainteté présente le caractère de Dieu comme amour, un amour qui est son essence même. Le message wesleyen de la sainteté peut répondre aux besoins de ce nouvel âge. Il affirme que Dieu a toujours été fidèle. Il proclame que nous pouvons être certains de la bonté de Dieu et de sa préoccupation profonde pour notre bien. Lorsqu'une personne se soumet à Christ par obéissance, elle constate qu'il est un rocher solide. En nous fondant sur ce que nous savons de

Dieu en Christ, qui nous est révélé par le Saint-Esprit, nous avons de bonnes raisons de nous soumettre à son autorité. Certes, cela exige de l'humilité et de la soumission ; mais pour beaucoup de personnes, le manque de soumission émane de blessures passées et d'un besoin de se protéger, pas forcément d'orgueil. Comme toujours, l'Évangile est une bonne nouvelle pour ceux qui sont blessés, brisés et mourants. « En effet, Dieu n'a pas envoyé son Fils dans le monde pour condamner le monde, mais pour que celui-ci soit sauvé par lui. » (Jean 3.17) L'Église est appelée à être ministre de cette réconciliation, afin d'accomplir ainsi la loi de l'amour.

Une autre question demeure alors que nous examinons la notion de grâce purificatrice : si nous sommes sanctifiés, que la pureté de nos intentions se manifeste dans notre vie et que nous manifestons le caractère décrit par Wesley dans les paroles qu'il a citées précédemment, péchons-nous toujours ? Nous avons déjà démontré que Wesley n'a jamais voulu dire que nous perdons la capacité de pécher : il s'opposait fermement à cette idée hérétique chaque fois qu'il la rencontrait. Nous garderons toujours la capacité de pécher. Ceci dit, le péché fait-il toujours partie de la vie chrétienne ?

Wesley a écrit deux sermons qui s'appliquent à notre discussion ici : « On Sin in Believers » (Du péché des croyants) et « Repentance of Believers » (La repentance des croyants). L'objectif principal de « On Sin in Believers » était de réfuter l'idée (qui attribue au Comte Zinzendorf, un Morave) qu'une fois justifiés, nous sommes entièrement sanctifiés, sans plus aucun péché en nous. Pour Wesley, il s'agit d'une doctrine nouvelle, qui s'oppose à l'Église ancienne, à l'Église grecque et romaine, aux églises réformées et à l'Église d'Angleterre. Tous les chrétiens affirment que le péché demeure présent dans la vie de ceux qui sont justifiés. L'article 9 (des articles de foi anglicans) affirme : « Le péché originel est la corruption de la nature de chaque homme, à cause de laquelle l'homme est de par sa propre nature enclin au mal, si bien que les désirs de la chair sont contraires à ceux de l'esprit. Cette infection de la nature demeure certes en ceux qui sont régénérés. »[8] Wesley réfute tous les arguments présentés par Zinzendorf et examine les Écritures, passage par passage, afin de présenter une interprétation correcte. Le point est clair : la repentance est essentielle à la vie chrétienne, car les chrétiens pèchent. Wesley affirme aussi que la culpabilité et la puissance du péché sont tous deux brisés lors de notre justification, une idée que nous sommes davantage réticents à affirmer aujourd'hui, mais que Wesley défend bien.

> Nous admettons que l'état d'une personne justifiée est de manière inexprimable grand et glorieux. Il est né de nouveau, « non du sang, ni de la chair, ni de la volonté d'un homme, mais de Dieu ». Il est enfant de Dieu, membre du corps de Christ et héritier du Royaume des cieux. « La paix

> de Dieu, qui surpasse toute intelligence, garde son cœur et ses pensées en Christ Jésus. » Son corps lui-même est le « temple du Saint-Esprit » et « l'habitation de Dieu par l'Esprit ». Il est « recréé en Christ Jésus » : il est lavé, sanctifié. Son cœur est purifié par la foi ; il est purifié « de la corruption qui est dans le monde » ; « l'amour de Dieu est répandu dans son cœur par le Saint-Esprit qui lui est donné ». Tant qu'il « marche dans l'amour » (ce qu'il fera peut-être toujours), il adore Dieu en esprit et en vérité. Il garde ses commandements et fait ce qui plaît à ses yeux ; il s'exerce ainsi à « avoir une conscience pure de toute offense, devant Dieu et devant les hommes » ; et il a autorité à la fois sur le péché extérieur et intérieur, dès le moment de sa justification. (II.4)[9]

Wesley poursuit cependant en disant : « N'a-t-il donc pas été libéré de tout péché, de sorte qu'il n'y ait plus de péché dans son cœur ? Je ne puis dire cela ; je ne puis le croire. [...] L'Apôtre affirme directement ici que la chair, la mauvaise nature, s'oppose à l'Esprit, même dans les croyants ; que même chez les régénérés, il y a deux principes « qui s'opposent l'un à l'autre ». » (III.1)[10]

Wesley était préoccupé de ce que l'idée de Zinzendorf pouvait mener à une attitude de nonchalance par rapport à la lutte contre le péché qui nous enveloppe si facilement. Pour Zinzendorf, le péché n'est plus une menace pour l'âme, si bien qu'il est inutile de veiller et de prier pour être protégés. Wesley, dans ce sermon spécifique, n'essaye même pas de parler de l'interprétation correcte des effets de la sanctification sur le péché en nous. Son intention est seulement de corriger l'idée erronée que les chrétiens ne pèchent plus après leur justification parce qu'ils sont entièrement purs, et ce continuellement.

D'autre part, dans *Repentance in Believers* (La repentance des croyants), Wesley parle très clairement de l'entière sanctification. Dans ce sermon, on trouve certaines de ses affirmations les plus directes concernant cette doctrine. Il ne donne pas à l'entière sanctification les mêmes implications que Zinzendorf à la justification, il ne prétend pas qu'elle nous rend pratiquement incapables de pécher ; mais il parle d'une transformation radicale qui résulte de cette œuvre de la grâce de Dieu.

> Il s'agit bien là d'une vérité si évidente, sur laquelle presque tous les enfants de Dieu, dispersés partout, quelles que soient leurs divergences sur d'autres points, s'accordent néanmoins généralement – que même si nous pouvons « par l'esprit, mortifier les œuvres de la chair », résister et vaincre à la fois le péché extérieur et intérieur, même si nous pouvons affaiblir nos ennemis jour après jour, nous ne pouvons pas les chasser. Malgré toute la grâce qui nous est donnée au moment de notre justification, nous ne pouvons les chasser. Malgré toutes nos veilles et nos prières, nous ne pouvons purifier entièrement ni nos mains, ni nos cœurs. Nous

ne pouvons certainement pas, jusqu'à ce qu'il plaise au Seigneur de parler à nouveau à nos cœurs, « être purs » : alors seulement, nous serons purifiés de notre lèpre ; alors seulement, la racine mauvaise, l'esprit charnel, sera détruit ; et le péché en nous ne subsistera plus. Cependant, en l'absence d'un tel second changement, en l'absence de délivrance instantanée après la justification, s'il n'y a que l'œuvre graduelle de Dieu (car celle-ci, personne ne la nie), alors nous devons nous satisfaire comme nous le pouvons de demeurer remplis de péché jusqu'à notre mort. (I.20)[11]

Le péché inné peut effectivement être purifié ; mais même là, c'est la repentance qui ouvre la voie d'une telle purification. Il continue :

C'est ainsi qu'en les enfants de Dieu, la repentance et la foi se répondent exactement l'une à l'autre. Par la repentance, nous regrettons le péché qui demeure dans nos cœurs et qui est attaché à nos paroles et à nos actes ; par la foi, nous recevons la puissance de Dieu en Christ, qui purifie nos cœurs et nos mains. Par la repentance, nous demeurons conscients que nous méritons une punition pour toutes nos humeurs, paroles et actes ; par la foi, nous prenons conscience que notre Avocat auprès du Père plaide continuellement pour nous, si bien qu'il repousse continuellement toute condamnation et punition loin de nous. Par la repentance, nous recevons la ferme conviction qu'il n'y a rien en nous qui puisse nous aider ; par la foi, nous recevons non seulement la miséricorde, mais « la grâce pour tenir ferme » chaque fois que nous en « avons besoin ». La repentance exclut la possibilité même de toute autre forme d'aide ; la foi accepte toute l'aide dont nous avons besoin, de la part de celui qui a tout pouvoir dans le ciel et sur la terre. La repentance dit : « sans lui, je ne peux rien faire » ; la foi dit : « je puis tout par Christ qui me fortifie ». Par lui, je peux « aimer le Seigneur, mon Dieu, de tout mon cœur, de toute mon âme, de toute ma force et de toute ma pensée » ; oui, et « marcher devant lui dans la sainteté et la justice tous les jours de ma vie »[12].

Ainsi, l'entière sanctification est un acte de Dieu qui émane de la repentance et de la foi. La repentance est une conviction profonde de notre culpabilité et de notre incapacité à nous en sortir sans la grâce de Christ, tandis que la foi est la confiance en l'œuvre de Dieu en nous : nous sommes purifiés par la foi.

La question demeure cependant : continuons-nous à pécher après le « deuxième changement » ? En appliquant la définition wesleyenne étroite du péché, comme la transgression consciente d'une loi connue de Dieu, donc un acte de rébellion et de défiance, on peut légitimement dire qu'une telle tendance peut effectivement être brisée. En prenant en compte sa discussion plus large, qui voit le péché comme tout ce qui s'oppose à l'amour, y compris les péchés d'omission, alors même les personnes totalement sanctifiées continuent à pécher. Wesley lui-même en avait marre de cette question de la possibilité ou non d'une perfection exempte de péché dans la vie présente. Il était frustré de voir que la motivation derrière cette question semblait être de le pousser dans ses retranchements, afin de le contraindre à affirmer la perfection absolue, qu'il niait fermement[13]. L'idée qu'il voulait maintenir était que l'amour de Dieu pouvait remplir le cœur d'une personne entièrement consacrée à Dieu, au point d'exclure le péché. Cet amour de Dieu est un amour qui purifie, qui remplit continuellement le cœur de ceux qui l'aiment. Un tel cœur purifié ne peut plus désobéir consciemment et volontairement, par rébellion. Un tel péché n'est pas impossible, mais irait à l'encontre de la nature développée par la grâce de Dieu, qui purifie et rend capable de résister à la tentation.

Wesley voulait aussi mettre en avant le fait que notre moralité et notre pureté personnelle est maintenue et nourrie par la communauté de foi et pas par nos efforts individuels solitaires. Ses classes et bandes servaient de groupes de redevabilité solides pour les participants, afin de les encourager au bien (aux œuvres de miséricorde) et de les aider à éviter le mal. Ainsi que l'illustre la barre latérale, les groupes de responsabilité examinaient scrupuleusement la vie de leurs membres.

LES RÈGLES DE WESLEY[14]

L'objectif de notre réunion est d'obéir au commandement de Dieu qui dit : « Confessez vos péchés les uns aux autres et priez les uns pour les autres, afin que vous soyez guéris. »

À cette fin, nous prévoyons …

- de nous réunir une fois par semaine, au moins,
- d'arriver ponctuellement à l'heure prévue, sauf raison valable,
- de commencer (pour ceux qui seront présents) exactement à l'heure prévue, par des chants ou des prières,
- d'exprimer à tour de rôle, librement et clairement, le véritable état de notre âme, avec les fautes que nous avons commises en pensées, en paroles et en actes, ainsi que les tentations avec lesquelles nous avons lutté, depuis notre dernière réunion,

- de terminer chaque réunion par une prière qui corresponde à l'état de chaque personne présente,
- de demander à une personne présente de s'exprimer la première, puis de poser aux autres, à tour de rôle, autant de questions aussi pénétrantes que possible, concernant son état, ses péchés et ses tentations.

Voici quelques-unes des questions qui pourront être posées à tous avant son admission parmi nous :

- Avez-vous reçu le pardon de vos péchés ?
- Êtes-vous en paix avec Dieu, par notre Seigneur Jésus-Christ ?
- L'Esprit de Dieu témoigne-t-il à votre esprit que vous êtes enfant de Dieu ?
- L'amour de Dieu est-il répandu dans votre cœur ?
- Est-ce qu'aucun péché, intérieur ou extérieur, ne domine sur vous ?
- Souhaitez-vous être confronté à vos fautes ?
- Souhaitez-vous être confronté à toutes vos fautes, et ce ouvertement ?
- Souhaitez-vous entendre chacun de nous vous dire, de temps en temps, tout ce qu'il a à cœur vous concernant ?
- Réfléchissez bien ! Souhaitez-vous que nous puissions-vous dire tout ce que nous pensons, tout ce que nous craignons et tout ce que nous entendons vous concernant ?
- Souhaitez-vous que, ce faisant, nous puissions nous rapprocher le plus possible, aller à l'essentiel et fouiller le fond de votre cœur ?
- Avez-vous le désir et l'intention, à cette occasion et en toute occasion ultérieure, d'être entièrement ouvert, afin d'exprimer tout ce que vous avez sur le cœur, sans exception, tromperie ni réserve ?

> Chacune des questions précédentes pourra être posée chaque fois que l'occasion se présentera, les quatre questions suivantes à chaque réunion :
>
> - Quels péchés conscients avez-vous commis depuis notre dernière réunion ?
> - À quelles tentations avez-vous été confronté ?
> - Comment en avez-vous été délivré ?
> - Qu'avez-vous pensé, dit ou fait, dont vous vous demandez si c'était péché ou non ?

Un tel examen rigoureux semble déplacé dans notre contexte contemporain ; mais l'est-il réellement ? Nous ne faisons pas assez confiance aux autres pour faire preuve d'une telle honnêteté et d'une telle ouverture à propos de nos vies ; mais le devrions-nous ? Peut-être que grâce à un autre aspect de l'esprit postmoderne, l'aspiration à des relations profondes et authentiques, surtout au sein de l'Église, cette forme de redevabilité communautaire redeviendra possible. Quelle que soit la manière dont cela s'exprime, nous devons lutter pour ne pas faire de notre moralité personnelle une affaire privée. L'adage qui dit que « toute sainteté est sociale » ne veut pas seulement dire que nous devons rechercher le changement sociétal à travers le ministère compassionnel : il doit nous rappeler aussi que la sainteté est vécue et maintenue à travers les relations et en communauté. Toute conception de la pureté doit l'envisager aussi dans un contexte relationnel.

▸ EXCURSUS : LA SAINTETÉ INCARNÉE ET UNE SEXUALITÉ SAINTE

Les chrétiens adoptent, parfois inconsciemment, une attitude négative à l'égard de la sexualité, une anti-sexualité. Les raisons émanent en partie d'une mauvaise compréhension de la notion biblique du corps et de son rapport au péché et à la spiritualité.

À travers les pages de ce livre, nous avons suggéré à plusieurs reprises que le gnosticisme de l'Antiquité tardive constitue une menace pour le christianisme primitif. Le gnosticisme représente un dualisme dangereux entre les choses corporelles (matérielles) et incorporelles (spirituelles). Cependant, même si les chrétiens dans notre culture actuelle se méfient de ce qui a été identifié comme un néo-gnosticisme spirituel, ils ne se douteraient jamais qu'un dualisme similaire a subrepticement trouvé sa place dans différentes expressions chrétiennes orthodoxes. De telles idées sont cachées dans tout discours qui sous-entend que le corps n'est pas spirituel, mais que l'âme l'est, ou encore que nous devons lutter contre le corps – ce qui inclut notre sexualité, afin de libérer notre âme.

Cette forme subtile de gnosticisme peut émaner d'une lecture tout à fait erronée de ce que Paul dit du péché, dans Romains et ailleurs. Différentes traductions ont employé différents termes pour le grec *sarx*. Dans son sens le plus littéral, il signifie chair. C'est contre la chair que Paul dit que nous luttons. Il ne parle cependant pas du corps physique, mais fait plutôt référence à la condition spirituelle qu'on appelle parfois nature pécheresse ou charnelle. Même si les Écritures parlent clairement de ce qu'on peut appeler les « péchés du corps » (notamment le péché sexuel), on aurait tort de penser que ces péchés sont en quelque sorte pires que les péchés de l'esprit. Ainsi que nous l'avons suggéré précédemment, au chapitre 6, même ces distinctions sont inutiles. Il vaudrait mieux nous servir d'un modèle hébreu, avec une vision plus holistique de l'homme que la théorie tripartite grecque, pour notre anthropologie théologique. Quoi qu'il en soit, Dieu a créé chacune des parties de notre corps bonne.

Une autre source d'attitudes anti-sexuelles chez les chrétiens vient de la théologie d'Augustin. Le grand théologien occidental a apporté une contribution sans précédent à la théologie en développement de l'Église, au cours des premiers siècles de l'ère chrétienne. Certaines de ses idées nous ont cependant affectées négativement, jusqu'à aujourd'hui. On peut le voir dans sa vision du péché sexuel : Augustin croyait que l'expression principale du péché humain est la concupiscence, ou convoitise (pour diverses choses). À cause de cette ferme emphase, la concupiscence spécifiquement liée au *péché sexuel* est devenue la forme de péché la plus mortelle de toutes dans la pensée chrétienne occidentale.

Nous avons subi cette pression pendant des siècles. Par conséquent, la sexualité elle-même (indépendamment de tout acte) est souvent subjectivement vécue comme mauvaise, alors que Dieu l'a clairement créée bonne. On trouve beaucoup d'ambiguïté et de confusion autour de la sexualité, y compris (ou peut-être même surtout) dans les milieux chrétiens. La position d'Augustin l'a poussé à dire que toute forme de sexe est forcément liée d'une manière ou d'une autre au péché, car tout acte sexuel, même dans le cadre du mariage, émane de la convoitise. Pour lui, le sexe n'était libéré de la honte qui s'y attache que par son dessein procréatif, dans le cadre du mariage : lorsqu'un enfant est conçu, l'acte sexuel est racheté.

Nous ne sommes pas obligés d'adopter cette position et ne le devons même pas. Notre intention, dans cette partie, est de racheter la sexualité elle-même de siècles de théologie erronée. Nous allons énoncer clairement notre position : Dieu ne veut pas que nous ayons honte de notre sexualité ou de nos corps. Trop souvent, nous nous sentons pécheurs et avons honte sans raison. En expérimentant notre identité d'êtres sexués, nous nous comprenons tels que Dieu nous a créés : avec des hormones et des pulsions qui nous aident à nous définir en tant qu'humains.

Nous devons cependant reconnaître aussi que nous vivons dans une société saturée de sexe. Même si nous aurions tort de penser que les générations précédentes étaient plus pures que la nôtre, nous devons reconnaître qu'aujourd'hui, l'immoralité sexuelle n'est plus cachée, mais qu'elle est généralement acceptée. Le sexe en dehors du mariage n'est plus condamné par la société. Il n'y a plus de code social implicite d'interdits sexuels (sauf la pédophilie). Notre monde est très différent de celui de nos arrière-grands-parents. Il est peu probable que la société retournera en arrière, si bien que les générations présentes et futures auront besoin de beaucoup de discernement afin de négocier les nombreux choix de plus en plus facilement disponibles, et même encouragés par la société.

La société a changé, mais pas la sagesse de Dieu. Il nous faut voir les avertissements bibliques contre l'immoralité sexuelle, non comme des restrictions mesquines d'un Dieu de colère, mais comme la preuve de son amour qui prend soin de l'humanité. Le péché sexuel, comme toute forme de péché, peut faire beaucoup de dégâts, physiques (par ex. les maladies sexuellement transmissibles), psychologiques et évidemment relationnels. Dieu a créé notre sexualité et elle est bonne, mais en dehors du cadre qu'il a également fixé, le risque de faire du mal à nous-mêmes et aux autres est grand. Une sexualité exprimée en dehors de ce cadre sera le plus souvent, voire toujours, déshumanisante.

L'appel de Dieu à demeurer sexuellement purs est bénéfique pour nous, de manières que nous ne comprenons souvent pas avant de tomber. L'innocence est sous-estimée. Les tentations sont grandes, surtout aujourd'hui, puisque la plupart des péchés ne sont plus considérés comme tels et que nous avons davantage accès que jamais à du matériel sexuel. Les gens autour de nous sont de plus en plus sexuellement actifs de plus en plus jeunes, parfois bien avant que leur corps n'ait atteint la maturité. En tant qu'Église, est-ce que tout ce que nous avons à proposer est de « tout simplement dire non » ? N'est-ce qu'une question de fermeté de notre propre volonté ?

Avec ce qui suit, nous devons faire très attention. D'une part, il y a le risque d'exagérer la doctrine de la sanctification et de la pureté de cœur. Nous ne devons jamais entendre que la capacité divine à purifier nos intentions réduit la tentation sexuelle. Christ était le plus pur de tous les hommes, mais il a été tenté en toutes choses comme nous, probablement même plus que nous, car Satan connaissait sa force. La tentation sexuelle est compliquée à gérer, parce qu'elle produit souvent une forte réaction physiologique. Cette réaction physiologique n'est pas elle-même péché : ce n'est que lorsque nous choisissons d'agir que nous péchons. D'autre part, nous ne voulons pas non plus sous-estimer cette doctrine, surtout en tant que Wesleyens. Ainsi que nous l'avons montré tout au long de ce livre, nous croyons que la puissance de la grâce est plus grande que celle du péché. Nous croyons aussi que Dieu peut nous purifier de toute culpabilité et de toute honte, afin de nous rendre capables de vivre une vie juste, même face aux plus grandes tentations. Qu'affirmons-nous donc concernant la tentation ?

Selon les Écritures, nous croyons que le Saint-Esprit pourvoira toujours à un moyen de sortie. Si nous coopérons avec sa puissance, nous pouvons être victorieux. En même temps, l'idée de victoire instantanée sur la tentation doit être confrontée à la réalité et à une discussion nécessaire sur l'addiction sexuelle.

Même si Dieu est capable de tout faire, la victoire sur les addictions intervient le plus souvent à travers un processus graduel visant à perdre l'habitude des comportements addictifs. Ainsi que nous le verrons dans un prochain chapitre sur le développement de caractère, nous n'abordons pas chaque nouvelle situation dans une position de neutralité morale. Nos choix futurs peuvent être influencés par des décisions passées qui se sont si profondément enracinées qu'elles en sont devenues des habitudes. Si ces décisions passées étaient positives (et donc toujours assistées par la grâce de Dieu), elles contribuent au développement d'un bon caractère, qui influence positivement nos décisions futures. Le contraire s'applique cependant aussi. Pour ce qui est des addictions, qui sont encore plus fortes que de mauvaises habitudes parce qu'elles impliquent des changements biochimiques, les surmonter peut être un processus long et douloureux. Dans ce cas, la victoire spirituelle doit se définir comme l'engagement de la personne à persévérer dans le processus. La grâce de Dieu n'est pas limitée par le temps requis. Nous devons plutôt réfléchir à l'abondance de grâce nécessaire afin de réaligner notre pureté de vie sur celle de nos intentions. Malheureusement, cependant, le message que nous communiquons souvent aux personnes en état de dépendance sexuelle est un message d'impatience, qui les accuse d'infidélité si leur addiction n'est pas surmontée dans les délais que nous avons fixés arbitrairement.

Wesley semble avoir très bien compris le processus requis afin de changer les « humeurs » et les « affections ». Malheureusement, nous avons en partie perdu cette compréhension, en mettant trop en avant l'entière sanctification comme un remède pour toutes nos luttes. Nous avons besoin aussi de comprendre que les addictions provoquent des blessures profondes. Pour la plupart d'entre nous, la continuation de tentations fortes tout au long de notre vie est une conséquence naturelle à laquelle nous devons faire face. Nous réaction doit être empreinte de compassion et de soutien pour ceux qui souffrent ainsi.

Il faut aborder ici un autre aspect de la pureté sexuelle. L'auteur se souvient d'un camp d'adolescents auquel elle a participé en tant que conseiller au début des années 1990. Tous les matins, les ados regardaient une série de vidéos sur la pureté sexuelle, centrée sur le message : « Dites juste non ». Pourtant, l'auteur savait, d'après les statistiques et l'expérience de vie réelle des personnes qu'elle avait accompagnées, que certains de ces ados n'avaient pas la possibilité de dire non, car quelqu'un qui était en position d'autorité sur eux abusait d'eux sexuellement.

Les statistiques montrent qu'une femme sur quatre et un homme sur six ont été abusés sexuellement dans l'enfance[15]. Il est honteux de constater que ces statistiques sont les mêmes à l'intérieur et à l'extérieur de l'Église. Une des tactiques les plus courantes des abuseurs est de faire porter à leurs victimes la responsabilité émotionnelle de ce qui leur arrive.

Que dire de tels abus ? La Bible parle de la meule de moulin préparée pour ceux qui s'en prennent aux enfants ou aux faibles. L'image d'une mort horrible par noyade leur est réservée (Matth. 18.6). Le message de l'Évangile est un message de miséricorde pour tous ceux qui se repentent, mais cela ne veut pas dire qu'il n'y a pas de justice. Il est temps pour l'Église de prendre position pour ceux qui sont abusés d'une manière aussi honteuse. Y a-t-il un message d'espoir pour ceux dont la pureté a été volée d'une manière aussi ignoble ?

Christ est le grand médecin qui guérit nos blessures. Il ne nous laisse pas sur le bord de la route quand d'autres nous ignorent. Il nous sauve dans notre souffrance, guérit nos blessures et entame le processus de guérison de nos cœurs. L'abus provoque de profondes blessures émotionnelles et psychologiques. Il se sert souvent de conseillers sages comme de moyens de grâce dans nos vies, alors que nous cherchons à surmonter ce qui semblait nous détruire. En tout cas, il est toujours avec nous et ne nous abandonnera jamais. En Christ, par le Saint-Esprit, nous trouvons le baume qui soulage notre souffrance et entame la guérison. Celle-ci n'est pas instantanée, mais il s'agit d'une longue route vers la restauration.

La restauration est possible, à la fois pour ceux qui ont perdu leur innocence à cause de leurs propres choix et contre leur volonté. Pour les premiers, il y a le pardon et la purification ; pour les autres, la solidarité et la présence. Pour les deux, la guérison et la rédemption sont possibles, même pour notre sexualité. Pour ceux qui ont péché, leur péché est écarté « autant l'Orient est loin de l'Occident » (Psaume 103.12). Pour ceux qui ont été victimes du péché, Dieu est plus proche que notre propre souffre. Notre Dieu fait toutes choses nouvelles.

OBSERVATIONS RÉCAPITULATIVES

1. La grâce purificatrice nous garde des extrêmes du légalisme stérile et de l'antinomisme dangereux.

2. La moralité personnelle n'est jamais une affaire privée, mais elle est vécue dans un contexte communautaire.
3. Certains comportements incompatibles avec notre transformation intérieure disparaîtront si nous marchons dans l'Esprit.
4. Il y a une différence entre la pureté des intentions et la maturité en action.
5. L'obéissance à Dieu doit être fondée sur une vision de lui comme aimant et digne de confiance. Elle doit aussi être vue comme un moyen de grâce.
6. La sexualité humaine est bonne et il n'y a aucune raison d'en avoir honte. C'est le contexte dans lequel elle s'exprime pleinement qui la rend dangereuse ou non.

QUESTIONS DE RÉFLEXION

1. En quoi la notion de grâce purificatrice nous garde-t-elle des extrêmes ?
2. Comment devons-nous voir les codes de conduite dénominationnels ?
3. Le terme d'« obéissance » est-il oppressif ou libérateur pour vous ?
4. Qu'est-ce que cela implique réellement d'être sexuellement pur ?

NEUF

La sainteté en tant que perfection

OBJECTIFS D'APPRENTISSAGE

Votre étude de ce chapitre vous permettra …
1. de décrire ce qu'implique la perfection chrétienne,
2. d'identifier ce que la perfection chrétienne n'est pas,
3. de définir les transgressions involontaires, les imperfections et les infirmités et d'expliquer leur rapport avec la perfection chrétienne,
4. de réfléchir aux questions liées au développement d'une éthique sociale (d'une éthique de l'amour).

MOTS-CLÉ

perfection chrétienne
réalisme platonique
transgressions involontaires
imperfections
infirmités

controverse perfectionniste
homéopathique
mouvement de l'évangile social
théologies de la libération

Pourquoi un chapitre sur la perfection chrétienne aurait-il toujours sa place dans un manuel destiné au 21ème siècle ? Sur le plan historique, la « perfection » est le terme le plus mal compris dans la tradition wesleyenne de la sainteté, ainsi que dans la tradition méthodiste. Dès lors, pourquoi ne pas tout simplement l'abandonner ? A-t-il un sens positif aujourd'hui ? Est-ce que cela vaut la peine de le maintenir, au vu de toutes les conceptions erronées qui l'entourent ? Ce sont des questions importantes ; mais au final, nous devons aborder ce sujet, pour deux raisons. D'abord, la « perfection » est un terme biblique et par conséquent, il doit être interprété correctement. « Votre Père céleste est parfait. Soyez donc parfaits comme lui. » (Matt. 5.48) ne peut être tout simplement ignoré. Ensuite, il s'agit d'un des termes fondamentaux employés afin d'expliquer la sanctification dans l'histoire du mouvement de la sainteté.

En définitive, on peut choisir une autre traduction du terme grec afin de rendre le vocabulaire de la sainteté plus pertinent pour l'Église et la société actuelle. Pour l'instant, cependant, l'objectif de ce chapitre est de présenter la perfection chrétienne de manière à révéler les conceptions erronées à son sujet et à expliquer, peut-être même à sauver, ce qu'elle est réellement. Wesley lui-même a fait face à une opposition tenace à cette doctrine et a même critiqué ses propres prédicateurs parce qu'ils ne la prêchaient pas assez, ce qui l'a mené à demander : « Devons-nous l'abandonner ou insister dessus ? »[1] Il a choisi d'insister. Cette question est toujours pertinente pour nous aujourd'hui.

▶ LA PERFECTION CHRÉTIENNE CLAIREMENT DÉFINIE

Le terme de « perfection » n'est pas un terme strictement chrétien, ou même religieux. La capacité humaine à réfléchir d'une manière transcendante et à imaginer quelque chose au-delà de notre propre expérience a mené les anciens philosophes à réfléchir à un être hypothétiquement parfait, puis à le désigner par l'expression « le divin ». Platon croyait que la perfection se trouve dans l'esprit (les formes). Pour lui, tout ce qui est matériel est forcément imparfait, car l'entité réelle (physique) est forcément défectueuse par rapport à l'image mentale. Il croyait que les formes sont réelles et que le monde est moins que réel. Tout ce qui est réel est donc imparfait. Pour Platon, l'idée de perfection émane aussi de la conception du bien absolu (ou de Dieu). Tout ce qui est moins que le bien absolu est par définition imparfait. Selon le réalisme platonique, la perfection est donc impossible à atteindre pour l'homme.

Aristote, pour sa part, a introduit ainsi l'idée de perfection : quelque chose (ou quelqu'un) peut être parfait s'il accomplit le dessein pour lequel il a été créé. Une chaise parfaite est une chaise sur laquelle on peut s'asseoir, même si elle a des rayures ou des défauts. Il est intéressant de noter que les calvinistes ont tendance à s'inspirer fortement de Platon dans leur définition de la perfection et de son contraire, le péché. Wesley est platonique à certains égards, mais pour ce qui est de la perfection, il est aristotélicien. La question fondamentale est donc de savoir quel est le dessein pour lequel nous avons été créés. Nous devons d'abord réfléchir sérieusement à cette question cruciale avant de donner une définition claire de la perfection.

Sur la question de notre raison d'être, on cite souvent le Petit Catéchisme de Westminster, qui affirme : « La fin principale de l'homme est de glorifier Dieu et de se réjouir en lui pour toujours. »[2] Les documents de Westminster expriment une perspective réformée. Wesley serait-il en désaccord avec cette affirmation ? Il se servait souvent des documents de Westminster ; mais l'ensemble de ses écrits montrent clairement que pour lui, notre « fin principale » est *d'aimer* Dieu, ce qui revêt une connotation différente que de le glorifier et de nous réjouir en lui. L'amour va plus loin. En tant que Wesleyens, on peut dire que notre dessein se résume par les deux plus grands commandements : nous devons aimer Dieu de tout notre être et notre prochain comme nous-mêmes.

LE PÉCHÉ EN TANT QUE REFUS

> En un mot, le péché est le refus de la volonté de Dieu et de son amour. Ce n'est pas que le refus de « faire » ceci ou cela que Dieu veut que nous fassions, ni la détermination à faire ce qu'il interdit. C'est plutôt le refus radical d'être ce que nous sommes, le rejet des réalités spirituelles mystérieuses et contingentes qui se cachent dans le mystère même de Dieu. Le péché est notre refus d'être ce pourquoi nous avons été créés : [enfants] et images de Dieu[3].

Donc, par implication, nous sommes parfaits (au sens aristotélicien du terme) lorsque nous accomplissons ces commandements par la grâce de Dieu. Ainsi, la perfection n'est jamais un état ou une condition que nous avons atteint, car les occasions d'aimer sont infinies. Le wesleyanisme contient un élément *dynamique* de perfection. Il n'est pas statique, mais peut grandir. Reuben Welch a donné un jour cet exemple utile[4] : sa fille a commencé à prendre des cours de piano très tôt dans sa vie. Elle continuait à pratiquer un morceau jusqu'à ce qu'elle puisse le jouer pratiquement à la perfection. En s'améliorant, cependant, sa capacité à jouer des morceaux de plus en plus difficiles augmentait. Une fois qu'elle avait grandi, elle pouvait s'asseoir et jouer un morceau extrêmement difficile, également à *la perfection*. Dans les deux cas, elle pouvait jouer parfaitement ; mais sa capacité à en faire plus avait évidemment grandi.

Nous avons été créés pour aimer Dieu de tout notre être et notre prochain comme nous-mêmes. L'optimisme du mouvement de la sainteté croit que c'est possible par la grâce de Dieu ; mais ce point n'est jamais atteint. Nous ne pourrons jamais aimer assez, dans le sens d'avoir accompli notre objectif ou atteint un niveau. L'amour se renouvelle avec chaque nouvelle occasion d'aimer. Ainsi, nous pouvons accomplir notre dessein d'aimer, tout en grandissant dans notre capacité à le faire, alors que nous avançons avant et *après* l'entière sanctification. L'entière sanctification est une étape importante à laquelle Dieu nous remplit de son amour et de son Esprit, mais ce n'est pas la fin du parcours.

Après ces remarques introductives, nous passons à un examen plus approfondi de la perfection chrétienne chez Wesley et ses successeurs.

WESLEY

La profusion des textes écrits par John Wesley sur ce sujet est assez surprenante. Il a décidé d'assembler certains de ses divers écrits et de les réimprimer dans le texte *Exposition claire et simple de la perfection chrétienne*, publié pour la première fois en 1766. Dans cet ouvrage, beaucoup de ses pensées sont présentées sous la forme de questions-réponses. Il est évident que beaucoup de ses disciples méthodistes et de ses adversaires non méthodistes ne comprenaient pas clairement ce qu'il entendait par cette expression. Un autre texte important est son sermon « *On Perfection* » (De la perfection), écrit en 1784. Cet ouvrage peut être vu comme la somme de toutes ses pensées, après avoir cherché à s'expliquer pendant des années. Il est utile aussi par contraste avec son sermon de 1741, « *Christian Perfection* » (La perfection chrétienne)[5]. Wesley a dit : « L'amour pur qui règne seul dans nos cœurs et nos vies : tel est l'ensemble de la perfection biblique. »[6] Cette affirmation exigerait des explications sans fin.

Wesley revenait souvent à l'année 1725 (et 1726) dans ses réflexions sur qui l'avait influencé et pourquoi. Ainsi que nous l'avons mentionné précédemment, il s'agit de l'année où il préparait son ordination en tant que diacre. Il a écrit que cette année-là, il a lu trois auteurs importants : Thomas à Kempis (L'Imitation de Christ), Jeremy Taylor (*Rules and Exercises of Holy Living and Dying*, Règles et exercices pour une vie et une mort sainte) et William Law (*Christian Perfection* (La perfection chrétienne) et *A Serious Call to a Devout and Holy Life* (Appel sérieux à une vie pieuse et sainte)). Ces auteurs ont appris à Wesley trois éléments fondamentaux afin de décrire la perfection chrétienne : la pureté d'intention, l'imitation de Christ et l'amour de Dieu et du prochain. Wesley se servait de ces définitions afin de décrire à la fois l'expérience du deuxième changement de l'entière sanctification et le mode de vie qui découle de cette expérience. Un élément important de l'ensemble de la pensée de Wesley est qu'il s'agit d'un don de Dieu, par la grâce, qui ne dépend jamais de nos propres efforts.

Ainsi que nous l'avons noté dans le dernier chapitre, en employant l'expression « pureté d'intention », Wesley parle d'un acte de la grâce de Dieu, qui remplace le péché par l'amour en tant que facteur de motivation du cœur. Une telle pureté est caractéristique de ceux qui ont un œil ou un cœur entier devant Dieu. L'intention purifiée d'une telle personne est de toujours vivre afin de plaire à Dieu et de l'honorer.

Une vie qui imite celle de Christ est à la fois descriptive et normative de cette pureté d'intention. Nous avons la pensée de Christ et connaissons donc la volonté de Dieu. Par ailleurs, nous sommes rendus capables d'accomplir cette volonté au lieu de seulement la comprendre. Ce n'est pas qu'un objectif à viser, mais la fin véritable de la foi, que nous devons mettre en pratique dans la vie présente[7]. Nous devons marcher comme Christ a marché. Un cœur pur nous permet de faire plus que de seulement subsister. Nous vivons activement comme Christ dans le monde. La caractéristique la plus pure de la vie de Christ est l'amour parfait. C'est le facteur le plus important afin de déterminer la perfection. Aimons-nous comme Dieu nous a aimés ? Lorsque nous le faisons (ou peut-être plus précisément, lorsque nous cherchons à le faire pleinement), nous accomplissons parfaitement notre dessein original.

En 1784,[8] dans son sermon « On Perfection » (De la perfection), Wesley a fait neuf[9] affirmations fondamentales sur la perfection chrétienne. Ce sermon, écrit environ sept ans avant sa mort, peut être considéré comme son développement le plus approfondi de cette doctrine, après des années passées à clarifier et à reclarifier un nombre infini de détails. Voici ces affirmations :

1. La perfection chrétienne signifie aimer Dieu de tout son cœur et son prochain comme soi-même.
2. La perfection chrétienne, c'est avoir l'esprit de Christ.
3. La perfection chrétienne produit les fruits de l'Esprit.
4. La perfection chrétienne consiste à recouvrir l'image de Dieu.
5. La perfection chrétienne engendre la justice intérieure et extérieure, la sainteté de vie qui découle de la sainteté du cœur.
6. La perfection chrétienne est une œuvre de Dieu, qui sanctifie nous entièrement (d'après 1 Thessaloniciens 5.23).
7. La perfection chrétienne commence et est maintenue par une consécration parfaite à Dieu.
8. La perfection chrétienne consiste à diriger nos pensées, nos paroles et nos actes vers Dieu, dans un esprit de louange et de reconnaissance.

9. La perfection chrétienne sauve de tout péché.[10]

Ces caractéristiques contrastent avec les affirmations fermes de Wesley sur ce que la perfection chrétienne n'est pas, auxquelles nous reviendrons avant la fin de cette section. Nous passons à présent à une discussion de la perfection chrétienne au 19ème siècle.

WYNKOOP SUR LA PERFECTION CHRÉTIENNE

Après une étude approfondie de l'enseignement de John Wesley sur la perfection chrétienne et une revue attentive des termes bibliques pour la perfection, Mildred Bangs Wynkoop a fait les observations suivantes :

- La perfection chrétienne est « téléologique ». Il s'agit de l'objectif final de l'humanité.

- La perfection chrétienne, « dans la Bible, est une exigence absolue, dans le sens où le chrétien doit toujours la rechercher ».

- La perfection chrétienne passe à la fois par la pureté des intentions et par la maturité de vie.

- La perfection chrétienne est une qualité morale absolue, qui doit s'adapter fidèlement à nos situations de vie. L'intégrité morale absolue est atteinte à mesure que notre capacité relative grandit.

- La perfection chrétienne peut être revendiquée à plusieurs moments et avec une maturité croissante.

- La perfection chrétienne n'est pas absolue, au sens vaste ; les imperfections et infirmités liées à notre condition humaines ne nous disqualifient pas pour l'atteindre.

- La perfection chrétienne doit être pertinente pour cette vie. Aucune exégèse n'offre de raisons textuelles de repousser la perfection à la vie à venir.

- La perfection chrétienne n'est vécue qu'en relation, avec Dieu et notre prochain. Elle est forcément relationnelle.

- La perfection chrétienne n'est pas un perfectionnisme légaliste malsain.

- La perfection chrétienne n'est pas l'absence de tout ce qui n'est pas parfait. Son aspect positif est l'amour.

- La perfection chrétienne va au-delà de l'entière sanctification : c'est un mode de vie, pas seulement une expérience.[11]

LE 19ᵉᴹᴱ SIÈCLE

Les méthodistes du 19ᵉᵐᵉ siècle sont-ils restés attachés à la doctrine wesleyenne de la perfection chrétienne ? C'est une question complexe. Les premiers méthodistes américains, qui ont suivi Wesley de près, étaient déterminés à rester fidèles à ses doctrines. Déjà avant sa mort, certains d'entre eux se sont cependant éloignés de lui, en raison de l'animosité continuelle entre la Grande-Bretagne et l'Amérique après la Guerre d'indépendance. La Guerre de 1812 n'a fait qu'accentuer cette distance. Avec le temps, Wesley était davantage une figure fondatrice que paternelle et la fidélité à son enseignement a perdu en importance. Par ailleurs, les conditions de vie aux frontières ont mené à une négligence générale de l'enseignement spécifique de Wesley sur la perfection. Francis Asbury, surtout, a minimisé l'enseignement requis afin de convertir les pécheurs, en présentant un « Évangile simple ». Certaines nuances plus profondes de la perfection chrétienne ont été perdues à la frontière.

Vers 1835, certains responsables ont manifesté un certain intérêt pour le renouveau d'une emphase forte sur la perfection chrétienne. Timothy Merritt a publié son influent *Treatise on Christian Perfection* (Traité de la perfection chrétienne) et créé un magazine consacré aux idées de Wesley (Guide to Holiness, Guide de sainteté). L'Église méthodiste a appelé à un réveil de la sainteté en son sein à l'occasion de sa Conférence générale de 1832. Phoebe Palmer et d'autres ont œuvré afin que le méthodisme ne renonce pas à cette doctrine. Cet intérêt a atteint des proportions considérables vers 1858.

Pourtant, c'est vers ce moment-là que d'autres responsables méthodistes ont commencé à mettre en garde leurs ouailles contre les réunions de camps et réveils du mouvement de la sainteté, voire même à les pousser à carrément les abandonner. Ainsi, au moment même où cet intérêt renouvelé pour la perfection chrétienne a atteint son paroxysme, au début des années 1860, d'autres méthodistes ont commencé à s'opposer fermement à l'enseignement de la sainteté.

Après l'organisation de la National Holiness Association (Association nationale de la sainteté), en 1867, et avec la croissance rapide des réunions de camps, magazines et évangélistes de la sainteté qui a suivi cette date, la controverse est devenue si forte que, vers la fin du siècle, beaucoup de dénominations de la sainteté s'étaient formées, tandis que l'Église méthodiste a renoncé à toute emphase spécifique sur la perfection[12].

La conclusion à laquelle l'Église méthodiste est parvenue à la fin du siècle est que la sanctification doit être identifiée à l'ensemble du processus de vie chrétienne, qui commence à la régénération, et que toute deuxième œuvre de grâce instantanée doit être rejetée[13]. Beaucoup de dénominations de la sainteté se sont formées en contradiction avec cette position caractéristique du méthodisme au cours des trois dernières décennies du 19ème siècle. (Cela ne veut cependant pas dire que tous les méthodistes ont abandonné cette doctrine, à titre personnel.)[14]

Des groupes comme les méthodistes libres, les méthodistes wesleyens et l'Église du Nazaréen ont fait de ce qu'ils estimaient être la position wesleyenne sur la perfection chrétienne (à la fois une deuxième œuvre de grâce et un mode de vie) leur doctrine cardinale[15]. À l'aube du 20ème siècle, ces groupes, avec d'autres du mouvement de la sainteté, avaient besoin de nouvelles articulations de la sainteté et de nouvelles théologies systématiques non méthodistes, qui ont donc été écrites. Ce serait une généralisation grossière d'affirmer que les expressions de la perfection chrétienne, du début au milieu du 20ème siècle, ont réduit la vision wesleyenne plus inclusive à un seul point. Plus spécifiquement, Wesley croyait que la perfection chrétienne était à la fois une expérience instantanée et le mode de vie qui en découle. La plupart des méthodistes ont renoncé à l'instantanéité, tandis que certains auteurs issus du mouvement de la sainteté, du début et du milieu du 20ème siècle, ont cessé de mettre l'accent sur la vie chrétienne centrée sur l'amour parfait, en insistant plutôt sur l'œuvre de grâce elle-même comme définissant la perfection chrétienne[16]. Pour ce qui est du mode de vie, on insistait davantage sur l'absence de péché que sur la présence de l'amour. Les auteurs de cette époque ont aussi interprété Romains 7 comme la vie d'un chrétien non encore entièrement sanctifié. Cette interprétation s'éloigne de celle de Wesley, ainsi que des spécialistes plus récents de la sainteté, qui affirmaient que Paul fait référence à un incroyant à la fin de ce chapitre.

Wesley mettait en avant le fait que la perfection chrétienne n'est rien d'autre qu'un « pur amour qui seul règne dans nos cœurs et nos vies ». Il est légitime de revenir à l'emphase wesleyenne, à la fois sur l'œuvre instantanée et sur la vie d'amour parfait. Pour cela, nous devons retourner là où Wesley allait si souvent, afin d'expliquer la doctrine. Nous devons aborder la définition correcte de la perfection chrétienne en affirmant fermement ce qu'elle n'est pas.

▸ CE QUE LA PERFECTION CHRÉTIENNE N'EST PAS

John Wesley croyait fermement en l'importance du message de la perfection chrétienne, mais il trouvait tout aussi important d'expliquer ce qu'elle n'est pas. La plupart des malentendus concernant la perfection chrétienne peuvent être clarifiés en faisant très attention aux distinctions sans équivoque qu'il faisait. « En échouant à distinguer péché et infirmité, on met une emphase exagérée sur le péché et on aura tendance à décourager ceux qui cherchent honnêtement à persévérer jusqu'à la délivrance totale de leur esprit charnel. »[17] En fait, une des plus grandes sources de découragement potentielles dans la théologie wesleyenne de la sainteté est l'idée erronée que Dieu nous appelle à une perfection absolue, angélique, ou même adamique. Nous ne deviendrons jamais plus qu'humains, mais nous devenons plus humains par la sanctification. Nous ne cesserons jamais d'être tentés. Même Christ a été tenté. Nous ne dépasserons jamais notre manque de sagesse, nos erreurs ni toutes les infirmités de notre corps ou de notre esprit. Dieu ne s'attend même pas à ce que nous le fassions. Leo Cox nous aide à comprendre cela : « Les imperfections humaines ne doivent jamais être confondues avec une mauvaise nature morale. [...] Wesley ne prenait pas ce domaine d'imperfection, entre amour parfait et performance parfaite, à la légère. »[18] Nous n'allons pas l'ignorer non plus. Par souci de clarté, nous allons diviser ces distinctions en trois catégories : transgressions involontaires, imperfections et infirmités (même si Wesley employait parfois ces termes d'une manière interchangeable).

TRANSGRESSIONS INVOLONTAIRES

Wesley distinguait souvent ce qu'il appelait les transgressions volontaires et involontaires[19]. D'une manière similaire, il parlait du « péché proprement dit »[20] et « improprement dit ». Ce qu'il voulait suggérer par ces désignations est que la perfection chrétienne concerne les actes moraux et le centre moral d'une personne. D'autre part, les transgressions involontaires, qu'on qualifie à tort de péchés, sont des actes qui ne représentent pas des failles morales. Ici, la définition wesleyenne du péché comme un acte volontaire qui enfreint une loi connue joue un rôle très important. Ces péchés conscients sont ceux desquels nous sommes coupables[21]. Les transgressions involontaires ne changent cependant pas notre relation avec Dieu, contrairement aux péchés conscients non repentis, qui doivent être résolus à cet égard. Nous pouvons transgresser ou aller à l'encontre de ce qui serait idéal dans une situation donnée, mais souvent, nous passons à côté de cet idéal à cause de nos limites humaines, pas à cause de nos choix rebelles conscients. Randy Maddox explique : « Pour comprendre la différence, il faut se rappeler de la manière dont Wesley voit la volonté et les affections. Les imperfections potentielles d'obéissance qui découlent de mauvaises affections sont « volontaires » en ce qu'elles émanent de la volonté et dépendent de notre liberté ; par conséquent, elles sont pécheresses. Les infirmités, au contraire, ne sont pas morales, car elles sont involontaires, c'est-à-dire qu'elles ne dépendent pas de notre liberté » ou de notre libre arbitre[22].

Wesley lui-même a écrit :

> Je crois qu'il n'y a pas de perfection en cette vie qui exclue […] les transgressions involontaires, que j'appréhende comme la conséquence naturelle de l'ignorance et des erreurs intrinsèquement liées à notre mortalité. […] C'est pourquoi, je n'emploie jamais l'expression de perfection sans péché, afin de ne pas sembler me contredire moi-même. […] Je crois qu'une personne remplie de l'amour de Dieu est toujours capable de commettre des transgressions involontaires.[23]

Nous devons cependant réfléchir à la question de la responsabilité pour les transgressions involontaires, notamment dans le cadre de nos relations avec les autres. Si nous blessons quelqu'un involontairement, nous pourrions pousser l'idée de Wesley à l'extrême et dire que nous sommes innocents de cette offense parce qu'elle n'était pas intentionnelle. Il est évident qu'aucune relation dans la vie réelle ne pourrait fonctionner sur la base de tels détails théologiques. Sommes-nous personnellement responsables d'un acte non intentionnel ? On pourrait dire non par souci de précision théologique ; mais dans la vie réelle, nous devons prendre nos responsabilités et présenter des excuses (nous repentir) à ceux que nous avons blessés, même involontairement. La relation souffrirait si nous nous déclarions toujours innocents parce que nous n'avions pas de mauvaise intention. Si nous voulions être si théologiquement précis que cela, alors les Wesleyens devraient être au premier rang des tribunaux, à protester contre toutes les punitions contre des actes involontaires comme l'homicide involontaire ! Nous ne ferions évidemment pas cela.

Être en relation implique une générosité d'esprit qui assume la responsabilité du mal que nous faisons à d'autres, intentionnellement ou non. Cela s'applique aussi à notre relation avec Dieu. Même les actes non intentionnels doivent être confessés.

IMPERFECTIONS

On peut distinguer les imperfections des transgressions involontaires, car le terme d'« imperfection » revêt un sens plus général que celui de « transgression ». Plus précisément, les imperfections peuvent mener à des transgressions involontaires. Wesley observe :

> Dans quel sens [ne sommes-nous] pas [parfaits] ? Nous ne sommes pas parfaits en connaissance. Nous ne sommes pas libres de l'ignorance, non, ni de l'erreur. Il ne faut pas davantage s'attendre à ce qu'un homme vivant soit infaillible qu'omniscient. Nous ne sommes pas libres de nos infirmités, comme la faiblesse ou la lenteur de compréhension, une rapidité irrégulière ou une imagination débordante. On peut citer aussi les impropriétés de langage, les défauts de prononciation ; on peut ajouter encore un millier d'autres défauts, de conversation ou de comportement. De telles [imperfections], nul n'est entièrement délivré avant que son esprit ne retourne à Dieu ; on ne peut pas s'attendre non plus, avant cela, à être entièrement délivrés de la tentation ; car « le serviteur n'est pas plus grand que son maître ». Il n'y a donc pas dans ce sens de perfection absolue sur terre.[24]

On voit donc que Wesley a eu besoin de clarifier que la perfection chrétienne ne nous fait pas passer au-dessus de nos limites humaines. Nous ne sommes pas parfaits en connaissance ; nous pouvons même avoir des difficultés intellectuelles. La perfection chrétienne ne fait pas de nous de grands orateurs. Nous sommes toujours loin de la perfection absolue, d'innombrables manières.

Cette distinction a joué un rôle crucial dans ce qu'on a appelé la controverse perfectionniste du début des années 1760. Les responsables de la Société méthodiste de Londres, une société très influente, ont commencé à prêcher la perfection absolue, ou angélique. Cet enseignement s'opposait à plusieurs thèmes de Wesley lui-même. D'abord, ce groupe fanatique croyait que l'entière sanctification remplaçait tout besoin de croissance préalable. Wesley conseillait toujours de rechercher l'entière sanctification par les moyens de grâce : ainsi, la personne la mieux préparée à recevoir le don de l'entière sanctification est celle qui a grandi dans ce sens, au travers des diverses manières de nourrir notre relation avec Dieu : la prière quotidienne, la lecture de la Bible, etc. Ensuite, les responsables de la société (Thomas Maxfield et George Bell) rejetaient le besoin de croissance supplémentaire après l'entière sanctification. L'interprétation correcte de la théologie wesleyenne met le même accent sur la croissance graduelle en grâce et l'entière sanctification instantanée. Un des deux aspects sans l'autre pervertit la doctrine de la perfection chrétienne.

Enfin, ces personnes suggéraient que seules les personnes entièrement sanctifiées sont prêtes à entrer au ciel, minimisant ainsi la puissance de la nouvelle naissance. Wesley a rapidement exclu ces responsables de la société et a commencé à davantage prêcher contre la perfection angélique. Ces prédications incluaient une emphase sur le fait que la grâce qui sauve et qui sanctifie n'efface pas nos imperfections et défauts humains, si bien qu'une autre sorte de grâce est nécessaire pour nos imperfections, ou, plus spécifiquement, ce qu'il appelle nos infirmités.

INFIRMITÉS

Si les imperfections et transgressions involontaires de Wesley font partie de l'expérience humaine normale, la notion d'« infirmités » a une connotation légèrement différente. Une infirmité implique que quelque chose ne va pas, à un niveau plus profond qu'une imperfection. Les infirmités impliquent souvent le corps ou les émotions. Il s'agit soit de maladies physiques, soit de troubles mentaux. Wesley était en avance sur son époque pour reconnaître que ces désordres n'étaient pas dus aux péchés de la personne concernée. Il disait clairement que ces infirmités n'affectent pas notre salut ni notre relation avec Dieu.

> Nous [...] croyons qu'il n'est de telle perfection en cette vie, qui implique une délivrance totale, soit de l'ignorance, soit de l'erreur, sur des choses non essentielles au salut, ou encore de nos multiples tentations, ou de nos nombreuses infirmités, à travers lesquelles notre corps corruptible réprime plus ou moins notre âme. On ne peut trouver de fondement biblique afin de supposer qu'un habitant d'une maison de terre soit entièrement exempt [...] d'infirmités corporelles.[25]

Wesley ne s'attarde longuement sur les infirmités dans aucun traité. Sa correspondance plus personnelle contient cependant beaucoup de références aux désordres physiques et mentaux/émotionnels. Étant donné que la plupart de ses lettres adressées à des hommes traitent de questions administratives ou doctrinales, ce sont ses lettres et conseils spécifiques à des femmes qui éclairent les aspects les plus holistiques de son anthropologie, dans sa gestion des infirmités. Comme on pouvait s'y attendre, il offre une forme d'orientation spirituelle dans la plupart de ses lettres à des femmes, mais il donne presque aussi souvent des conseils sur des maux physiques, des « désordres nerveux » et des souffrances émotionnelles.

Les conseils spirituels de Wesley ont pris de nombreuses formes, des conseils destinés à aider les femmes à faite face aux perplexités de « travailler à leur propre salut » aux exhortations à toujours poursuivre leurs œuvres de charités, des mots de consolation et de réconfort face à un deuil spécifique à des réponses à des questions doctrinales complexes qui exigeaient davantage de clarification, concernant notamment la doctrine de la perfection chrétienne[26]. Wesley terminait souvent ses lettres en posant des questions spirituelles spécifiques. Ainsi, il a demandé à Hannah Ball : « Avez-vous un sens ininterrompu de la présence de Dieu comme un Père aimant et plein de grâce ? Voyez-vous votre cœur monter toujours vers lui ? Et pouvez-vous toujours rendre grâces en toutes choses ? »²⁷

Les conseils de Wesley aux femmes manifestent aussi un intérêt profond pour leur bien-être physique. On peut même affirmer qu'en plus de la prédication et de l'administration, s'occuper des besoins physiques de ses disciples faisait partie intégrante de ses voyages. La préface à sa *Primitive Physic* (Physique primitive)²⁸ montre clairement qu'il se souciait d'abord du coût élevé des nouveaux médicaments, à cause desquels les soins médicaux n'étaient accessibles qu'aux plus riches, mais pas aux pauvres. La « science » de Wesley se rapproche du traitement homéopathique. Il l'a développée en observant l'efficacité des remèdes maison, peut-être souvent mis au point par des femmes. Sa *Primitive Physic* est une collection de remèdes facilement disponibles pour tous les méthodistes et ceux dont ils s'occupaient. Dans beaucoup de ses lettres, Wesley abordait des préoccupations physiques :

> Ma chère sœur, Vous ne me parlez que d'une manière générale de votre santé déclinante, sans préciser de quelle manière ou pour quelle raison. Quand avez-vous commencé à ressentir ce déclin de votre santé ? De quelle manière était affectée ? À quoi vous imaginez-vous que cela est dû ? Comment avez-vous évolué depuis ? Quels moyens de guérison avez-vous employés et à quel effet ? Veuillez m'écrire à ces sujets de la manière la plus détaillée possible, en m'adressant votre courrier à Dublin. C'est notre devoir de prendre soin de la santé de notre corps. […] Affectueusement vôtre, chère Patty.²⁹

Comme sur les sujets spirituels, la spécificité des questions posées par Wesley est remarquable ; ici encore, son impératif est la « particularité » et l'attention aux détails les plus intimes. Après que Mme Chapman ait répondu à sa demande détaillée, il lui a écrit avec confiance : « L'apothicaire semble avoir compris votre cas ; mais vous avez bien fait d'arrêter de prendre des médicaments. Vous feriez bien désormais de pratiquer autant d'activités physiques que possible, surtout en plein air. »³⁰

Ann Bolton, une amie de longue date de Wesley, a souffert de diverses maladies au cours de leurs plus de vingt années de correspondance et d'amitié, si bien que les lettres qu'il lui adresse évoquent souvent sa santé. En 1768, il a écrit :

> Étant donné qu'il n'y a rien de nouveau dans vos affections, si ce n'est une augmentation des mêmes symptômes, je crois que si vous observez les directions que je vous ai données précédemment, cela vous aidera davantage qu'une centaine de médicaments. Les huiles auraient vite fait de vous tuer, de même que tout ce qui charge votre estomac. Vous devez prendre garde à avoir assez d'air pendant la nuit : cela ne vous ferait pas

de mal de dormir la fenêtre légèrement ouverte. Lorsque vous avez ces quintes de toux, mâchez un petit morceau d'écorce (de la taille d'un grain de poivre), avalez votre salive quatre ou cinq fois, puis recrachez le morceau de bois. Prenez autant d'écorce que vous pouvez le supporter, mais pas plus, au risque de votre vie. Voyez si les groseilles vous réussissent ; si oui, mangez-en autant que vous pouvez.[31]

Wesley avait non seulement l'habitude de poser des questions directes et spécifiques, mais il donnait aussi des conseils très spécifiques et détaillés. Il se voyait lui-même comme capable d'influencer la santé et le bien-être du corps. Beaucoup de ses conseils étaient simples. Il était catégorique sur l'importance de ne pas dormir trop longtemps, d'avoir une activité physique régulière et de manger correctement. À un moment donné, il est allé au-delà du domaine familier des remèdes maison, pour proposer à ses disciples de se soumettre à la dernière technologie médicale.

En 1756, Wesley s'est procuré une « machine électrique » (un dispositif qui faisait littéralement subir des électrochocs à son utilisateur), dont il croyait qu'elle était d'une grande valeur médicale. Il a écrit à Mary Bosanquet Fletcher : « Quel dommage que vous n'ayez pas de machine électrique. Elle vous épargnerait beaucoup de douleur [...] et remplacerait pratiquement tout autre traitement médical. »[32] À quelqu'un d'autre, il a écrit : « Si vous aviez l'occasion d'être électrifiée, cela ferait disparaître votre douleur à l'œil, si elle revenait. »[33] Enfin, à Ann Bolton : « Vous devez absolument vous procurer une machine électrique. C'est votre devoir solennel. Vous n'êtes pas davantage libre de détruire votre santé que votre vie. »[34] La santé physique était une discipline spirituelle pour Wesley, si bien que ses conseils étaient presque aussi fermes que n'importe quelle exhortation spirituelle. Dans ce cadre, une machine électrique devient un devoir solennel.

Le modèle de Wesley révèle une interdépendance du « corps », de l'« esprit » et de la « pensée » (ou des émotions). Wesley faisait état d'une profonde stabilité émotionnelle, mais il n'était pas insensible aux autres, qui souffraient de ce qu'il appelle le plus souvent des « désordres nerveux ». Là encore, il n'a pas été avare en conseils. Il a écrit à Mme Knapp :

> J'ai réfléchi sérieusement à votre cas et je vous exprimerai mes pensées librement. Votre corps réprime souvent votre esprit à cause de vos désordres nerveux. Que pouvez-vous donc faire afin de les réduire, ou même de les faire disparaître ? Peut-être parviendrez-vous à les faire disparaître entièrement en suivant mes conseils. Avec l'aide de Dieu, je pense que vous y parviendrez. Je vous conseille donc : 1) de dormir tôt : ne restez jamais debout au-delà de 10h, quelle qu'en soit la raison – pas même pour la lecture ou la prière : n'offrez pas un sacrifice meurtrier ; 2) de vous lever

tôt : ne restez jamais couchée au-delà de 7h, sauf si vous êtes malade ; 3) de prendre garde à Satan qui se transforme en ange de lumière : il ne peut vous faire de mal d'aucune autre manière, étant donné que vous cœur est droit devant Dieu et que vous aspirez à lui plaire en toutes choses.[35]

Les conseils de Wesley révèlent qu'il était ouvert à la possibilité de causes physiques pour des désordres nerveux, au lieu de les catégoriser immédiatement comme étant d'origine spirituelle. Il n'hésitait pas non plus à affirmer que, même si de tels désordres peuvent rendre notre parcours plus éprouvant, les difficultés émotionnelles ne sonnent pas le glas de notre vie spirituelle. Dans cet exemple-type de son discernement spirituel, Wesley a écrit :

> Si (comme c'est le cas pour certains) cette maladie que vous mentionnez ne se manifestait qu'au moment de la prière privée, je serais enclin à lui attribuer une origine surnaturelle, comme un messager de Satan ayant reçu la permission de vous souffleter. Mais puisque vous la constatez aussi à d'autres moments, à chaque fois que vous ressentez des émotions violentes, elle me semble être (du moins en partie) un effet naturel de ce qu'on appelle la faiblesse ou la nervosité.[36]

Wesley maintenait la possibilité d'une victoire spirituelle malgré les troubles physiques ou émotionnels. Il a écrit à Mme Downes : « Vous avez reçu la grâce d'offrir une preuve très claire et durable que la faiblesse des nerfs ne peut empêcher la joie dans le Seigneur. Vos nerfs ont été remarquablement faibles, et ce depuis de nombreuses années, mais pourtant, votre âme peut magnifier le Seigneur et votre esprit se réjouir en Dieu votre Sauveur. »[37] L'optimisme wesleyen est demeuré son herméneutique principale pour interpréter tous les aspects de l'expérience humaine.

La perfection chrétienne est un état spirituel et moral. On peut commettre des transgressions involontaires, manifester toutes sortes d'imperfections communes à tous les êtres mortels et souffrir dans notre corps et dans notre âme, tout en aimant parfaitement. Ici, l'argumentaire de Wesley correspond mieux aux connaissances biologiques et psychologiques actuelles qu'à un système théologique qui met toute notre souffrance sur le dos de nos péchés personnels. Il n'est pas juste de dire à un chrétien hospitalisé pour une dépression nerveuse que tout ira bien pour lui s'il confesse ses péchés cachés, ni ne croire que nous souffrons physiquement à cause de notre manque de foi. La vie dans un monde déchu est forcément imparfaite ; mais nous pouvons avoir un cœur parfait, qui s'exprime par l'amour pour Dieu et pour les autres. Nos infirmités peuvent même nous empêcher d'exprimer cet amour aussi pleinement que nous le souhaitons ; mais Dieu regarde aux intentions du cœur et il voit la pureté et la perfection accomplies par le don de la grâce. La pureté est liée à la morale personnelle. L'amour parfait a un contenu positif qui s'exprime dans le contexte de l'éthique sociale.

> **DE LIFE AND HOLINESS (VIE ET SAINTETÉ) DE MERTON**
>
> La perfection est donc moins liée au fait de chercher Dieu avec ardeur et générosité que d'être trouvé, aimé et possédé par lui, de manière à ce que son œuvre en nous nous rende entièrement généreux et nous aide à transcender nos limites et à réagir à nos propres faiblesses. Nous devenons saints, non pas en surmontant violemment notre propre faiblesse, mais en laissant le Seigneur nous donner la force et la pureté de son Esprit, en échange de nos faiblesses et de notre misère[38].

▸ L'ÉTHIQUE DE L'AMOUR

Un thème important de l'ensemble de ce livre est que la sainteté ne peut se définir que comme l'absence de péché. S'il y a de la place pour une emphase sur cette absence (qu'on ferait mieux d'appeler « pureté »), en mettant l'accent uniquement sur cet aspect de la sainteté, on aboutira forcément à une version déformée, qui tuera la vraie doctrine. La pureté ne peut être décrite d'une manière appropriée que dans le cadre d'un lien étroit et nécessaire avec l'amour parfait. Dans le dernier chapitre, sur la pureté, nous avons porté notre attention sur la moralité, sur les comportements personnels à *éviter*. Maintenant, nous devons nous tourner vers le contenu *positif* de l'amour, que nous avons identifié comme l'éthique sociale.

Chaque aspect de l'emphase wesleyenne incessante sur la sainteté individuelle visait à faire de l'individu un agent d'amour parfait pour ceux qui l'entourent. Une transformation intérieure réelle et durable mène forcément à ce que Wesley appellerait des « actes de miséricorde », accomplis par amour divin sincère. On cite souvent ces paroles de Wesley : « La seule sainteté est sociale. »[39] L'appel à des actes spécifiques de service dans le monde imprègne la conscience méthodiste, pas seulement à l'époque de Wesley, mais aussi au 19ème et au 20ème siècle. Les spécialistes reconnaissent à présent que, bien avant le mouvement qu'on appelle le mouvement de l'évangile social du début du 20ème siècle (un mouvement associé au protestantisme libéral), le méthodisme et le mouvement de la sainteté de la fin du 19ème siècle évangélisaient déjà les exclus, venaient en aide aux démunis, prenaient soin des malades, nourrissaient les pauvres, défendaient les opprimés et luttaient pour la libération des esclaves et des femmes, tout cela au nom de l'amour parfait de Dieu et du prochain[40]. Aux fins de ce chapitre, nous répartirons ces actes en trois catégories : évangélisation, ministère de compassion et justice sociale. La théologie wesleyenne nous pousse toujours à toucher des vies réelles avec un amour réel.

ÉVANGÉLISATION

Une expression de l'éthique de l'amour consiste à chercher la guérison spirituelle profonde ou le salut des autres. La tradition wesleyenne de la sainteté a toujours fait de l'évangélisation une de ses premières priorités. On peut légitimement se demander si Wesley n'en serait jamais venu à prêcher dans les champs, avec « le monde pour paroisse », s'il n'avait pas été exclu des chaires anglicanes. Cette manière de faire l'a rapproché des personnes réelles, avec leurs besoins réels, en même temps qu'elle a confronté tous ses prédicateurs aux gens ordinaires, à la fois en Grande-Bretagne et en Amérique.

Après 1738 et Aldersgate, Wesley a vu le besoin de prêcher le « salut » par la foi, suivi de l'« assurance », partout où il allait. Il s'est en grande partie aligné sur les grands revivalistes de son époque, comme Jonathan Edwards et George Whitefield. Il appelait tous les hommes à la foi en Jésus-Christ. Il s'agit clairement d'un appel « évangélique » à la nouvelle naissance et à devenir une nouvelle créature. Il a dit à ses prédicateurs laïcs :

> Vous n'avez rien d'autre à faire que de sauver des âmes. C'est pourquoi, consacrez-vous entièrement à cette œuvre. Allez toujours, non seulement vers ceux qui veulent bien de vous, mais vers ceux qui vous veulent le plus. Observez : ce n'est pas votre affaire de prêcher un certain nombre de fois, et de vous occuper de telle et telle société ; mais de sauver autant d'âmes que vous le pouvez ; d'amener autant de pécheurs que possible à la repentance.[41]

Contrairement à ses contemporains calvinistes, Wesley avait une compréhension du salut qui, ainsi que nous l'avons expliqué précédemment, au chapitre 7, représente une vision plus vaste et plus holistique :

> Par le salut, j'entends, non pas uniquement, selon le sens courant, la délivrance de l'enfer ou l'entrée au ciel, mais la délivrance présente du péché, la restauration de l'âme dans son état primitif, sa pureté originelle ; le recouvrement de la nature divine ; le renouvellement de nos âmes à l'image de Dieu, en toute droiture et véritable sainteté, en justice, miséricorde et vérité.[42]

Pour Wesley, l'évangélisation, pour avoir des résultats durables, devait aboutir à une méthode de formation spirituelle durable pour le nouveau croyant. Le génie du méthodisme, auquel on peut attribuer sa croissance significative et durable, réside en ses petits groupes (bandes et classes), qui mettaient en lien les nouveaux convertis à des fins de croissance spirituelle.

Il faut prendre garde aujourd'hui à ne pas oublier le dessein et la motivation des efforts d'évangélisation holistique de Wesley. Nous devons faire attention au consumérisme, qui infiltre si facilement notre œuvre au service du Royaume de Dieu et nous tente d'évangéliser pour voir des « résultats », une croissance numérique, plutôt que par amour. Une autre tentation à laquelle nous devons prendre garde est celle d'évangéliser uniquement par devoir. Si nous oublions que le dessein et la motivation de l'annonce de l'Évangile est l'amour du prochain, alors notre évangélisation deviendra trop facilement formelle, vide et, en définitive, inefficace et déshumanisante. L'amour exige de notre part une vie de disciple qui développe une relation authentique et profonde avec les autres et qui les intègre entièrement à la vie de notre « corps ». Les bandes et classes wesleyennes montrent que la communauté de foi est absolument indispensable dans la vie et la croissance dans la foi d'un nouveau croyant, notamment sa croissance dans la sainteté et l'amour parfait.

MINISTÈRE DE COMPASSION

Il est indéniable que les efforts évangélistes de Wesley étaient d'abord dirigés vers les pauvres. Il aurait cependant été inconcevable pour lui de *prêcher* la Bonne Nouvelle de l'Évangile, sans pourvoir aussi aux besoins physiques fondamentaux de son public. Au-delà de cela, il croyait que servir des pauvres était non seulement nécessaire dans la vie d'un bon méthodiste, mais que de vivre au plus près des pauvres était requis pour une vie de disciple authentique. D'après Theodore Jennings, « pour Wesley, une semaine sans rendre visite aux pauvres dans leur taudis était aussi inimaginable qu'une semaine sans prendre part à l'eucharistie. »[43] Son engagement était incessant. Il pouvait dire : « Les honorables et les grands, nous sommes tout à fait disposés à vous les laisser ; laissez-nous seulement seuls avec les pauvres, les gens du peuple, de la base, les exclus d'entre les hommes. »[44]

Les méthodistes du 18ème siècle donnaient aux pauvres, vivaient avec eux et les préféraient aux autres. C'était une question de principe pour Wesley, qui lui semblait bibliquement fondée et théologiquement saine, mais qui était mue par ses contacts avec les personnes réelles qu'il appelait les siens et qu'il se sentait appelé à aimer au nom de Christ. Le mouvement de la sainteté avait un programme similaire : la plupart des groupes plaçaient les exclus et les nécessiteux au cœur de leur ministère. L'œuvre de l'Armée du salut est peut-être le meilleur exemple de ce principe, mais d'autres dénominations étaient tout aussi actives afin de répondre aux besoins des gens ordinaires.

Au cours des dernières années, des voix se sont faites entendre au sein des dénominations de la sainteté, afin d'appeler à revenir à ces racines. Nos racines contiennent des modèles importants pour nous, mais nous devons être animés une préoccupation renouvelée, qui émane du cœur, pour la vie présente. Nous ne devons pas seulement aspirer à faire comme nos prédécesseurs parce que ce qu'ils faisaient était bien, mais aussi en étant nous-mêmes frappés de l'importance de laisser l'amour parfait remplir nos cœurs et en déborder, afin que cet amour nous pousse à aller vers les autres (2 Corinthiens 5.14). Pour Wesley, un cœur purifié par la grâce sanctificatrice de Dieu se manifeste par son amour pour Dieu et pour son prochain. Il doit en être de même pour nous.

Comme nous savons, Jésus définissait notre « prochain » d'une manière très différente de ce qui nous mettrait naturellement à l'aise. Il a choisi un Samaritain comme héros de son récit et des religieux comme exemples d'échec. Les Samaritains étaient un peuple méprisé des Juifs à l'époque de Jésus. Le récit de Luc 10 remettait les Pharisiens à leur place. Cette parabole, avec d'innombrables autres enseignements de Christ, ainsi que ses interactions, montre que nous sommes appelés à aimer les autres, quel que soit leur statut. Jésus entend que ceux qui aiment le plus sont ceux qui ont reçu le plus de grâce et de miséricorde (Luc 7.47). Nous sommes à présent appelés à représenter son amour à tous ceux qui nous entourent et à être ses mains et ses pieds, afin de manifester sa compassion.

JUSTICE SOCIALE

L'intérêt de Wesley ne se limitait pas à nourrir les pauvres, les vêtir et prendre soin d'eux, mais aussi à rectifier et réformer les structures sociales qui les maintenaient dans la pauvreté. Il en était de même du mouvement de la sainteté. Décrire ces structures oppressives comme la conséquence regrettable du mal dans le monde, qui résulte de la chute, était et demeure insuffisant. Cela s'oppose à l'essence même de l'optimisme wesleyen. L'action, spécifique et intentionnelle, en faveur de ce qu'on appelle aujourd'hui la justice sociale, doit aussi être au cœur de la théologie wesleyenne de la sainteté. Au cours des dernières années, plus de 100 millions d'enfants sont morts de la pauvreté. (À titre de comparaison, 12 millions de personnes sont mortes victimes de l'Holocauste sous les nazis.) Notre monde est troublé par un holocauste de négligence. Des structures nationales, politiques et institutionnelles contribuent à cette réalité épouvantable. Les chrétiens ont la responsabilité de travailler à soulager non seulement les symptômes, mais aussi les raisons de la souffrance. Cela s'applique sur le plan personnel, local et global. Parfois, cela passe par l'action politique.

Tout système éthique, même l'éthique de l'amour, exige incontestablement beaucoup de discernement afin de savoir comment mettre en œuvre nos principes. Avant et pendant la Guerre civile américaine, les méthodistes étaient divisés sur la question de l'esclavage, ce qui a provoqué une scission ecclésiale temporaire. La plupart, voire tous les membres du mouvement de la sainteté se sont opposés à l'esclavage et sont devenus abolitionnistes ; mais ils avaient différentes manières d'exprimer et de manifester cette conviction. Le bien-fondé de la cause abolitionniste n'est réellement visible qu'avec le recul que nous avons aujourd'hui. Au moment où nous sommes appelés à prendre de telles décisions éthiques, nous ne pouvons agir que par la foi, en croyant que nous suivons la loi de l'amour.

Un exemple un peu plus proche de notre contexte est celui du pasteur et théologien luthérien Dietrich Bonnhoeffer. Pendant la 2ème Guerre mondiale, alors qu'il a eu l'occasion de quitter l'Allemagne en toute sécurité, il a choisi de rester et de s'opposer à Adolf Hitler, allant finalement jusqu'à décider que la bonne chose à faire pour un chrétien était de tenter de l'assassiner. Il a été capturé et exécuté, quelques jours à peine avant la chute du 3e Reich. Son plan d'action est évidemment très discutable : certains pensent que tuer n'est jamais le bon choix pour un chrétien, tandis que d'autres, comme lui, estiment que cela se justifie de prendre une vie pour en sauver d'innombrables autres.

Depuis les années 1960, on remarque l'émergence de diverses théologies connues aujourd'hui sous le nom de théologies de la libération. Ces théologies se caractérisent par le fait qu'elles émanent d'un contexte spécifique : celui d'un groupe marginalisé. On parle parfois de ces questions en employant le terme d'« orthopraxie », bonne pratique, d'une manière similaire à celui d'orthodoxie pour la bonne croyance (ou le bon culte). Même si certains de ces groupes ont développé des réflexions théologiques complexes, l'objectif ultime pour chacun d'eux demeure la libération pratique des opprimés. Des exemples historiques sont la théologie noire, la théologie féministe, la théologie de la libération sud-américaine, la théologie asiatique et la théologie latino. Les spécialistes ont fait le lien entre ces mouvements et l'optimisme de John Wesley par rapport à la transformation sociale.

Wesley défendait les esclaves Noirs en Angleterre et en Amérique, il est reconnu comme un féministe assez progressif à la lumière de sa conception de l'égalité spirituelle et ecclésiale des hommes et des femmes et de son acceptation du droit des femmes à prêcher. Ainsi que nous l'avons dit, il était du côté des opprimés, des pauvres et des exclus de la société. Le thème de la libération transparaît clairement dans sa vision individuelle et sociale. En parlant de son optimisme par rapport à notre véritable libération de la puissance du péché dans cette vie, il envisageait la libération sociale de certains groupes et classes marginalisés et il exigeait que ses disciples méthodistes agissent dans le sens des libertés humaines.

Cette vision de la transformation sociale, au 19ème siècle, a pris encore plus d'ampleur aux États-Unis, qui sont passés par une phase utopiste généralisée. L'idée que tout est possible a donné naissance au rêve américain. L'expression chrétienne de cet utopisme a pris la forme d'un postmillénarisme fervent, la croyance que l'Église chrétienne doit travailler à l'avènement du Royaume de Dieu sur terre en mettant en œuvre les principes du Royaume dans le monde présent. Ainsi, l'Église doit agir dans le sens de la transformation sociale. Ces chrétiens croyaient que si l'Église jouait vraiment son rôle, Dieu viendrait. Il s'agit d'une idée très différente du plus pessimiste qui a commencé à dominer la théologie évangélique après la 1ère Guerre Mondiale. Ce changement eschatologique ne doit cependant pas nous empêcher de continuer à agir aujourd'hui dans le sens du changement social. Beaucoup de théologiens wesleyens de la sainteté (par ex. Kristina LaCelle-Peterson[45], Donald Dayton[46], Douglas Strong[47]) croient que la lutte contre les structures sociales oppressives constitue une expression cruciale de la doctrine de l'amour parfait.

Là encore, nous avons besoin de beaucoup de discernement afin de déterminer quelle est la voie de l'amour dans une situation donnée. Il est plus facile de suivre un ensemble statique de règles qui ne nous obligent pas à trop réfléchir, mais l'amour est la dynamique de la sainteté, qui ne correspond pas toujours à nos modèles prévisibles. Au final, cependant, l'amour « n'aura pas de fin » (1 Corinthiens 13.8). Ce qu'on peut dire est qu'en évitant de corriger les raisons de la souffrance, mais en se contentant de la soulager, on passe à côté du modèle wesleyen de la sainteté. La sainteté en tant qu'amour parfait, enseignée et incarnée par John Wesley et ses disciples, n'est pas seulement le passé, mais aussi l'avenir du mouvement de la sainteté. En plus de le caractériser, elle lui donne aussi sa direction.

▶ « FAUT-IL LAISSER TOMBER OU INSISTER DESSUS ? »

Ce chapitre a présenté la doctrine historique de la perfection chrétienne, selon Wesley et le mouvement de la sainteté. La question de la viabilité de ce concept pour aujourd'hui demeure cependant.

Il est toujours viable si nous pouvons d'une manière ou d'une autre communiquer à nos contemporains une compréhension aristotélicienne de la perfection qu'ils puissent adopter. Cela semble cependant improbable, étant donné que l'idée de perfection absolue (platonique) est profondément enracinée dans leur esprit, surtout en Occident. Si Wesley avait besoin de toujours expliquer ce qu'il entendait par perfection, surtout d'expliquer ce que la perfection chrétienne n'est pas, il en sera de même pour nous.

L'expression d'« amour parfait » semble plus appropriée, car elle écarte l'idée que la perfection implique l'absence de péché et que l'amour parfait équivaut à l'entière sanctification. Là encore, la pureté et l'amour, dans une relation permanente avec Dieu et les autres, qui grandissent toujours en maturité, doivent tous deux être inclus afin de demeurer fidèles à la véritable intention de Wesley. Le mouvement de la sainteté du 19ème siècle a parfois tronqué ce sens plus complet ; mais même l'« amour parfait » peut être mal compris.

Une brève revue biblique des termes grecs traduits par « perfection » révèle des nuances dont on ne s'aperçoit souvent pas en français. La plupart de ces termes ont une connotation de maturité, de complétude ou de plénitude. Ils impliquent parfois d'accomplir le dessein ou d'atteindre la fin que Dieu a prévue pour nous, en l'occurrence l'amour. À quelques rares occasions, ils sont employés afin de mettre en opposition les chrétiens matures et les bébés spirituels. Ailleurs, ils impliquent que nous sommes qualifiés. Ils ne font que rarement référence à une bonne conduite, mais plutôt souvent à la qualité de notre caractère.

Une association de ces deux expressions communiquerait peut-être mieux la réalité théologique derrière l'expression de « perfection chrétienne » au 21ème siècle. Dès lors, on peut répondre ainsi à la question de savoir s'il vaut mieux laisser tomber ou insister dessus : il faut continuer à définir et à raffiner ces expressions, tout en insistant fermement sur la vérité qu'elles cherchent à communiquer à travers leur riche tradition, la pureté et l'amour au service des autres, à travers la grâce de Dieu, qui nous sanctifie et nous rend capables. Nous découvrirons cette capacitation au prochain chapitre.

OBSERVATIONS RÉCAPITULATIVES

1. La « perfection chrétienne » est une expression employée par Wesley pour parler de la pureté de cœur et des actes d'amour extérieurs.
2. Wesley employait cette expression en référence à la fois à l'entière sanctification et au mode de vie qui en découle.
3. Par cette expression, Wesley entendait les éléments suivants : la pureté d'intention, une vie semblable à Christ et l'amour de Dieu et du prochain.

4. La « perfection chrétienne » est une expression morale, qui exclut les transgressions involontaires, les imperfections et les infirmités.
5. Le mouvement de la sainteté du 19ème siècle avait tendance à réduire la définition wesleyenne plus vaste de la perfection chrétienne à la seule entière sanctification.
6. L'éthique de l'amour a des implications sur l'évangélisation, le ministère de compassion et la justice sociale.

QUESTIONS DE RÉFLEXION

1. Pourquoi Wesley a-t-il dû expliquer si souvent ce qu'il entendait par la perfection chrétienne ?
2. Qu'est-il arrivé à la perfection chrétienne en Amérique au 19ème siècle ?
3. Quels aspects de la perfection chrétienne devons-nous maintenir aujourd'hui ?
4. Avez-vous une idée d'une autre expression pour remplacer celle de « perfection chrétienne », tout en maintenant cette vérité pour le 21ème siècle ?

DIX

La sainteté en tant que puissance

OBJECTIFS D'APPRENTISSAGE

Votre étude de ce chapitre vous permettra …
1. de voir la puissance comme un aspect-clé de la sainteté,
2. de comprendre que la puissance de Dieu brise celle du péché,
3. de reconnaître une « puissance d'être soi-même » que Dieu donne à ceux qui luttent avec l'impuissance, notamment le manque d'estime de soi,
4. d'affirmer que la puissance doit être définie dans un sens chrétien, et non selon le monde,
5. de comprendre que la puissance de Dieu est rendue parfaite dans la faiblesse et que Dieu se sert parfois de nos blessures pour aider d'autres personnes.

MOTS-CLÉ

abolitionnisme
postmillénarisme
dynamisme

Jésus s'est tenu devant ses disciples pour la dernière fois le jour de son ascension et leur a dit : « Mais le Saint-Esprit descendra sur vous : vous recevrez sa puissance et vous serez mes témoins à Jérusalem, dans toute la Judée et la Samarie, et jusqu'au bout du monde. » (Actes 1.8) Déjà avant sa mort, il leur avait promis de leur envoyer le Saint-Esprit, qui les réconforterait, les guiderait dans la vérité et convaincrait le monde de péché. Il a prédit l'avènement du Saint-Esprit sur tous les hommes. C'était la promesse du Père (verset 4) qui comptait pour lui. Curieusement, il ne semblait pas se considérer lui-même comme le don ultime à l'humanité, même si le salut est en lui seul ; mais il montrait vers l'immanence et la dynamique spirituelles de l'Esprit qui avait été promis et qui rendrait parfaite sa propre œuvre.

Le Saint-Esprit est l'extension ultime de Dieu, car par son Esprit, Dieu se rend disponible à chacun de nous. Le Saint-Esprit représente pleinement Christ, qui représente lui-même Dieu, sur terre. À son ascension, cependant, son message s'est intensifié. Lorsque le Saint-Esprit est venu, il a dit à ses disciples qu'ils recevraient une puissance, spécialement pour être les témoins de l'Évangile dans le monde entier. De même, nous affirmons que nous recevrons une puissance, un thème central de la théologie de la sainteté.

Au cours des premières décennies du mouvement de la sainteté, le thème de la puissance jouait un rôle prédominant dans son message. L'entière sanctification était mise en lien avec les événements du jour de la Pentecôte. Les responsables et prédicateurs du mouvement, au cours des dernières décennies du 19ème siècle, se concentraient sur le changement personnel et social, avec beaucoup d'optimisme. La Pentecôte était vue comme l'ouverture d'horizons illimités pour les personnes de tous les secteurs de la société. La théologie de la sainteté était souvent associée à des causes comme l'abolitionnisme, l'aide aux pauvres et aux opprimés. Il y avait une réelle espérance de faire venir le Royaume de Dieu à travers le changement social (une idée connue sous le nom de postmillénarisme). Rien de tout cela n'aurait été possible sans la puissance de Dieu, manifestée par le Saint-Esprit à travers l'expérience de l'entière sanctification, puis tout au long de la vie chrétienne. La métaphore du baptême de l'Esprit était étroitement liée à cette puissance, qui nous permet d'aller au-delà de ce qui est humainement possible. Le baptême de l'Esprit était fondamental pour l'identité du mouvement.

Plus récemment, à la fin du 20ème siècle, la viabilité du lien exégétique entre l'expérience de l'entière sanctification, la Pentecôte et le baptême de l'Esprit, a été fortement remise en cause[1]. Par ailleurs, certains étaient préoccupés de ce qu'en renonçant à la centralité de la métaphore du baptême de l'Esprit, on perdrait la juste emphase sur la puissance d'une vie sanctifiée. L'abandon de l'interprétation de la Pentecôte comme synonyme de l'entière sanctification n'impliquait cependant pas l'abandon du message de puissance du Nouveau Testament, sur le péché, sur soi-même et lorsque les choses vont mal. Paul, de même que d'autres auteurs du Nouveau Testament, revient encore et encore sur ce thème de la puissance, la *dunameôs* ou le dynamisme de la vie chrétienne.

PUISSANCE DE VIE ET DE PIÉTÉ

> Par sa puissance, en effet, Dieu nous a donné tout ce qu'il faut pour vivre dans la piété, en nous faisant connaître celui qui nous a appelés par la manifestation de sa propre gloire et l'intervention de sa force. Ainsi, nous bénéficions des dons infiniment précieux que Dieu nous avait promis. Il a voulu, par ces dons, vous rendre conformes au caractère de Dieu, vous qui avez fui la corruption que les mauvais désirs font régner dans ce monde. (2 Pierre 1.3-4)

▶ LA PUISSANCE DE VAINCRE LE PÉCHÉ : LA VIE PAR L'ESPRIT

La théologie wesleyenne de la sainteté, ainsi que nous l'avons observé tout au long de ce livre, est résolument optimiste par rapport aux effets potentiels de la grâce de Dieu dans la vie du chrétien. Le mouvement wesleyen de la sainteté, tout en prenant la puissance du péché très au sérieux, croit qu'en définitive, celle de la grâce est encore plus grande dans cette vie. En un sens, c'est ce qui distingue leur tradition des autres : au lieu d'attendre une vie meilleure au ciel seulement, on peut s'attendre à mieux dans la vie présente : une véritable transformation, une croissance significative à l'image de Christ et la puissance pour vaincre le péché.

Cette idée est peut-être le mieux illustrée par la lettre de Paul aux Romains, aux chapitres 5-8. La dernière partie du chapitre 7 offre un aperçu des luttes humaines contre le péché. Paul décrit une personne dominée par son péché. Quoi qu'elle cherche à faire de bien, elle en est incapable. De même, quoi qu'elle cherche à éviter de mal, c'est ce qu'elle finit par faire. Paul décrit d'une manière très vivace les luttes internes d'une telle personne, dont il affirme qu'elle est sous la loi, et non sous la grâce.

Les interprétations de ce passage divergent, mais la plupart des Wesleyens comprennent que Paul ne décrit pas sa situation présente, même s'il se sert du présent historique. Pour parvenir à cette conclusion, il suffit de lire ce qui suit au chapitre 8. Ce que Paul décrit en Romains 7 ne doit pas correspondre à l'expérience d'un chrétien sauvé, racheté ou sanctifié.

La métaphore de l'esclavage employée par Paul peut être quelque peu difficile à saisir pour nous aujourd'hui : nous la comprenons intellectuellement, mais elle ne nous parle plus autant que dans le passé. Une métaphore plus pertinente pour nous serait peut-être celle de l'addiction : une personne dépendante à un comportement ou à une substance est consommée par son besoin de satisfaire son désir. C'est presque comme si elle ne pouvait pas faire autrement. Il semble impossible d'essayer d'ignorer une addiction. La personne commence à être façonnée par son addiction, au point où elle prend un rôle central dans sa vie, affectant ainsi tous ses autres actes. Alors, le sentiment d'avoir perdu tout contrôle de ses choix domine sa vie.

C'est le type de situation que Paul évoque. Dans sa description, il personnifie presque les désirs pécheurs (la chair) comme une entité qui combat contre tout ce qu'il y a de bon en nous, contre les bons desseins auxquels nous sommes tous appelés et pour lesquels nous avons été créés. Au final, Paul lève les mains et s'écrie : « Qui me délivrera de ce corps voué à la mort ? » (Rom. 7.24) Qui nous délivrera du péché qui nous attire si fortement vers la mort spirituelle ? La question de Paul n'est cependant clairement pas la fin de l'histoire. Pourtant, certaines traditions se servent de ce passage de Romains 7 pour décrire la vie du chrétien, jusqu'à ce qu'il soit délivré de la vie terrestre et enlevé au ciel. Là encore, la théologie wesleyenne de la sainteté affirme fermement que la délivrance à laquelle Paul aspire est possible pendant notre vie sur terre, par la grâce de Dieu et plus spécifiquement, par la présence du Saint-Esprit qui demeure en nous. C'est pourquoi, il s'écrie aussi : « Dieu soit loué » (verset 25). Il poursuit : « Car la loi de l'Esprit qui nous donne la vie dans l'union avec Jésus-Christ t'a libéré de la loi du péché et de la mort. Car ce que la Loi était incapable de faire, parce que l'état de l'homme la rendait impuissante, Dieu l'a fait : il a envoyé son propre Fils [...] pour que la juste exigence de la Loi soit pleinement satisfaite en ce qui nous concerne, nous qui vivons, non plus à la manière de l'homme livré à lui-même, mais dans la dépendance de l'Esprit. » (8.2-4)

Ce texte englobe trois aspects importants de la théologie de la sainteté. D'abord, nous sommes incapables de nous libérer nous-mêmes de la puissance addictive du péché. Trois mots dans ce passage soulignent cette vérité évangélique fondamentale : « Dieu l'a fait ». Il a pris l'initiative de nous libérer d'une vie d'esclavage. Nous ne pouvons pas nous sauver nous-mêmes, nous sanctifier nous-mêmes ni briser la puissance du péché de par nos propres forces, quelle que soit la pureté de nos intentions.

Ensuite, par la puissance de Dieu, nous pouvons accomplir pleinement la « juste exigence de la Loi ». Ce qui était impossible par nos propres forces devient pleinement possible à cause de ce que Dieu a accompli en Christ. S'agit-il d'un appel à revenir à une forme de perfectionnisme ou de légalisme ? Dans ce cas, Paul contredirait ici l'essence même de son Épître aux Romains. Notre justice vient de la foi, elle émane de la justice de Christ ; mais elle va au-delà de la simple imputation de la justice de Christ. La justice ou la sainteté à laquelle Paul nous appelle ici nous est également impartie par la grâce. Ainsi, nous sommes réellement transformés en notre être intérieur, puis, en réponse à cette transformation, la sainteté devient non seulement possible, mais aussi réelle. Ainsi que Paul le dira en Romains 13, c'est la loi de l'amour qui nous permet de vivre pleinement la sainteté que nous proclamons.

Enfin, Paul nous rappelle clairement que la grâce n'est pas quelque chose de statique, que nous recevons à un moment donné de notre vie chrétienne, mais qu'elle agit à travers une participation quotidienne dynamique, vivante et croissance à la vie de Dieu. Pour exprimer cela, Paul nous appelle à vivre « dans la dépendance de l'Esprit » (8.4). Nous sommes appelés à vivre selon l'Esprit. « Car ceux qui sont conduits par l'Esprit de Dieu sont fils de Dieu. » (verset 14)

Ainsi, la vie chrétienne, soutenue par la grâce et par le Saint-Esprit qui vient demeurer en nous, est une vie de puissance, même sur le péché. Wesley lui-même était lassé par la question de savoir si cela impliquait ou non une absence absolue de péché. Il croyait que celle question passait à côté de l'essentiel[2] : une vie sanctifiée n'est plus esclave de la puissance du péché, de la « nature pécheresse ». Wesley a fait face à une controverse dans une de ses sociétés, dont les responsables affirmaient directement que la sanctification nous rend incapables de pécher. Il s'est opposé fermement à cet enseignement et a pris des mesures afin d'écarter ses responsables et de corriger la théologie de la société. (Voir la partie sur la controverse perfectionniste, au chap. 9) Rien ne nous enlèvera jamais notre capacité à pécher ; mais une vie sanctifiée, remplie de l'Esprit, efface notre propension à pécher. La puissance de Dieu est réellement plus grande que celle du péché, déjà dans la vie présente.

▸ LA PUISSANCE DE L'INDIVIDUALITÉ

Jésus a dit que pour « trouver » (Matt. 10.39) ou « préserver » (Luc 17.33) notre vie, nous devons la perdre pour lui. Il aurait tout aussi bien pu dire que pour être nous-mêmes rendus capables, nous devons nous abandonner. En fait, dans le même texte, il nous appelle à renoncer à nous-mêmes. Sur le plan historique et théologique, le mouvement de la sainteté a toujours eu un aperçu clair de cette réalité spirituelle. Nous nous concentrons sur l'abandon, la consécration, la dévotion totale et une vie de sacrifice, avec l'aide de l'Esprit. Encore plus spécifiquement, nous avons traditionnellement associé ces synonymes de l'abandon à l'expérience de l'entière sanctification. Cette forme d'abandon obéissant est difficile, mais nous devons reconnaître qu'il ne s'agit pas d'un message empreint de dureté ; nous ne sommes pas appelés à une vie morne et austère. Au contraire, une vie de sainteté est tout sauf sévère, stricte ou terne. Le message de la sainteté est un message de vie, de vitalité, de plénitude, de profondeur, de joie inexprimable et de puissance. Les paroles de Jésus ne nous appellent pas seulement à perdre nos vies : elles nous promettent aussi que nous trouverons la véritable vie en lui. Par ailleurs, notre obéissance elle-même est rendue possible à travers le Saint-Esprit, en participant aux moyens de grâce.

La grâce nous donne une identité, afin de nous permettre de l'abandonner. Pourtant, en opposition à l'emphase du mouvement de la sainteté, à ses origines, sur la capacitation des impuissants, aujourd'hui, nous appelons souvent les personnes à renoncer à elles-mêmes avant qu'elles n'aient reçu une identité à laquelle renoncer. Qu'il s'agisse d'oppression politique, de structures sociales, de normes culturelles, de problèmes familiaux, voire d'abus, ou d'innombrables autres raisons, tant d'êtres humains ont été gravement incapacités, et même privés de tout sentiment de personnalité ou de soi. La haine de soi, la critique de soi et une notion malsaine de soi sont courants aujourd'hui. Pourtant, il y a ceux qui disent que l'estime de soi n'est pas biblique et qui ont une idée négative de l'amour de soi. Mais est-ce ce qu'enseignent les Écritures ? Non.

Trop de personnes ont été opprimées au nom du christianisme. Par analogie, cela n'a pas de sens de dire à un esclave, qui n'est pas libre, de choisir de vivre comme un esclave. Avant la Guerre civile américaine, le Sud se servait même de cette injonction prétendument biblique dans sa rhétorique, afin de cautionner l'esclavage. D'une manière similaire, cela n'a pas de sens de dire aux pauvres de renoncer à leurs grandes richesses. Ainsi, de la même manière, dire à quelqu'un qui n'a pas d'identité propre de renoncer à lui-même est à la fois existentiellement ahurissant et implicitement cruel. Mais y a-t-il une alternative, en tant que chrétiens ?

Oui, tout à fait. Les messages bibliques de la résurrection, de la restauration de l'image de Dieu, de la capacitation afin de vivre et de servir, de la nouvelle naissance, de la nouvelle création et, surtout, de la sainteté et de la sanctification, montrent tous vers la puissance de Dieu manifestée dans la vie du chrétien, par la puissance du Saint-Esprit qui descend sur nous et vient demeurer en nous. Dans toutes ses applications, le Saint-Esprit, en descendant sur nous, n'efface jamais notre personnalité ! Au contraire, la vie en Dieu nous vivifie ; elle nous donne la véritable vie, par la grâce libératrice de Dieu. Nous nous trouvons nous-mêmes en Dieu ! Ce n'est qu'en trouvant cette identité qui vient de Dieu que nous pouvons ensuite nous donner nous-mêmes par amour. Il ne s'agit cependant pas réellement d'une perte, car en se perdant soi-même, on se retrouve en Dieu. Malheureusement, certaines expressions historiques ont tellement mis l'accent sur le reniement de soi que celui-ci semble être l'objectif de la vie chrétienne.

Autant nous avons beaucoup à apprendre, par exemple, de la spiritualité ascétique antique et du mysticisme médiéval, autant Wesley demandait que de telles expressions de reniement de soi soient accompagnées de services pratiques et relationnels rendus aux autres. Il appréciait profondément la tradition mystique modelée dans la vie de personnalités comme Thérèse d'Avila, Jean de la Croix et François Fénelon, dont l'expérience de Dieu l'impressionnait beaucoup ; mais il a conclu qu'ils sont allés trop loin. Il était en désaccord avec eux sur deux points principaux. D'abord, il rejetait l'idée que l'objectif de l'expérience chrétienne était l'unification avec Dieu. Les mythiques croyaient qu'un chrétien peut progresser à travers certaines étapes d'auto-purge, jusqu'à l'expérience ultime de l'unification divine. Certains d'entre eux croyaient que l'objectif de l'unification était la perte totale de soi dans l'essence de Dieu. Wesley rejetait à la fois le fait de viser un tel effacement de soi et sa possibilité même. Il était soucieux de maintenir la distinction théologique entre essence divine et humaine : dans le schéma wesleyen, nous devenons semblables à Dieu, mais nous ne devenons pas une partie de Dieu. Le mysticisme s'approchait de la notion de prendre part à la nature de Dieu, une idée indéfendable pour Wesley[3].

Ensuite, un point plus important pour ce chapitre, Wesley voulait réfuter ce qu'on appelle le quiétisme de certains ascètes et mystiques, ainsi que du groupe de Moraves à qui il devait tant, puisqu'ils lui avaient appris sa doctrine de *sola fide*. Wesley n'a jamais voulu affirmer un christianisme qui négligeait les interactions avec les autres dans la vie réelle, ainsi que les œuvres pratiques auxquelles Dieu appelle ceux qui sont sauvés par la grâce. Certaines formes de quiétisme affirment que de telles œuvres constituent un affront à la grâce de Dieu. Ainsi, les expressions chrétiennes quiétistes peuvent mener à une telle emphase sur notre propre quête spirituelle que les expressions pratiques de l'amour du prochain sont négligées. Le reniement de soi n'a jamais été une fin en soi dans le christianisme biblique.

Nous sommes vivants en Dieu, afin que notre renoncement à nous-mêmes nous mène à un plus grand dessein. Ainsi, nous sommes appelés au même amour qui se vide que celui que Jésus-Christ a manifesté envers nous. L'amour qui se vide (kénose) pour les autres est l'expression ultime et l'extension appropriée du soi et du renoncement à soi-même. Revendiquer la puissance afin de nous vider semble paradoxal, mais Christ lui-même nous montre comment fonctionne ce paradoxe.

L'amour kénotique de Christ n'a jamais exigé qu'il se perde lui-même. C'est son identité divine et sa relation avec le Père, par l'Esprit, qui a permis à Christ de se vider lui-même à la croix, rien que pour être à nouveau rempli de toute la plénitude de Dieu. En fait, Christ continue encore maintenant de se vider lui-même pour nous. D'ailleurs, il y a toujours plus de Dieu en Christ, dont il peut se vider, puisqu'il intercède pour nous dès à présent. L'amour kénotique est ce que Christ a exprimé et continue d'exprimer, envers nous et envers le monde.

C'est un tel amour que Dieu a exprimé pleinement en envoyant son Fils comme Sauveur. Nous nous servons du terme de « kénose » afin d'essayer de décrire cet amour inexprimable, mais nous devons aller plus loin et nous demander quel est le lien entre un tel amour qui se donne et la puissance : sont-ils aussi opposés qu'il semble à première vue, ou bien pouvons-nous regarder plus profondément dans cet amour kénotique en Dieu, afin de voir qu'il exige et demande une définition différente, et même paradoxale, de la puissance ?

Tout au long de sa vie, Jésus a manifesté sa puissance divine. Il guérissait les malades, rendait la vue aux aveugles, libérait les opprimés et ressuscitait même les morts. Il a changé l'eau en vin, nourri des milliers d'hommes avec un morceau de pain, marché sur l'eau et calmé la tempête. On peut reconnaître la puissance de Dieu, ou plutôt celle du Saint-Esprit, en Christ, tout au long de son ministère. Nous affirmons aussi la puissance de la résurrection : Dieu a ressuscité d'entre les morts le Fils crucifié. En Éphésiens 1.18-20, Paul entend que nous prenons part à sa puissance : la même puissance qui a ressuscité Jésus d'entre les morts agit en nous. Toujours à la suite de Paul en 1 Corinthiens 15, le christianisme orthodoxe a proclamé que la foi chrétienne dépend de la vérité de la résurrection de Jésus crucifié.

Jésus lui-même, tout au long de ses années de ministère, a exprimé un message différent de celui qu'il aurait pu proclamer en vertu de sa capacité à accomplir des miracles, ou même de la puissance de la résurrection qu'il aurait pu anticiper. Son message, même avant sa mort, allait au-delà de la superficialité, si on peut dire, de changer les lois de la nature. Il ne niait pas l'importance spirituelle du corps ou des « royaumes de ce monde », mais ses paroles allaient au-delà, jusqu'au Royaume de Dieu, qui brise souvent la monotonie souvent unidimensionnelle de la vie terrestre et nous appelle à une vision sacramentelle de l'ensemble de la vie.

Dans le Royaume de Dieu, les derniers seront les premiers ; les pauvres, ceux qui pleurent, les humbles et les affamés seront bénis et comblés. Les puissants du monde seront les derniers dans le Royaume de Dieu, un Royaume qui inverse tous les rôles, qui redéfinit l'autorité, minimise la domination et voit la puissance comme un paradoxe.

En Marc 2, Jésus dit à un jeune homme paralysé que ses péchés sont pardonnés, mais les Pharisiens expriment leur mécontentement et crient au blasphème. Alors, Jésus se tourne vers eux et leur demande : « Qu'est-ce qui est le plus facile ? Dire au paralysé : « Tes péchés te sont pardonnés », ou dire :

« Lève-toi, prends ton brancard et marche » ? Eh bien, vous saurez que le Fils de l'homme a, sur la terre, le pouvoir de pardonner les péchés. Alors il déclara au paralysé : Je te l'ordonne : lève-toi, prends ton brancard, et rentre chez toi ! (versets 9-12) Jésus semble vouloir dire ici que, derrière son attention à nos besoins physiques, il y a quelque chose de sacré, d'une valeur éternelle, de libérateur, qu'il a la puissance et l'autorité d'accomplir. Mais comment le fait-il ? Le moyen par lequel Christ a la puissance de pardonner les péchés a été son choix de devenir impuissant et obéissant, même jusqu'à mourir sur la croix. Là encore, la croix est la meilleure expression de l'amour de Dieu qui se donne, se sacrifie et se vide. C'est là ce qui doit définir à la fois notre personnalité et notre renoncement à nous-mêmes.

Ainsi, la sainteté exige de nous un amour qui se vide, car, comme Christ lui-même, il est toujours à nouveau rempli par l'amour de Dieu pour nous. Cela va au-delà de l'obéissance à un code légaliste, à une liste de choses à faire ou à ne pas faire, ou du fait de s'opposer à l'injustice. Il s'agit d'un amour réel et kénotique pour notre prochain, ainsi que d'une vie vécue kénotiquement, en faveur de ce qui est juste. Tout cela ne devient possible que par la puissance de Dieu, mais c'est possible.

Nous sommes rendus capables de vivre une vie de sainteté, mais pas pour nous-mêmes. La sainteté, qui s'exprime le plus vivement à travers l'amour kénotique, a toujours un coût et est toujours au service des autres. Nous sommes rendus capables d'être saints, pour que le monde voie que nous sommes chrétiens, à notre amour (Jean 13.35), qui nous appelle et nous exhorte, à la suite de Christ, à venir et à mourir pour que d'autres puissent vivre. En gardant cela à l'esprit, nous passons à un autre sujet : la puissance au cœur de la souffrance.

▶ LA PUISSANCE QUAND TOUT VA MAL : « LA PUISSANCE RENDUE PARFAITE DANS LA FAIBLESSE »

Nous sommes tous familiers des luttes physiques de Paul. La plupart des spécialistes du Nouveau Testament pensent qu'il s'agit de problèmes aux yeux. Il nous parle en 2 Corinthiens 12 d'une « écharde » dans la chair qui le tourmente. Il a demandé trois fois à Dieu de le guérir, mais il ne l'a pas fait. Paul cherche à donner du sens à cette situation difficile. Il cherche des réponses, comme beaucoup d'entre nous lorsque nous ne comprenons pas pourquoi nous souffrons. Il nous offre un aperçu momentané de tout le domaine de la théodicée.

Le livre de Job nous donne un bel aperçu d'une mauvaise théodicée : lorsque les amis de Job continuent encore et encore de l'encourager à mettre sa souffrance en lien avec son péché, il refuse de suivre cette logique. Au final, il s'avère que ses amis ont tort. Pourtant, plusieurs siècles après l'écriture de ce livre de sagesse, nous sommes toujours tentés par cette logique qui blâme celui qui souffre pour sa souffrance. La souffrance innocente existe cependant dans ce monde, au-delà de notre capacité à la comprendre. L'aveugle était tout simplement né aveugle, ce n'était de la faute de personne. Pourquoi, nous demandons-nous ? Ce sont là des questions qui font écho à travers les siècles et les millénaires de l'histoire humaine. Pourquoi ? Ce simple mot représente une question qui, étant données les limites de l'existence humaine, dépasse notre capacité de réponse, sauf si nous sommes disposés à faire des soubresauts théologiques qui laissent Dieu pratiquement impotent.

Paul lui-même nous dit qu'il a fait face à la souffrance sur beaucoup de fronts. Tôt en 2 Corinthiens, il fait la liste de toutes les manières dont il a souffert pour Christ. Cette souffrance semble avoir du sens pour lui, puisqu'il proclame qu'il souffre pour l'Évangile ; mais 2 Corinthiens 12 est différent : pourquoi cette difficulté physique qui ne peut être mise en lien avec sa vie en tant qu'apôtre ? C'est différent. Au final, il ne parvient pas à une réponse claire, qui s'applique à nous tous. Pourtant, il a trouvé sa voie à travers sa propre souffrance et a exclu le non-sens absurde de sa propre détresse physique. Il plombe la profondeur même de l'expérience humaine et donne de l'espérance à tous ceux qui se sentent abandonnés dans le bain de la souffrance. Paul ne répond cependant pas à la question du pourquoi, mais plutôt à celle du comment : comment persévérer ? Il suggère une sagesse qui peut tous nous toucher : « c'est dans la faiblesse que ma puissance se manifeste pleinement » (verset 9).

Voici le texte, dans lequel on trouve ces paroles profondes.

> Dieu m'a imposé une épreuve qui, telle une écharde, tourmente mon corps. Elle me vient de Satan [...] Au sujet de cette épreuve, j'ai prié par trois fois le Seigneur de l'éloigner de moi, mais il m'a répondu : « Ma grâce te suffit, c'est dans la faiblesse que ma puissance se manifeste pleinement. » C'est pourquoi je me vanterai plutôt de mes faiblesses, afin que la puissance de Christ repose sur moi. Je trouve ainsi ma joie dans la faiblesse, les insultes, la détresse, les persécutions et les angoisses que j'endure pour Christ. Car c'est lorsque je suis faible que je suis réellement fort. (versets 7-10)

Ici, notre plus grande tentation est de rendre ces mots romantiques, de leur donner un sens héroïque en les sanctifiant, afin de les stériliser. Les expressions : « la grâce de Dieu est suffisante », « c'est dans la faiblesse que la puissance se manifeste pleinement » et « c'est lorsque je suis faible que je suis réellement fort » ne doivent en aucun cas être assénées à une personne qui souffre et n'impliquent pas ce qu'affirment certaines théodicées inappropriées :

que Dieu nous fait souffrir pour notre propre bien. Une contextualisation plus approfondie des paroles de Paul est cruciale afin d'éviter l'impasse qui consiste à vouloir racheter Dieu en cherchant à racheter la souffrance et la douleur des autres, dont nous sommes spectateurs. Il y a beaucoup de choses à ne pas dire sur la souffrance ; mais si nous voulons suivre Paul, nous pouvons rendre grâce, non pas dans un sens moralisateur, mais sacramentel, en affirmant la suffisance de la grâce de Dieu.

FACE À LA SOUFFRANCE

> Pour ceux qui souffrent, il ne semble pas utile de chercher à leur expliquer le pourquoi de ce qui leur arrive. […] Chercher à défendre Dieu exacerbe la douleur et l'angoisse de ceux qui souffrent. Au lieu de spéculer sur ce que Dieu peut faire et ne pas faire, il semble que face à la souffrance, nous sommes invités à louer Dieu à travers nos lamentations. La souffrance est réelle, destructrice et déchirante. Lorsque nous cherchons à « innocenter » Dieu implicitement, nous ne faisons qu'ajouter des charbons ardents sur la tête de la personne qui souffre.[4]

John Wesley semble toujours comprendre ce que nous ne comprenons pas toujours. Il avait une catégorie qui n'était ni morale, ni immorale. Contrairement aux amis de Job, il ne voyait pas toute forme de souffrance comme étant en lien avec le péché. Il a résisté au dualisme qui implique qu'une mauvaise vie terrestre implique une mauvaise santé spirituelle. Wesley parlait avec compassion de nos infirmités humaines, sans agoniser sur les raisons de leurs origines. Il les appelait infirmités, ces espaces blessés, brisés et souffrants en nos corps, mais aussi nos esprits et nos émotions, qui n'entrent pas dans la catégorie du péché. Wesley les reconnaissait, en un sens, longtemps avant qu'une telle pensée n'ait été introduite à travers les sciences médicales et sociales. Les infirmités dénotent une souffrance qui n'est pas facilement explicable, mais qui n'en requiert pas moins notre attention.

Il y a une quantité croissante de livres de théologie autour des questions liées au handicap physique, depuis la publication de l'Americans with Disabilities Act, en 1990. Nancy Eiesland a écrit, selon son sous-titre, « une théologie libératrice du handicap ». Elle reconnaît que « dans la société américaine, la tentation de cacher nos difficultés aux autres est endémique »[5]. Les personnes souffrant d'un handicap physique évident devraient nous faire sortir de nos diverses formes de déni, mais souvent, elles nous y enfoncent plus profondément. Eiesland poursuit : « Ignorer le handicap, c'est ignorer la vie. » Pour nous tous, « c'est le précurseur de l'isolement et de l'impuissance. […] Le télescopage [subséquent] de notre vie en catégories de bien et de mal, de plaisir et de douleur, nie le fait que la vie des personnes handicapées, comme toutes les vies ordinaires, est remplie de grâce inattendue. »[6] On pourrait suggérer que la grâce de Dieu, qui nous soutient, se manifeste le mieux lorsque nous acceptons de souffrir et d'être faibles, sans chercher à expliquer nos échardes. Pendant beaucoup trop longtemps, nous avons écouté des amis comme ceux de Job et accepté une notion non biblique selon laquelle les chrétiens ne devraient pas souffrir.

EXTRAIT DE BRISEMENT ET BÉNÉDICTION, DE FRANCES YOUNG

Je pourrais parler d'une manière très personnelle, d'un changement radical dans ma propre vie. J'ai longtemps lutté avec le problème du mal et de la souffrance, représenté pour moi par mon fils handicapé ; car comment pouvais-je continuer à croire en un Dieu Créateur plein de bonté, alors qu'un être nouvellement créé était si défaillant ? Ce n'était pas, pour moi, la question de « Pourquoi moi ? », mais de « Pourquoi ? », tout court, le personnel et le global, l'individuel et l'universel se reflétant mutuellement. Ce changement m'a permis d'aller au-delà de tout cela, en découvrant que grâce à mon fils, je suis parvenue à un stade très différent, car il a été pour moi le catalyseur d'une appréciation plus profonde des éléments fondamentaux de la tradition chrétienne. Je me tiens aux côtés d'une créature vulnérable, handicapée et mortelle, consciente de mes limites liées à ma nature d'être créé, ainsi que de mon ignorance, surtout de Dieu. Je reconnais mon besoin de Dieu et ma résistance à sa grâce, les démons intérieurs qui prennent si facilement le contrôle de ma vie intérieure. Pourtant, encore et encore, je me retrouve estropiée et bénie. Je discerne des signes de la présence de Dieu ; je le rencontre sous forme humaine, j'aperçois Christ dans le visage de certaines des personnes les plus abîmées et handicapées

> [...], [qui, avec moi,] « parviendront enfin à l'exemption totale de toute affliction »[7].

La vie chrétienne au cœur de la souffrance est caractérisée par l'affirmation que la grâce de Dieu est suffisante pour nous. Au milieu de la douleur et de la souffrance, nous pouvons douter de la suffisance de la grâce de Dieu ; mais elle est bien réelle. Nous connaissons la grâce qui sauve et qui sanctifie. Nous comprenons que nous sommes sauvés par la grâce, par le moyen de la foi seule. Même si, parfois, des problèmes théologiques nous empêchent de comprendre pleinement que nous sommes sanctifiés par la grâce, nous comprenons généralement que nous ne pouvons pas nous sanctifier nous-mêmes, mais que c'est une œuvre de Dieu en nous, un don gratuit, alors que nous nous mettons à sa disposition à travers la consécration et l'abandon perpétuels. Pourtant, nous n'avons pas bien articulé la grâce de Dieu qui soutient.

Nous avons peut-être du mal à supporter la souffrance. Nous revendiquons la guérison divine dans chaque situation, puis, quand elle n'arrive pas, nous glissons ceux qui souffrent sous le tapis. Nous ne pouvons pas supporter la souffrance au milieu de nous et à travers le monde, parce qu'elle nous rappelle notre propre mortalité. Surtout dans la culture américaine, et contrairement à la plupart des autres régions du monde, nous fuyons la pensée de la mort par crainte. Et donc, parfois, nous abandonnons les malades, ceux qui souffrent de maladies chroniques, les personnes âgées et mourantes. Nous oublions que, si les dénominations de la sainteté affirment la guérison divine, elles n'ont jamais adhéré à la théologie de la « parole de foi ». Nous trouvons difficile de nous tenir humblement devant notre Dieu en acceptant la réalité de la souffrance humaine, qui continue quel que soit le degré de notre foi.

Ce n'est qu'en mettant cette souffrance à la lumière, en la faisant sortir de sa cachette, que nous comprendrons pleinement l'importance de l'assurance que Christ nous a donnée : « Ma grâce te suffit. » (2 Corinthiens 12.9) Sur le plan théologique, nous devons affirmer que le cœur de Dieu est aux côtés des brisés et des faibles. Dieu est avec démunis, ceux qui souffrent physiquement, de la main des autres, de maladies mentales, et la liste continue. Jésus a choisi de passer du temps avec ceux qui avaient le plus besoin de lui. Il parlait du souci de Dieu pour les pauvres, les nécessiteux, les captifs, les aveugles et les opprimés. « Les bien-portants n'ont pas besoin de médecin ; ce sont les malades qui en ont besoin. » (Matt. 9.12-13) Le cœur de Dieu est aux côtés des faibles, de manières que nous ne comprenons souvent pas. Dieu est non seulement présent, mais il agit aussi avec puissance. C'est ici que nous devons redéfinir la puissance : pour ceux qui souffrent d'infirmités, qui, pour une raison inexplicable, ne peuvent prendre leur brancard et marcher, l'affirmation de la puissance de Dieu, au sens traditionnel, ressemble à une blague cruelle qu'ils ne comprennent pas ; mais si la puissance se caractérise le mieux par l'amour de Dieu, qui se vide, et que la capacitation nous appelle à un tel amour les uns pour les autres, alors cela projette une lumière au cœur de la souffrance.

À la lumière de la kénose divine, la puissance peut être définie comme le courage de persévérer. Paul Tillich parle du courage d'être, tout simplement, comme la réaction la plus profondément chrétienne à la douleur et à la souffrance existentielle. Ceux qui parlent de la tentation du suicide ne veulent souvent pas mourir, mais ils voient la mort comme la seule manière de mettre fin à leur détresse émotionnelle épouvantable et insupportable, leur seule échappatoire. La non-existence semble en quelque sorte la seule porte de sortie. Le choix d'être est un choix courageux pour ceux qui souffrent. Au-delà de cela, nous devons aussi faire le choix courageux d'être nous-mêmes, de refléter ce pourquoi Dieu nous a créés.

Une des plus grandes tentations de ceux qui souffrent de maladies chroniques et débilitantes consiste à se définir elles-mêmes comme leur maladie, à s'y perdre. Paul nous rappelle la sagesse qui dit que lorsque nous sommes faibles, c'est alors que nous sommes forts, par la puissance de Christ, dont nous devons croire qu'elle nous permet de ne pas nous laisser définir uniquement par nos circonstances. Même dans nos infirmités, nous pouvons nous trouver en Christ. La puissance implique quelque chose de plus profond que la capacité de Dieu à changer nos circonstances. La puissance, dans le sens chrétien, doit inclure aussi le courage de faire face. C'est là que Dieu est plus proche que nous ne pouvons l'exprimer. Son réconfort, sa présence en tant que Paraclet et son amour kénotique nous permettent de persévérer.

Cela ne veut pas dire que nous devons accepter toutes les circonstances sans réagir. Il y a des cas où il est juste de défier ceux qui font souffrir les autres. Ainsi que nous l'a montré la théologie de la libération, l'acceptation chrétienne de la souffrance n'exige pas la passivité sociale. Un débat prolongé autour de la question du passivisme dépasserait l'étendue de ce chapitre. Nous nous bornerons à dire qu'il est tout à fait chrétien de prendre position contre l'injustice, surtout en faveur des autres. Une leçon de la théologie de la libération (ainsi que de beaucoup d'autres perspectives) qui pourrait cependant être encore plus pertinente pour cette discussion est que nous devons refuser d'être des victimes, même lorsque nous sommes victimisés, car Dieu nous a donné la puissance de transcender les circonstances pour un dessein supérieur.

Un autre exemple de puissance redéfinie nous vient de l'histoire du martyre dans l'Église primitive. L'exemple des martyrs nous aidera à exprimer un point important. Tout un genre littéraire a émergé autour de la réalité de la persécution et de la mort subies par des croyants à cause de la brutalité des responsables romains. À ses débuts, le christianisme était vu comme une secte juive et les chrétiens bénéficiaient donc des mêmes protections religieuses que les juifs à cette époque ; mais lorsque le christianisme s'est de plus en plus détaché du judaïsme à cause de l'affluence de convertis d'origine non-juive et du développement de son propre ensemble de textes sacrés, ces protections ne s'appliquaient plus pour les autorités. Par conséquent, lorsque les chrétiens n'adoraient pas l'Empereur ou les dieux païens, ils étaient brutalement persécutés et martyrisés. Des récits de martyrs étaient mis par écrit, souvent avec des détails crus et sanglants. Un responsable de l'Église primitive, Tertullien, a déclaré : « Le sang des martyrs est la semence de l'Église. »[8]

Les martyrs sont devenus les plus saints de tous les saints. On constate quelque chose d'intéressant dans ces récits de martyres : le martyre d'une personne était considéré comme noble ; mais plus la personne était faible, plus son martyre était louable. Dans la société romaine stratifiée, les martyrs de Christ les plus exaltés et admirés étaient les plus humbles aux yeux du monde. Il s'agissait notamment des femmes, et, plus encore, des femmes esclaves. Ainsi, plus une personne est faible, plus elle manifeste la puissance de Dieu. Un homme pouvait éventuellement être capable de supporter la brutalité du martyre par ses propres forces ; mais une femme esclave ne le pouvait que par la puissance de Christ qui agissait en elle. C'étaient le courage de Christ, sa persévérance et sa force afin de supporter la souffrance jusqu'au bout qui rendaient ces éléments les plus faibles de la société capables de mourir d'une mort si effroyable tout en maintenant leur témoignage chrétien. Ces femmes dépendaient entièrement de Dieu pour leur « victoire » à travers la mort.

Friedrich Schleiermacher, un théologien du 19ème siècle, parfois appelé le père du libéralisme moderne, est connu surtout pour cette phrase simple : « La religion est le sentiment de dépendance absolue. »[9] Schleiermacher croyait qu'en chaque personne, il y a un sentiment de dépendance de quelque chose qui le transcende. Cela l'a mené à penser que tous les hommes sont naturellement religieux et que toutes les religions, même les plus primitives, sont des expressions différentes de la même quête et du même culte de Dieu. Ce sentiment de dépendance absolue explique tous les points communs entre expressions religieuses. Si la valeur de ses réflexions dans leur ensemble peut être débattue, on peut emprunter celle sur la dépendance et l'appliquer à notre contexte.

La sainteté est avant tout une dépendance absolue de Dieu. Nous avons bien fait, tout au long des décennies, d'examiner le sens de la sainteté à travers les catégories suivantes : la sainteté comme une expérience instantanée, la sainteté comme le développement progressif du caractère, la sainteté comme la pureté, la sainteté comme la perfection, la sainteté relationnelle, la sainteté comme l'amour, la sainteté comme capacitation. Il s'agit d'autant de manières légitimes de parvenir au cœur de ce qu'est la sainteté. Elle s'exprime cependant encore mieux dans le cadre de la faiblesse, qui nous permettra d'atteindre un certain nombre d'objectifs.

Nous devons d'abord nous rappeler qu'en tant que mouvement de la sainteté, le thème de la faiblesse suscite et peut nous reconnecter à une compréhension vitale de la sainteté, qui était intensément présente dans le mouvement à ses débuts : la réalité de la dépendance absolue de Dieu. Toute dépendance absolue semble elle-même être un signe de faiblesse aux yeux du monde ; mais pour le chrétien, cette faiblesse est une force, car elle exige une dépendance absolue de Dieu. La tradition de la sainteté est capable de parler ce langage. La disposition à tout déposer à l'autel joue un rôle crucial dans l'expérience de la sanctification. Nous l'exprimons par des expressions comme « consécration », « abandon », « être vendu », « faire de Christ son Seigneur » ou d'autres métaphores semblables. La « consécration totale » est une expression qui a joué un rôle important dans l'histoire du mouvement de la sainteté. Elle implique que Dieu est au centre même de notre être, que nous lui jurons notre loyauté la plus profonde et que nous dépendons absolument de lui. Cette dépendance absolue implique certainement de dépendre de Dieu dans notre vie spirituelle, mais elle est certainement liée aussi à notre vie matérielle et physique.

Dans une culture occidentale, cependant, la puissance se trouve trop facilement, non dans une relation de dépendance avec Dieu, mais à travers notre position, nos biens matériels, nos connexions, nos richesses, notre statut et même notre autosuffisance. Nous sommes très éloignés des pauvres auxquels prêchaient les premiers responsables du mouvement de la sainteté. Nous sommes passés d'un mouvement de marginaux à des dénominations dotées de leurs propres formes de structures de pouvoir et politiques. On peut donc se poser une question intéressante : pourquoi les églises de la sainteté explosent-elles dans un contexte non anglo-saxon ? Peut-être parce que ces autres cultures ont appris ce que cela implique d'avoir besoin de Dieu.

La sainteté, dans le cadre de la faiblesse, nous rappelle notre besoin de consécration désespérée à Dieu, à qui et vers qui nous sommes appelés. La consécration totale à Dieu nous ramène forcément à l'importance de l'amour kénotique apparemment « faible » que Christ a mis en œuvre à travers nous. Si nous pouvions ressaisir ce sens de dépendance absolue, à partir de notre sentiment d'insuffisance devant Dieu, peut-être que nous comprendrions une fois de plus le besoin de moyens de grâce, pour une vision sacramentelle de la vie et une compréhension appropriée du rapport entre sainteté et puissance. Cela pourrait aussi nous appeler à nouveau à la communauté, et même à la sainteté communautaire.

En tant que communauté, nous sommes un peuple saint. Nous sommes le corps de Christ, brisé, mais saint. Lorsqu'un membre du corps souffre, tous souffrent, lorsqu'un membre se réjouit, tous se réjouissent, et lorsqu'un membre aime, tous aiment. Nous nous vidons nous-mêmes pour les autres, afin d'être tous vus comme des personnes réelles, des membres de la communauté de foi, des membres du corps, tout aussi précieux que nous. En fait, une partie de notre humanité n'est actualisée que lorsque nous humanisons les autres, que nous les traitons pleinement comme des sujets, avec une dignité, et non comme des objets contre lesquels nous nous définissons nous-mêmes. Lorsque nous sommes réellement l'Église, l'image de Dieu resplendit précisément dans nos faiblesses à tous. Le corps de Christ a été brisé. L'Église, en tant que corps, est brisée. Nous vivons non seulement dans l'interdépendance de nos forces respectives, mais aussi, sacramentellement, par nos faiblesses. C'est le sens de la solidarité, qui joue un rôle tellement crucial dans la tradition de la sainteté ; c'est la véritable communauté à laquelle Dieu appelle l'Église. Il s'agit d'un sens de la sainteté que nous avons trop souvent ignoré, car nous sommes tentés de nous définir nous-mêmes en termes mondains, en fonction de l'économie du pouvoir selon le jugement du monde. Dans le Royaume de Dieu, nous devons cependant redéfinir la puissance d'une manière paradoxale, afin de refléter l'image de Dieu dans l'Église.

La sainteté, jusque dans ses fondements, est liée à l'amour kénotique de Dieu pour nous, même dans notre faiblesse. Sous les conditions d'existence humaine, notre souffrance et notre douleur montrent que nous sommes tous nécessiteux. Nous sommes imparfaits, à des degrés divers, pour un nombre infini de raisons ; mais est-ce que cela nous exclut de la sainteté ? Pas en redéfinissant paradoxalement la puissance comme faiblesse, la sainteté comme dépendance, et en nous voyant nous-mêmes et les autres à travers les yeux de Dieu. Nous ne sommes pas parfaits, dans le sens d'une perfection absolue, comme celle de Dieu ; mais nous sommes aimés parfaitement. Dieu nous voit à travers un regard d'amour kénotique, et nous nous vidons, si nous le pouvons, et sommes sanctifiés ensemble, non depuis une position de puissance, mais précisément à cause de notre position de faiblesse. Nous traitons aussi nos parties les moins présentables avec un honneur particulier.

La sainteté, dans le cadre de la faiblesse, nous permet de voir que sainteté et infirmité ne sont pas antinomiques. La puissance et la faiblesse ne s'opposent pas l'une à l'autre. La faiblesse nous mène à dépendre de Dieu et les uns des autres. Là encore, on le voit chez Paul, à qui, dans sa souffrance, Christ a dit : « Ma grâce te suffit, c'est dans la faiblesse que ma puissance se manifeste pleinement. » Ainsi, Paul affirme : « Car c'est lorsque je suis faible que je suis réellement fort. » (2 Corinthiens 12.9-10)

Une dernière précision par rapport à notre examen de la puissance comme paradoxale : la Bible ne dit pas seulement que Dieu réconforte ceux qui ont besoin de la présence de Dieu, qui vivent dans ce sentiment de dépendance, mais elle affirme aussi qu'il se sert souvent de ce qu'il y a de brisé dans nos vies et qu'il peut le restaurer. Cela ne veut pas dire qu'il nous fait souffrir pour notre bien, mais qu'étant Dieu, il est capable de se servir de circonstances très difficiles, afin de les « recycler » pour son Royaume. Ainsi, la sagesse de Dieu, qui est parfois folie pour nous, peut se servir de notre brisement, parfois même plus que de nos forces. Dans l'économie divine, un autre genre de guérison a lieu lorsque Dieu se sert de notre souffrance afin d'aider les autres.

Prenez une femme abusée sexuellement par quelqu'un dans son église alors qu'elle était adolescente. Pendant des années, le brisement et la blessure profonde causée par cette expérience ont dominé sa vie émotionnelle, et même sa vie spirituelle. Elle a cherché la guérison par la prière, en montant à l'autel et, à juste titre, par la relation d'aide, mais malgré tous ses progrès, elle ne parvenait pas à s'en remettre, jusqu'à ce que Dieu commence à se servir de son brisement pour aider d'autres.

Des femmes ont commencé à venir vers elle, sans même connaître son histoire, et Dieu s'est parfois servi d'elle pour faire une grande différence dans leur vie. Au moins, elle a pu leur offrir du réconfort, du fait de sa capacité à comprendre leur expérience et à faire preuve d'empathie, une capacité qu'elle n'aurait jamais eue si elle n'était pas passée par là elle-même.

Henri Nouwen qualifierait cette femme de « guérisseur blessé »[10]. Ce qu'il écrit à ce sujet est très profond : l'amour et la grâce de Dieu agissent le plus fortement, non à travers notre plénitude, mais à travers notre brisement ; non à travers notre validité, mais à travers nos blessures ; non à travers notre force, mais à travers notre faiblesse. En ces moments où Dieu touche quelqu'un d'autre à travers nous, nos expériences de la souffrance, qui n'en sont parfois pas moins douloureuses ou absurdes, sont rachetées ; nos mini-morts sont ramenées à une nouvelle vie dans le cœur d'un autre. Paul a dit : « Car c'est lorsque je suis faible que je suis réellement fort. » (2 Corinthiens 12.10) Il a dit aussi : « C'est pourquoi je me vanterai plutôt de mes faiblesses, afin que la puissance de Christ repose sur moi. » (verset 9) En partant de notre propre courage, parfois, d'être nous-mêmes malgré la douleur, Dieu est capable de faire de nous des instruments de guérison puissante dans la vie des autres. Dieu est vraiment un Dieu rédempteur.

OBSERVATIONS RÉCAPITULATIVES

1. Un élément important de notre identité, en tant que mouvement de la sainteté, est l'affirmation que nous sommes rendus capables par le même Esprit qui est descendu à la Pentecôte.
2. La puissance de Dieu en nous « brise la puissance du péché annulé ».
3. La puissance de Dieu peut donner aux impuissants un sens de l'identité sain.
4. Nous sommes rendus saints afin de mettre en pratique l'amour kénotique de Christ, en renonçant quotidiennement à nous-mêmes afin de le suivre.
5. Ceux qui souffrent d'un certain nombre d'infirmités sont toujours extrêmement précieux dans le corps de Christ.
6. La sainteté, dans le cadre de la faiblesse, garde l'Église contre le piège d'une définition mondaine de la puissance.
7. Notre puissance se manifeste le plus lorsque nous apprenons la dépendance absolue de Dieu.

QUESTIONS DE RÉFLEXION

1. Quel est le rapport entre la Pentecôte et la sainteté ?
2. Comment augmenter son sens de dépendance absolue de Dieu, dans la culture occidentale ?
3. Qu'est-ce que les « infirmes » (les handicapés) ont à nous apprendre ?
4. De quelles blessures dans votre vie Dieu peut-il se servir afin d'en aider d'autres ?

ONZE

La sainteté en tant que caractère

OBJECTIFS D'APPRENTISSAGE

Votre étude de ce chapitre vous permettra …
1. de comprendre la notion aristotélicienne de vertu,
2. d'identifier les moyens de grâce,
3. de relier la psychologie morale wesleyenne au christianisme postmoderne.

MOTS-CLÉ

éthique de la vertu
stoïcisme
arétê
phronesis
eudaimonia
cause matérielle
cause efficiente
cause formelle
cause finale
telos
caractère vicieux
caractère incontinent

caractère continent
caractère vertueux
modèle intellectualiste
volonté
liberté
conscience
inclination
moyens de grâce
moyens de grâce généraux
moyens de grâce prudentiels
moyens de grâce institués
postmodernisme

Nous commençons ce chapitre sur la sainteté de caractère après avoir déjà abordé les questions morales et éthiques. Nous avons procédé ainsi pour plusieurs raisons. D'abord, la discussion précédente sur la morale personnelle était appropriée dans le chapitre sur la pureté, puisque celle-ci se définit comme l'absence de péché ou de faute ; mais elle serait demeurée abstraite sans traitement dans la vie humaine réelle. Ensuite, une prise en compte de l'éthique sociale était fondamentale dans le chapitre sur la perfection chrétienne (qui se définit comme la présence de l'amour), pour la même raison. Enfin, ces deux traitements de la morale et de l'éthique décrivent le contenu de ce à quoi peut ressembler un comportement éthique dans le cadre d'une théologie wesleyenne de la sainteté. Ce chapitre sur le caractère a cependant un autre objectif. L'emphase est mise sur le comment plutôt que sur le quoi. Au lieu de se concentrer sur le *contenu*, ce chapitre examinera les moyens à travers lesquels une personne est rendue capable de vivre une vie morale et éthique, puis de fonctionner d'une manière morale ou éthique.

Ce chapitre sur le « comment » complète l'ensemble de la discussion de ce livre sur la sainteté. Sans ce chapitre, la sainteté pourrait être vue comme un idéal à atteindre, mais avec peu de conseils sur comment y parvenir. Certains ont observé que c'est précisément ici que la tradition de la sainteté s'est égarée[1]. Même si la tradition de la sainteté met l'accent sur l'exigence divine d'une vie sainte, elle a souvent échoué à exprimer clairement comment y parvenir. Ainsi, la sainteté est devenue un devoir, plutôt que l'essence et la qualité mêmes de notre vie en Dieu. Dans l'histoire de la tradition de la sainteté, celle-ci a parfois été comprise d'une manière moraliste ou légaliste, avec un ensemble externe de critères comme mesure de la sainteté individuelle. Cela a mené au risque, qui s'est souvent matérialisé, d'assimiler des codes moraux prescrits à la sainteté personnelle, laquelle néglige en réalité l'essence même du message wesleyen de sainteté de cœur et de vie.

À notre époque d'ambiguïté morale, la réclamation d'une éthique wesleyenne holistique est impérative pour l'avenir des dénominations de la sainteté. Au cœur de cette réclamation, se trouve le besoin d'examiner non seulement les normes comportementales d'une vie sainte, mais aussi la motivation intérieure pour une telle vie. Nous devons aller au-delà d'une motivation interne mue par le devoir et revenir à l'emphase de Wesley lui-même sur la sainteté de caractère et comment la développer. Nous commencerons par une discussion d'une forme de théorie éthique qui existe depuis des milliers d'années : l'éthique de la vertu.

▸ L'ÉTHIQUE DE LA VERTU

L'éthique de la vertu, ou théorie de la vertu, est une philosophie morale qui met l'accent sur le développement du caractère comme un élément-clé de la pensée et de la vie éthique, contre les théories qui considèrent les règles et leurs conséquences comme importantes. Ce type de réflexion éthique remonte à la philosophie grecque antique et il est exprimé le plus systématiquement dans l'œuvre d'Aristote. Il s'agissait de la théorie dominante dans le monde antique et pendant la période médiévale, avec pour seule interruption la forte influence néoplatonicienne et stoïcienne dans l'Antiquité tardive. Pendant la période médiévale, les réflexions d'Aristote ont été christianisées par Thomas d'Aquin, dans son commentaire du principal ouvrage d'éthique du philosophe, *Éthique à Nichomaque*. Wesley a été directement influencé par la tradition thomiste. À noter qu'on retrouve également la théorie de la vertu dans la culture asiatique antique, notamment dans les ouvrages de Confucius[2].

Les concepts importants qui définissent le modèle grec de la théorie de la vertu sont l'*arêtê* (la vertu), la *phronesis* (la sagesse pratique ou morale) et l'*eudaimonia* (bonheur ou épanouissement). La vertu mène à la sagesse morale, qui, au final, mène à l'« épanouissement ». L'*eudaimonia* se caractérise par une vie bien vécue, ou la vie humaine juste, qui ne peut être vécue qu'en recherchant les vertus. Elle se caractérise aussi par le fait d'accomplir notre dessein, même si les divers théoriciens ne s'accordent pas sur ce qu'est le dessein de l'humanité. Étant donné que Wesley croyait que la fin de la vie humaine était d'aimer Dieu et les autres, c'est ainsi qu'on parvient à l'*eudaimonia*. La double définition de ce terme permet de clarifier certains écrits de Wesley. Il associait parfois la sainteté au bonheur, dans le sens d'une vie vertueuse et aimante. Il avait une dette profonde envers Aristote pour sa discussion du développement du caractère et de la vertu[3]. Un bref résumé de la pensée éthique de la tradition aristotélicienne s'avère utile ici.

Aristote croyait qu'il y avait quatre causes en tous les objets, notamment les êtres humains. Il y a d'abord la cause matérielle, qui pose la question de savoir pourquoi l'objet fait ce qu'il fait. Aristote pensait que la réponse à cette question se trouve dans les tendances de l'objet lui-même. Par exemple, le marbre est la cause matérielle d'une statue. La cause efficiente est la source du mouvement ou du changement. Le sculpteur est la cause efficiente qui fait que le marbre devient une statue. Il y a cependant aussi des causes encore plus profondes, qui définissent, non seulement les tendances et les actes, mais aussi la nature et le dessein. La cause formelle est la nature d'un objet et sa cause finale détermine sa fin, ou *telos*. La cause finale pose la question de savoir quel est le dessein vers lequel l'objet (la personne) est attiré ? La cause formelle est la première potentialité pure qui cherche à s'actualiser, tandis que la cause finale est actualisée par l'habitude.

Là encore, Aristote croyait que le *telos* de l'humanité est l'*eudaimonia*, ou le bonheur. Le bonheur ou l'épanouissement ne sont cependant possibles qu'en agissant selon ce que nous connaissons. Nous pouvons savoir ce que sont les vertus, savoir que nous devons être vertueux et même que notre bonheur en dépend ; mais contrairement à Platon (qui croyait que « connaître le bien, c'est le faire »), Aristote avait compris que de comprendre la vie vertueuse ne mène pas forcément à la vivre. Certains aspects de la volonté d'être vertueux (pour les bonnes raisons) sont nécessaires, ainsi que le besoin de s'habituer, par des actes de vertu, à l'actualisation d'un caractère vertueux.

Aristote élabore quatre formes de caractère qui peuvent émerger de cette tension entre le savoir et le faire. D'abord, il y a le caractère vicieux. Dans ce cas, la personne sait ce qu'elle devrait faire, mais choisit de faire autrement, sans remords. Le caractère incontinent est celui de la personne qui sait ce qu'elle devrait faire, choisit de le faire, mais faillit ensuite dans sa résolution, en n'agissant pas comme elle l'a décidé. Le caractère continent se rapproche de l'idéal, mais échoue à cause de sa motivation : il sait ce qui est bien et le fait, mais seulement par devoir, parce qu'il « doit » le faire. Chacun de ces trois caractères manifeste un manque d'harmonie interne. La vie harmonieuse n'est accessible qu'aux caractères vertueux. Le caractère véritablement vertueux sait ce qui est bien et le fait par amour de la vertu elle-même, pas à cause de la pression intérieure de la culpabilité, de la pression extérieure de la crainte d'une punition, ou même de la promesse d'une récompense. La personne vertueuse agit en parfaite harmonie avec la connaissance qu'elle possède, par désir intérieur de faire le bien pour l'amour du bien.

Aristote croyait qu'il y a un grand nombre de vertus que nous devons rechercher afin d'être considérés comme des personnes vertueuses, comme le courage, la tempérance, la générosité et la vérité. Un acte de courage isolé ne fait cependant pas de nous une personne courageuse : pour devenir véritablement courageux, nous devons prendre l'habitude d'accomplir des actes de courage, jusqu'à ce qu'ils deviennent naturels ou s'actualisent dans notre être. Il est important aussi, selon Aristote, d'apprendre le courage en observant d'autres personnes courageuses ; ainsi, la communauté joue un rôle fondamental dans le système aristotélicien. La compréhension et la connaissance s'équilibrent avec l'action soutenue et cohérente (la vertu éthique), pour aboutir à la personne véritablement heureuse (sainte).

L'œuvre de Wesley exprime une dette profonde envers ce paradigme éthique aristotélicien. Encore une fois, pour Wesley, la sainteté mène au bonheur et il y a un lien profond et interpénétrant entre sainteté de caractère et actes de sainteté ; mais comment articule-t-il ce lien ? Il emploi le vocabulaire des « humeurs » et des « affections », qui ne sont cependant réellement comprises qu'en examinant la psychologie morale de Wesley, dans son ensemble.

▸ LA PSYCHOLOGIE MORALE DE WESLEY[4]

Avant le siècle de Wesley, l'anglicanisme était très influencé par ce qu'on appelle le modèle intellectualiste de la théorie éthique. Cette théorie suggère que la raison doit être l'attribut humain supérieur pour toute décision d'ordre moral, tandis que les passions (ou émotions) doivent être combattues. Avec la popularité croissante de l'empirisme, cependant, l'idée que les émotions (ou affections) sont également très importantes pour toute motivation interne à agir d'une manière éthique s'est également répandue. « Cette emphase sur la contribution indispensable des affections à l'action humaine n'était pas limitée aux philosophes anglais du 18° siècle. Elle a trouvé aussi de fermes partisans chez les théologiens, qui cherchaient à contrecarrer les réductions déistes émergentes de la religion. »[5] Wesley approuvait fortement cette rupture avec le modèle intellectualiste.

Wesley a développé une psychologie morale qui inclut le rôle vital des affections. Sa liste d'éléments humains liés au comportement éthique inclut la compréhension, la volonté, la liberté et la conscience. On constate une distinction cruciale par rapport au modèle intellectualiste dans sa conception de la volonté : il croyait que celle-ci est influencée non seulement pas la raison, mais aussi, voire uniquement, par les affections, c'est-à-dire que le vouloir est davantage une fonction des affections qu'un acte d'« autodétermination rationnelle »[6]. Que voulait-il dire par « affections » ?

Les affections sont composées des inclinations qui nous motivent et non pas uniquement des émotions. Nous agissons selon nos affections, lesquelles, d'un point de vue théologique, sont également influencées par des causes externes, avant tout par la grâce. Wesley ne s'est cependant pas arrêté là : il croyait que les affections peuvent, par l'habitude, devenir des dispositions durables qu'il appelle « humeurs ». Le meilleur exemple d'humeur est l'amour de Dieu et du prochain. Lorsque nous mettons en pratique l'amour, cette humeur sainte s'exprime en actes saints, parfois à travers le renoncement à quelque chose au profit de l'autre, mais le plus souvent comme des actes d'amour positifs.

David Hume (1711-76) a introduit une idée qui a poussé Wesley à clarifier davantage sa pensée. Hume, en contradiction directe avec le modèle intellectualiste, croyait que ce sont nos passions (émotions, affections) qui nous motivent et dirigent nos actions. Il insistait cependant tellement sur le fait que la place de la volonté est dans les passions, que sa suggestion semblait nier le libre arbitre : nous agissons d'une manière quasi déterminée et sommes incapables d'aller à l'encontre de ce que veulent nos passions. C'est ici que nous devons affirmer que Wesley, même s'il se servait du langage des affections comme siège de la volonté, distinguait celle-ci de la liberté. Nos affections peuvent, par l'habitude, devenir de bonnes humeurs, si bien qu'on peut dire que notre volonté est indépendante de ces humeurs, mais nous pouvons toujours aller à l'encontre des humeurs que nous avons développées. La liberté est la fonction qui consiste à décider comment agir dans n'importe quelle situation. Les affections et humeurs qui sont devenues des habitudes peuvent aider notre volonté à décider d'agir dans le sens du bien, mais nous pouvons toujours agir autrement, car nous sommes également libres. Cette distinction entre volonté et liberté a empêché Wesley de tomber dans les écueils du modèle intellectualiste, d'une part, et du déterminisme d'Hume, d'autre part. Le plus important pour ce chapitre est que Wesley croyait que nos actes découlent de notre vie intérieure. Pour l'exprimer plus fortement, nos humeurs intérieures sont la seule manière de vivre une vie véritablement sainte.

Nos inclinations et dispositions morales affecteront notre manière de vivre. Cela nous empêche de croire que nous abordons chaque décision morale d'une perspective moralement neutre. Nous sommes influencés par nos inclinations, lesquelles se sont habituées, soit à la sainteté, soit au péché. Nos dispositions sont influencées par notre réceptivité à la grâce de Dieu, que nous devons nourrir. Ainsi, Wesley introduit une force externe qu'Aristote exclut : la grâce. Cette grâce externe est cependant vite intégrée à la personne, au point où nous pouvons maintenir la condition aristotélicienne d'une motivation intérieure nécessaire afin de parvenir à un caractère véritablement vertueux. « Wesley défendait [que] ce n'est qu'en réponse à nos expériences de l'amour et de la grâce de Dieu pour nous que les affections humaines de l'amour de Dieu et des autres sont éveillées et grandissent. »[7]

> Le meilleur moyen de saisir sa vision affective de l'entière sanctification pourrait donc être de dire que Wesley était convaincu que la vie chrétienne n'a pas besoin de demeurer une vie de lutte perpétuelle. Il croyait que les Écritures et la tradition chrétienne attestent toutes deux de la puissance de l'amour et de la grâce de Dieu pour transformer des vies humaines pécheresses, au point où notre propre amour de Dieu et des autres devient une réponse libre. Les chrétiens peuvent aspirer à se revêtir des dispositions de Christ et à les mettre en œuvre dans le cadre des contraintes de nos infirmités humaines. Nier cette possibilité revient à nier la suffisance de la grâce capacitante de Dieu, à rendre la puissance du péché supérieure à celle de la grâce[8].

▸ DÉVELOPPEMENT DU CARACTÈRE ET PERFECTION CHRÉTIENNE

Dans la perspective wesleyenne, la sainteté commence lorsque nous venons à Christ et recevons la sanctification initiale (voir chap. 7). On peut dire que notre orientation est réordonnée vers le dessein original de Dieu, notre propre *telos*, ou potentiel de véritable sainteté et d'amour agapê. Il s'agit d'un réveil auquel nous répondons. Puis, alors que nous grandissons en grâce, notre potentialité commence à avancer dans son long processus d'actualisation. Elle s'actualise de plus en plus chaque jour, lorsque nous prenons part à la vie de Dieu. La grâce permet de changer nos affections. La grâce synergique implique qu'à travers notre coopération intentionnelle avec Dieu, nos affections deviennent, avec le temps, des humeurs (et qu'elles sont profondément impactées par notre participation aux moyens de grâce). C'est de ces humeurs que nos actes découlent. Nous continuons ensuite à mettre en pratique ces inclinations, sous la forme d'amour saint. « La grâce de Dieu n'infuse pas en nous des humeurs saintes instantanément achevées, mais Dieu éveille les « semences » de chaque vertu, qui, ensuite, se fortifient et prennent forme alors que nous répondons et grandissons en grâce. »[9] Ces semences portent du fruit dans nos actes, par une vie sainte. C'est pourquoi, les théologiens associent souvent ces deux expressions en décrivant le schéma wesleyen : la sainteté de cœur et de vie. Nous changeons intérieurement, ou plutôt, nous sommes changés de l'intérieur (par la grâce), afin de manifester extérieurement une vie qui émane d'un cœur rempli d'amour et un caractère saint. La sanctification, dans tous ses aspects, est l'actualisation divine de la potentialité de l'amour saint.

UN CARACTÈRE TRANSFORMÉ

La grâce change notre caractère, si nous la recevons et coopérons avec elle. Le résultat sera que nos actes correspondront à ce caractère. Dans « *The Character of a Methodist* » (Le caractère du méthodiste), Wesley nous rappelle clairement que nos actes émanent de ce que Dieu a fait en nous, instantanément et avec le temps, alors que nous gagnons en maturité. Le caractère du méthodiste :

- aime Dieu de tout son cœur, de toute son âme, de toute sa pensée et de toute sa force,

- donne grâces en toutes choses,
- [a un] cœur qui l'élève vers Dieu en tout temps,
- Aime toute personne comme lui-même,
- [a] le cœur pur,
- [manifeste] que Dieu seul règne, respecte tous les commandements, fait tout à la gloire de Dieu,
- affiche la doctrine de Dieu en toutes choses.[10]

Mais quels sont les effets de l'entière sanctification sur notre capacité à développer des affections, des dispositions, des humeurs et un caractère saints ? Nous avons abordé l'entière sanctification comme un aspect de la perfection chrétienne et celle-ci comme la pureté des intentions. Les intentions, de même que les dispositions et les inclinations, exigent à la fois le désir de faire « le bien » (c'est-à-dire, pour Wesley, d'aimer Dieu et son prochain) et une action volontaire dans ce sens. Comme Wesley, nous avons suggéré que nos intentions sont purifiées par notre coopération synergique avec l'œuvre sanctificatrice de Dieu dans nos cœurs. En appliquant ce principe à un modèle affectif, on peut dire aussi que nos inclinations et dispositions sont orientées vers le bien (l'amour) par l'œuvre sanctificatrice de Dieu, à laquelle nous participons activement. Wesley parle de l'amour qui *régit* nos humeurs. L'entière sanctification brise « la puissance du péché annulé », si bien que le péché ne nous *domine* plus. En ce sens, l'amour remplace le péché comme le facteur de motivation du bien que nous faisons.

Cela veut-il dire que nos inclinations n'étaient pas façonnées en direction du bien avant notre entière sanctification ? Non : dès le moment de notre nouvelle naissance, nous nous efforçons de nous habituer à aimer, en coopération avec la grâce ; mais « le péché demeure ». L'entière sanctification a pour effet de nous ouvrir plus profondément (entièrement) à la grâce de Dieu, puis, en réponse à notre consécration, Dieu brise la domination de tout péché qui avait gardé une emprise sur nous et la remplace par celle de *l'amour*. Cela veut-il dire que nos inclinations sont rendues entièrement parfaites (dans un sens absolu), si bien que nous n'avons plus besoin de grandir ? Non : ainsi que nous l'avons dit tout au long de ce livre, une vie sanctifiée va plus loin qu'une vie sans péché. L'amour est constamment présent et actif. Il peut devenir de plus en plus une habitude , par des actes d'amour (là encore, en coopération avec la grâce). Il n'est jamais complet, car les nouvelles opportunités d'aimer ne cessent jamais. Comme pour toutes les vertus, plus nous les mettons en pratique, plis nous serons libres de le faire, comme une «deuxième nature »[11]. De même que la pratique d'un instrument de musique fait qu'il est de plus en plus facile d'en jouer et, en un sens, donne au musicien la liberté d'en jouer à volonté, de même des actes répétés d'honnêteté, de courage ou d'amour rendent une personne honnête, courageuse ou aimante, et libre d'agir selon son cœur, à partir du caractère ainsi développé. Dieu nous <u>sanctifie</u>, puis nous devons constamment vivre comme des personnes saintes, car nous avons été renouvelées de l'intérieur afin de le devenir. Cela implique un événement instantané, lequel est ensuite perpétué. L'<u>entière sanctification</u> permet à nos <u>inclinations</u> saintes de grandir plus librement, sans les encombres du passé. En définitive, cependant, nous conservons toujours à tout moment la <u>liberté</u> de choisir d'aller à l'encontre de notre nouvelle nature en choisissant de pécher. Si nous continuons à faire ce choix, nous recommencerons à nourrir nos <u>inclinations</u> pécheresses. Nous avons toujours le choix.

Wesley a parlé aussi de cette crise et du processus de <u>sanctification</u> comme la prise de la disposition de Christ. Cette idée revêt une connotation différente de celle d'être semblable à Christ. Il est possible de voir la ressemblance à Christ comme un assemblage de choix personnels, afin d'agir comme Christ le ferait. En un sens, cela correspondrait à un modèle intellectualiste qui se concentre sur nos décisions. D'autre part, avoir la disposition de Christ implique que non seulement nos actes, mais aussi nos <u>inclinations</u>, ont été affectées, au point où nous agissons selon un caractère semblable à Christ. Nous pouvons à nouveau souligner ici à quel point l'éthique <u>éthique de la vertu</u> surpasse de loin la pensée d'Aristote, car cette éthique insiste sur la grâce. La transformation de nos habitudes n'est jamais une décision pélagienne émanant de notre seule volonté. Dès lors, la question qui se pose n'est plus : « Que ferait Jésus à ma place ? », mais : « Comment était-il Jésus ? » Cela entend que tant qu'il était sur terre, Jésus a mis en pratique ce qu'il était[12].

L'<u>éthique de la vertu</u>, au lieu de nous aider à déterminer ce que nous devrions faire, nous demande qui et comment nous devrions être. En dehors de toute appropriation religieuse, les partisans de l'<u>éthique de la vertu</u> affirment aussi que la vertu peut être développée par n'importe quelle personne ordinaire et qu'il ne faut jamais présumer que seule l'élite (en connaissance ou en sagesse) puisse être vertueuse. De même, la vertu envisagée par la théologie de la sainteté doit trouver des liens avec la vie de personnes réelles. La théologie de la sainteté doit être liée à la vie réelle. Un moyen d'établir de tels liens passe par les <u>moyens de grâce</u> dans la vie du chrétien et de l'Église. Nous nous tournons à présent vers ces moyens wesleyens.

▶ RELIER LES MOYENS À LA FIN

Dans sa pensée mature, Wesley exhortait fermement les méthodistes, surtout les pasteurs et enseignants, à mettre l'accent à la fois sur l'entière sanctification et progressive, sans négliger ni l'une, ni l'autre. Au cours des dernières années, on constate un regain d'intérêt pour la compréhension wesleyenne de la marche chrétienne au quotidien, dû à la fois à une nouvelle emphase sur les moyens de grâce dans la tradition wesleyenne et à un grand intérêt pour le sujet de la formation spirituelle. Il faut noter ici que la grâce ne doit pas être vue comme un concept abstrait. Ainsi que nous l'avons vu aux chapitres précédents, la grâce peut être assimilée à l'activité du Saint-Esprit ; en tant que telle, nous devons voir les moyens de grâce comme un moyen d'expérimenter et d'être nourris de la présence même de Dieu. C'est cette présence qui nous forme spirituellement ; elle nous *transforme* spirituellement, selon la sainte ressemblance de Christ.

Au cœur de la compréhension wesleyenne de la croissance chrétienne, on trouve la notion de moyens de grâce. Il a écrit : « Par « moyens de grâce », j'entends les signes, paroles et actes extérieurs, ordonnés par Dieu afin d'être des canaux ordinaires à travers lesquels il peut nous communiquer sa grâce prévenante, justificatrice ou sanctificatrice. [...] [De plus,] tous ceux qui aspirent à la grâce de Dieu doivent s'attendre à elle à travers les moyens qu'il a donnés. »[13] Les « moyens » sont pour nous des manières de nous ouvrir, afin d'expérimenter l'amour et la grâce de Dieu dans notre vie. Il est crucial de comprendre que nous ne pouvons en aucun cas mériter la grâce de Dieu au travers des moyens de grâce. Wesley dit clairement que seul le sang de Christ expire nos péchés. La participation aux moyens de grâce est cependant le moyen ordonné par Dieu afin que nous puissions grandir dans notre relation avec lui.

À la lumière de notre discussion récente sur le développement du caractère et la vertu, il nous faut affirmer clairement dès le départ que la raison pour laquelle nous prenons part aux moyens de grâce est tout aussi importante que ce que nous faisons précisément. À mesure que Dieu purifie nos intentions et que nos inclinations et dispositions grandissent vers la vertu de l'amour, le « pourquoi » de notre obéissance est transformé. Nous passons du devoir au désir. Pour Wesley, plus nous prenons part aux moyens de grâce, plus nous le voulons, car ils nous rapprochent de Dieu. Trop souvent, nous restons bloqués à la phase du devoir et voyons les moyens comme une discipline rigide, destinée uniquement à prouver notre loyauté à Dieu. La compréhension wesleyenne nous amène cependant au-delà de l'obéissance comme une fin en soi et de toute forme de justice des œuvres, car elle met l'emphase sur le fait que la participation aux moyens est précisément le moyen à travers lequel nous grandissons et sommes transformés. Les moyens de grâce sont exactement ce qui change nos affections, nos humeurs, nos dispositions et nos inclinaisons, en ce que la grâce transformatrice de Dieu nous atteint à travers les moyens « ordonnés par Dieu ». Pour l'exprimer différemment, nous devenons ce pourquoi nous avons été créés, afin d'être en Christ, au travers des moyens de grâce.

En un sens, on peut regretter que l'expression de « disciplines spirituelles » se soit parfois substituée à celle de « moyens de grâce ». Ce n'est pas comme si la participation aux moyens de grâce n'exigeait aucune discipline ; mais c'est plus que de la discipline. Les disciplines spirituelles ont été expliquées à l'aide d'une analogie avec l'athlétisme : de même que nous devons bien entraîner et discipliner notre corps afin de pouvoir réussir dans le sport, nous devons aussi nous former spirituellement par la discipline afin de réussir en tant que chrétiens. Paul lui-même emploie l'image de l'athlète comme un exemple de persévérance. Si nous ne faisons pas attention, nous risquons cependant de commencer à penser que nous nous maintenons en forme spirituellement de la même manière que physiquement. Dès lors, Dieu n'est plus qu'un coach qui nous donne des indications ici et là. L'analogie s'effondre lorsqu'on comprend que le coach doit être à l'intérieur de l'athlète, afin de lui donner toute sa force. L'expression de « moyens de grâce » permet d'éviter cela.

Prendre part aux moyens de grâce nous rappelle que tout ce que nous faisons, tout ce que nous sommes et tout ce que nous deviendrons n'est possible qu'au travers de la grâce de Dieu en nous, par la présence du Saint-Esprit. Certes, une telle participation ressemble à de la discipline ; mais ce n'est jamais notre discipline seule qui crée et maintient en nous le caractère de Christ. Le devoir et la discipline peuvent attirer notre attention sur nos propres efforts et l'éloigner de l'activité de grâce de Dieu, dans toutes les dimensions de nos vies.

LES MOYENS DE GRÂCE

Moyens de grâce généraux

- Obéissance universelle
- Respect des commandements
- Veiller
- Mourir à soi-même
- Porter notre croix chaque jour
- Nous exercer à ressentir la présence de Dieu

> Moyens de grâce prudentiels
>
> - Règles et actes de vie sainte spécifiques
> - Réunions de classe et de bande
> - Réunions de prière, services de l'alliance, veillées nocturnes, fêtes de l'amour
> - Faire tout le bien qu'on peut, ne pas faire de mal
> - Rendre visite aux malades
> - Lire des classiques de la méditation et des livres d'édification
>
> Moyens de grâce institués (spécifiques)
>
> - Prière
> - Examen des Écritures
> - Jeûne ou abstinence
> - Conférence chrétienne
> - Repas du Seigneur

Wesley a classé certaines activités en trois catégories : les moyens de grâce généraux, prudentiels et institués (ou spécifiques). C'est en ces termes que Wesley catégorisait les activités chrétiennes dotées d'un avantage spirituel profond. Les moyens de grâce généraux incluent l'obéissance universelle et le respect des commandements, la veille, le renoncement à soi, le fait de porter notre croix et de nous exercer à ressentir la présence de Dieu.

L'obéissance universelle et le respect des commandements sont vitaux afin de maintenir et de nourrir notre relation avec Dieu, mais il s'agit d'un moyen de grâce que nous devons comprendre. Nous devons nous rappeler à nouveau que nous ne pouvons pas mériter la grâce à travers nos œuvres ou une quelconque justice des œuvres. On peut le voir ainsi : les moyens de grâce sont comme un conduit ou un canal qui permet à la grâce de Dieu de se répandre dans nos vies. Si nous vivons dans la désobéissance ou que nous continuons à violer les commandements de Dieu, ce n'est pas que Dieu nous refuse sa grâce, mais c'est nous qui bloquons le canal par nos propres actes. Dans ce cas, la repentance est le moyen de rouvrir ce canal, en nous ouvrant à nouveau afin de recevoir la grâce dont nous avons besoin. Et donc, si nous offensons Dieu par notre désobéissance directe, nous avons besoin de la grâce de Dieu pour nous pardonner. Dès lors, la repentance est le moyen par lequel nous coopérons en synergie avec Dieu. Ainsi, l'obéissance et le respect des commandements permettent de maintenir le canal ouvert entre nous et la miséricorde et la compassion de Dieu.

Veiller est l'acte intentionnel de chercher Dieu, qui implique de chercher à le voir à l'œuvre dans le monde. Nous devons garder les yeux fixés sur ce qui est « invisible », davantage que sur ce qui est « visible » (2 Corinthiens 4.18). Il est cependant trop facile de négliger cette activité est de passer nos journées sans chercher activement la main de Dieu dans notre vie, dans celle de ceux qui nous entourent, et même dans le monde. À la lumière de notre attachement ferme à la grâce prévenante de Dieu, nous devons nous attendre et espérer le voir agir. Trop souvent, malheureusement, nous avons été formés afin d'être clairement conscients de l'activité du diable autour de nous, au lieu de celle du Saint-Esprit. La veille est un moyen de grâce que nous devons nourrir et approfondir. Cette attitude consciente nous maintient en harmonie et garde le canal de la grâce de Dieu ouvert.

Wesley croyait qu'en renonçant à nous-mêmes, nous pouvons nous rapprocher de Dieu en renonçant volontairement aux distractions. Nous avons abordé en détail le renoncement à soi, avec ses liens avec notre capacité à aimer les autres comme Christ les aime, au chapitre précédent. Dans ce contexte, le renoncement à soi est un moyen de grâce, en ce qu'il permet également de garder le canal ouvert. Cette forme de renoncement à soi a une riche tradition historique, particulièrement dans les écrits des croyants de l'Église primitive, qui s'efforçaient de se détacher des préoccupations mondaines, même légitimes, afin de pouvoir mieux chercher Dieu. Nous avons plus que jamais besoin d'un tel détachement aujourd'hui. Dans une culture souvent saturée de divertissement et de consumérisme, les notions de simplicité, silence et détachement volontaire sont clairement contre-culturelles. Il a été dit que les personnes qui vivent dans une telle culture cherchent à apaiser leur propre anxiété généralisée[14]. Même sans autre effet, le renoncement à soi peut nous révéler à quel point nous sommes dépendants d'activités qui nous anesthésient en nous maintenant occupés. Le simple exercice du silence peut nous montrer exactement à quel point nous en sommes venus à avoir besoin du bruit. Le renoncement à soi, sous d'innombrables formes, peut nous apprendre à nous reconcentrer sur Dieu et à renouveler toute notre dévotion et notre dépendance de lui.

Par « porter sa croix », Wesley croyait que nous pourrions aussi nous rapprocher de Dieu et de ses desseins, d'abord en persévérant dans les épreuves et la souffrance, ensuite en faisant des choses qui vont à l'encontre de nos inclinations naturelles. Ce deuxième sens est la forme opposée du renoncement à soi. En nourrissant les pauvres, en rendant visite aux prisonniers ou en prenant soin de la veuve et de l'orphelin (Matth. 25.34-36 et Jacques 1.27), notre attention se porte vers ce qui compte vraiment. Il s'agit d'un moyen de grâce, car non seulement nous les aidons, mais nous profitons aussi nous-mêmes d'une perspective juste de ce que cela implique d'être disciple de Christ.

S'exercer à ressentir la présence de Dieu consiste à prendre conscience de Dieu tout au long de la journée. Cette pratique est liée à la veille, mais distincte. Lorsque nous veillons, nous cherchons l'activité du Saint-Esprit autour de nous. Lorsque nous pratiquons la présence de Dieu, nous sommes en communion directe avec lui, dans tout ce que nous faisons. Cette idée a été popularisé par un moine appelé Frère Laurent, qui s'efforçait d'être conscient de la présence de Dieu chaque minute de chaque jour. Cela ne veut pas dire qu'il restait assis toute la journée à prier ; mais il prenait, pour ainsi dire, Dieu avec lui dans toutes ses activités quotidiennes. Du jardinage à la vaisselle, il était conscient que Dieu était toujours avec lui. Là encore, à la lumière de toutes les distractions auxquelles nous faisons face, c'était un objectif très difficile à atteindre, mais c'est important d'essayer. Nous n'y arriverons pas forcément parfaitement, mais n'importe quel effort vaut mieux que rien. Si nous affirmons que c'est la présence même de Dieu dans notre vie qui définit notre spiritualité et contribue à notre croissance chrétienne, alors pratiquer la présence de Dieu est tout aussi important que de croire qu'il est avec nous. Beaucoup de croyants qui ont essayé attestent que cette pratique a changé leur cœur et leur vie.

Pour Wesley, les moyens de grâce prudentiels sont ceux qui se sont développés avec le temps et ont été reconnus comme des actes prudents ou sages dans la vie de la croissance en grâce. La plupart ne sont pas des actes de dévotion strictement privés, mais impliquent d'autres personnes.

Cela inclut les réunions de bande et de classe (petits groupes), qui mettent l'accent sur la redevabilité. La communion avec d'autres croyants, dans une diversité de contextes, était cruciale pour Wesley et doit toujours l'être pour nous aujourd'hui. Ce n'est qu'au travers de relations authentiques et pleines de sens que nous grandissons afin d'atteindre tout notre potentiel. L'amour n'est jamais une notion abstraite. Wesley était tout à fait conscient que nous avons besoin non seulement d'aimer, mais aussi de l'amour des autres chrétiens qui nous encouragent et nous soutiennent. Il voyait aussi les réunions de prière comme un moyen de grâce, qui amène le corps de Christ à prier avec ferveur. Une telle prière communautaire est différente de nos prières solitaires. Les réunions de prière expriment notre accord pour que la volonté de Dieu s'accomplisse ; d'après le nouveau Testament, une telle prière revêt une efficacité particulière.

On trouve également cet élément communautaire dans les cultes wesleyens nocturnes d'alliance et de veille, qui nous appellent à réaffirmer, au sein de l'Église, notre engagement à être entièrement consacrés à Dieu. Le culte de l'alliance wesleyen en est venu à jouer un rôle extrêmement important dans la vie des croyants méthodistes. C'était une liturgie qu'ils récitaient, mais jamais froidement : il s'agit d'un culte profondément émouvant, qui exprime vraiment la chaleur de la tradition méthodiste. Les cultes nocturnes de veille sont traditionnellement organisés la nuit du Nouvel An, où les croyants se rassemblent afin de s'engager pour une nouvelle année de <u>consécration</u> et de service de Dieu.

Les fêtes de l'amour, un autre temps de renouveau communautaire dans le méthodisme wesleyen, ont donné lieu à une controverse. Wesley voulait que ces fêtes soient une sorte de culte de témoignage, pour l'édification des responsables et des chrétiens matures. Pour recevoir une invitation, les participants devaient être en règle et en être jugés dignes. Certains ont protesté, en demandant pourquoi qui que ce soit pourrait être exclu de ces rencontres, mais Wesley maintenant que les chrétiens matures et les responsables ont parfois besoin d'une occasion de d'édifier mutuellement. Sur ce point, il s'est montré visionnaire : les responsables d'église passent souvent l'essentiel de leur temps à prendre soin du reste de l'assemblée (ou des sociétés, à l'époque de Wesley), si bien qu'ils avaient besoin d'occasions d'être nourris eux aussi. C'était là l'intention de Wesley, et c'est toujours un bon conseil pour nous aujourd'hui.

Un autre moyen de grâce, pour Wesley, consistait à « faire tout le bien qu'on peut, sans rien faire de mal ». On attribue à Wesley la phrase suivante : « Faites tout le bien que vous pouvez, par tous les moyens que vous pouvez, de toutes les manières que vous pouvez, partout où vous le pouvez, à chaque fois que vous le pouvez, à tous ceux à qui vous le pouvez, tant que vous le pourrez. »[15] On cite souvent ces mots pleins de sagesse ; mais pour Wesley, ce n'était pas qu'une sagesse : faire le bien nous transforme aussi personnellement.

Wesley mentionnait spécifiquement les visites aux malades. Pourquoi ? Il est clair que les malades ont besoin d'être visités, cette pratique est au cœur de toute théologie légitime de l'accompagnement pastoral ; mais en quoi est-ce un moyen de grâce ? En un sens, les visites aux malades nous rappellent notre propre fragilité, parfois notre propre mortalité, ce qui oriente inévitablement nos cœurs et nos pensées vers l'éternité. Parfois, les malades manifestent la grâce de Dieu d'une manière profonde, qui ne peut qu'affecter notre propre sens de la présence de Dieu et de sa puissance qui nous maintient en vie. Pour ceux qui sont malades et désespérés, nous pouvons être des agents de l'amour et de la miséricorde de Dieu. Chaque fois que nous sommes des vaisseaux de l'amour de Dieu pour d'autres, nous expérimentons nous-mêmes cet amour divin dans nos cœurs.

La lecture de classiques de la méditation et de livres d'édification est un autre moyen de grâce prudentiel. Wesley a fait beaucoup d'efforts afin de mettre à la disposition de ses disciples des textes chrétiens importants écrits à travers les siècles de l'ère chrétienne, car il croyait que Dieu ferait grâce à ceux qui méditeraient la sagesse de ceux qui les ont précédés. La grande Christian Library (Bibliothèque chrétienne), en plusieurs volumes, constitue une de ses principales contributions à la formation du clergé méthodiste et à la nourriture spirituelle des laïcs. Même si toute la collection n'est plus publiée, des ouvrages individuels demeurent disponibles. Les livres écrits par des auteurs contemporains peuvent être certainement inspirants, mais, comme Wesley, nous devons faire attention à lire aussi des livres qui ont résisté à l'épreuve du temps, parfois pendant plusieurs siècles.

Par moyens de grâce institués, ou « spécifiques », Wesley fait référence aux moyens que Christ montre à ses disciples par son exemple ou qu'il leur demande directement de pratiquer. La prière et l'étude des Écritures sont fondamentaux pour toute (trans)formation spirituelle. Il a été dit que la prière est à la vie spirituelle ce que la respiration est au corps physique : sans elle, nous ne pouvons pas survivre. Wesley croyait que la prière privée n'est pas la seule forme de prière qui constitue un moyen de grâce. Il mettait l'accent aussi sur l'importance de la prière publique et familiale.

Un autre moyen de grâce fondamental est l'étude des Écritures. Le terme d'« étude » implique une lecture méditative, à travers laquelle le Saint-Esprit inspire nos cœurs. C'est différent de l'étude des Écritures afin d'en tirer des vérités doctrinales, même si celle-ci est importante. Si la prière est notre respiration, les Écritures sont notre nourriture. Trop souvent, nous lisons la Bible par devoir ; mais, pour garder cette analogie, manger n'est pas un devoir, mais quelque chose dont nous avons besoin afin de survivre et de prospérer, car nous en tirons les nutriments et l'énergie nécessaires à tout ce que nous faisons. Nos corps nous avertissent lorsque nous avons besoin de manger. Si nous ne mangeons pas, nous deviendrons faibles et commencerons à ressentir une sensation de faim profonde, jusqu'à en mourir. Si nous ne mangeons pas pendant longtemps, il y a cependant un stade à partir duquel nous ne ressentirons plus la faim. D'une manière similaire, nous pouvons négliger la nourriture spirituelle dont nous avons besoin, jusqu'à ce que nous ne ressentions plus la faim spirituelle. Comme pour le corps physique, ce sera peut-être lorsque nous serons sur le seuil de la mort. Si nous ne lisons nos Bibles que parce que c'est ce que nous sommes censés faire ou comme un simple acte d'obéissance, nous comprenons mal ce que cela implique d'étudier les Écritures et nous passons à côté de ce moyen de grâce fondamental.

Wesley mentionne le jeûne comme un moyen de grâce institué, au lieu de le classer dans la catégorie prudentielle du renoncement à soi, dans un sens plus général. Lui-même jeûnait souvent, au moins une fois par semaine. (En plus du bienfait spirituel d'une plus grande proximité avec Dieu, certains pensent que ce facteur a peut-être contribué à sa longévité surprenante.) La pratique du jeûne semble perdre en importance dans l'Église aujourd'hui. La notion de jeûne et prière ne semble être comprise que par les anciennes générations. Il est plus courant aujourd'hui de jeûner un repas pour donner l'argent du repas aux nécessiteux, que de jeûner afin de chercher sincèrement le cœur et la volonté de Dieu, ou encore afin d'exprimer notre pénitence ou notre désir spirituel. Quelles que soient les raisons, aider les nécessiteux ou faire preuve d'une piété particulière, le jeûne est un moyen de grâce pour nous.

Le prochain moyen de grâce institué auquel nous ferons référence ici est la conférence chrétienne. Par cette expression, Wesley entendait les conversations entre chrétiens, sur notre spiritualité, pas seulement deux chrétiens ou plus qui parlent de la pluie et du beau temps. Lorsque des chrétiens parlent de Dieu, une grâce est répandue sur eux. Il est cependant fascinant de voir que nous pouvons aller à l'église chaque semaine, sans jamais dire un mot de notre parcours spirituel personnel. Nous pouvons facilement aller à l'école du dimanche, prendre des nouvelles de ce que les uns et les autres ont fait pendant la semaine et même ouvrir la Bible ensemble et l'étudier, sans dire quoi que ce soit de spirituellement authentique sur nous-mêmes ni poser de questions sur la vie spirituelle de ceux qui sont à l'église avec nous. La conversation chrétienne, comme tous les moyens de grâce, est un acte intentionnel, plein de sens et persévérant. Il s'agit d'un acte d'amour, à travers lequel nous partageons notre foi et vivons ensemble, dans la présence même du Saint-Esprit[16]. La communauté des croyants est censée être un moyen de soutien, d'encouragement et d'édification mutuels. Pour cela, nous devons promouvoir la vulnérabilité spirituelle.

Le dernier moyen de grâce que nous aborderons est le repas du Seigneur (ou communion, eucharistie[17]). Rob Staples, dans son livre *Outward Sign and Inward Grace* (Signes extérieurs d'une grâce intérieure), rappelle fermement au mouvement wesleyen de la sainteté sa tradition et la compréhension appropriée des sacrements chrétiens. Dans cet ouvrage important, il affirme que le repas du Seigneur doit être vu comme un sacrement de sanctification (et donc, qu'il l'est). Une citation plus longue du livre de Staples nous sera utile sur ce point :

> La sanctification, qui, pour Wesley, revêt des aspects instantanés, est aussi une « œuvre progressive, accomplie dans l'âme par petits degrés, dès le moment où nous nous tournons vers Dieu pour la première fois. » [*Oeuvres complètes*, 6.74] Un moyen important de faire avancer cette

œuvre sanctificatrice est de prendre part au repas du Seigneur. [William] Willimon a raison de dire :

> « Le repas du Seigneur est une « ordonnance sanctificatrice », un signe de la continuité, de la nécessité et de la disponibilité de la grâce capacitante, communautaire, confirmatrice et nourrissante de Dieu. Notre caractère est formé et sanctifié par de tels instruments d'activité divine continuelle dans notre vie. »[18]

Les personnes qui ont grandi dans une église wesleyenne de la sainteté n'ont généralement pas reçu de bonne instruction par rapport au potentiel de l'eucharistie comme moyen de promotion de la sainteté. Pour eux, la normalité, la régularité et la nature rituelle du sacrement s'opposent à une telle compréhension. L'invitation au repas du Seigneur n'est pas vraiment comprise comme un appel à la sainteté. [...]

> [Pourtant,] la sanctification affirme que la vie chrétienne ne doit pas être vécue d'une manière aléatoire. Elle exige une attention, des habitudes et des efforts constants, tout au long de notre vie, afin de mettre en œuvre le caractère de Christ. La normalité et la constance de l'eucharistie font partie de cette puissance. Ce repas ne doit pas être spécial ou particulièrement excitant (même s'il l'est parfois) : c'est la nourriture normale du chrétien, l'aliment qui nous garde en vie. »[19] [...]

> [...] Tandis que le baptême est un sacrement d'initiation, qui n'a donc pas besoin d'être répété, le sacrement de la sanctification doit être célébré encore et encore, du baptême à la mort.[20]

Dans son sermon « *The Duty of Constant Communion* » (Le devoir de communion constante), Wesley dit clairement que l'eucharistie doit être célébrée « constamment ». Il s'oppose fermement à ceux qui craignaient que la fréquence ne réduise son efficacité : « Si nous la prenons trop souvent, elle perdra son sens. »[21] Wesley s'opposait à cette manière de penser, parce qu'il voyait la communion comme un moyen de grâce extrêmement important. Devons-nous prier moins souvent, parce que nous craignons que nos prières ne perdent leur sens ? Devons-nous lire notre Bible, aller à l'église ou aider les autres mois souvent ? Bien sûr que non. Alors pourquoi devrions-nous craindre que de célébrer fréquemment la communion lui fasse perdre son sens ?[22]

L'eucharistie, pour Wesley, est un moyen à travers lequel notre âme est « particulièrement nourrie ». Cela ne veut pas dire qu'il croyait en la transsubstantiation ou en la transformation réelle des éléments[23]. L'acte, qui implique à la fois la mémoire et l'activité directe du Saint-Esprit, est un moyen immédiat de prendre part à la grâce transformatrice continuelle de Dieu. Pour cette raison, il ne doit pas être négligé. Pourtant, ainsi que le suggère Staples, il semble que ceux d'entre nous qui sont issus de la tradition de la sainteté n'ont pas fait ce lien, alors qu'il est à présent reconnu que, sur le plan historique, la communion était souvent servie à la fin de tous les réveils et réunions de camp du 19ème siècle à travers le pays. Peut-être que ces partisans de la sainteté étaient moins déconnectés de la compréhension wesleyenne du sacrement qu'on ne le pensait. Quoi qu'il en soit, la prédication de la sainteté au 21ème siècle a besoin d'une emphase renouvelée sur l'eucharistie, car il s'agit d'un moyen vital de sanctification progressive et de croissance en grâce.

▶ LE CARACTÈRE DANS UN MONDE POSTMODERNE

Les jours où la religion se réduisait à ce que notre raison pouvait nous apprendre à propos de Dieu sont passés depuis longtemps. Ce paradigme moderne, fondé sur la pensée des Lumières, n'a quasi plus sa place chez ceux qui ont reconnu et adhéré au changement philosophique connu sous le nom de postmodernité. La modernité était fermement enracinée dans la tendance à exalter la raison humaine, par-dessus l'expérience et l'émotion. Même les empiristes étaient systématiquement rationnels dans leurs découvertes à l'époque moderne ! Aujourd'hui, cependant, le mode de pensée dominant ne fait plus passer la « raison » avant l'« affect ». Malgré les efforts, parfois vigoureux, de certains, visant à maintenir la modernité, cette pensée est mourante, voire même déjà morte.

La compréhension postmoderne exprimée ici remet en question la légitimité du modèle intellectualiste de psychologie morale. Ce modèle s'appuie fortement sur une vision moderne. La psychologie morale affective de Wesley, au contraire, est apparentée à la pensée postmoderne sur bien des points. Dans son livre *John Wesley on Religious Affections* (John Wesley sur les affections religieuses), Gregory Clapper observe que, si Wesley croyait que le christianisme implique la juste doctrine (orthodoxie) et la juste pratique (orthopraxie), il y a quelque chose de plus profond dans sa vision de la foi. Clapper écrit : « Ce qui manque [dans ces deux descriptions] est ce que j'appelle l'orthocardie, le cœur juste. [...] Sans un tel « cœur juste », le christianisme selon Wesley n'existe pas. »[24] D'une manière similaire, Theodore Runyon a d'abord suggéré le terme d'« orthopathie » afin de décrire le modèle expérimental wesleyen[25]. Wesley lui-même a affirmé directement que la vraie religion n'est jamais qu'une question d'adhésion intellectuelle. La pensée rationnelle seule ne peut produire qu'une « foi du diable [...], un train d'idées dans la tête »[26]. C'est le cœur qui croit, puis qui est poussé à l'action. Pour le dire simplement, le cœur est le siège des affections.

Quel que soit le terme employé, « orthocardie » ou « orthopraxie », le wesleyanisme se distingue des autres traditions par sa chaleur. Il a trouvé le juste milieu entre la foi comme un ensemble de doctrines (quoique vraies) et d'actions (quoique nobles). Toute croyance et activité doit émaner du cœur. Ainsi, la foi est une confiance profonde en Christ, qui transforme notre être, afin que nous puissions agir selon le caractère que Christ a formé en nous.

L'emphase sur le cœur, ainsi que sur l'expérience et sur la place égale des émotions dans la psychologie affective wesleyenne, correspond aux désirs des chrétiens postmodernes, qui veulent mettre l'emphase sur une foi expérimentale, laquelle mène à des actes pleins de sens dans un monde brisé. Ils aspirent à des relations authentiques et sincères, avec Dieu et les autres. Ils se concentrent beaucoup plus sur *l'être* et *le devenir* comme l'essence de la vie humaine, au lieu de limiter la vie chrétienne au *penser* et au *faire*, à la croyance intellectuelle ou aux actes moraux aveugles. Par-dessus tout, peut-être, ils s'érigent pour modèles ceux qui ont un caractère authentique, plutôt que ceux qui adhèrent aux bonnes notions. Ils ont faim et soif d'une justice qui se définit par l'amour de Christ. Tel est précisément le message de la sainteté.

Si la sainteté n'a jamais été pertinente, c'est bien maintenant. Ce que nous avons besoin de bien communiquer n'est peut-être pas une emphase renouvelée sur les moments de crise ou un nouvel intérêt pour la sanctification progressive, mais plutôt cette doctrine de la sainteté dans la vie présente, qui permet de vivre une vie authentique, selon ce que nous savons déjà, de le vivre pleinement et profondément, de tout notre cœur. Le vivre est la seule manière d'en sauver la crédibilité.

> À force de paroles, on peut enfermer la sainteté dans une tombe. La connaissance de son contenu implique une obligation correspondante de mettre en pratique sa vérité. Lorsque nous échouons à faire cela, la doctrine devient une pierre tombale sur la tombe de ceux qui l'ont trahie[27].

OBSERVATIONS RÉCAPITULATIVES

1. Wesley se souciait profondément du développement du caractère et s'inspirait d'Aristote et de la théologie morale de la tradition thomiste, qui suivait la vision de Thomas d'Aquin lui-même.
2. Wesley a trouvé un juste milieu entre un modèle éthique intellectualiste et une forme de déterminisme éthique.

LA SAINTETÉ EN TANT QUE CARACTÈRE

3. La théologie wesleyenne de la sainteté croyait que des actes d'amour saint ne peuvent émaner que d'un caractère saint et aimant. Nous devons vivre de l'intérieur vers l'extérieur.
4. Les moyens de grâce peuvent être généraux, prudentiels et institués.
5. La communion doit être vue comme un sacrement qui sanctifie.
6. La compréhension wesleyenne du développement du caractère affectif et des moyens de grâce est compatible avec le christianisme post-moderne.

QUESTIONS DE RÉFLEXION

1. La motivation d'une personne change-t-elle quelque chose à la qualité de ses actes ?
2. Qu'est-ce que cela veut dire de vivre « de l'intérieur vers l'extérieur » ou « à partir du cœur » ?
3. Quels sont les moyens de grâce qui se sont avérés les plus utiles pour votre croissance spirituelle ?
4. En quoi la communion est-elle un sacrement de sanctification ?

DOUZE

La sainteté en tant qu'amour

OBJECTIFS D'APPRENTISSAGE

Votre étude de ce chapitre vous permettra …
1. de relier sainteté et amour,
2. d'identifier les caractéristiques fondamentales de l'amour de Dieu pour nous,
3. de comprendre comment aimer Dieu au mieux,
4. d'identifier les qualités essentielles de notre amour des autres.

MOTS-CLÉ

pratique
shema
dévotion totale

Ainsi que nous l'avons suggéré tout au long de ce livre, toute définition de la sainteté doit inclure l'amour. On peut aller jusqu'à assimiler la sainteté à l'amour (saint)[1], à la fois en référence à Dieu et à la sainteté qu'il produit en nous. Nous avons mis en avant le fait que la caractéristique la plus fondamentale de Dieu est amour. « Dieu est amour », dit Jean, d'une manière simple, mais très profonde. On peut ajouter l'adjectif « saint » à l'amour de Dieu, mais cela ne change pas beaucoup notre compréhension de Dieu, car l'amour de Dieu est saint par nature. L'ajout de cet adjectif nous rappelle cependant que Dieu est au-delà de nous et autre que nous : il est saint et toujours différent de nous par nature.

Pourtant, le message biblique du salut est que ce Dieu saint est venu vers nous. La manifestation la plus puissante de cette vérité est l'incarnation de son Fils et la plus perpétuelle est la présence du Saint-Esprit. Le Dieu qui est Tout Autre est devenu « comme nous », par amour (Hébreux 4.15), sans jamais sacrifier son altérité, même dans l'incarnation. Mais ce message va plus loin.

Le Dieu d'amour saint souhaite également nous rendre saints. Ici, il est absolument fondamental (en parlant de sainteté humaine) d'ajouter le terme d'« amour ». La sainteté sans amour n'est pas sainte du tout[2]. Nous en avons parlé longuement aux chapitres précédents. Si nous nous contentons de définir la sainteté humaine comme l'absence de péché, nous l'aurons définie seulement comme une absence (de péché). La sainteté n'est cependant jamais un état passif, ni un vide : une vie sainte requiert la présence de l'amour auquel Dieu nous appelle. La sainteté et l'amour ne peuvent être séparés. En ce sens, ce livre parle autant d'amour que de sainteté.

Le lecteur attentif constatera cependant que l'amour n'a jamais été entièrement défini dans ce livre. Il est clair que « nous aimons parce que Dieu nous a aimés le premier » (1 Jean 4.19) et que cet amour se manifeste le plus clairement dans l'amour de Dieu en Christ ; mais en réalité, sur un plan humain, une compréhension et explication totale de l'amour semble impossible. On peut certes faire la liste des qualités de l'amour mentionnées dans les Écritures, notamment 1 Corinthiens 13. Même si ces définitions sont importantes, nous avons tendance à « connaître » l'amour d'une manière intuitive, donc plus difficile à résumer par des propositions concrètes. Nous allons néanmoins essayer de trouver une définition ici. Dans ce but, nous allons d'abord examiner ce que cela peut impliquer de mettre l'amour au centre de la théologie wesleyenne de la sainteté. Cet examen servira de résumé, ainsi qu'à des fins d'orientation.

▸ L'AMOUR AU CENTRE

Dans le cadre de notre discussion de l'amour et de la sainteté, il est crucial de comprendre que de mettre l'amour au centre aura des effets profonds sur la théologie de la sainteté. Une théologie dans laquelle l'amour sera placé résolument au centre manifestera certaines qualités. Nous en développerons cinq ici.[3]

1. Une théologie forte de la sainteté sera affective autant que cognitive et comportementale

Quelque chose en nous est conscient que l'amour va plus loin que ce que nous pensons, ou même ce que nous faisons. Les aspects cognitifs et comportementaux de l'amour sont importants : nous savons ce qu'est l'amour à travers une analyse rationnelle et nous affirmons qu'il s'exprime le mieux à travers des actes volontaires, qu'on appelle actes d'amour. Une compréhension de l'amour fondée uniquement sur ces deux perspectives exclut cependant le cœur, de l'amour et, ainsi, de la théologie wesleyenne de la sainteté. Ainsi, nos affections, qu'on peut définir comme des émotions devenues habituelles (voir chap. 11), influencent notre capacité à aimer. La théologie wesleyenne de la sainteté n'est jamais stoïque ; elle ne cherche pas à réprimer les éléments émotionnels de la vie. Elle affirme que Dieu se sert de nos expériences émotionnelles, autant que de notre rationalité et de notre liberté. Si l'amour est au centre de la théologie de la sainteté, nous devons reconnaître qu'il inclut les affections.

Ainsi, l'amour inclut les émotions comme l'affection, le délice, et même le désir. L'amour ressent une véritable affection pour les autres. Cela le rend authentique et permet d'éviter tout soupçon d'amour mécanique ou diffus. La grâce de Dieu rend possible l'affection du cœur. Par ailleurs, d'après le théologien Gary Charter, « l'amour en tant que délice trouve cela bon, et même merveilleux, que l'autre existe ; la simple connaissance de la réalité de l'autre peut être source de plaisir et même de joie. »[4] Lorsque Dieu change nos inclinations de l'intérieur, l'amour devient moins laborieux et plus plein de délice. Cela ne veut pas dire qu'il ne continue pas d'être très exigeant, jusqu'au devoir ; mais cela veut dire que Dieu peut remplir notre cœur de joie, et donc d'épanouissement, dans notre amour pour les autres. D'une manière similaire, l'amour peut aussi impliquer le désir.

« L'amour en tant que désir recherche la proximité, l'intimité avec l'autre, donnée gratuitement, et reconnaît la valeur [...] du don de la présence. »[5] Ce désir est vécu le plus souvent dans le cadre de relations réciproques, comme l'amitié (*philios*), la communion fraternelle au sein de la communauté chrétienne ou l'*eros* du mariage. Ces relations, en particulier, peuvent constituer un moyen de grâce pour nous, alors que nous cherchons à aimer d'un cœur pur. Il est évident que l'amour veut toujours sincèrement le meilleur pour l'autre et qu'il ne le désire pas comme un objet, mais toujours comme un sujet. D'une manière générale, l'amour (*eros*, *philios*, et même *agapè*) implique les affections.

2. Une théologie forte de la sainteté aura une pertinence existentielle

L'amour est toujours existentiel. Il n'est pas seulement affectif, mais il se vit aussi au plus profond de notre être, dans le domaine du sens et du dessein. Nous avons été créés pour aimer. C'est notre *telos*, mais aussi notre appel présent. L'amour est la définition même de l'*imago Dei*, que Dieu renouvelle en nous. Le dessein même de notre humanité est d'aimer et nous ne sommes réellement humains que lorsque nous aimons, en humanisant les autres et aimant notre Créateur par-dessus tout. L'amour existentiel nous amène au-delà de la superficialité des lois ou des règles. L'amour accomplit la loi. Par ailleurs, selon le modèle aristotélicien, nous ne pouvons pas aimer réellement si nous avons seulement un caractère continent (c. à d. que nous faisons les bons choix, mais pour de mauvaises raisons) : seule une personne vertueuse, rendue telle par sa participation à la grâce de Dieu, peut aimer entièrement.

La théologie wesleyenne de la sainteté a besoin non seulement d'une orientation existentielle, mais aussi d'une pertinence existentielle, c'est-à-dire qu'elle doit être corrélée au contexte dans lequel elle se trouve. Le véritable amour des autres motive ce désir de corrélation. Une théologie peut être logiquement cohérente, parfaitement organisée et défendue avec précision, mais si elle n'est pas pertinente dans son contexte, elle n'aura que peu de valeur. Même une théologie sans amour est une « cymbale bruyante » (1 Corinthiens 13.1). La théologie de la sainteté doit être adaptée. Cela ne menace pas l'intégrité de la doctrine, mais cela lui permet de prendre vie dans le cœur et la vie d'une grande variété de personnes qui la rencontrent. La clé pour maintenir sa pertinence est de garder l'amour au centre de la théologie de la sainteté.

L'amour des autres implique donc les qualités suivantes : respect, identification et égalité. L'amour en tant que respect reconnaît la dignité et la valeur de chaque personne. Par respect, l'amour va à la rencontre de l'autre. Tout comme Dieu est venu jusqu'à nous, l'amour en tant que respect est disposé à aller vers l'autre sans conditions, sans attendre qu'il vienne nous rencontrer à mi-chemin. Tous les hommes méritent un tel respect, pour la seule raison qu'ils sont tous créés à l'image de Dieu et que Dieu les aime tous d'une manière égale. L'amour cherche également à s'identifier aux autres, à voir la vie de leur perspective et à les accepter avec empathie. Nous faisons tous partie de l'humanité, si bien que l'amour n'est jamais xénophobe. Enfin, l'amour reconnaît l'égalité de tous les hommes créés par Dieu.

3. Une théologie forte de la sainteté sera relationnelle et communautaire

Malheureusement, seuls certains théologiens ont été qualifiés de « relationnels »[6]. Cependant, en examinant la question de près, qui voudrait s'identifier comme théologien non relationnel ? La sainteté en dehors des relations humaines n'a pas de sens. La sainteté concerne notre relation avec Dieu et les autres et elle implique que la nature de ces relations est fondée sur l'amour. La sainteté désincarnée est toujours un danger, en ce qu'elle nie la véritable sainteté. L'amour accorde toujours une grande valeur à la relation.

Il est dangereux de séparer la sainteté de la vie communautaire. La communauté chrétienne est essentielle pour notre quête de sainteté et d'amour. C'est à cette communauté seule que nous devons l'amour[7]. Il n'y a rien de tel qu'une vie chrétienne solitaire. Dieu veut que l'Église soit réellement unie, avec chaque membre au service des autres. C'est pourquoi, Paul fait surtout référence à l'amour dans le contexte de l'Église, car pour que celle-ci soit unie, elle a besoin d'amour authentique. Il est approprié aussi d'identifier l'Église, dans son ensemble, comme sainte.

L'amour, au sein du corps de Christ, qui est au centre d'une solide théologie de la sainteté est donc toujours interdépendant. C'est ici que la réalité de l'égalité s'exprime mutuellement d'une manière spéciale (Gal. 3.28). Selon 1 Corinthiens 12, chaque partie, quelle que soit sa taille, a besoin des autres. L'amour est également intense en affection et en loyauté. Paul écrit : « attachez-vous de toutes vos forces [à :] – l'amour fraternel : soyez pleins d'affection les uns pour les autres ; – l'estime mutuelle : soyez les premiers à la manifester ; [...] – les besoins de ceux qui font partie du peuple saint : soyez-en solidaires, toujours prêts à pratiquer l'hospitalité. » (Rom. 12.10, 13) Le terme grec traduit par « attachez-vous » fait référence à l'affection mutuelle qu'on trouve dans une famille et implique un lien profond de loyauté et de confiance réciproque. L'amour fait confiance. Il persévère toujours. On peut se demander si Paul pense aux « amputations » si fréquentes dans une culture consumériste où on change d'église si souvent. L'amour, particulièrement au sein du corps de Christ, « [e]n toute occasion, il pardonne, il fait confiance, il espère, il persévère » (1 Corinthiens 13.7). L'amour est loyal, dévoué et, en définitive, éternel.

4. Une théologie forte de la sainteté sera orientée vers la pratique

La sainteté implique toujours notre comportement et comment nous agissons. Cela va peut-être sans dire, mais il est théoriquement possible de développer un cadre théologique qui n'a que peu à voir avec la vie humaine. Les premiers théologiens scolastiques ont été accusés de spéculation théologique à un degré extrême. On peut éventuellement concevoir une théologie non pratique, mais le cœur de la théologie wesleyenne de la sainteté est forcément toujours pratique. De Wesley lui-même à la théologie wesleyenne aujourd'hui, chaque formation théologique mène à la question de savoir comment appliquer cela à la vie.

En théologie, la notion de *pratique* implique certaines connotations. On met généralement l'emphase sur la transformation sociale, notamment les ministères compassionnels et les questions de justice sociale, mais il ne faut pas forcément se limiter à ces domaines. La « pratique » peut être un terme générique, qui couvre tout le champ d'application de la théologie. Une théologie orientée vers la pratique ne peut laisser les choses telles qu'elles étaient auparavant. Pour être pertinente et vraie, la théologie doit être manifestée et même incarnée. On pourrait dire que la théologie est validée par sa pratique. La pratique est validée lorsque des vies humaines sont impactées et changent positivement. La théologie wesleyenne de la sainteté est une théologie qui fonctionne, une théologie pratique et transformatrice. La théologie « porte des vêtements de tous les jours », comme l'a dit un théologien[8]. Elle passe, depuis son centre, dans tous les coins et recoins de la vie. Une théologie de l'amour amène à Dieu ceux qui ont besoin de liberté spirituelle et de rédemption, en même temps qu'elle amène Dieu à eux.

Dans la tradition wesleyenne de la sainteté, au 18ème comme au 19ème siècle, la pratique était orientée surtout vers les nécessiteux, principalement les pauvres. Beaucoup de croyants issus de cette tradition ont appelé à un retour à ses origines et à un renouveau de la pratique originelle, qui semblait découler si naturellement de la théologie de la sainteté. Steven Land emploie une image percutante, qui devrait nous faire réagir aujourd'hui : lorsqu'il était pasteur, quelqu'un est venu le voir et lui a dit qu'il avait un grand fardeau pour les pauvres. Land lui a répondu : « Vraiment, vous aimez les pauvres ? Eh bien, donnez-moi trois noms et adresses de personnes pauvres. Dites-moi ce que vous savez de leurs enfants, de leurs espoirs et de leurs craintes, ainsi que quand et comment vous avez prié pour eux. »[9] Nous ne pouvons pas aimer « les pauvres » sans aimer de personnes réelles victimes de la pauvreté. L'amour n'est jamais une abstraction. L'amour, en tant que pratique, est toujours personnel et va toujours vers ceux qui en ont le plus besoin.

L'amour qui demeure au centre de la théologie wesleyenne de la sainteté implique donc les dimensions de la compassion, du soin et du service des autres. Dans la parabole du Bon Samaritain (Luc 10), Jésus décrit le Samaritain par contraste avec les personnages plus officiellement religieux du prêtre et du Lévite. Contrairement à eux, le Samaritain a fait preuve de compassion pour le blessé qui avait été laissé sur le bord de la route. Ici, le terme grec pour compassion est *esplagxnisthê*. Ce terme exprime un sentiment profond, qui émane des « entrailles » les plus profondes de notre être. Plus que de la pitié ou de la sympathie, ce terme implique une motivation profonde à agir, presque comme si nous étions poussés à prendre soin de celui qui est dans le besoin. Le même terme est employé afin de décrire la compassion de Christ pour nous.

Le terme de « compassion » lui-même est un mot composé qui signifie « souffrir avec ». La compassion implique d'entrer dans la souffrance de l'autre. L'amour n'attend jamais au bord du chemin : il est poussé à agir (à la fois au niveau affectif et comportemental). Il pourvoit aux besoins des autres, même des étrangers, ainsi que le montre la parabole de Christ. Il sert les autres et assume une attitude de service. L'amour s'exprime par la pratique.

5. Une théologie forte de la sainteté sera intégrée à la spiritualité

La théologie wesleyenne de la sainteté est une théologie confessionnelle, qui ne sort jamais du cercle confessionnel en cherchant à être purement et rationnellement objective[10]. La foi est forcément de nature subjective. C'est une autre manière de dire que toute théologie de la sainteté doit être intégrée à la spiritualité ou à la piété personnelle, y compris celle du théologien ! De même que la théologie de la sainteté est forcément pratique, elle va forcément vers l'intérieur, vers des questions de consécration et de confiance. Ainsi que nous l'avons suggéré tout au long de ce livre, notre foi chrétienne est vécue de l'intérieur vers l'extérieur.

La spiritualité implique l'intentionnalité. La vie spirituelle n'est vécue pleinement qu'en la méditant et en la nourrissant intentionnellement. La spiritualité est appuyée par une introspection qui peut mener à un changement conscient et délibéré. Par ailleurs, ainsi que nous l'avons vu au chapitre 6, l'anthropologie théologique de la théologie wesleyenne de la sainteté met l'emphase sur une compréhension holistique de l'être humain. Ainsi, la spiritualité d'une personne n'est pas qu'un aspect compartimenté de son être, mais nous sommes des êtres entièrement spirituels, de long en large. La piété personnelle doit être partie intégrante de la théologie wesleyenne de la sainteté.

Dès lors, l'amour qui demeure au centre est intentionnel et holistique. On n'aime jamais par accident : l'amour est le fruit d'une volonté consciente pour l'autre. Par ailleurs, nous aimons de tout notre être, d'un amour dirigé vers tout l'être de l'autre. C'est pourquoi, il est impossible d'évangéliser l'âme en négligeant les besoin physiques de la personne (Jacques 2.14-17). L'amour émane d'une spiritualité personnelle profonde.

Cette section a présenté l'amour dans le contexte d'une théologie de la sainteté forte, en se concentrant généralement sur un saint amour des autres. Nous passons à présent plus précisément à l'amour de Dieu pour nous et à une discussion plus trinitaire de l'amour saint. Nous examinerons plus en détail l'amour de Dieu, *pour* nous, *en* nous et à *travers* nous.

▶ DIEU NOUS A AIMÉS LE PREMIER

L'AMOUR DE DIEU POUR NOUS : UN AMOUR CONSTANT

L'amour de Dieu est pour nous. C'est là un des messages les plus fondamentaux de la Bible et la clé de la théologie de la sainteté ; mais avant de passer immédiatement à une discussion à propos de ce que Dieu a fait pour nous, nous devons nous interrompre afin d'examiner l'impact de cette simple affirmation : Dieu est pour nous. Il n'est pas notre ennemi ; même lorsque nous étions étrangers et perdus, il était pour nous, pour nous tous. L'affirmation que Dieu est pour le monde entier, pas seulement pour certains élus, est un aspect fondamental des racines arminiennes du wesleyanisme. Dieu a tant aimé le monde.

Malgré ce que nous avons appris, parfois depuis notre plus jeune âge, si nous sommes en Christ, nous ne sommes pas vulnérables devant Dieu, car Dieu est pour nous. La vulnérabilité est liée à la possibilité de souffrir, à la crainte, tandis que l'amour de Dieu est entièrement digne de confiance, entièrement fiable. Nous pouvons nous sentir vulnérables devant Dieu, mais Jean intervient pour nous rassurer : « Si quelqu'un reconnaît que Jésus est le Fils de Dieu, Dieu demeure en lui et lui en Dieu. Et nous, nous avons connu l'amour que Dieu nous porte et nous y avons cru. [...] Dans l'amour, il n'y a pas de place pour la crainte, car l'amour parvenu à une pleine maturité chasse toute crainte. En effet, la crainte suppose la perspective d'un châtiment. » (1 Jean 4.15-16, 18) Paul, pour sa part, nous rassure :

> Si Dieu est pour nous, qui se lèvera contre nous ? [...] Qu'est-ce qui pourra nous arracher à l'amour de Christ ? La détresse ou l'angoisse, la persécution, la faim, la misère, le danger ou l'épée ? [...] Oui, j'en ai l'absolue certitude : ni la mort ni la vie, ni les anges ni les dominations, ni le présent ni l'avenir, ni les puissances, 39 ni ce qui est en haut ni ce qui est en bas, ni aucune autre créature, rien ne pourra nous arracher à l'amour que Dieu nous a témoigné en Jésus-Christ notre Seigneur. » (Rom. 8.31, 35-39)

Par amour, la puissance de Dieu cède volontairement à sa compassion ; sa colère se rend volontairement à sa miséricorde et sa majesté se soumet volontairement à sa grâce, lorsque Dieu sacrifie Jésus-Christ pour de simples hommes comme nous.

Qu'est-ce donc que Dieu a fait pour nous ? Son activité la plus profonde pour nous, qui émane de son cœur, est manifestée à la croix. L'amour de Dieu en Christ nous justifie, nous réconcilie, nous rachète et nous adopte comme ses enfants. Dieu, à travers son Fils, nous a donné tout ce dont nous avons besoin pour être sauvés, vivre et l'honorer (2 Pierre 1.2-4). Ses dons pour nous sont la grâce prévenante, salvifique et sanctificatrice, et même la création elle-même, car « Dieu a tout créé par lui » (Jean 1.3). Dieu est pour nous, toujours.

L'AMOUR DE DIEU AVEC NOUS : UN AMOUR IMMANENT

L'amour de Dieu n'est pas seulement pour nous : il est aussi avec nous. Des symboles de la présence de Dieu dans l'Ancien Testament à l'avènement du Saint-Esprit lors de la Pentecôte, Dieu a été un Dieu avec nous. Christ en tant qu'Emmanuel, dans la personne de Jésus sur terre, était la présence immanente vers laquelle montrait toute l'histoire du salut. Dieu est devenu homme afin d'être réellement avec nous, de communiquer pleinement avec nous et de nous comprendre pleinement, à partir d'une position de véritable empathie. D'une perspective wesleyenne de la sainteté, l'incarnation est tout aussi importante que l'expiation. La Parole a habité parmi nous. Ce n'est que par cette présence immanente et incarnée de Dieu sur terre que Jésus-Christ peut nous servir de grand-prêtre, qui nous représente devant Dieu à travers sa véritable identification avec nous en tant qu'homme et représente Dieu auprès de nous à travers sa véritable identité et nature divine. Ce scandale de la spécificité de Dieu en Jésus a tout changé et continue de tout changer.

Dieu était puissamment avec nous en Jésus-Christ et il est toujours avec nous à travers le Saint-Esprit, qui représente et transmet l'amour de Dieu pour nous. La Pentecôte est considérée à juste titre comme la date de naissance de la foi de l'Église, car le Saint-Esprit a été manifesté d'une manière particulière. Le Saint-Esprit continue d'offrir la foi, de la faire naître et de la nourrir dans le cœur de chaque chrétien. Il demeure avec nous. Il est vraiment celui qui a été « appelé à côté » de nous, en tant que consolateur. Il demeure en nous. C'est lui aussi qui nous inspire la vie et qui transforme notre perception de Dieu, non plus avec nous, mais réellement en nous.

L'AMOUR DE DIEU EN NOUS : UN AMOUR TRANSFORMATEUR

L'amour de Dieu, à travers Christ et le Saint-Esprit, est un amour qui est pour nous, avec nous et en nous. Un des éléments principaux de la théologie wesleyenne de la sainteté est que le Saint-Esprit vient demeurer en nous. On peut dire à juste titre que d'autres traditions se concentrent davantage sur Dieu pour nous que sur Dieu en nous ; mais une des forces du méthodisme primitif de Wesley, ainsi que du mouvement wesleyen de la sainteté, dès ses débuts, est une pneumatologie solide, qui souligne ce que Dieu fait en nous. Et que fait-il ? Il travaille à notre sanctification. Il nous transforme de l'intérieur et brise la puissance du péché annulé. Il nous purifie, nous rend parfaits et capables de résister au péché. Il altère nos inclinaisons et notre nature même. Il construit notre caractère saint de l'intérieur, alors que nous pratiquons les vertus et prenons part à la grâce. La grâce de Dieu, non seulement nous pardonne, mais nous transforme et nous sanctifie d'une manière authentique.

Tous ces actes de Dieu en nous ne doivent cependant pas être considérés comme une fin en soi ! Dieu nous sanctifie afin que nous puissions être remplis d'amour jusqu'à déborder. Nous sommes appelés à représenter Christ à ceux qui ne le voient pas. Nous devons être la présence de Jésus-Christ pour ceux qui ne peuvent pas le toucher, son corps – ses mains, ses pieds et son cœur – pour ceux qui ont le plus besoin de lui. L'amour de Dieu nous transforme, afin qu'il puisse aimer les autres à travers nous.

L'AMOUR DE DIEU À TRAVERS NOUS : UN AMOUR QUI SE RÉPAND SUR NOTRE PROCHAIN

Nous espérons que ce livre aura su communiquer efficacement le fait que la sainteté n'est rien si elle n'est pas mise en pratique par l'amour, dans le contexte d'un monde brisé. La sainteté est l'essence même d'une vie semblable à Christ.

> « Voici comment nous savons que nous connaissons Christ : c'est parce que nous obéissons à ses commandements. Si quelqu'un dit : « Je le connais » sans obéir à ses commandements, c'est un menteur et la vérité n'est pas en lui. Celui qui observe sa Parole a vraiment pour Dieu un amour parvenu à sa pleine maturité. C'est ainsi que nous savons que nous sommes unis à lui. Celui qui prétend qu'il demeure en Christ doit aussi vivre comme Christ lui-même a vécu. » (1 Jean 2.3-6) Dieu nous sanctifie afin de faire de nous d'authentiques messagers de l'Évangile.

Dieu nous sanctifie afin de purifier et de rendre efficace l'amour que nous offrons aux autres. Il nous sanctifie afin d'agir au travers de nous. C'est mal lire la Bible que de croire qu'il ne nous sanctifie que pour notre propre progrès ou notre salut éternel. Il n'y a rien de tel que l'égoïsme sanctifié, même s'il mène au ciel. Paul, en Romains 9, dit quelque chose de presque incroyable à ce sujet : « Oui, je demanderais à Dieu d'être maudit et séparé de Christ pour mes frères, nés du même peuple que moi. » Paul, qui a tout perdu afin de gagner Christ, est prêt même à perdre Christ au profit de ceux qu'il aime tant. On pourrait être tenté d'en douter, s'il n'insistait pas en précédant cette affirmation des mots suivants : « Je dis la vérité, en tant qu'homme uni à Christ, je ne mens pas ; ma conscience, en accord avec l'Esprit Saint, me rend ce témoignage : j'éprouve une profonde tristesse et un chagrin continuel dans mon cœur. » (versets 1-2) Il pense vraiment ce qu'il dit.

C'est une chose de renoncer à sa propre vie et autre chose de renoncer à sa destinée éternelle. Les mots de Paul sont une expression d'amour exceptionnelle. Seul l'amour de Dieu à travers lui a pu rendre ce sentiment possible. L'amour de Dieu, qui se vide, agit non seulement en nous, mais aussi à travers nous. L'amour de Dieu pour nous, avec nous et en nous, coule en nous et nous rend capables d'aimer réellement notre prochain. Le fait que Dieu nous a aimés le premier nous pousse aussi à l'aimer en retour.

▸ L'AMOUR EN TANT QUE DÉVOTION TOTALE À DIEU

Comment aimons-nous Dieu, qui nous a aimés le premier ? De bons arguments suggèrent que la seule manière de l'aimer est d'aimer notre prochain. Il s'agit essentiellement d'une interprétation qui résume les deux premiers commandements en un seul. C'est une option. Nous exprimons notre amour pour Dieu en servant les autres. Mais l'amour de Dieu se résume-t-il à cela ? Lorsque Jésus identifie les deux plus grands commandements, il cite deux passages distincts de l'Ancien Testament.

Pendant des millénaires avant Jésus, les Israélites récitaient le Shema, qu'on trouve en Deutéronome 6 : « Écoute, Israël, l'Éternel est notre Dieu, l'Éternel seul. Tu aimeras l'Éternel ton Dieu de tout ton cœur, de toute ton âme et de toute ta force. » (versets 4-5) C'est d'un passage du Lévitique que Jésus dérive ce qu'il appelle le deuxième plus grand commandement. Le fait que le Shema soit clairement à part devrait au moins nous faire nous interrompre et nous demander comment faire, ce que nous devons faire pour aimer Dieu de tout notre être. C'est ici que certains aspects de l'amour que nous avons pour les autres hommes ne correspondent pas : devons-nous nous soucier des besoins physiques de Dieu ? A-t-il besoin de compassion ou d'empathie ? A-t-il même besoin de quoi que ce soit de notre part ? Sur certains points, nous devons expliquer notre amour pour Dieu d'une manière différente de notre amour pour les autres. Cependant, au lieu de suivre plusieurs chemins spéculatifs possibles sur ce point, nous aborderons un aspect de l'amour de Dieu qui est solidement planté et enraciné dans la tradition wesleyenne de la sainteté.

La vie de sainteté au 19e siècle, alors que le mouvement de la sainteté se solidifiait, se caractérisait notamment par la dévotion totale à Dieu, qui est devenue un thème central du vocabulaire de la sanctification à partir des années 1850. Au cœur de cette expression, on trouve un amour si profond pour Dieu qu'aucune autre expérience humaine ne peut le dépasser. Cette expression revêt plusieurs connotations différentes.

Avant tout, la dévotion totale était vue comme la seule réponse appropriée à l'amour de Dieu pour nous. Si nous comprenons réellement l'amour de Dieu d'une manière profondément personnelle et que nous savons que nous sommes acceptés et pardonnés, nous répondrons par un élan profond du cœur, sous forme de consécration totale. Alors que nous grandissons dans cette compréhension de ce que Dieu a fait pour nous et en nous, notre amour pour lui grandira aussi. D'après l'interprétation wesleyenne de Romains 8, c'est lorsque Paul a reçu l'assurance de l'amour de Dieu que l'Esprit a rendu témoignage à son esprit qu'il était enfant de Dieu. Et quelle a été la réaction de Paul à ce profond sentiment d'acceptation ? Il a crié à Dieu, avec passion et un sens d'intimité profonde : « Abba ». En ce sens, un amour affectif profond pour Dieu découle de notre expérience de son amour pour nous. C'est aussi vrai pour nous aujourd'hui que cela l'était pour Paul, Wesley et le mouvement de la sainteté.

Ensuite, la dévotion totale est directement liée à la consécration totale et à l'abandon total requis par l'expérience de l'entière sanctification. Beaucoup d'images ont été employées afin de décrire un tel abandon total. De Phoebe Palmer, qui parlait de « tout déposer sur l'autel de Christ », à l'idée d'être « vendu à Christ », le mouvement de la sainteté a toujours mis l'emphase sur un moment de décision qui implique un engagement total. Ce moment est parfois décrit par l'expression de dévotion totale à Dieu. C'est ce moment qui permettait à Dieu d'accomplir plus profondément son œuvre de l'entière sanctification. Ce moment se manifeste dans notre vie quotidienne. La dévotion totale implique un amour profond et constant pour Dieu. Cette expression revêt toujours autant de sens aujourd'hui.

Enfin, un tel abandon total implique forcément, à l'époque comme aujourd'hui, l'absence de rivaux et d'idoles qui prennent la place qui revient à Dieu dans notre cœur. C'était là un enseignement-clé du mouvement de la sainteté, à ses débuts. L'amour de Dieu en tant que dévotion totale se manifeste par un cœur entièrement tourné vers lui. Ce livre définit d'abord le péché comme l'idolâtrie, de soi ou des autres. La dévotion totale est le remède à cette idolâtrie.

Nous revenons encore à l'exemple de Phoebe Palmer, qui était très consciente du fait que le mari et les enfants ont tendance à occuper « la première place dans le cœur d'une femme », au point où elle peut en faire des idoles, empêchant ainsi la grâce sanctificatrice de couler en elle. Cependant, au lieu de prendre des mesures radicales, comme abandonner son mari et ses enfants (comme l'avaient fait certaines ascètes féminines des premiers siècles de l'ère chrétienne) ou choisir de ne pas se marier du tout (ainsi que John Wesley l'avait conseillé à beaucoup de femmes méthodistes), elle a opté pour un changement intérieur radical. La loyauté et la dévotion totale d'une femme à Dieu lui permet de dépasser sa dépendance traditionnelle des autorités religieuses masculines, puisque Dieu est son autorité directe. Ce n'est donc pas un hasard que le mouvement de la sainteté autorisait l'ordination totale des femmes, dès la naissance de la plupart des dénominations. Ce choix émane non seulement d'une dévotion totale, qui défait les idoles, mais aussi du désir d'obéir entièrement à Dieu (et à son appel pour nos vies). Ce principe s'applique évidemment aux hommes comme aux femmes.

La <u>dévotion totale</u> exigeait (et exige encore aujourd'hui) aussi une pleine disposition à obéir à Dieu, avec l'attitude de dire : « ta volonté et non la mienne ». L'amour de Dieu implique forcément l'obéissance. Clairement, l'amour de Dieu pour nous ne dépend pas de notre obéissance, mais il s'exprime par notre désir d'accomplir sa volonté : « Si vous m'aimez, vous suivrez mes commandements. » (Jean 14.15) Cependant, ainsi que nous l'avons vu ci-dessus, notre amour pour Dieu n'émane pas de la crainte. La <u>dévotion totale</u> n'est même jamais inspirée par la crainte. La <u>dévotion totale</u> qui mène à une <u>sanctification</u> plus profonde et à la <u>perfection chrétienne</u> change les <u>inclinations</u> du cœur. Nous gardons les commandements de Dieu parce que nous le voulons réellement. L'obéissance est une réaction de gratitude pour la grâce qui nous a été donnée. Une réception profonde de la grâce inspire l'obéissance, non seulement dans l'immédiat, mais aussi à long terme. Ainsi, notre reconnaissance pour la grâce entraîne une loyauté profonde et durable. La <u>dévotion totale</u> n'est pas une expérience subite, mais elle implique un engagement à vie.

La <u>dévotion totale</u> comme une expression de notre amour pour Dieu est présentée comme une loyauté sans faille. C'est pour cela que la théologie de la sainteté, surtout dans son expression du 19ᵉ siècle, était si optimiste par rapport au maintien de la <u>perfection chrétienne</u>. À travers notre amour et notre <u>dévotion totale</u> à Dieu, ainsi que sa grâce <u>sanctificatrice</u> qui agit progressivement, notre caractère change et nous sommes mus vers une vie véritablement vertueuse. Ainsi que nous l'avons vu longuement au chapitre précédent, cela nous rend plus libres de poursuivre sur la voie de l'obéissance et de la loyauté, tout en rendant nettement plus difficiles les rechutes (bien que nous demeurions toujours libres de faire ce choix). L'amour et la grâce de Dieu pour nous, nous transforment en personnes capables, avec le temps, de dévotion, d'obéissance et de loyauté totale. On peut dire que c'est ici que la théologie de la sainteté peut mettre son espérance en une forme d'assurance éternelle. Ce n'est pas l'élection souveraine de Dieu, afin que certains soit sauvés, qui nous donne cette assurance, mais c'est l'immensité de l'amour que Dieu répand sur nous, qui nous transforme intérieurement et nous rend capables de l'aimer profondément et loyalement en retour. L'amour de Dieu s'exprime à travers la <u>dévotion totale</u>.

▸ CONCLUSION

Qu'avons-nous dit de l'amour ? Au début de ce chapitre, nous avons suggéré que l'amour est affectif, qu'il ressent des émotions comme l'<u>affection</u>, le délice et le désir. Dans le contexte de l'humanité en général (mais en parlant toujours du spécifique), nous avons décrit l'amour comme le respect de l'autre et l'identification à lui, ainsi que la reconnaissance de l'égalité de chaque personne. Dans le contexte de la communauté chrétienne, nous avons vu que l'amour est interdépendant, confiant et loyal, chaque membre étant dévoué envers tous les autres membres du corps de Christ. L'amour répond aux besoins de l'autre, même de l'étranger, à travers la compassion, le soin et le service. Nous avons suggéré aussi que l'amour chrétien, pour être authentiquement chrétien, émane d'une spiritualité qui aime d'une manière intentionnelle et holistique. Lorsque nous découvrons l'amour de Dieu pour nous, avec nous, en nous et à travers nous, ces caractéristiques se manifestent encore plus. Que dirons-nous donc pour conclure, de l'amour, et donc de la sainteté ? Certainement,

L'amour est affectueux.

Il est respectueux.

Il est plein d'empathie.

Il est égalitaire.

Il fait confiance.

Il est loyal.

Il est plein de compassion.

Il prend soin des autres.

Il est actif.

Il est intentionnel.

Il est holistique.

Par ailleurs,

L'amour de Dieu est ferme.

L'amour de Dieu est immanent et toujours présent.

L'amour de Dieu est transformateur.

De plus,

Notre amour des autres découle de nos cœurs remplis d'amour.

Notre amour pour Dieu s'exprime par notre <u>dévotion totale</u>.

Chacune de ces descriptions s'ajoute à l'ensemble, alors que nous cherchons à définir un amour qui semble ineffable, de même que les caractéristiques suivantes, qui nous sont familières : « L'amour est patient, il est plein de bonté, l'amour. Il n'est pas envieux, il ne cherche pas à se faire valoir, il ne s'enfle pas d'orgueil. Il ne fait rien d'inconvenant. Il ne cherche pas son propre intérêt, il ne s'aigrit pas contre les autres, il ne trame pas le mal. » (1 Corinthiens 13.4-5) « Que votre amour soit sincère. » (Rom. 12.9) Toutes ces descriptions sont utiles, mais aucune ne représente une définition globale. Au final, l'amour nous échappe-t-il toujours ? L'amour saint est-il après tout indéfinissable ? Jean l'exprime encore d'une manière si simple, mais profonde, en 1 Jean 3.16 : « Voici comment nous savons ce que c'est que d'aimer : Jésus-Christ a donné sa vie pour nous. Nous devons, nous aussi, donner notre vie pour nos frères. »[11] Tel est le cœur, l'âme et la force de l'amour.

C'est dans ce sens que nous comprenons ce que cela veut dire que l'amour saint est essentiellement kénotique. Dieu, en tant que Père, Fils et Saint-Esprit, aime le monde d'un amour kénotique. L'amour est au centre même de qui est Dieu. Rien que pour cette raison, l'amour doit être au centre de la théologie wesleyenne de la sainteté. Ici, on peut aller jusqu'à dire qu'une théologie wesleyenne de la sainteté qui n'est pas centrée sur l'amour de Dieu n'est pas vraiment une théologie wesleyenne de la sainteté du tout. L'amour au centre produit la sainteté qui nous caractérise. Bien plus important encore : l'amour doit être au centre de la vie d'une personne sainte. Ce n'est que par l'amour au centre de notre être que nous parviendrons jamais à refléter le Dieu saint et à être saints comme lui. Rob Staples, en parlant de l'amour dans une présentation récente intitulée « Things Shakable and Things Unshakable in Holiness Theology » (Chose muables et immuables dans la théologie de la sainteté), conclut :

> Je crois que le sens de l'amour peut être mieux saisi par des descriptions et des exemples que par des définitions formelles. Je veux dire que l'amour qui constitue la « caractéristique fondamentale » de la sainteté est l'amour du Dieu crucifié ! Il s'agit de l'amour divin kénotique du serviteur souffrant, qui, selon les mots d'Ésaïe, « s'est dépouillé lui-même jusqu'à la mort » (Ésaïe 53.12). Il s'agit de l'amour de Matthieu 16.24, qui renonce à lui-même et porte sa croix. Il s'agit de l'amour décrit par Dietrich Bonnhoeffer : « Lorsque Jésus appelle à homme à le suivre, il l'appelle à venir et à mourir. » Il s'agit de l'amour de l'humble Galiléen qui lave les pieds de ses disciples, s'humiliant, renonçant à sa réputation, prenant la forme d'un serviteur et se rendant obéissant même jusqu'à la mort sur la croix. L'amour qui constitue la caractéristique fondamentale de la sainteté est un amour cruciforme. Il s'agit de l'amour décrit d'une manière si prégnante en Luc chapitre 15 : un amour qui sort dans les ténèbres de la nuit, pour chercher la brebis perdue par mots et par vaux, entre les bruyères et les ronces ; qui se tient toujours dehors, près de la porte, et qui regarde intensément, avec envie, le long de la route qui revient du pays éloigné. Quel amour… Quelle sainteté ! C'est ce que la théologie wesleyenne [de la sainteté] appelle « l'amour parfait », inébranlable[12].

Cet amour constitue l'essence de la sainteté, à laquelle nous avons été appelés. Être appelé à la sainteté, c'est être appelé à l'amour kénotique. L'amour au centre de tout. L'amour au centre de nous tous. Un amour qui renonce à soi-même et se déverse sur le monde : c'était notre passé ; cela peut être notre avenir.

Ainsi, puisque Dieu vous a choisis pour faire partie du peuple saint et qu'il vous aime, revêtez-vous d'ardente bonté, de bienveillance, d'humilité, de douceur, de patience – supportez-vous les uns les autres, et si l'un de vous a quelque chose à reprocher à un autre, pardonnez-vous mutuellement ; le Seigneur vous a pardonné : vous aussi, pardonnez-vous de la même manière. Et, par-dessus tout cela, revêtez-vous de l'amour qui est le lien par excellence. (Col. 3:12-14)

OBSERVATIONS RÉCAPITULATIVES

1. L'amour au centre de la théologie de la sainteté affecte cette théologie d'une manière caractéristique.
2. L'amour de Dieu pour nous est ferme, immanent et transformateur.
3. Nous n'aimons nos prochains que parce que Dieu nous remplit d'amour.
4. Notre amour pour Dieu s'exprime peut-être le mieux comme une dévotion totale.
5. Notre appel à être saints est l'appel de Dieu à un amour kénotique.
6. Lorsque nous aimons, nous devenons ce pourquoi Dieu nous a créés.

QUESTIONS DE RÉFLEXION

1. Quelles sont les cinq qualités d'une théologie de la sainteté centrée sur l'amour ?
2. Comment l'amour fonctionne-t-il ?
3. Quelles sont les caractéristiques de l'amour décrites dans ce chapitre ? Y en a-t-il d'autres que vous ajouteriez ?
4. Pourquoi est-il si important de dire que l'amour est fondamentalement kénotique ?

NOTES DE FIN

Avant-propos
1. John Leland Peters, *Christian Perfection and American Methodism* (La perfection chrétienne et le méthodisme américain) (New York : Abingdon Press, 1956), 47-48.
2. C'est-à-dire l'opposition entre crise vs. processus, ou sanctification instantanée vs. sanctification graduelle.
3. Diane Leclerc, *Singleness of Heart: Gender, Sin, and Holiness in Historical Perspective* (*Simplicité de cœur : perspective historique sur le genre, le péché et la sainteté*) (Landover, Maryland : Scarecrow Press, 2002).

Introduction
1. Voir Kevin W. Mannoia et Don Thorsen, éd., *The Holiness Manifesto* (Manifeste de sainteté) (Grand Rapids : Eerdmans Press, 2008).
2. Ibid., 18.
3. Ibid., 19.
4. Pour un commentaire pertinent d'un tel cas, voir Introduction, Donald Dayton, *Discovering Our Evangelical Heritage* (Découvrir notre héritage évangélique) (Peabody, Massachusetts : Hendrickson Publishers, 1976).
5. Jay Akkerman, conversation avec Diane Leclerc.
6. Henry H. Knight III, « *John Wesley and the Emerging Church* » (John Wesley et l'Église émergente), dans Preacher's Magazine (Le magazine du prédicateur) (Avent/Noël 2007) : 34.
7. Ibid.
8. Ibid.
9. La modernité peut être vaguement définie comme un paradigme culturel et philosophique qui a pénétré la plupart des disciplines universitaires, notamment l'art, la littérature, et même la théologie. Elle précède directement la postmodernité. Les spécialistes divergent sur la date précise qui marque le début de la modernité : certains pensent qu'il s'agit de la période qui suit la période médiévale, d'autres la limitent au 19ème siècle. Elle se caractérise par une insistance sur la systématisation des pensées et des croyances, ainsi que par la quête de généralisations concernant la connaissance. Ses principales sources de connaissance sont la science et l'empirisme. Cela ne veut cependant pas dire que la modernité n'a pas influencé la pensée chrétienne : quelques aspects de son influence sur le christianisme sont la tendance à employer la pensée déductive, à organiser la théologie à travers des présuppositions et des « postulats de vérité », à se concentrer sur la juste croyance et à voir les Écritures comme un livre de réponses. D'une certaine manière, on peut l'associer à ce qu'on appelle la scolastique protestante.
10. Lettre au Dr. Burton, octobre 1735 (http://wesley.nnu.edu/john-wesley/the-letters-of-john-wesley/wesleyrsquos-letters-1735/).
11. Albert Outler, éd., *Introduction in John Wesley* (Introduction à John Wesley) (New York : Oxford University Press,1964), 11.
12. John Wesley, Journal (4 mars 1738) dans *The Works of John Wesley* (L'œuvre de John Wesley), éd. ThomasJackson, 14 vol., édition CD-ROM (Franklin, Tennessee : Providence House, 1994), 1.86, cité ci-après comme Works (Œuvre) (Jackson).
13. Tiré de John Wesley, *Journal* (24 mai 1738).
14. Il s'agit du terme préféré de Wesley. Voir « *The Scripture Way of Salvation* » (La voie du salut de l'Écriture), Works (Jackson) 6.43-54.

15. Ces phases incluent la grâce prévenante, le réveil, la repentance, le salut (ou la nouvelle naissance), la sanctification progressive, l'entière sanctification et la sanctification finale. Nous reviendrons en détail sur chacune d'elles aux chapitres suivants.

16. L'idée wesleyenne de « nouvelle création » joue un rôle important dans l'optimisme exprimé ici. Cette expression, dans les écrits de Wesley, reflète plus profondément la source de cet optimisme. L'optimisme de la grâce émane non seulement du fait que nos péchés sont pardonnés ou de notre nouvelle relation avec Dieu, mais aussi de la réalité que nous avons été véritablement transformés de l'intérieur : les choses anciennes sont passées et toutes choses sont devenues nouvelles, par une régénération assez puissante pour mettre un œuvre un changement réel, non pas relatif, en nous.

17. Theodore Runyon, *The New Creation: John Wesley's Theology Today* (La nouvelle création : la théologie de John Wesley pour aujourd'hui) (Nashville : Abingdon Press, 1998), 71.

18. Wesley, « Catholic Spirit » (L'esprit catholique), *Works* (Œuvres) (Jackson), 5.492-504.

19. Ibid., 497.

20. Ibid., 497-99.

Partie I

Chapitre 1

1. Il est important de prendre en compte ce que dit George Lyons de l'interprétation wesleyenne : « La référence à l'« exégète wesleyen » suggère une uniformité inexistante entre ceux qui choisissent de s'identifier eux-mêmes comme tels, que cette uniformité soit conçue en termes de présuppositions, de méthodologie ou de conclusions. Il n'y a pas de consensus général sur une herméneutique wesleyenne distinctive ou sur une attitude wesleyenne à l'égard d'une application de la « haute critique ». » George Lyons, « *Hermeneutical Bases for Theology: Higher Criticism and the Wesleyan Interpreter* » (Fondements herméneutiques de la théologie : la haute critique et l'exégète wesleyen), dans le *Wesleyan Theological Journal* (Journal de théologie wesleyenne) 18, n° 1 (1983) : 63.

2. Randy Maddox, *Responsible Grace: John Wesley's Practical Theology* (Grâce responsable : la théologie pratique de John Wesley) (Nashville : Kingswood Books, 1994), 37.

3. Scott J. Jones, « *The Rule of Scripture* » (La règle des Écritures), *dans Wesley and the Quadrilateral: Renewing the Conversation* (Wesley et le quadrilatère : renouveler la conversation), W. Stephen Gunter et al. (Nashville : Abingdon Press, 1997), 56-57.

4. Joel Green, « *Is There a Contemporary Wesleyan Hermeneutic?* » (Y a-t-il une herméneutique wesleyenne contemporaine ?), dans *Reading the Bible in Wesleyan Ways* (Lire la Bible d'une manière wesleyenne), éd. Barry L. Callen et Richard P. Thompson (Kansas City : Beacon Hill Press of Kansas City, 2004), 125. Rob Wall ajoute : « Lorsque je parle d'une lecture wesleyenne des Écritures, je ne veux pas dire que les Wesleyens se contentent d'adopter la lecture spécifique de Wesley comme normative, ni qu'ils reviennent à une version brute, sans esprit critique, de textes-preuves. » Robert W. Wall, « *Facilitating Scripture's Future Role Among Wesleyans* » (Faciliter le rôle à venir des Écritures chez les Wesleyens), dans *Reading the Bible in Wesleyan Ways* (Lire la Bible d'une manière wesleyenne), éd. Barry L. Callen et Richard P. Thompson (Kansas City : Beacon Hill Press of Kansas City, 2004), 119.

5. Scott J. Jones, *John Wesley's Conception and Use of Scripture* (La conception et l'emploi des Écritures de John Wesley) (Nashville : Kingswood Books, 1995), 18.

6. George Lyons écrit : « En opposition à l'orthodoxie luthérienne [protestante], les piétistes ont appelé à une théologie véritablement biblique, qu'on devait trouver d'une manière inductive dans la Bible, sans se laisser influencer d'une manière déductive par les présuppositions dogmatiques et philosophiques. » Lyons, « Hermeneutical Bases » (Fondements herméneutiques), 66.

7. Robert W. Wall, « *Toward a Wesleyan Hermeneutic of Scripture* » (Vers une herméneutique wesleyenne des Écritures), dans *Reading the Bible in Wesleyan Ways* (Lire la Bible à la manière wesleyenne), 50-51.

8. Donald Thorsen, « Interpretation in Interactive Balance: The Authority of Scripture for John Wesley » (L'exégèse en équilibre interactif : l'autorité des Écritures pour John Wesley), dans *Reading the Bible in Wesleyan Ways* (Lire la Bible à la manière wesleyenne), 81.

9. Pour une plus ample réflexion sur comment Wesley interprétait les Écritures à la lumière de l'appel méthodiste aux femmes à prêcher, voir Diane Leclerc, « *Introduction: The Wesleyans and Holiness Roots of Women Preachers* » (Introduction : les racines des femmes prédicatrices, dans les mouvements wesleyen et de la sainteté), *dans I Am Not Ashamed: Sermons by Wesleyan Holiness Women* (Je n'ai pas honte : sermons de femmes wesleyennes du mouvement de sainteté), éd. Diane Leclerc (Point Loma, Californie : Point Loma Press, 2005), 15-25.

10. 2 Timothée 3.16, *Explanatory Notes upon the New Testament* (Notes explicatives sur le Nouveau Testament) (Londres : Epworth Press, 1950), 794.

11. Voir George Lyons, « Presidential Address: Biblical Theology and Wesleyan Theology » (Discours présidentiel : théologie biblique et théologie wesleyenne), dans le *Wesleyan Theological Journal* (Journal de théologie wesleyenne) 30, n° 2 (1995) : 24.

12. Cela ne veut pas dire que la critique biblique elle-même est dangereuse. George Lyons nous rappelle que « la haute critique, une expression rarement employée par ceux qui la pratiquent aujourd'hui, a malheureusement souvent une connotation largement négative, d'attaque destructrice de l'autorité de la Bible ». Lyons, « *Hermeneutical Bases* » (Fondements herméneutiques), 1. Lyons a raison de souligner que ce n'est pas toujours le cas.

13. Wall, « Toward a Wesleyan Hermeneutic » (Vers une herméneutique wesleyenne), 44.

14. Charles Wesley, Hymne n° 461, dans *The Bicentennial Edition of the Works of John Wesley* (Édition bicentenaire des œuvres de John Wesley) (Nashville : Abingdon Press, 1983-), 7.643-44, cité ci-après comme Bicentennial Works (Œuvres bicentenaires).

15. Larry Shelton propose ce terme « sacramentel » en relation avec la conception wesleyenne des Écritures. Voir « John Wesley's Approach to Scripture in Historical Perspective » (L'approche de John Wesley des Écritures dans une perspective historique), dans le *Wesleyan Theological Journal* (Journal de théologie wesleyenne) 16, n° 1 (1981) : 23-50.

16. Wall, « *Toward a Wesleyan Hermeneutic* » (Vers une herméneutique wesleyenne), 47.

17. Ibid., 47-48.

18. John Wesley, *Explanatory Notes upon the Old Testament* (Notes explicatives sur l'Ancien Testament) (réimpr., Salem, Ohio : Schmul Publishers, 1975), ix.

19. Wesley, *Works* (Œuvres) (Jackson), 14.253.

20. Wall, « *Toward a Wesleyan Hermeneutic* » (Vers une herméneutique wesleyenne), 53.

21. Ibid.

22. Pour une discussion approfondie du rapport entre exégèse biblique et Église, voir Richard Thompson, « Community in Conversation: Multiple Readings of Scripture and a Wesleyan Understanding of the Church » (La communauté en conversation : lectures multiples des Écritures et compréhension wesleyenne de l'Église), dans *Reading the Bible in Wesleyan Ways* (Lire la Bible à la manière wesleyenne), 173-86.

23. Cette section ne doit pas être comprise comment voulant dire que ces principes étaient uniques à Wesley.

24. Wesley, Preface to Notes upon the New Testament (Préface aux notes sur le Nouveau Testament), par. 10.

25. Telle est, en essence, l'approche de la théologie contemporaine dite biblique, ou interprétation théologique des Écritures. Voir Kevin J. Vanhoozer, éd., *Dictionary for Theological Interpretation of the Bible* (Dictionnaire d'interprétation théologique de la Bible) (Londres : SPCK, 2005), notamment 19-25. Voir aussi James K. Mead, *Biblical Theology: Issues, Methods,*

and Themes (La théologie biblique : questions, méthodes et thèmes) (Louisville, Kentucky : Westminster/John Knox, 2007), 242.

26. Wall, « Toward a Wesleyan Hermeneutic » (Vers une herméneutique wesleyenne), 42.

27. Jones, *John Wesley's Conception* (La conception de John Wesley), 53-54.

28. À ne pas confondre avec la doctrine connue sous le nom de dispensationnalisme. Par ce terme, Wesley entend tout simplement une époque spécifique.

29. Wesley, *Works* (Œuvres) (Jackson), 11.110.

30. John Wesley, « *Letter to Dean D* — » (Lettre au doyen D.), 1785, The Letters of John Wesley (Lettres de John Wesley), éd. John Telford (Londres : Epworth Press, 1931), 7.252.

31. Wesley, *Notes upon the New Testament* (Notes à propos du Nouveau Testament) : 1 Jean 2.8.

32. L'« herméneutique de l'amour » est une expression empruntée à Mildred Bangs Wynkoop. Voir *A Theology of Love: The Dynamic of Wesleyanism* (Théologie de l'amour : la dynamique wesleyenne) (Kansas City : Beacon Hill Press of Kansas City, 1972).

33. Il s'agit des quatre thèmes les plus couramment employés. Parfois, Wesley n'en mentionnait que trois : le péché originel, la justification par la foi et la sainteté. Il parlait aussi de la repentance, de la justification et de la sanctification. Il est important de noter que chacun de ces termes implique l'*ordo salutis* (l'ordre du salut).

34. Voici la citation complète de Scott Jones : « Si la sainteté de cœur est l'emphase dominante de l'herméneutique wesleyenne au début de son ministère, elle occupe une place différente après 1738. La transaction théologique effectuée par Wesley au cours de cette année a changé sa compréhension de la foi et de son rapport à la sainteté. À partir de là, il a insisté sur la nécessité de la foi seule pour le salut, tout en continuant à mettre l'accent sur le fait que les bonnes œuvres étaient à la fois le fruit de la foi et une condition nécessaire à sa continuation. » (*John Wesley's Conception* (La conception de John Wesley), 53).

Chapitre 2

1. Pour ce chapitre, j'ai beaucoup bénéficié des conversations avec mon collègue George Lyons. Pour un résumé très utile des principales questions herméneutiques autour de la sainteté, voir George Lyons, *More Holiness in Everyday Life* (Plus de sainteté dans notre vie quotidienne) (Kansas City : Beacon Hill Press of Kansas City, 1997), notamment au chap. 1.

2. Cette phraséologie est parfois élargie au « christianisme scripturaire », qui implique toujours une forte théologie de la sainteté.

3. Walter Brueggemann, *Theology of the Old Testament* (Théologie de l'Ancien Testament) (Minneapolis : Fortress Press, 1997), 267.

4. Ibid.

5. Ibid., 108.

6. Ibid.

7. Ibid., 312.

8. William M. Greathouse, *Wholeness in Christ: Toward a Biblical Theology of Holiness* (La plénitude en Christ : vers une théologie biblique de la sainteté) (Kansas City : Beacon Hill Press of Kansas City, 1998), 13. Citation originale d'Augustin, « *Questionum in Heptateuchum* », dans Patrologiae cursus completus, série Latina 34.2.73 ; voir www.sant-agostino.it/latino/questioni_ettateuco/index.htm.

9. Lyons, *More Holiness* (Plus de sainteté), 28.

10. Brueggemann, *Theology of the Old Testament* (La théologie de l'Ancien Testament), 288.

11. Un des meilleurs exemples de théologie apophatique se trouve dans l'œuvre de Grégoire de Nysse.

12. Brueggemann, *Theology of the Old Testament* (Théologie de l'Ancien Testament), 277-80.

13. George A. Butterick et Keith R. Crim, éd. *The Interpreter's Dictionary of the Bible*: Vol. 2:E-J (Dictionnaire exégétique de la Bible : vol. 2, E-J) (New York : Abingdon Press, 1980), 618. Voir aussi Katharine Doob Sakenfeld, éd., *The New Interpreter's Dictionary of the Bible: Vol. 3:I-Ma* (Nouveau dictionnaire exégétique de la Bible : vol. 3, I-Ma) (New York : Abingdon Press, 2008), 202-3.

14. George Allen Turner, *The More Excellent Way* (La voie par excellence) (Winona Lake, Indiana : Light and Life Press, 1952), 31.

15. Voir Ronald M. Hals, *Grace and Faith in the Old Testament* (La grâce et la foi dans l'Ancien Testament) (Minneapolis, Minnesota : Augsburg Publishing House, 1980).

16. David Thompson, « *Old Testament Bases of the Wesleyan Message* » (Fondements vétérotestamentaires du message wesleyen), dans le *Wesleyan Theological Journal* (Journal de théologie wesleyenne) 10 (1975) : 39. Toutes les citations sont employées avec la permission de l'éditeur.

17. Greathouse, *Wholeness in Christ* (La plénitude en Christ), 21.

18. Thompson, « Old Testament Bases » (Fondements vétérotestamentaires), 43.

19. Ibid., 42.

20. Greathouse, *Wholeness in Christ* (La plénitude en Christ), 21.

21. Thompson, « Old Testament Bases » (Fondements vétérotestamentaires), 43.

22. Voir Leclerc, *Singleness of Heart* (*Simplicité de cœur*), chap. 3-4.

23. Thompson, « Old Testament Bases » (Fondements vétérotestamentaires), 44.

24. Kenneth L. Waters, « *Holiness in New Testament Perspective* » (La sainteté dans la perspective du Nouveau Testament), dans le *Holiness Manifesto* (Manifeste de la sainteté), 40.

25. Ibid., 41.

26. Une brève discussion de l'interprétation historique de l'entière sanctification par les exégètes de la sainteté peut s'avérer utile ici. Le penseur de la sainteté Daniel Steele a été le premier d'une longue liste de spécialistes à mettre en lien l'aoriste avec l'entière sanctification. D'autres exégètes, comme W. T. Purkiser, H. Orton Wiley, Richard Howard et Olive Winchester, ont suivi ses assertions. Randy Maddox défend cependant l'idée que le fondement initial de l'emploi de l'aoriste par Steele était fondé sur sa mauvaise compréhension d'une grammaire grecque publiée avant le début du 20ème siècle. L'argument de Steele est le suivant : l'aoriste, dans le Nouveau Testament, implique toujours une action déjà achevée. Ainsi, lorsque le terme traduit par sanctification est employé à l'aoriste dans certains passages du Nouveau Testament, cela veut dire que l'œuvre de sanctification s'est accomplie instantanément. Maddox explique l'importance de cette idée : « La différence [est] entre l'idée que, sauf preuve contraire, l'aoriste fait forcément référence à une crise, [et] le fait, au contraire, de ne présumer d'une crise que si le contexte l'indique. La première position a été celle de la majorité des partisans de la sainteté, tandis que la deuxième est celle des principaux grammairiens grecs [aujourd'hui], ainsi que, à mon sens, celle qui est propre à la langue grecque. » Maddox n'entend pas que le contexte n'ira jamais dans le sens d'un tel emploi de l'aoriste, mais il défend tout simplement qu'un tel emploi n'est pas systématique. Selon lui, « une juste compréhension de l'aoriste peut jouer un rôle crucial afin de trouver l'équilibre dans le débat actuel entre crise et processus de sanctification dans la pensée de la sainteté [...]. Cela montre qu'on n'arrive pas à la distinction entre crise et processus et qu'on ne la défend pas sur des fondements grammaticaux, mais sur la base d'une exégèse théologique approfondie. » La perfection chrétienne se retrouve sur un terrain glissant si elle n'est fondée que sur un temps verbal. Il y a cependant d'autres raisons plus solides d'interpréter l'ensemble du Nouveau Testament comme appuyant cette doctrine fondamentale de la théologie wesleyenne de la sainteté. Cette position doctrinale sera défendue avec une plus grande intégrité en la fondant sur la meilleure exégèse possible. Les citations de Maddox sont tirées de « *The Use of the Aorist Tense in Holiness Exegesis* » (L'emploi de l'aoriste dans l'exégèse de la sainteté), dans le *Wesleyan Theological Journal* (Journal de théologie wesleyenne) 16, n° 2 (1981) : 106-18.

27. David Kendall, « Jesus and the Gospel of Holiness » (Jésus et l'Évangile de la sainteté), dans le *Holiness Manifesto* (Manifeste de la sainteté), 58.

28. Pour en savoir plus, voir Kent Brower, « *The Holy One of God and His Disciples: Holiness and Ecclesiology in Mark* » (Le Saint de Dieu et ses disciples : sainteté et ecclésiologie dans Marc), dans *Holiness and Ecclesiology in the New Testament* (Sainteté et ecclésiologie dans le Nouveau Testament), éd. Kent Brower et Andy Johnson (Grand Rapids : Eerdmans Publishers, 2007), 57-75.

29. Lyons, *More Holiness* (Plus de sainteté), 100.

30. Kendall, « Jesus and the Gospel of Holiness » (Jésus et l'Évangile de la sainteté), 64. Voir Matt. 23.27-30.

31. Voir Kent Brower, *Holiness in the Gospels* (La sainteté dans les Évangiles (Kansas City : Beacon Hill Press of Kansas City, 2005), 99-101.

32. Richard Thompson examine la manière dont Luc représente Jésus dans les scènes de repas et les discussions sur la sainteté. Voir Richard Thompson, « Gathered at the Table: Holiness and Ecclesiology in the Gospel of Luke » (Réunis à table : sainteté et ecclésiologie dans l'Évangile de Luc), dans *Holiness and Ecclesiology in the New Testament* (Sainteté et ecclésiologie dans le Nouveau Testament), 76-94.

33. Brower, *Holiness in the Gospels* (La sainteté dans les Évangiles), 59.

34. Robert Wall, « Purity and Power According to the Acts of the Apostles » (Pureté et puissance selon les Actes des Apôtres), dans le *Wesleyan Theological Journal* (Journal de théologie wesleyenne) 34, nème 1 (1999) : 66-67.

35. Ibid., 67.

36. Werner Georg Kummel, *The Theology of the New Testament* (La théologie du Nouveau Testament) (Nashville : Abingdon Press, 1973), 262.

37. Brower, *Holiness in the Gospels* (La sainteté dans les Évangiles), 68.

38. Clark Pinnock, *Flame of Love: A Theology of the Holy Spirit* (Flamme d'amour : théologie du Saint-Esprit) (Downers Grove, Illinois : InterVarsity Press, 1996), 31.

39. D. Moody Smith, The *Theology of the Gospel of John* (La théologie de l'Évangile de Jean) (Cambridge : Cambridge University Press, 1995), 129.

40. Pour une discussion du mysticisme (ou de l'absence de mysticisme) de Jean, voir C. K. Barrett, *The Gospel According to John* (L'Évangile selon Jean) (Londres : SPCK, 1962), 71-74.

41. Greathouse, *Wholeness in Christ* (La plénitude en Christ), 91.

42. Lyons, *More Holiness* (Plus de sainteté), 100.

43. Pour une plus ample élaboration de ce point, voir George Lyons, « Modeling the Holiness Ethos: A Study Based on First Thessalonians » (Modeler une éthique de sainteté : une étude fondée sur 1 Thessaloniciens), dans le *Wesleyan Theological Journal* (Journal de théologie wesleyenne) 30, n° 1 (1995) : 187-211.

44. Lyons, *More Holiness* (Plus de sainteté), 100.

45. F. F. Bruce, *The Epistle to the Hebrews* (L'Épître aux Hébreux), dans The *New International Commentary on the New Testament* (Nouveau commentaire international du Nouveau Testament), éd. F. F. Bruce (Grand Rapids : Eerdmans Publishing Co., 1973).

46. David Peterson, *Possessed by God: A New Testament Theology of Sanctification and Holiness* (Possédé par Dieu : une théologie néo-testamentaire de la sanctification et de la sainteté) (Grand Rapids : Eerdmans Publishing Co., 1995), 34. Cité par William Greathouse, dans Wholeness in Christ (La plénitude en Christ), 156.

Partie II

Chapitre 3

1. Voir Peter Brown, *Society and the Holy in Late Antiquity* (Société et sacré dans l'Antiquité tardive) (Berkeley, Californie : University of California Press, 1982).
2. Tertullien, Apologétique, chap. 50, dans *The Ante-Nicene Fathers* (Les Pères anté-nicéens), éd. Alexander Roberts et James Donaldson (Peabody, Massachusetts : Hendrickson Publishing, 1994), 3.55. Il s'agit de l'expression courante souvent cité. En fait, Tertullien dit : « Le sang des chrétiens est une semence. »
3. Non pas d'une manière réductionniste. L'expression « nouveau martyr » est une manière courante de décrire l'ascétisme des spécialistes de la patristique. Pour un exemple parmi d'autres, voir Aideen M. Hartney, *Gruesome Deaths and Celibate Lives: Christian Martyrs and Ascetics* (Morts atroces et vies de chasteté : les martyrs et ascètes chrétiens) (Devon, Exeter : Bristol Phoenix Press, 2005), 57.
4. Il y avait également des Mères du désert. Voir Benedicta Ward, *The Sayings of the Desert Fathers: The Alphabetic Collection* (Paroles des Pères du Désert : collection alphabétique) (Collegeville, Minnesota : Cistercian Publications, 1987).
5. Pour plus d'informations sur Irénée et sa succession, voir Robert Grant, *Irenaeus of Lyon* (Irénée de Lyon) (New York: Routledge, 1997), 7.
6. Pour cette section, je suis redevable à l'œuvre de Christopher Bounds, notamment dans son dernier article, « The Doctrine of Christian Perfection in the Apostolic Fathers » (La doctrine de la perfection chrétienne chez les pères apostoliques), dans le *Wesleyan Theological Journal* (Journal de théologie wesleyenne) 42, n° 2 (2007) : 7-27.
7. Ibid., 22.
8. Ibid.
9. Ibid., 23.
10. Ibid.
11. Justin, « Première apologie », dans *Ante-Nicene Fathers* (Les Pères anté-nicéens), 1.165.
12. Ibid., 168.
13. Ibid., 177.
14. « Le martyre de Perpétue et Félicité », 6.8, dans *Ante-Nicene Fathers* (Les Pères anté-nicéens), 3.697-706.
15. Henri Rondet, *Original Sin: The Patristic and Theological Background* (Le péché originel : arrière-plan patristique et théologique), trad. Cajetan Finegan (Staten Island, New York : Alba House, 1972), 40-41.
16. Irénée, *Contre les hérésies*, cité par Rondet. Cette citation correspond en fait à la traduction anglaise, par Finegan, de la traduction française, par Rondet, de la version latine de W. Wigan Harvey, *Sancti Irenaei Libri Quinque Adversus Haereses* (Cambridge : Cambridge University Press, 1857).
17. Voir Michael Christensen, « Theosis and Sanctification: John Wesley's Reformulation of a Patristic Doctrine » (Théose et sanctification : la reformulation d'une doctrine patristique par John Wesley), dans le *Wesleyan Theological Journal* (Journal de théologie wesleyenne) 31, n° 2 (1996) ; Michael Christensen, *Partakers of the Divine Nature: The History and Development of Deification in the Christian Traditions* (Participants à la nature divine : histoire et développement de la déification dans les traditions chrétiennes) (Grand Rapids : Baker Publishing Group, 2008) ; et K. Steve McCormick, « *Theosis and Chrysostom and Wesley: An Eastern Paradigm of Love* » (La théose, Chrysostome et Wesley : un paradigme oriental de l'amour), dans le *Wesleyan Theological Journal* (Journal de théologie wesleyenne) 26 (1991).
18. Irénée, « Contre l'hérésie », dans *Les Pères anté-nicéens*, 1.526.

19. William M. Greathouse et Paul M. Bassett, *Exploring Christian Holiness*, Vol. 2: *The Historical Development* (Explorer la sainteté chrétienne, vol. 2 : développement historique) (Kansas City : Beacon Hill Press of Kansas City, 1985), 44-45.

20. Clément d'Alexandrie, *Le Pédagogue*, dans *Les Pères anté-nicéens*, 2.215.

21. Ibid.

22. Ibid., 217.

23. Clément d'Alexandrie, « Stromates », dans *Les Pères anté-nicéens*, 2.426.

24. Voir Rowen Williams, « Does It Make Sense to Speak of Pre-Nicene Orthodoxy? » (La notion d'orthodoxie pré-nicéenne a-t-elle du sens?) dans *The Making of Orthodoxy* (La construction de l'orthodoxie), éd. Rowen Williams (Cambridge : Cambridge University Press, 1989), 1-23.

25. Peter Brown, *The Body and Society: Men, Women, and Sexual Renunciation in Early Christianity* (Le corps et la société : les hommes, les femmes et la renonciation sexuelle dans le christianisme primitif) (New York : Columbia University Press, 1988), 163.

26. Voir Rebecca Lyman, *Christology and Cosmology: Models of Divine Activity in Origen, Eusebius, and Athanasius* (Christologie et cosmologie : modèles d'activité divine dans Origène, Eusèbe et Athanase) (Oxford et New York : Clarendon Press, 1993).

27. Ibid., 165.

28. Voir Elizabeth Clark, *The Origenist Controversy* (La controverse origéniste) (Princeton, New Jersey : Princeton University Press, 1992).

29. Lyman, *Christology and Cosmology* (Christologie et cosmologie), 66-67.

30. À propos de Wesley et de ses influences orientales, voir Arthur MacDonald Allchin, « *Our Life in Christ, in John Wesley and the Eastern Fathers* » (Notre vie en Christ, chez John Wesley et les Pères orientaux), dans *We Belong to One Another: Methodist, Anglican, and Orthodox* (Nous sommes membres les uns des autres : méthodistes, anglicans et orthodoxes), éd. Arthur MacDonald Allchin (Londres : Epworth, 1965), 62-78 ; Bassett Greathouse, *Exploring Christian Holiness*, Vol. 2 (Explorer la sainteté chrétienne, vol. 2) ; Ted A. Campbell, *John Wesley and Christian Antiquity: Religious Vision and Cultural Changes* (John Wesley et l'Antiquité chrétienne : vision religieuse et changements culturels) (Nashville : Kingswood Books, 1991) ; Ted A. Campbell, « *John Wesley and the Asian Roots of Christianity* » (John Wesley et les racines asiatiques du christianisme), *Asian Journal of Theology* (Journal de théologie asiatique) 8 (1994) : 281-94 ; Seung-An Im, « *John Wesley's Theological Anthropology: A Dialectic Tension Between the Latin Western Patristic Tradition (Augustine) and the Greek Eastern Patristic Tradition (Gregory of Nyssa)* » (L'anthropologie théologique de John Wesley : tension didactique entre la tradition patristique occidentale latine (Augustin) et orientale grecque (Grégoire de Nysse) (thèse de doctorat, Drew University, 1994) ; David C. Ford, « *Saint Makarios of Egypt and John Wesley: Variations on the Theme of Sanctification* » (Saint-Macaire d'Égypte et John Wesley : variations sur le thème de la sanctification), *Greek Orthodox Theological Review* (Revue de théologie grecque orthodoxe) 33 (1988) : 285-312 ; Luke L. Keefer, « *John Wesley: Disciple of Early Christianity* » (John Wesley : disciple du christianisme primitif), dans le *Wesleyan Theological Journal* (Journal de théologie wesleyenne) 19, n° 1 (1984) : 23-32 ; Randy Maddox, « *John Wesley and Eastern Orthodoxy: Influences, Convergences, and Differences* » (John Wesley et l'orthodoxie orientale : influences, convergences et différences), dans le *Asbury Theological Journal* (Journal de théologie d'Asbury) 45 (1990) : 29-53 ; K. Steve McCormick, « *John Wesley's Use of John Chrysostom on the Christian Life: Faith Filled with the Energy of Love* » (Quand John Wesley cite Jean Chrysostome sur la vie chrétienne : une foi remplie de l'énergie de l'amour) (thèse de doctorat, Drew University, 1983) ; John G. Merritt, "'Dialogue' Within a Tradition: John Wesley and Gregory of Nyssa Discuss Christian Perfection," in *Wesleyan Theological Journal* 22, n° 2 (1987): 92-116; Albert C. Outler, "John Wesley's Interests in the Early Fathers of the Church," in The Wesleyan Theological Heritage: Essays of Albert C. Outler, ed. Thomas C. Oden and Leicester R. Longden (Grand

Rapids: Zondervan, 1991), 55-74; Mark Anthony Smith, "John Wesley: A Pattern of Monastic Reform" (PhD dissertation, University of Kentucky, 1992); and Howard Snyder, "John Wesley and Macarius the Egyptian," in Asbury Theological Journal 45 (1990): 55-59.

31. Voir note 17 ci-dessus.

32. Voir Merritt, « 'Dialogue' Within a Tradition » (Le « dialogue » au sein d'une tradition »).

33. Saint Grégoire de Nysse, *Ascetical Works* (Ouvrages ascétiques), trad. Virginia Woods Callahan, dans *The Fathers of the Church: A New Translation* (Les Pères de l'Église : une nouvelle traduction), vol. 58 (Washington, DC : Catholic University of America Press, 1967), 121.

34. Ibid.

35. C'est-à-dire que Grégoire était néoplatonicien.

36. Voire Grégoire de Nysse, « On Perfection » (De la perfection), dans *Ascetical Works* (Ouvrages ascétiques), dans The Fathers of the Church (Les Pères de l'Eglise).

37. Les messaliens sont considérés comme une secte chrétienne hérétique, apparue en Mésopotamie vers 360 ap. J.-C. Ils ont été condamnés pour leurs croyances à propos de la Trinité : ils croyaient que Dieu n'employait qu'une seule hypostase en relation avec le « parfait ». Pour les messaliens, le chrétien est rendu parfait par la prière et non par l'Église ; c'était probablement la principale raison de leur condamnation. Si le Pseudo-Macaire était effectivement messalien, alors il nous sera peut-être difficile de le défendre. La plus grande partie de sa théologie de la sainteté semble cependant très orthodoxe, ce qui lui a valu les louanges de Wesley (qui croyait évidemment que Macaire était l'auteur).

38. *Pseudo-Macaire : les Cinquante Homélies spirituelles et la Grande lettre*, « Préface », par Kallistos Ware (New York : Paulist Press, 1992), xii.

39. Ibid., xiii.

40. Extrait du journal de John Wesley, 30 juillet 1736.

41. *Pseudo-Macaire*, sermon 4, sec. 6.

42. Ibid., sermon 4, sec. 8.

43. Ibid., sermon 44, sec. 9.

44. Ibid., sermon 47, sec. 1.

45. Ibid., sermon 11, sec. 9.

46. Ibid., sermon 15, sec. 8.

47. Ibid., sermon 18, secs. 2-3.

48. Ce pont est évidemment ouvert à interprétation.

49. Voir Peter Brown, *Body and Society* (Corps et société), 309.

50. Vigen Guroian, « Family and Christian Virtue in a Post-Christendom World: Reflections on the Ecclesiastical Vision of John Chrysostom » (La famille et la vertu chrétienne dans un monde post-chrétienté : réflexions sur la vision ecclésiastique de Jean Chrysostome), dans St. Vladimir's Theological Quarterly (Trimestriel théologique de St-Vladimir) 35 (1991) : 328, 341.

51. Brown, *Body and Society* (Corps et société), 306.

52. Elizabeth Clark, « Introduction », dans *On Virginity* (De la virginité) ; *Against Remarriage* (Contre le remariage), par Saint Jean Chrysostome, dans *Studies in Women and Religion* (Études sur les femmes et la religion) (Lewiston, New York : Edwin Mellen Press, 1983), xiv.

53. Voir F. X. Murphy, « *The Moral Doctrine of St. John Chrysostom* » (La doctrine morale de St-Jean Chrysostome), Studia Patristica 11 (1972) : 52-57.

54. Voir Leclerc, Singleness of Heart *(Simplicité de cœur)*, 36-41.

55. Columba Stewart, *Cassian the Monk* (Cassien le moine) (New York : Oxford University Press, 1998), 43.

56. Ibid., 44.

57. Ibid.

58. Pour un compte-rendu détaillé de la théologie de la virginité de Jérôme, voir Demetrius Dumm, *The Theological Basis of Virginity According to St. Jerome* (Fondements théologiques de la virginité, selon St-Jérôme) (Latrobe, Pennsylvanie : St. Vincent Archabbey, 1961).

59. Jérome, *Adversus Jovinianum*, 1.3, dans *Les Pères nicéens et post-nicéens* (PNPN), éd. Philip Schaff et Henry Wace (Peabody, Massachusetts : Hendrickson Publishing, 1994), 6.348 (PL23.222-24).

60. Jérôme, « Contre Jovinien » dans PNPN, 6.348.

61. Elizabeth Clark, « Theory and Practice in Late Ancient Asceticism: Jerome, Chrysostom, and Augustine » (Théorie et pratique de l'ascétisme dans l'Antiquité tardive : Jérôme, Chrysostome et Augustin), dans *Journal of Feminist Studies in Religion* (Journal d'études féministes de la religion) 5 (1989) : 30.

62. Elaine Pagels, *Adam, Eve, and the Serpent* (Adam, Ève et le serpent) (New York : Vantage Books, 1988), 95.

63. Voir Clark, *Origenist Controversy* (La controverse origéniste), 121-50.

64. Clark explique : « Le lecteur moderne est surpris de constater que Jérôme semble ne pas comprendre la théologie d'Origène » (*Origenist Controversy* (La controverse origéniste), 139).

65. Caroline White, *Christian Friendship in the Fourth Century* (L'amitié chrétienne au 4ᵉ siècle) (Cambridge : Cambridge University Press, 1992), 131.

66. Clark, *Origenist Controversy* (La controverse origéniste), 122.

67. Ibid., 121.

68. Brown, *Body and Society* (Corps et société), 383.

69. Pour ceux qui douteraient du bien-fondé du terme d'« optimisme » appliqué à Jérôme, voir l'analyse de Peter Brown : « Malgré son sens aiguisé du danger sexuel, Jérôme était un moine de la vieille école. La dimension physique intense de ses descriptions de la vie ascétique implique un optimisme inavoué. » (Body and Society (*Corps et société*, 419)

70. Ibid., 386.

71. Ibid.

72. Voir Campbell, *John Wesley and Christian Antiquity* (John Wesley et l'Antiquité chrétienne), 46-53 ; Campbell, « *John Wesley and the Asian Roots of Christianity* » (John Wesley et les racines asiatiques du christianisme), 281-94.

73. Greathouse et Bassett, *Exploring Christian Holiness* (Explorer la sainteté chrétienne), 121-22.

74. Ibid.

75. Voir Mary O'Driscoll, « Catherine the Theologian » (Catherine la théologienne), dans *Spirituality Today* (La spiritualité aujourd'hui) 42, n° 1 (printemps 1988) : 4-17.

76. Ibid.

Chapitre 4

1. Voir Maddox, *Responsible Grace* (La grâce responsable), 176-91.

2. John Fletcher, *The Works of the Reverend John Fletcher* (Œuvres du Révérend John Fletcher) (réimpr., Salem, Ohio : Schmul Publishers, 1974), 2.633.

3. Adam Clarke, *Christian Theology* (Théologie chrétienne) (Cincinnati : L. Swormstedt et A. Poe, 1856), p. 184.

4. Voir Peters, *Christian Perfection* (La perfection chrétienne), 107.

5. Voir Greathouse et Bassett, *Exploring Christian Holiness* (Explorer la sainteté chrétienne), 2.248-49.

6. Richard Watson, *Theological Institutes* (Instituts théologiques), partie II, chap. 29, point 5, http://wesley.nnu.edu/wesleyan_theology/watson/watson_p2_ch29.htm.

7. Peters, *Christian Perfection* (La perfection chrétienne), 159.

8. Voir Thomas Langford, *Practical Divinity: Theology in the Wesleyan Tradition* (Divinité pratique : la théologie dans la tradition wesleyenne) (Nashville : Abingdon Press, 1983), 66-70.

9. Les critiques de Phoebe Palmer, par exemple, l'accusent de pélagianisme.

10. Voir la revue de Pope par Greathouse, dans *Exploring Christian Holiness* (Explorer la sainteté chrétienne), surtout 256-57.

11. Voir C. C. Goen, « *The 'Methodist Age' in American Church History* » (L'« ère méthodiste » dans l'histoire de l'Église américaine), *Religion in Life* (Religion et vie) 34 (1965) : 562-72 ; Winthrop Hudson, « *The Methodist Age in America* » (L'ère méthodiste en Amérique), Methodist History (Histoire du méthodisme) 12 (1974) : 3-15. A. Gregory Schneider résume : « Cette nouvelle organisation [l'Église méthodiste épiscopale] est devenue un vaisseau à la fois de conservation et de diffusion d'une dimension importante de l'effervescence spirituelle remarquable qui a découlé de ce qu'on appelle le Deuxième Grand Réveil en Amérique. Ce réveil a marqué la transition de l'« ère puritaine » à l'« ère méthodiste » de l'histoire de l'Église américaine. Cette idée se justifie statistiquement par un fait tout simple : alors qu'en 1784, [...] les méthodistes étaient une petite secte insignifiante, en 1850, [...] il y avait davantage de méthodistes en Amérique qu'aucune autre forme de protestantisme. Il y a également une autre raison, plus sophistiquée : les historiens, en décrivant le 19e siècle comme l'ère méthodiste de l'histoire religieuse américaine, font référence à une forme religieuse populaire qui caractérise les méthodistes, mais sans se limiter à eux. En fait, cette forme de religion pénétrait pratiquement toute la vie d'Église protestante dans pratiquement toutes les régions de l'Amérique. » (*The Way of the Cross Leads Home: The Domestication of American Methodism* (La voie de la croix mène à la maison : domestication du méthodisme américain) [Bloomington, Indiana : Indiana University Press, 1993], xx).

12. Dennis C. Dickerson, « Richard Allen and the Making of Early American Methodism » (Richard Allen et la formation du méthodisme américain primitif), dans From Aldersgate to Azusa Street: Wesleyan, Holiness, and Pentecostal Visions of the New Creation (D'Aldersgate à Azuza Street : visions wesleyennes, de la sainteté et pentecôtistes de la nouvelle création), éd. Henry Knight III, 1. Il s'agit d'une compilation d'articles de la Consultation wesleyenne, de la sainteté et pentecôtiste, 2003-9. À paraître bientôt chez Wipf & Stock Publishers.

13. Ibid., 3.

14. Ibid., 2.

15. Thomas N. Ralston, *Elements of Divinity* (Éléments de divinité) (Nashville : Abingdon-Cokesbury Press, 1924), 470.

16. Ibid., 467.

17. Voir Introduction, de Thomas Oden, éd., dans *Phoebe Palmer: Selected Writings* (Phoebe Palmers : écrits choisis) (New York : Paulist Press, 1988).

18. Voir Randolph Foster, *The Nature and Blessedness of Christian Purity* (Nature et bénédiction de la pureté chrétienne) (New York : Land and Scott, 1851), chap. 6.

19. Greathouse et Bassett, *Exploring Christian Holiness* (Explorer la sainteté chrétienne), 278.

20. Langford, *Practical Divinity* (Divinité pratique), 111-12.

21. Ibid., 112.

22. Ibid.

23. Greathouse et Bassett, *Exploring Christian Holiness* (Explorer la sainteté chrétienne), 313.

24. Voir John Allen Wood, *Perfect Love* (L'amour parfait) (n.p., n.d.), 87-88.

25. Ibid., 88-89.

26. Voir Harold Raser, Phoebe Palmer: *Her Life and Thought* (Phoebe Palmer : sa vie et sa pensée) (Lewiston, New York : Edwin Mellen Press, 1987).

27. Pour cette section et la prochaine, l'ouvrage suivant a été d'une aide précieuse : William C. Kostlevy, éd., *Historical Dictionary of the Holiness Movement* (Dictionnaire historique du mouvement de la sainteté) (Lanham, Maryland : Scarecrow Press, 2001). Ce livre constitue une contribution exceptionnelle à l'étude du mouvement wesleyen de la sainteté.

28. Douglas Cullum, « Gospel Simplicity: Benjamin Titus Roberts and the Formation of the Free Methodist Church » (La simplicité évangélique : Benjamin Titus Roberts et la formation de l'Église méthodiste libre), dans Knight, From Aldersgate to Azusa Street (D'Aldersgate à Azuza Street), 4.

29. Palmer n'a jamais pris une position abolitionniste. En fait, elle a prêché en Angleterre pendant toute la Guerre civile. Il est intéressant de constater que son ouvrage *Four Years in the Old World* (Quatre années dans l'Ancien monde) ne parle pratiquement pas de la guerre ou des événements qui se déroulaient en Amérique en son absence.

30. Amanda Berry Smith, *An Autobiography: The Story of the Lord's Dealings with Mrs. Amanda Berry Smith, the Colored Evangelist* (Autobiographie : l'histoire de ce que le Seigneur a fait pour Mme Amanda Smith, l'évangéliste de couleur) (Chicago : Meyer and Brother Publishers, 1893), 116-17.

31. Barry Callen, « Daniel Sydney Warner: Joining Holiness and All Truth » (Daniel Sydney Warner : joindre la sainteté et toute la vérité), dans le Wesleyan Theological Journal (Journal de théologie wesleyenne) 30, n° 1 (1995) : 92-93.

32. Floyd T. Cunningham, éd., *Our Watchword and Song: The Centennial History of the Church of the Nazarene* (Notre mot d'ordre et notre chant : histoire du centenaire de l'Église du Nazaréen) (Kansas City : Beacon Hill Press of Kansas City, 2009), 179.

33. Ibid.

34. Ibid., 179-80.

35. Langford, *Practical Divinity* (Divinité pratique), 137.

36. La néo-orthodoxie est un mouvement théologique apparu après la I° Guerre mondiale, qu'on appelle parfois aussi théologie dialectique ou théologie de la crise. Il s'agit d'une réaction contre la théologie libérale de la fin du 19° siècle. La néo-orthodoxie revêt une forte doctrine du péché et a ravivé la théologie de la Réforme protestante. Parmi les théologiens néo-orthodoxes, il y a notamment Karl Barth et Emil Brunner.

37. Selon Wynkoop, il s'agit d'une des herméneutiques qui orientent cet ouvrage.

38. Voir la discussion de Mark Quanstrom, dans « The Credibility Gap » (Le gouffre de crédibilité), chap. 7, dans Mark Quanstrom, *A Century of Holiness Theology: The Doctrine of Entire Sanctification in the Church of the Nazarene, 1905 to 2004* (Un siècle de théologie de la sainteté : la doctrine de l'entière sanctification dans l'Église du nazaréen, 1905-2004) (Kansas City : Beacon Hill Press of Kansas City, 2004), 137-69.

39. Kostlevy, *Historical Dictionary of the Holiness Movement* (Dictionnaire historique du mouvement de la sainteté), 250.

40. Rob L. Staples, « The Current Wesleyan Debate on the Baptism with the Holy Spirit » (Le débat wesleyen actuel autour du baptême du Saint-Esprit), TS, 38 pages, The Rob L. Staples Collection (Collection Rob L. Staples), Nazarene Archives (Archives nazaréennes), Lenexa, Kansas.

41. Je suis reconnaissante à Barry Callen pour cette information. Callen a échangé avec Massey le jour de son 80ᵉ anniversaire, le 4 janvier 2010.

42. Kostlevy, *Historical Dictionary of the Holiness Movement* (Dictionnaire historique du mouvement de la sainteté), 241.

Partie III

Chapitre 5

1. Soyons clairs : je ne défends pas un retour à une vision traditionnelle de Dieu, rien que parce qu'elle est traditionnelle. Certains aspects de la vision traditionnelle de Dieu, qui émanent d'une forme d'hypersyncrétisme propre aux cultures passées, doivent être abandonnés. Les critiques qui émanent des diverses formes de théologie de la libération doivent être prises en

compte sérieusement. De telles considérations ne requièrent cependant pas forcément de renoncer à notre compréhension de la transcendance divine.

2. Une autre manière d'exprimer cette vérité consiste à parler de comment la plénitude, ou le plérôme, de Dieu, se répand, ce qui rend la création inévitable.

3. Je ne veux pas me montrer insensible aux cultures dans lesquelles il est nécessaire d'avoir des enfants pour le travail familial, et donc pour la survie. Je parle plutôt en termes psychologiques et émotionnels.

4. Je suis reconnaissante à mon collègue Brent Peterson pour nos discussions sur ce point.

5. Un aspect particulièrement important du sacrifice de soi sera développé davantage aux chapitres suivants. Mes remarques ici sont influencées par les théologies de la libération, dans le cadre de mon propre travail. J'aurais tendance à dire que le sacrifice, sans avoir d'abord expérimenté l'œuvre libératrice de Dieu, qui renouvelle vraiment notre être, peut renforcer les structures oppressives. Pourtant, un être renouvelé peut ensuite se consacrer à une vie de sacrifice. Pour plus de détails, voir mon livre Singleness of Heart: Gender, Sin, and Holiness in Historical Perspective (Simplicité de cœur : *perspective historique sur le genre, le péché et la sainteté*).

6. Par ex. Romains 8.35-39, Hébreux 13.5, Matt. 18.19-20, Phil. 1.6.

7. Voir Augustin, *De la Trinité*, éd. Garreth B. Matthew, (Cambridge : Cambridge University Press, 2002).

8. Voir surtout John B. Carman, *Majesty and Meekness: A Comparative Study of Contrast and Harmony in the Concept of God* (Majesté et humilité : étude comparative du contraste et de l'harmonie dans le concept de Dieu) (Grand Rapids : Eerdmans Publishing Co., 1994), 213. Chez Luther, on retrouve ce thème dans ses commentaires de la Genèse, de Romains et de Galates.

9. George Lyons, e-mail envoyé à Diane Leclerc, le 26 novembre 2007.

10. Titre d'un célèbre sermon de Jonathan Edwards.

11. J'emploie ces expressions dans le sens wesleyen. Wesley avait une catégorie qu'il appelait le « péché improprement dit », qui incluait les infirmités. Pour lui, ces choses sont amorales.

12. Le plus important pour Wesley et les Wesleyens est que ce deuxième aspect de la repentance n'est possible qu'après la foi et uniquement à travers l'assistance divine. Autrement, on relierait à tort le salut à nos propres efforts visant à parvenir à la justice. La grâce seule, par le moyen de la foi, nous rend capables de nous repentir, dans ce deuxième sens.

13. Voir Paul Tillich, « We Are Accepted » (Nous sommes acceptés), dans *The Shaking of the Foundations* (L'ébranlement des fondements) (New York : Charles Scribner's and Sons, 1948), 153-63.

14. Il s'agit d'un concept de John Wesley, qui croyait que lorsque le cœur déborde de l'amour de Dieu, il n'y a plus de place pour le péché.

15. Charles Wesley, « And Can It Be? » (Est-ce donc vrai ?)

16. L'Église du Nazaréen a changé son vocabulaire concernant la grâce sanctifiante. Le terme d'« éradication » a été abandonné et remplacé par « purification ». À mon sens, la « purification » est un élément vital de notre théologie, qui nous distingue de nos cousins keswickiens.

17. « Article X », *Manuel de l'Église du Nazaréen*.

18. À l'exception, évidemment, de Jésus lui-même, dont Luc nous rapporte qu'il était rempli du Saint-Esprit dès sa naissance.

19. Le plus remarquable est peut-être Asa Mahan. John Fletcher l'a évidemment proposé un siècle plus tôt.

20. Voir Rob Staples, *Outward Sign and Inward Grace: The Place of Sacraments in Wesleyan Spirituality* (Signes extérieurs d'une grâce intérieure : la place des sacrements dans la spiritualité wesleyenne) (Kansas City : Beacon Hill Press of Kansas City, 1991), pour une discussion très pertinente du sacrement de la sainte communion, non seulement comme un moyen de grâce, mais aussi de *grâce* sanctifiante.

Chapitre 6

1. Certaines parties de ce chapitre ont été rééditées et adaptées de Diane Leclerc, « Holiness: Sin's Anticipated Cure » (La sainteté : un remède anticipé au péché), dans The Holiness Manifesto (Manifeste de la sainteté), éd. Kevin W. Mannoia et Don Thorsen © 2008 Wm. B. Eerdmans Publishing Company, Grand Rapids, Michigan. Utilisé avec la permission des éditeurs, tous droits réservés.

2. Voir Warren Brown, Nancey Murphy et H. Newton Maloney, éd., *Whatever Happened to the Soul? Scientific and Theological Portraits of Human Nature* (Qu'est-il arrivé à l'âme : portraits scientifiques et théologiques de la nature humaine) (Minneapolis : Fortress Press, 1998).

3. Mildred Bangs Wynkoop, A *Theology of Love* (Théologie de l'amour) (Kansas City : Beacon Hill Press of Kansas City, 1972), 122-23.

4. La controverse origéniste, interprétée dans un sens radicalement platonicien, peut être vue comme exaltant l'incorporel tout en méprisant la chair. En réaction à ce déni de Dieu incarné, d'autres moines ont adopté une notion tout aussi hérétique, appelée anthropomorphisme, qui attribue une forme humaine à Dieu en tant que Dieu et interprète ainsi l'*imago Dei* comme un corps physique. Voir la discussion d'Elizabeth Clark dans « Images and Images: Evagrius Ponticus and the Anthropomorphite Controversy » (Images et images : Évagre le Pontique et la controverse anthropomorphiste), dans *Origenist Controversy* (La controverse origéniste), 43-84.

5. Wynkoop, *Theology of Love* (Théologie de l'amour), 116-24.

6. H. Ray Dunning, Grace, *Faith, and Holiness* (Grâce, foi et sainteté) (Kansas City : Beacon Hill Press of Kansas City, 1988). Dunning mentionne ces quatre relations, mais il nous met en garde contre l'amour de soi et dépeint le « monde » comme dangereux. Beaucoup de ceux qui l'ont suivi, dont l'auteur de ce livre, ont modifié les deux dernières relations, en affirmant que Dieu veut que nous nous aimions nous-mêmes d'une manière appropriée, ainsi que « la terre », en tant que ses intendants.

7. Pour une discussion approfondie de la question du péché en tant que « privation », voir Leon O. Hynson, « Original Sin as Privation » (Le péché originel en tant que privation), dans le *Wesleyan Theological Journal* (Journal de théologie wesleyenne) 22, n° 2 (automne 1987), 65-83. Hynson analyse Arminius, Wesley et des spécialistes allant de Richard Watson à H. Orton Wiley, puis il conclut que, selon la théologie wesleyenne, la privation de notre relation fondamentale, avec Dieu, mène à une depravation modifiée. (Il est intéressant de noter que Hynson critique Wesley pour ce qu'il perçoit comme son incohérence sur ce point.) Cette compréhension relationnelle a été appuyée par des spécialistes ultérieurs à Wiley, notamment Clarence Bence, Craig Blaising, Barry Bryant, H. I. Smith et Rob Staples. Voir Maddox, *Responsible Grace* (Grâce responsable), 296, n. 118.

8. Voir Dunning, *Grace, Faith, and Holiness* (Grâce, foi et sainteté), 157-59.

9. Cela ne veut pas dire que Wesley rejetait la position réformée. Maddox écrit : « Quel est le degré de gravité de cette corruption de nos facultés ? Dans la théologie réformée, on parle à présent couramment de « dépravation totale ». Cette expression peut être facilement mal comprise, comme impliquant que tous les hommes sont les plus mauvais possibles. Ce n'est pas ce que cela veut dire. Les théologiens réformés voulaient seulement affirmer que la corruption occasionnée par le péché affecte toutes les facultés humaines d'une manière décisive et nous laisse incapables de vivre une vie semblable à Dieu, ou même de réellement le vouloir, rien que par nos propres forces atrophiées. Même en ces termes plus limités, le dogme de la dépravation totale a été largement rejeté en dehors des cercles protestants ; mais pas par Wesley (en tout cas pas après 1738) ! Même s'il n'employait pas toujours cette expression spécifique, il a affirmé plusieurs fois que la corruption du péché en nous affecte toutes nos facultés et capacités humaines, si bien que nous sommes tout à fait incapables de nous sauver nous-mêmes. Heureusement, cependant, Dieu, le Grand Physicien, peut guérir notre nature malade. » (*Responsible Grace* (Grâce responsable), 82).

10. Voir Sermon IX, « The Spirit of Bondage and Adoption » (L'esprit de servitude et d'adoption), dans Works (Œuvres complètes) (Jackson), 5.98-110.

11. Voir John Wesley, « Farther Thoughts upon Christian Perfection » (Nouvelles pensées sur la perfection chrétienne), dans Works (Œuvres complètes) (Jackson) : 11.418.

12. Mildred Bangs Wynkoop, *An Existential Interpretation of the Doctrine of Holiness* (Une interprétation existentielle de la doctrine de la sainteté) (non publié, 1958), 2-3.

13. Ted Campbell écrit : « L'attitude de Wesley à l'égard du pélagianisme était nettement plus ambiguë : il le reconnaissait comme un extrême aussi dangereux que le calvinisme, mais il n'était pas certain que le Pélage historique (pour ainsi dire) puisse être clairement condamné comme hérétique, ne serait-ce que parce qu'aucun de ses propres écrits n'est parvenu jusqu'à nous. De plus, selon Wesley, Augustin était en colère contre Pélage, si bien que ce qu'il nous dit de lui n'est pas une source fiable. […] Wesley affirme ailleurs que Pélage était probablement « un homme à la fois sage et saint » [Lettres (Jackson), 12.240] Au sujet d'Augustin, il écrit : « Quel saint merveilleux ! Si plein d'orgueil, de passion, d'amertume, de sévérité et de paroles mauvaises contre tous ceux qui le contredisaient. » [Sermons (Jackson), 6.328-29] Il a écrit à John Fletcher que Pélage « n'était très probablement pas plus hérétique que vous et moi ne le sommes » [Lettres (Telford), 6.125] […] Wesley se sentait peut-être proche de Pélage, accusé (comme lui) de nier la priorité de la grâce par son insistance sur la nécessité de suivre la loi de Dieu. » (*Wesley and Christian Antiquity* (Wesley et l'Antiquité chrétienne), 6)

14. Leclerc, *Singleness of Heart (Simplicité de cœur).*

15. Voir Sermon 44, "Original Sin" (Le péché originel)," dans Works (Œuvres complètes) (Jackson), 6.57-62.

16. Ibid., 6.60.

17. Ibid.

18. Sermon 78, « Spiritual Idolatry » (L'idolâtrie spirituelle), dans Works (Œuvres complètes) (Jackson), 6.441.

19. George Price, *The Narrow Pass: A Study of Kierkegaard's Concept of Man* (Le chemin étroit : étude du concept de l'homme selon Kierkegaard) (New York : McGraw-Hill Book Company, Inc., 1963), 35.

20. Ibid., 40. Italiques de l'auteur.

21. Wynkoop, *Existential Interpretation of the Doctrine of Holiness* (Interprétation existentielle de la doctrine de la sainteté) (non publié), 254-56 ; édité.

Chapitre 7

1. Certaines parties de ce chapitre sont inclues dans et adaptées de la contribution de l'auteur à Clergy Development, Church of the Nazarene, *Becoming a Holy People* (Le développement du clergé dans l'Église du Nazaréen, devenir un peuple saint) (Kansas City : Nazarene Publishing House, 2004). Utilisé avec permission.

2. Certains spécialistes (par ex. Edwin Crawford, professeur de philosophie émérite, Northwest Nazarene University) appellent les dénominations de la sainteté à se distinguer de l'évangélisme contemporain, car celui-ci est trop souvent associé à la théologie réformée et au fondamentalisme.

3. Tiré de l'hymne de Charles Wesley, « O for a Thousand Tongues to Sing » (Seigneur que n'ai-je mille voix).

4. John Wesley, *Exposition claire et simple de la perfection chrétienne* (Kansas City: Éditions Foi et Sainteté, 2006) section 11, pages 21 à 30. Voir https://whdl.org/fr/browse/resources/15494 .

5. John Wesley, « The Great Privilege of Those That Are Born of God » (Le grand privilège de ceux qui sont nés de Dieu), Sermon 19, dans The Sermons of John Wesley (Les sermons de John Wesley), éd. Thomas Jackson, Wesley Center Online, http://wesley.nnu.edu/john_wesley/sermons/019.htm.

6. Voir George Croft Cell, *The Rediscovery of John Wesley* (La redécouverte de John Wesley) (New York : H. Holt and Company, 1935), 347. Cell est souvent cité pour avoir écrit que Wesley représente « une synthèse unique et originale entre l'éthique protestante de la grâce et l'éthique catholique de la sainteté ». Albert Outler qualifie la synthèse wesleyenne de « catholicisme évangélique ». Pour lui, Wesley « offre un bref aperçu de l'unité sous-jacente à la vérité chrétienne, à la fois dans les traditions catholique et protestante. [...] Au nom du christianisme, à la fois biblique et patristique, il est parvenu à transcender les divergences doctrinales étroites qui avaient fait couler tellement d'encre depuis Augsbourg et Trente. À leur place, il a développé une fusion théologique de la foi et des bonnes œuvres, de l'Écriture et de la tradition, de la révélation et de la raison, de la souveraineté divine et de la liberté humaine, de la rédemption universelle et de l'élection conditionnelle, de la liberté chrétienne et de l'ordre, de l'assurance du pardon et du danger de « déchoir de la grâce », du péché originel sin et de la perfection chrétienne. » (John Wesley [New York : Oxford University Press, 1964], viii)

7. Voir Raser, *Phoebe Palmer*, 35. Raser ajoute plus loin : « Cela ne veut pas dire que Palmer n'enseignait pas que la conversion et la sainteté implique une relation « mystique », ressentie, avec Christ. Sa compréhension de la foi chrétienne était trop imprégnée de piétisme pour cela. Dans ses écrits, on trouve beaucoup d'exemples de vocabulaire religieux émotionnel. [...] Cependant, ces expressions sont en quelque sorte moins « convaincantes » et ressemblent davantage à la récitation délibérée de formules familières qu'à des expressions spontanées d'extase religieuse. » (266). L'idée que son vocabulaire est « moins convaincant » ou « délibéré » par rapport à l'émotion religieuse ne me convainc pas.

Partie IV

Chapitre 8

1. Dans sa *Préface à l'épître de Jacques,* Luther écrit : « Mais ce Jacques ne fait que de pousser à la Loi et à ses œuvres. Par ailleurs, il assemble les choses d'une manière si chaotique qu'il me semble qu'il devait être un homme bon et pieux, que a repris quelques paroles des disciples des Apôtres et les a ainsi couchées sur papier. [...] En un mot, il voulait mettre en garde contre ceux qui dépendaient de la foi sans les œuvres, mais il n'était pas à la hauteur de la tâche. » Dans une traduction anglaise des œuvres de Martin Luther, *les préfaces à sa traduction allemande du Nouveau Testament* (1522), on peut lire les mots suivants concernant Jacques : « D'abord, en opposition directe avec St-Paul et tout le reste de la Bible, elle attribue la justification aux œuvres et affirme qu'Abraham a été justifié par ses œuvres lorsqu'il a sacrifié son fils. St-Paul, au contraire, en Romains 4[:3], enseigne qu'Abraham a été justifié sans les œuvres, par sa foi seule, ainsi que le prouve Genèse 15[:6], un passage qui précède le sacrifice de son fils. Bien qu'il serait possible de sauver l'épître par une glose qui donnerait une explication correcte de la justification ici attribuée aux œuvres, il est indéniable qu'elle applique les paroles de Moïses en Genèse 15 (qui parle, non des œuvres d'Abraham, mais de la foi, ainsi que Paul le dit clairement en Romains 4) aux œuvres d'Abraham. Ce défaut prouve que cette épître n'est pas d'origine apostolique. » (John Dillenberger, *Martin Luther: Selections from His Writings* (Martin Luther : écrits choisis) [New York : Anchor Books, 1962], 35).

2. Thomas Cook, *New Testament Holiness* (La sainteté dans le Nouveau Testament) (Londres : Epworth Press, 1950), 43.

3. Pour plus de détails sur le péché en tant que substance, voir la discussion de Wynkoop dans *Theology of Love* (Théologie de l'amour), 149-64. À noter aussi que certains spécialistes ont accusé Wesley de voir le péché comme une substance étrangère. Voir Maddox, *Responsible Grace* (Grâce responsable, 296, n. 117. Maddox mentionne R. Newton Flew, J. Ernest Rattenbury et William Sangster en tant que critiques de Wesley sur ce point.

4. John Wesley, *Exposition claire et simple de la perfection chrétienne*, (Kansas City: Éditions Foi et Sainteté, 2006) 152-153. Voir https://whdl.org/fr/browse/resources/15494 .

5. Ibid., 18. Voir https://whdl.org/fr/browse/resources/15494 .

6. Voir Soren Kierkegaard, *Purity of Heart Is to Will One Thing* (La pureté de cœur, c'est vouloir une seule chose) (Radford, Virginie : Wilder Publications, 2008).

7. Wesley, *Exposition claire et simple de la perfection chrétienne*, 18.

8. Voir article 9, www.anglicancommunion.org/resources/acis/docs/thirty_nine_articles.cfm.

9. Wesley, « On Sin in Believers » (Du péché des croyants), dans *Bicentennial Works* (Œuvres bicentenaires), 1.320-210.

10. Ibid., 321.

11. Wesley, « Repentance in Believers » (La repentance des croyants, dans *Works* (Œuvres)(Jackson), 5.156-71.

12. Ibid.

13. Voir Maddox, *Responsible Grace* (Grâce responsable), 185-86.

14. Wesley, « Rules of the Band-Societies » (Règles des sociétés de bandes), dans *Bicentennial Works* (Œuvres bicentenaires), 9.77-78.

15. Voir http://www.darkness2light.org/KnowAbout/statistics_2.asp. et http://www.prevent-abuse-now.com/stats.htm#Links pour des bases de données contenant plus de statistiques. Voir aussi Nancy Nason-Clark, « When Terror Strikes the Christian Home » (Quand la terreur frappe le foyer chrétien) ; discours liminaire à l'occasion de « *The Awakening Conference* » (Conférence de réveil), Fort Lauderdale, Floride (7 octobre 2006).

Chapitre 9

1. L. Tyerman, *The Life and Times of the Rev. John Wesley* (Vie et époque du Rév. John Wesley), vol. 2 (New York : Harper & Brothers Publishers, 1872), 306.

2. « *Westminster Shorter Catechism* » (Petit catéchisme de Westminster), Center for Reformed Theology (Centre théologique réformé), http://www.reformed.org/documents/WSC.html. La confession de foi de Westminster, qui constitue le fondement du Petit catéchisme, est une confession de foi de tradition calviniste, écrite en 1646 par l'Assemblée de Westminster, de l'Église d'Angleterre, mais elle est devenue et demeure la norme doctrinale de l'Église d'Écosse et des églises presbytériennes à travers le monde. En 1643, le Parlement anglais a convoqué une assemblée à l'abbaye de Westminster. Ces rencontres, sur une période de cinq ans, ont produit cette confession de foi. Il est clair qu'à ce moment-là, l'Église anglicane était influencée par le calvinisme de certains de ses responsables et penseurs. Pendant plus de trois siècles, diverses églises à travers le monde ont adopté la confession comme leur norme doctrinale. La confession de foi de Westminster a été modifiée et adoptée par les congrégationalistes et les baptistes en Angleterre. Les presbytériens, congrégationalistes et baptistes anglais se feraient connaître sous le nom de non-conformistes, à cause de leur refus de se conformer à l'*Act of Uniformity* (acte d'uniformité) de 1662, qui a établi l'Église d'Angleterre comme la seule église légalement approuvée, malgré leur unité sur bien des points, du fait de leurs confessions communes fondées sur celle de Westminster. Cela ne veut pas dire que l'arminianisme était absent avant et après la rédaction de la confession de Westminster.

3. Thomas Merton, *Life and Holiness* (Vie et sainteté) (New York : Image Books, 1963), 4.

4. Reuben Welch, *We Really Do Need Each Other* (Nous avons réellement besoin les uns des autres) (Nashville : Impact Books, 1973).

5. John Wesley, « Christian Perfection » (La perfection chrétienne » et « *On Perfection* » (De la perfection), dans *The Bicentennial Edition of the Works of John Wesley* (Édition bicentenaire des œuvres de John Wesley) (Nashville : Abingdon Press, 1984 —), 2.99-124 et 3.71-87.

6. John Wesley, *Exposition claire et simple de la perfection chrétienne*, (Kansas City: Éditions Foi et Sainteté, 2006). Voir https://whdl.org/fr/browse/resources/15494.

7. Il s'agit de la différence principale entre Wesley avant et après Aldersgate, en 1738 : avant cette expérience, la perfection chrétienne n'était pour lui qu'un objectif à poursuivre, mais impossible à atteindre dans la vie présente ; tandis qu'après 1738, Wesley voyait la perfection chrétienne comme non seulement possible, mais nécessaire à la vie chrétienne.

8. Cette date est donnée par Harald Lindstrom. Timothy Smith date le sermon en 1761, Albert Outler en 1784 (voir http://wesley.nnu.edu/john_wesley/sermons/chron.htm).

9. D'après Harald Lindstrom. Voir Harald Lindstrom, *Wesley and Sanctification* (Wesley et la sanctification) (Wilmore, Kentucky : Francis Asbury Publishing Co., 1950).

10. Ibid., 131-32. Voir aussi « *On Perfection* » (De la perfection), dans Works (Œuvres complètes) (Jackson), 4.411-23. On retrouve aussi la plupart de ces caractéristiques dans le *Plain Account* (Exposé simple), de Wesley.

11. Voir Wynkoop, *Theology of Love* (Théologie de l'amour), 294-301. J'ai résumé et clarifié ses points là où cela s'avérait utile.

12. Leo George Cox, John Wesley's *Concept of Christian Perfection* (La notion de perfection chrétienne chez John Wesley) (Kansas City : Beacon Hill Press, 1964).

13. Elmer Clark, *What Happened at Aldersgate?* (Qu'est-il arrivé à Aldersgate) (Nashville : Methodist Publishing House, 1938), 58 : « La sainteté vitale a été exclue de la foi et de la pratique méthodiste. Au final, toute trace de la doctrine a été attentivement éliminée des chants de l'Église, dans le recueil d'hymnes publié en 1935. Par exemple, dans le grand hymne de Charles Wesley « *Love Divine, All Loves Excelling* » (L'amour divin, tout amour excellant), publié dans les recueils depuis 1747, une ligne de la deuxième strophe, qui disait : « *Let us find that second rest* » (Nous trouverons ce deuxième repos), a été modifiée par la commission des hymnes, en : « *Let us find the promised rest* » (Nous trouverons le repos promis). Rien qui puisse rappeler aux méthodistes que leur église n'avait jamais adhéré à l'idée d'une deuxième œuvre de grâce n'a été conservé. »

14. Je suis reconnaissante à Leo Cox pour son analyse de l'œuvre de Leland Scott, Elmer Gaddis, John Peters, Timothy Smith, Delbert Rose et Robert Cushman, dans sa revue de la perfection chrétienne en Amérique au 19e siècle. Voir Cox, *John Wesley's Concept of Christian Perfection* (La notion de perfection chrétienne chez John Wesley), 182-90.

15. Il est intéressant, sur le plan historique, de noter que, vers la fin du 20e siècle, certains membres de dénominations de la sainteté voulaient aller vers une forme plus progressive de la sanctification. Elmer Clark a dit, à propos des méthodistes de la fin du 19e siècle : « Rien n'a été conservé qui puisse rappeler aux méthodistes que leur église avait jamais adhéré à une deuxième œuvre de grâce. » (Voir note de bas de page 12) On peut se demander si on parlera ainsi des églises de la sainteté au siècle prochain ?

16. Mark Quanstrom situe très tôt cette emphase sur l'acte instantané comme définissant la sanctification, en la faisant remonter à H. Orton Wiley. Voir Mark Quanstrom, *A Century of Holiness Theology* (Un siècle de théologie de la sainteté), 80-85. Quanstrom démontre que Wiley affirme toujours l'importance de l'amour parfait, même lorsqu'il donne une définition étroite de la sanctification, en la réduisant à l'entière sanctification. Il met en avant le besoin, au cours des années 1940 et 1950, de modifier les revendications « exagérées » des théologiens du début du 20e siècle (concernant les effets de l'entière sanctification sur le péché), par des auteurs en lien plus étroit avec le « réalisme chrétien », qui correspond à une nouvelle période historique (voir p. 97-108). Je défendrais cependant l'idée que cette préoccupation des auteurs pour cet effet correctif a eue pour effet de réduire l'emphase sur les aspects positifs de la sainteté chrétienne et d'une vie d'amour.

17. H. Orton Wiley, *Christian Theology* (Théologie chrétienne), vol. 2 (Kansas City : Nazarene Publishing House, 1941), 508 (voir première note de bas de page).

18. Cox, John Wesley's *Concept of Christian Perfection* (La notion de perfection chrétienne chez John Wesley), 182.

19. Puisque Wesley a développé le sens de ces distinctions avec le temps, ce qui est présenté ici doit être vu comme sa pensée la plus mature sur ce sujet.

20. Wesley a proposé une explication de ce terme dans une lettre datée du 31 mai 1771, à Miss March, dans laquelle il répond au courrier que celle-ci lui avait adressé : « Il ne saurait y avoir d'expression plus juste que celle que vous avez employée, et j'en comprendrais le sens ; cependant, vous demeurez certainement transgresseur, en l'occurrence, de la loi adamique parfaite. Bien qu'il soit vrai que tout péché est une transgression de cette loi, cela n'implique aucunement, d'autre part (bien que nous ayons souvent pensé que cela allait de soi), que toutes les transgressions de cette loi sont péché ; non, point du tout : seules les transgressions volontaires ; aucune autre n'est péché contre la loi de l'Évangile. » (Lettre à Miss March [31 mai 1771], *Letters* (Lettres) [Telford]), http://wesley.nnu.edu/john-wesley/the-letters-of-john-wesley/wesleys-letters-1771.

21. Techniquement, Wesley disait que les transgressions involontaires avaient besoin d'être expiées par le sang de Christ, dans un sens général ; mais ces actes ne changent pas notre statut relationnel devant Dieu, ainsi que le ferait un acte volontaire.

22. Maddox, *Responsible Grace* (Grâce responsable), 184.

23. Wesley, *Plain Account* (Exposé simple) (Beacon Hill Press of Kansas City), 54.

24. Ibid., 23.

25. Ibid., 36.

26. Pour quelques exemples seulement des conseils de Wesley sur la perfection chrétienne et l'entière sanctification, voir Lettre à Ann Foard (12 octobre 1764), *Letters* (Lettres) (Telford), 4.268-70 ; Lettre à Mrs. Bennis (29 mars 1766), *Letters* (Lettres) (Telford), 5.6 ; Lettre à Miss March (14 mars 1768), *Letters* (Lettres) (Telford), 5.81-2 ; Lettre à Mrs. Barton (8 octobre 1774), *Letters* (Lettres) (Telford), 6.116.

27. Lettre à Hannah Ball (5 novembre 1769), *Letters* (Lettres) (Telford), 5.153.

28. John Wesley, *Primitive Physic* (Physique primitive) (Philadelphie : John Dickins, 1791 ; réimpr., Nashville : United Methodist Church Publishing House, 1992).

29. Lettre à Martha Chapman (15 mars 1775), *Letters* (Lettres) (Telford), 6.145.

30. Lettre à Martha Chapman (5 avril 1775), *Letters* (Lettres) (Telford), 6.147.

31. Lettre à Ann Bolton (7 juin 1768), *Letters* (Lettres) (Telford), 5.92.

32. Lettre à Mary Bosanquet (15 janvier 1770), *Letters* (Lettres) (Telford), 5.176.

33. Lettre à Penelope Newman (23 octobre 1772), *Letters* (Lettres) (Telford), 5.342.

34. Lettre à Ann Bolton (13 juillet 1774), *Letters* (Lettres) (Telford), 6.97.

35. Lettre à Mrs. Knapp (25 mars 1781), Letters (Lettres) (Telford), 7.52.

36. Lettre à Ann Loxdale (14 juillet 1781) Letters (Lettres) (Telford), 7.73.

37. Lettre à Mrs. Downes (21 novembre 1783), Letters (Lettres), (Telford), 7.197.

38. Merton, *Life and Holiness* (Vie et sainteté), 31.

39. Voir John Wesley, « Preface to 1739 Hymns and Sacred Poems » (Préface à 1739 hymnes et poèmes sacrés), dans Works (Œuvres complètes) (Jackson), 14.321.

40. Voir Timothy L. Smith, *Revivalism and Social Reform* (Revivalisme et réforme sociale) (Nashville : Abingdon Press, 1957).

41. Wesley, « Minutes of Several Conversations » (Procès-verbal de plusieurs conversations), dans *Works* (Œuvres complètes) (Jackson), 8.310. 8.47.

42. Wesley, « A Further Appeal to Men of Reason and Religion » (Nouvel appel aux hommes de raison et de religion, dans *Works* (Œuvres complètes) (Jackson),

43. Theodore Jennings Jr., « Wesley and the Poor: An Agenda for Wesleyans » (Wesley et les pauvres : un programme pour les Wesleyens), dans *The Portion of the Poor: Good News to the Poor in the Wesleyan Tradition* (La part des pauvres : une bonne nouvelle pour les pauvres dans la tradition wesleyenne), éd. M. Douglas Meeks (Nashville : Kingswood Books, 1995), 21.

44. « A Farther Appeal » (Nouvel appel), dans *Works* (Œuvres complètes) (Jackson), 8.239.

45. Voir Kristina LaCelle-Peterson, *Liberating Tradition: Women's Identity and Vocation in Christian Perspective* (Tradition libératrice : identité et vocation féminine dans une perspective chrétienne) (Grand Rapids : Baker Academics, 2008).

46. Voir Donald Dayton, *Discovering Our Evangelical Heritage* (Découvrir notre héritage évangélique).

47. Voir Douglas M. Strong, *Perfectionist Politics: Abolitionism and the Religious Tensions of American Democracy* (Politique perfectionniste : abolitionnisme et tensions religieuses dans la démocratie américaine) (Syracuse, New York : Syracuse University Press, 1999).

Chapitre 10

1. Rob Staples, « Things Shakeable and Things Unshakeable in Holiness Theology » (Notions perturbables et imperturbables de la théologie de la sainteté), *The Edwin Crawford Lecture* (Conférence d'Edwin Crawford), Northwest Nazarene University's Wesley Conference: Revisioning Holiness (Conférence en mémoire de Wesley de la Northwest Nazarene University : réviser la sainteté), 9 février 2007. Voir nnu.edu/Wesley.

2. Voir John Wesley, « Farther Thoughts upon Christian Perfection » (Nouvelles pensées sur la perfection chrétienne), dans Works (Œuvres complètes) (Jackson) : 11.418.

3. Voir la discussion de Wesley et de l'unification de Dieu dans Robert G. Tuttle Jr., *Mysticism in the Wesleyan Tradition* (Le mysticisme dans la tradition wesleyenne) (Grand Rapids : Francis Asbury Press, 1989), 70, 124-25, surtout 132. S. Diamond ajoute : « Le caractère de Wesley était éloigné de l'extase mystique et ni la mort, ni l'union mystique, ne correspondent à aucune expérience qu'il a eue pendant sa vie. » (S. Diamond, *The Psychology of the Methodist Revival* (Psychologie du réveil méthodiste) [Londres : Oxford University Press, 1926], 77).

4. Brent Peterson, e-mail à Diane Leclerc (15 septembre 2008).

5. Nancy L. Eiesland, *The Disabled God: Toward a Liberatory Theology of Disability* (Le Dieu handicapé : vers une théologie libératrice du handicap) (Nashville : Abingdon Press, 1994), 13.

6. Ibid.

7. Frances M. Young, *Brokenness and Blessing: Towards a Biblical Spirituality* (Brisement et bénédiction : vers une spiritualité biblique) (Grand Rapids : Baker Academic, 2007), 59. Citation de Macaire, *Fifty Homilies* (Cinquante homélies), 6.4, traduite dans Wesley, Christian Library (Bibliothèque chrétienne) (voir n. 44 pour le chap. 2, dans Young, Brokenness and Blessing (Brisement et bénédiction), 132).

8. Tertullien, « Apologie », dans *Les Pères anté-nicéens*, 3.54-55.

9. Friedrich Schleiermacher, *On Religion: Speeches to its Cultured Despisers* (De la religion : discours à ses détracteurs cultivés), trad. John Oman (Londres : Kegan Paul, Trench, Trubner & Co., 1893), xliv.

10. Voir Henri Nouwen, The *Wounded Healer* (Le guérisseur blessé) (New York : Doubleday, 1972).

Chapitre 11

1. Voir Randy Maddox, « Reconnecting the Means to the End: A Wesleyan Prescription for the Holiness Movement » (Reconnecter le sens à la finalité : prescription wesleyenne pour le mouvement de la sainteté), dans le *Wesleyan Theological Journal* (Journal de théologie wesleyenne) 33, n° 2 (1998) : 29-66.

2. Ce point est important, car les Wesleyens asiatiques n'ont pas besoin d'adopter un modèle philosophique occidental comme le seul moyen de discuter l'importance de la vertu.

3. Voir, par exemple, Randy Maddox, « A Change in Affections: The Development, Dynamics, and Dethronement of John Wesley's 'Heart Religion' » (Un changement d'affections : le développement, la dynamique et le détrônement de la « religion du cœur » de John Wesley),

dans *«Heart Religion" in the Methodist Tradition and Related Movements* (La « religion du cœur » dans la tradition méthodiste et les mouvements apparentés), éd. Richard Steele (Metuchen, New Jersey : Scarecrow Press, 2001), 3–31 (ainsi que tout le livre de Steele). Pour une revue plus philosophique, voir Philip Cary, « *A Brief History of the Concept of Free Will* » (Bref historique de la notion de libre arbitre), dans Behavioral Sciences (Sciences comportementales) 25 (2007) : 165-81.

4. Pour toute cette section, ainsi que la suivante, je dois beaucoup à Randy Maddox. Voir son article remarquable : « Holiness of Heart and Life: Lessons from North American Methodism » (La sainteté de cœur et de vue : leçons du méthodisme nord-américain), dans l'*Asbury Theological Journal* (Journal de théologie d'Asbury) 51 (1996) : 151-72.

5. Ibid., 152-53.
6. Ibid., 153.
7. Ibid.
8. Ibid., 154.
9. Ibid., 154, italiques de l'auteur.
10. Cette liste est tirée de *Plain Account* (Exposé simple) (Beacon Hill Press of Kansas City), 17.
11. Pour une étude approfondie de la différence entre inclinations et instincts, voir Joseph Bankard, « Human Biology and Moral Instincts: Do We Have an Innate Moral Grammar? » (Biologie humaine et instincts moraux : avons-nous un sens moral inné?), à paraître dans sa dissertation doctrinale, chez Claremont.
12. La pensée de Wesley lui-même pose problème ici. Il a été accusé de « monophysisme pratique », parce qu'il mettait parfois davantage l'accent sur la divinité de Jésus-Christ que sur son humanité. Certains points curieux dans ses écrits atténuent clairement les réactions et émotions humaines de Jésus. Pourtant, pour être cohérent avec le vocabulaire de « prendre ses dispositions », l'humanité de Jésus est vitale. Nous ne pouvons pas devenir divins. Par conséquent, afin d'imiter Christ dans notre caractère, nous devons imiter sa parfaite humanité, étant entièrement homme.
13. Wesley, « The Means of Grace » (Les moyens de grâce), dans *Works* (Œuvres) (Jackson), 5.185-201.
14. Voir Henri Nouwen, avec Michael J. Christensen et Rebecca Laird, *Spiritual Direction: Wisdom for the Long Walk of Faith* (L'orientation spirituelle : sagesse pour la longue marche de foi) (New York : HarperCollins, 2009), 17 ; et Henri Nouwen, *Here and Now* (Ici et maintenant) (New York : Crossroads Publishing Company, 1994), 76-77.
15. Cette phrase est souvent attribuée à Wesley, mais il n'y a aucune citation directe. Voir aussi William J. Federer, *America's God and Country: Encyclopedia of Quotes* (Le Dieu et la patrie des Américains : encyclopédie de citations) (St. Louis : William J. Federer Publication), 683.
16. Voir Dietrich Bonhoeffer, *Life Together* (Vivre ensemble) (New York : Harper and Row Publishers, 1954).
17. « Eucharistie » signifie littéralement action de grâce.
18. William Willimon, *The Service of God: Christian Work and Worship* (Le service de Dieu : service et culte chrétien) (Nashville : Abingdon Press, 1983), 125.
19. Ibid., 127.
20. Staples, *Outward Sign and Inward Grace* (Signes extérieurs d'une grâce intérieure), 204-5.
21. Voir Wesley, « The Duty of Constant Communion » (Le devoir de communion constante), dans Bicentennial Works (Œuvres bicentenaires), 3.428-39.
22. Ibid.
23. Pour un traitement intégral de l'interprétation wesleyenne de l'eucharistie, voir Staples, *Outward Sign and Inward Grace* (Signes extérieurs d'une grâce intérieure) et Ole E. Borgen, *John Wesley on the Sacraments* (John Wesley et les sacrements) (Grand Rapids : Francis Asbury Press

of Zondervan Publishing House, 1985). Mon interprétation de Wesley est qu'il se situe entre la théorie de la « présence spirituelle » et la vision « mémorialiste ». La clé pour interpréter la compréhension wesleyenne de la communion est sa pneumatologie. Je ne suis pas certaine que ces connexions ont été pleinement examinées.

24. Gregory Clapper, *John Wesley on Religious Affections* (John Wesley et les affections religieuses) (Metuchen, New Jersey : Scarecrow Press, 1989), 154.

25. Voir Theodore Runyon, « A New Look at Experience » (Nouvel aperçu de l'expérience) (Drew Gateway 1987), 44-55. Il faut mentionner aussi Steven Land, qui a écrit un article avec Runyon pendant son programme doctoral.

26. Wesley, « Salvation by Faith » (Le salut par la foi), dans Bicentennial Works (Œuvres bicentenaires), 1.120.

27. Mildred Bangs Wynkoop, *Existential Interpretation* (Interprétation existentielle), 301.

Chapitre 12

1. Cela ne contredit pas l'affirmation de Wynkoop, selon laquelle les termes de « sainteté » et d'« amour » doivent demeurer distincts. Elle écrit : « La sainteté et l'amour sont deux mots différents pour décrire deux réalités différentes. Chacun d'eux a une définition formelle distincte. Ils ne peuvent être employés d'une manière interchangeable dans aucun contexte. Il s'agit cependant là du domaine des mots en tant que mots ; mais dans celui du sens existentiel, leur rapport commence en quelque sorte à se manifester. » (*Wynkoop, Theology* of Love (Théologie de l'amour), 24).

2. À l'inverse aussi, certainement, « l'amour sans sainteté n'est pas de l'amour du tout » (Steve McCormick, correspondance avec l'éditeur, 23 avril 2009).

3. Cette liste est une combinaison de concepts proposés par Mildred Bangs Wynkoop et Gary Charter, avec mes propres pensées. Voir Wynkoop, *Theology of Love* (Théologie de l'amour) et Gary Charter, *The Analogy of Love: Divine and Human Love at the Center of Christianity* (L'analogie de l'amour : l'amour divin et humain au centre du christianisme) (Charlottesville, Virginie : Imprint Academic, 2007), 14-15.

4. Charter, *Analogy of Love* (L'analogie de l'amour), 2.

5. Ibid. Le désir a malheureusement été trop étroitement associé par certains à la convoitise, laquelle doit être comprise comme une distorsion pécheresse du désir. Là encore, cette confusion peut mener à un stoïcisme malsain, qui tord notamment une sexualité saine. Voir « Excursus », au chapitre 8 sur la pureté.

6. Par exemple, Mildred Bangs Wynkoop et Rob Staples, qui sont étiquetés ainsi par d'autres, ou Tom Oord, qui s'étiquette ainsi lui-même (voir Thomas Jay Oord et Michael Lodahl, *Relational Holiness* (Sainteté relationnelle) [Kansas City : Beacon Hill Press of Kansas City, 2005]).

7. Voir sermon de John Wesley, « The Catholic Spirit » (L'esprit catholique).

8. Affirmation de Rob Staples.

9. Paroles de Steven Land, Président du séminaire théologique de la Church of God, à l'occasion d'une consultation d'historiens du mouvement wesleyen de la sainteté et du pentecôtisme, à Kansas City, octobre 2006.

10. Paul Tillich évoque l'image du « cercle théologique », afin de démontrer que la véritable théologie est toujours au service de l'Église. Il écrit : « Le théologien [...] revendique la validité universelle du message chrétien, malgré son caractère concret et spécifique. [...] Il [ou elle] pénètre le cercle théologique par un engagement concret. Il [ou elle] le pénètre en tant que membre de l'Église chrétienne, afin d'accomplir une des fonctions essentielles de l'Église : son auto-interprétation théologique. » (*Systematic Theology* (Théologie systématique), vol. 1 [Chicago : Chicago University Press, 1951], 9-10).

11. Ce sentiment est exprimé dans l'hymne de Charles Wesley « *And Can It Be?* » (Est-ce donc vrai?) La deuxième strophe dit : « *He [Christ] left His Father's throne above, / so free, so infinite His grace! / Emptied Himself of all but love, / and bled for Adam's helpless race.* » (En français : « Le Verbe éternel s'est fait homme, / Pour me sauver il a quitté / Le ciel, son glorieux Royaume, / N'emportant que sa charité. » Voir aussi le chapitre 10 pour un examen approfondi de la notion de dépouillement de soi.

12. Staples, « Things Shakeable and Things Unshakeable in Holiness Theology » (Notions perturbables et imperturbables de la théologie de la sainteté).

GLOSSAIRE

abolitionnisme : mouvement de réforme apparu en Amérique, en lien avec le mouvement anti-esclavagiste, qui cherchait à abolir le trafic d'esclaves entre l'Afrique, l'Amérique et l'Europe occidentale, tout en luttant pour l'émancipation de ces esclaves.

adoption : Wesley affirme clairement l'importance d'être enfant de Dieu et cohéritier de Christ. Cet aspect du salut implique aussi que nous sommes nés dans une famille, une communauté de frères et sœurs en Christ, ce qui nous empêche de concevoir le salut d'une manière purement individuelle.

affections : en termes wesleyens, les <u>affections</u> sont les <u>inclinations</u> qui motivent les actes des hommes et sont donc indispensables. (Voir <u>inclinations</u>, <u>humeurs</u>)

agapê : voir amour *agapê*

alliance : accord entre personnes, et/ou entre Dieu et des personnes, à travers lequel l'un des partenaires s'engage à tenir la promesse qu'il fait à l'autre. Dans le cadre des relations entre Dieu et les hommes, Dieu s'impose à lui-même l'obligation de faire alliance avec son peuple. Cette alliance entre Dieu et son peuple devient un accord mutuel entre les deux parties, en vertu duquel elles sont appelées à vivre une vie de fidélité, de confiance et de loyauté.

amour *agapê* : amour non conditionné par son objet, donc inconditionnel. Les premiers chrétiens définissaient l'*agapê* comme l'amour sacrificiel de Dieu pour l'humanité, qu'ils étaient appelés à imiter dans leur attitude envers les autres. Un tel amour sacrificiel est inconditionnel, c'est-à-dire qu'il est donné à la fois aux amis et aux ennemis.

amour *erôs* : terme grec pour l'« amour passionnel », au-delà de l'amitié. Cet amour n'implique pas forcément d'attraction physique. Dans la pensée platonicienne, *erôs* est compris comme destiné à aider l'âme à reconnaître la beauté et à s'en souvenir.

amour *philia* : terme grec pour « amitié ». Compris aussi comme l'appréciation ou la loyauté envers la famille et les amis.

analogie de la foi : mise en lien des thèmes des Écritures. Pour Wesley, elle se réduisait à quatre vérités spécifiques : la corruption engendrée par le péché, la <u>justification</u> par la foi, la <u>nouvelle naissance</u> et la sainteté présente, intérieure et extérieure. Ces éléments unifient les Écritures et servent de guide d'interprétation des passages problématiques.

antinomisme : l'idée qu'un chrétien est sauvé par la grâce seule (*sola fide*), et non par les œuvres, mais aussi qu'il est ainsi libéré de toute loi ou obligation morale et libre de pécher. Littéralement anti-loi.

Antiquité tardive : période historique correspondant au développement de l'Église primitive. Fait référence à l'époque de l'Empire romain.

apokastasis : croyance d'Origène, selon laquelle tous seront sauvés au final, y compris Satan. Après sa mort, il a été considéré comme hérétique pour cette croyance, ainsi que ses autres croyances. Aujourd'hui, il est cependant considéré comme un Père de l'Église et non plus comme un hérétique.

apologie : style d'écriture, dans l'Église primitive (et depuis), à travers lequel l'auteur cherche à défendre certains aspects de la doctrine chrétienne, ou le christianisme dans son ensemble. L'apologétique cherchait à trouver un terrain d'entente avec les critiques, afin de faire appel à la raison. Elle avait recours à la philosophie, à l'histoire et à la science, afin de convaincre que le christianisme ne doit pas être condamné comme déraisonnable et que les chrétiens ne doivent donc pas être mis à mort. Ces efforts étaient généralement futiles.

apophatique : voir *théologie apophatique*.

arétê : terme grec signifiant « vertu » ou « excellence ». Employé surtout en référence aux vertus du caractère humain.

ascétisme : pratique de formes extrêmes de renoncement à soi-même.

aséité : doctrine qui affirme la suffisance totale de Dieu, qui ne dépend d'aucun autre être ou objet, que ce soit pour son existence ou pour sa nature.

assurance : voir *témoignage de l'Esprit*.

attributs moraux de Dieu : attributs de Dieu qui lui permettent de choisir comment agir. Par exemple, il a le choix d'être miséricordieux ou non.

attributs naturels de Dieu : attributs de Dieu qui décrivent ce qui fait sa divinité. Sans ces attributs (hypothétiquement), Dieu cesserait d'être Dieu. Par exemple, Dieu ne peut cesser d'être bon sans cesser d'être Dieu.

baptême du Saint-Esprit : longtemps associé à l'entière sanctification, ce terme est fondé sur les passages bibliques qui affirment que le baptême accompli par Jésus-Christ surpasserait le baptême d'eau, qu'il « baptisera dans le feu » (par ex. Matthieu 3.11). Également fondé sur l'expérience des disciples lors de la Pentecôte. Cette expérience ne doit pas être confondue avec l'emploi pentecôtiste de cette expression, en référence au parler en langues.

caractère continent : selon Aristote, caractère d'une personne qui manque d'harmonie interne ou qui souffre de dissonance interne. Une personne continente est considérée comme ayant pris une décision à une occasion spécifique, pour être ensuite capable de l'appliquer malgré la pression des appétits ou des passions. Un agent continent est capable de résister à ces pressions, et donc de tenir ferme dans une décision raisonnée, mais pour les mauvaises raisons, contrairement à la personne vertueuse, qui agit pour les bonnes raisons.

caractère incontinent : personne/agent qui manque d'harmonie intérieure ou qui souffre de désordres intérieurs. Une personne incontinente a pris une décision à une occasion particulière, mais ensuite, elle subit la pression de ses appétits (ou émotions), qui ne sont pas sous le plein contrôle de sa raison. Une telle personne est moins capable, ou, plutôt, parvient moins que la personne continente, à résister à la pression de ses appétits, si bien qu'elle sera persuadée par ceux-ci et n'ira pas jusqu'au bout de sa décision.

caractère vertueux : personne/agent qui prend plaisir à exercer ses compétences intellectuelles afin de prendre des décisions, sans s'attrister de devoir renoncer à ses appétits. Ainsi, un agent vertueux n'est pas divisé intérieurement, mais il fait ce qui est bien.

caractère vicieux : personne/agent qui ne cherche pas, ou plutôt, qui refuse carrément de faire ce qu'une personne/un agent vertueux devrait faire. (Voir aussi caractère continent, incontinent et vertueux)

causes matérielles, efficientes, formelles et finales : Aristote croyait en quatre « causes » de tout objet, y compris l'homme. Il y a d'abord la cause matérielle, qui pose la question de savoir pourquoi cette chose fait ce qu'elle fait. Pour Aristote, la réponse se trouve dans les tendances de l'objet lui-même ; par exemple, le marbre est la cause matérielle de la statue. La cause efficiente est la source de mouvement ou de changement. Le sculpteur est la cause efficiente qui fait que le marbre devient une statue. Il y a encore deux causes plus profondes, qui définissent non seulement nos tendances ou nos actes, mais aussi notre nature et notre dessein. La cause formelle est la nature d'un objet, tandis que sa cause finale détermine sa raison d'être, ou *telos*. La cause finale pose la question de savoir quel est le dessein de l'objet (ou de la personne). La cause formelle est d'abord pure potentialité qui cherche à s'accomplir. La cause finale est accomplie par l'habitude.

cénobite : voir *monachisme cénobite*.

condescendance : rabaissement volontaire au niveau d'une ou de plusieurs personnes autrement considérées comme inférieures ou autres (par ex. Dieu qui se fait chair), particulièrement mise en avant par Martin Luther.

conscience : boussole interne qui nous permet de distinguer le bien du mal. La conscience nous permet de savoir ce qui est bien ou mal. On pense qu'elle est soit formée par l'expérience, soit inhérente à chaque personne. La théologie chrétienne affirme généralement qu'elle est un don de Dieu.

consécration : dans la tradition wesleyenne de la sainteté, ce terme fait référence à l'abandon absolu ou à la <u>dévotion totale</u> d'une vie à Dieu.

controverse perfectionniste : l'emphase wesleyenne sur la perfection chrétienne, qui consiste à aimer Dieu de tout notre cœur, de toute notre âme et de toute notre pensée, et notre prochain comme nous-mêmes, a été attaquée. Les désaccords émanaient en grande partie d'une mauvaise compréhension de sa terminologie, qui comprenait la « perfection » comme un état de finitude, quasi angélique, après l'<u>entière sanctification</u>. Ce malentendu a été promu par la société de Londres, au cours des années 1760. Wesley les a repris fermement et a renvoyé leurs responsables.

critique biblique : une forme d'examen qui cherche à émettre des jugements éclairés et pleins de discernement à propos du texte biblique, en fonction de ses divers contextes.

déisme; déiste : croyance théiste selon laquelle Dieu a créé l'univers avec tout ce qu'il contient, mais qu'il n'interfère plus avec sa création. Dieu est comme l'horloger qui a créé l'horloge, puis qui la laisse fonctionner sans plus intervenir. Dieu et le monde sont des entités séparées. Le <u>déisme</u> est la croyance en Dieu, fondée sur l'application de la raison aux lois de la nature ; il s'agit donc d'une croyance en Dieu, sur des fondements purement rationnels.

dépravation : terme décrivant la condition humaine après la Chute. Généralement employé en lien avec l'expression « <u>dépravation</u> totale », qui décrit l'état désespéré de l'humanité, sans la grâce de Dieu.

dévotion totale : un autre terme pour <u>consécration</u> ou abandon, relatif à l'engagement pris au moment de l'<u>entière sanctification</u>. Décrit aussi la vie vécue après un tel engagement.

dispensations : en théologie, ordre divin dans lequel se déroulent les événements à un moment précis de l'histoire. Le dispensationnalisme est d'abord apparu chez les Frères de Plymouth, avec John N. Darby. Cette théorie est populaire dans les églises évangéliques et elle est essentiellement pessimiste par rapport à l'état du monde. Elle se caractérise par trois points principaux : 1) la division de l'histoire en ères [généralement sept], 2) un double retour de Jésus, avec un enlèvement secret, puis une révélation publique, 3) la division de l'Église en assemblées juives et non-juives.

dispositions : tendances à agir ou à réagir d'une certaine manière caractéristique, dans une situation donnée. Peuvent être comprises aussi comme nos tendances ou <u>inclinations</u> dominantes.

divinisation : voir *théose*.

double inspiration : croyance que le Saint-Esprit a inspiré les auteurs originaux des Écritures et continue d'inspirer le lecteur aujourd'hui, afin de donner vie aux passages qu'il lit.

dynamisme (du grec *dunamis*) : terme biblique faisant généralement référence à la puissance du Saint-Esprit dans la vie du chrétien, qui coopère avec elle.

eiségèse : lecture ou interprétation d'un texte (notamment biblique), en y ajoutant des éléments qui ne faisaient pas partie du message de l'auteur du texte original. Équivaut à sortir un verset de son contexte.

empirisme : dépendance des données observables par les cinq sens afin d'établir la vérité.

entière sanctification : la doctrine fondamentale du mouvement de la sainteté. Une deuxième expérience après à la régénération, qui nous purifie du péché originel ou efface notre nature charnelle et notre tendance à pécher, afin de permettre à la personne entièrement sanctifiée d'avancer de manière significative dans sa vie de sainteté ou vertueuse.

épistémologie : discipline philosophique qui étudie la nature, le mode et la validité des connaissances humaines. Répond à la question : comment savons-nous ce que nous savons ?

erôs : voir amour *erôs*

état naturel, légal et évangélique : dans la pensée wesleyenne, l'état naturel est l'état dans lequel Dieu a créé l'humanité avant la Chute ; l'état légal est l'état de la personne soumise à la loi ; et l'état évangélique est l'état de la personne régénérée. L'état naturel est donc un état hypothétique, sauf dans le cas de Jésus-Christ, qui est né sans le péché originel.

éthique de la vertu : théorie morale dans laquelle la « vertu » joue un rôle central. L'éthique de la vertu s'intéresse moins aux règles à suivre qu'à aider les personnes à développer un bon caractère.

eudaimonia : notion cruciale de l'éthique de la vertu, souvent traduite par « bonheur » ou « épanouissement » de l'être humain.

exclusivisme : idée qu'il n'y a qu'une seule voie pour être sauvé, et donc parvenir à Dieu, et qu'il s'agit de la foi en Jésus-Christ. Nie de fait la grâce prévenante.

exégèse : étude des Écritures, afin de découvrir le sens original que l'auteur voulait communiquer.

expérience : un des éléments du quadrilatère wesleyen. Fait référence à l'expérience de la grâce de Dieu, considérée comme telle lorsqu'elle est ou a été affirmée par la communauté chrétienne, passée ou présente.

forensique : voir *salut forensique*.

gnosticisme : hérésie de l'Église primitive, qui a produit des écrits et une théologie impliquant des idées très étranges sur la création et Christ, déclarées hérétiques par l'Église.

grâce prévenante : dans la pensée wesleyenne mature, la grâce qui offre à tous une certaine lumière et qui éveille nos sens spirituels. Cette grâce permet à Wesley de mettre l'accent sur l'activité salvatrice de Dieu et de s'éloigner du pélagianisme. Par la grâce prévenante, Dieu prend l'initiative pour notre conversion, en nous appelant, nous disposant à venir à lui et nous donnant l'occasion de nous repentir et de croire, mais jamais d'une manière irrésistible.

hagiographie : biographie d'un saint. Les hagiographies ne sont pas des récits objectifs de la vie d'une personne, mais elles ont été écrites afin de montrer à quel point cette personne est extraordinaire, sur divers points.

hamartiologie : doctrine du péché. Dérive du grec *hamartanein*, qui fait référence à un archer qui rate sa cible. Étude des origines du péché, de ses effets sur l'humanité et de ses conséquences, dans la vie présente et après la mort.

hérésie : idée contraire à ce qu'on considère comme l'orthodoxie.

herméneutique : science et art d'interpréter un texte et de l'appliquer au contexte présent. Fondé sur l'exégèse.

herméneutique de l'amour : croyance, répandue chez les Wesleyens, que le thème le plus important des Écritures est l'amour : l'amour de Dieu pour nous et notre amour pour Dieu et les autres.

homéopathie : traitement des maladies physiques fondée sur les herbes, les « remèdes maison » et les conseils de vie holistique. Le livre de Wesley *The Primitive Physics* (Physique primitive) est une collections de conseils homéopathiques, qui couvre une large variété de maux.

humeurs : dans la pensée wesleyenne, affections humaines qui deviennent des dispositions durables si nous nous concentrons sur elles et les fortifions.

idolâtrie : lorsque notre relation avec quelqu'un ou quelque chose d'autre que Dieu prend la première place dans notre vie.

image naturelle; image morale : l'idée que l'humanité est le vis-à-vis de la personne divine et qu'elle prend donc part à l'économie divine. Nous reflétons l'*imago Dei* dans le monde, si bien qu'on peut parler de la nature (image naturelle) et du caractère (image morale) de l'homme.

imago Dei : littéralement, « image de Dieu ». Mildred Bangs Wynkoop, en interprétant Wesley, définit l'image de Dieu en l'homme comme notre capacité à aimer, dans le contexte de notre relation avec Dieu, les autres, nous-mêmes et la terre.

immanence : terme dénotant la proximité étroite et/ou la présence de Dieu dans sa création. Le Dieu immanent est personnel ou personnalisable. (Contraire de transcendance)

impartie : voir *justice impartie.*

impassibilité : terme employé dans le contexte du théisme classique, ainsi que de l'orthodoxie chrétienne, qui décrit Dieu comme incapable d'être influencé ou affecté par d'autres.

imperfections : catégorie de pensée wesleyenne, non équivalente au péché, semblable aux transgressions involontaires et aux infirmités. Les imperfections sont des limites humaines sans qualité morale. Une imperfection peut être, par exemple, l'absence d'omniscience, une maladie physique ou mentale.

imputée : voir *justice imputée.*

inclinations : dans un sens vaste, tendance à agir où à se sentir d'une certaine manière (voir affections).

inclusivisme : position selon laquelle une seule religion est vraie, mais le salut est possible en dehors de la seule vraie religion. Un exemple de cette position serait un inclusiviste chrétien, qui maintient que Jésus est la seule voie de salut et le christianisme la seule vraie religion, mais qui admet qu'une personne d'une autre religion puisse être sauvée par la grâce prévenante, même sans croire explicitement en Jésus. C'est ce que Paul semble entendre en Romains 2.

incomparabilité de Dieu : élément théologique affirmant l'unicité de Dieu, qui, dans tout son être, est différent de toute autre créature.

inductive; inductif: voir *interprétation inductive.*

infirmités : faiblesses physiques ou mentales. Wesley distingue le péché volontaire et les infirmités qui nous empêchent de faire tout le bien que nous pouvons. Les infirmités sont de nature amorale.

interprétation biblique : le processus de découverte de ce que l'auteur original d'un texte voulait transmettre à son public original. L'objectif de l'interprétation biblique est de rendre le texte biblique, et donc la pensée de l'auteur original, applicable au monde présent.

interprétation inductive : processus d'exégèse du texte biblique, afin d'en tirer ensuite des conclusions théologiques. Approche différente de l'interprétation déductive.

interprétation subjective : ce type d'interprétation, de plus en plus accepté par les exégètes bibliques au cours des dernières années, reconnaît ouvertement que le lecteur aborde le texte avec des biais et des perspectives dérivés de leurs expériences de vie, c'est-à-dire de leur propre subjectivité.

Une telle interprétation est liée à ce qu'on appelle l'interprétation centrée sur le lecteur.

je-tu : expression consacrée par le philosophe Martin Buber, dans son livre Je-tu, dont le terme dominant est notre relation avec les autres et avec Dieu. Dans cet ouvrage, Buber aborde deux relations possibles dans le monde : « je-ça » et « je-tu ». Il affirme que la bonne manière d'être en relation avec les autres est de les reconnaître comme « tu ». Les relations « je-ça » sont des relations dans lesquelles les autres sont ou deviennent des objets ou des moyens de parvenir à nos fins. Buber affirme aussi que nous sommes en contact avec un « tu » éternel : Dieu, qui ne peut être réduit à l'état d'objet ou de moyen de profit sans que cela ne menace la relation.

justice impartie : don de la grâce de Dieu, reçu au moment même de notre nouvelle naissance, à travers lequel Dieu commence notre processus de sanctification. Différent de la justice imputée.

justice imputée : la justice de Jésus créditée au chrétien, qui lui permet ensuite d'être justifié. Dieu nous voit à travers la justice de Christ, mais cela ne dit rien de notre transformation intérieure et de notre purification par Dieu.

justification : concomitante du salut, qui implique que nos péchés sont pardonnés et leur culpabilité effacée. Dieu ne nous condamne plus pour nos transgressions. Wesley affirmait la justification, mais il croyait que le plein salut allait au-delà de la justification, en traitant le problème ou malaise sous-jacent.

légalisme : en théologie, suremphase sur la loi morale, les codes de conduite, etc., comme principes prééminents de rédemption, au-delà de la miséricorde divine.

liberté : libre choix de refuser de suivre une inclination (voir aussi affections).

marcionisme : hérésie issue d'une secte du 2e et du 3e siècle ap. J.-C., des enseignements de Marcion de Sinope. Le marcionisme condamnait et rejetait le Dieu Créateur de l'Ancien Testament, considéré comme injuste, incohérent, jaloux et plein de colère, et acceptait le Dieu du Nouveau Testament, vu comme un Dieu de bonté. Christ était compris comme étant le Fils du Dieu bon, pas du Dieu des juifs.

midrash : commentaire antique contenant une compilation d'enseignements homilétiques sur des parties de la *Tanakh* (Bible hébraïque).

modalisme : interprétation de la doctrine de la Trinité, qui insiste sur la souveraineté indivise de Dieu. Les partisans du modalisme ne voulaient pas diviser Dieu en trois personnes, si bien qu'ils défendaient l'idée qu'il ne s'agit que de trois noms qui s'appliquent à différents modes. Le modalisme a été considéré comme une hérésie.

modèle intellectualiste de psychologie morale : fait référence à un mouvement qui s'écarte du « modèle affectif » wesleyen de développement de caractère, vers un modèle qui met l'emphase sur la pensée rationnelle et sur l'exercice de la volonté pour la vertu.

monachisme cénobite : monachisme pratiqué en communauté de moines ou de nonnes, par opposition au monachisme érémitique, qui est la vie solitaire d'un ermite.

monachisme érémitique : monachisme caractérisé par la solitude extrême ; vie d'un ermite

mouvement de l'évangile social : mouvement religieux apparu pendant la deuxième moitié du 19e siècle, du fait des préoccupations sociales croissantes des protestants américains, sous l'influence de personnalités étrangères (par ex. le théologien et philanthrope Thomas Chalmers). La doctrine fondamentale de ce mouvement religieux est le Royaume de Dieu dans la vie présente. Les responsables du mouvement n'avaient pas d'unité de point de vue, mais ils mettaient en avant la centralité du Royaume de Dieu et organisaient des réunions afin d'informer le public, notamment protestant, du conflit industriel en cours (la plupart des protestants de cette époque étaient aisés, si bien qu'ils n'étaient pas conscients du sort des ouvriers/laboureurs). Ensuite, ils les appelaient à partager leurs richesses (financières, foncières et alimentaires) et à lutter pour les droits des ouvriers. Ils appelaient à suivre l'exemple de Jésus, en agissant afin de faire venir le royaume de Dieu dans la vie présente.

moyens de grâce : dans la pensée wesleyenne, signes, paroles et/ou actes extérieurs qui servent de moyens/canaux à travers lesquels la personne s'ouvre à Dieu, afin de recevoir ou d'empêcher la grâce justificatrice (ou sanctificatrice).

moyens de grâce généraux : certaines activités suggérées par Wesley pour la vie chrétienne, comme s'exercer à ressentir la présence de Dieu, porter sa croix, mourir à soi-même et veiller.

moyens de grâce institués : moyens de grâce dont Wesley pensait qu'ils étaient évidents dans la vie de Jésus. Il s'agit du repas du Seigneur, de la prière, du jeûne, des Écritures et des conversations chrétiennes.

moyens de grâce prudentiels : ces moyens de grâce sont considérés comme sages, bien que n'ayant pas été ordonnés directement. Ils incluent les réunions de classe, les cultes de l'alliance, les réunions de prière et les visites aux malades. Les moyens de grâce prudentiels varient en fonction de l'époque, de la culture et des personnes.

nouvelle naissance : moment dans la vie d'une personne où elle est née de nouveau, ou régénérée.

omniprésent : littéralement « présent partout ». Dieu est présent et agit partout, en toutes choses, à travers le temps et l'espace.

ontologie : branche métaphysique qui étudie la nature de l'être, de l'existence ou de la réalité.

ordo salutis : littéralement « ordre du salut ». Puisque cette expression est souvent considérée comme une série d'étapes de la vie chrétienne, certains spécialistes préfèrent parler de *via salutis*, ou voie du salut, afin de mettre l'accent sur la fluidité du passage d'une étape à une autre.

origénisme : mouvement de disciples d'Origène, qui ont poussé sa théologie spéculative à l'extrême, au point où elle est devenue hérétique.

panenthéisme : Dieu est en toutes choses. L'univers est contenu dans le « corps » de Dieu, mais sa conscience et/ou sa personnalité dépasse la somme de toutes les parties de l'univers. Dieu est donc en toutes choses, mais il est aussi plus que toutes ces choses.

panthéisme : doctrine qui affirme que toutes choses, tout ce qui existe, constitue Dieu. Dieu et la nature sont identiques, il n'y a pas de différence entre eux. Dieu est toutes choses.

Paraclet : nom du Saint-Esprit, qu'on trouve dans l'Évangile de Jean, qui désigne l'Esprit de Dieu, qui fortifiera les croyants et les guidera dans toute la vérité. Du grec « appelé aux côtés de ».

patripassionnisme : forme de modalisme qui voit le Fils comme la partie humaine de Jésus et le Père comme le Christ ; le Père a pris la forme de Jésus en naissant d'une vierge, puis il a souffert et il est mort sur la croix.

patristique : période historique correspondant à l'ère des Pères de l'Église. Il s'agit généralement de l'époque allant de l'après-Nouveau Testament à la chute de Rome.

péché originel : doctrine qui affirme que nous héritons tous de l'état de péché transmis depuis Adam.

pélagianisme : ce terme fait référence aux enseignements du moine britannique Pélage, sur le rapport entre grâce divine et volonté humaine. Pélage niait apparemment la doctrine du péché originel et voyait donc l'humanité comme fondamentalement bonne et non affectée moralement par la chute, la désobéissance d'Adam n'ayant une incidence que sur lui-même.

Pentecôte : le jour où le Saint-Esprit est descendu sur les disciples d'une nouvelle manière, les amenant à rendre témoignage à ceux qui étaient rassemblés à Jérusalem afin de célébrer la fête juive de la Pentecôte (une fête de la moisson). Pour tous les chrétiens, il s'agit de l'anniversaire de l'Église. Pour les traditions wesleyenne de la sainteté et pentecôtiste, la Pentecôte est associée au baptême du Saint-Esprit.

pères apostoliques : la deuxième génération de chrétiens, c'est-à-dire les personnes (généralement des hommes) qui ont écrit des ouvrages importants juste après les auteurs du Nouveau Testament. Pour certains de leurs ouvrages, il a même été question de les inclure dans le canon. La plupart affirmaient avoir été les disciples des apôtres ou d'une autre personne proche de Jésus.

perfection chrétienne : Wesley lui-même affirmait fermement que la perfection chrétienne est une possibilité réelle pour tout chrétien justifié par la foi. Il définit la perfection chrétienne comme l'« amour pur », qui règne seul dans le cœur et la vie d'une personne.

philia : voir amour *philia*

phronesis : terme grec qui signifie « sagesse pratique ». Dans l'Éthique à Nichomaque, d'Aristote, la *phronesis* est considérée comme une vertu intellectuelle. Il s'agit de la capacité à déterminer de quelle manière il faut agir à un moment donné, qui permet à la personne de découvrir le juste milieu. En termes d'actes et de vie vertueuse, la *phronesis* consiste donc à faire le bon choix, au bon moment, de la bonne manière, avec la bonne personne, au bon degré et pour les bonnes raisons.

platoniste chrétien : personne adhérant à une forme de théologie qui s'inspire des meilleurs éléments de la philosophie platonicienne, pour les « christianiser ». On peut citer, par exemple, Justin Martyr et Augustin.

pluralisme : l'idée que toutes les religions sont également valides et qu'elles mènent toutes à Dieu, et donc au salut.

post-millénarisme : la coopération humaine dans l'histoire est cruciale afin de faire venir le Royaume de Dieu sur terre.

postmodernisme : terme employé afin de désigner l'ère ultérieure à la modernité, décrite comme celle du relativisme, du globalisme et de l'interdépendance. Il s'agit d'une ère qui remet en question les idéaux modernes et se soucie du processus et du devenir, davantage que des conclusions et des finalités qui intéressaient la modernité.

post-structuralisme : contrairement au structuralisme, qui cherche et défend un mode de connaissance, de parole et d'action, c'est-à-dire une structure, qui s'étend sur un certain nombre de domaines d'activité humaine (par ex. la linguistique, l'anthropologie, la psychologie, la philosophie, etc.), le post-structuralisme comprend le langage, la société, etc. comme étant influencés par des systèmes, mais il est en désaccord avec toute notion de structure sous-jacente, susceptible d'expliquer la condition humaine, dans son ensemble, ou l'unité des différents domaines mentionnés ci-dessous, et il cherche à déconstruire ces structures. Les philosophes continentaux, théoriciens critiques et déconstructionnistes sont considérés comme relevant de l'ère du post-structuralisme. On peut citer, par exemple, les philosophes comme Michel Foucault et Jacques Derrida.

pratique : terme théologique employé afin de se concentrer sur les aspects pratiques de la foi, parfois en référence aux implications politiques des constructions théologiques.

prémillénarisme : théorie eschatologique populaire au 20e siècle, après la 1re Guerre mondiale, qui affirme que le monde continuera à aller de pire en pire, en attendant le retour de Christ. La position opposée est le post-millénarisme.

privation : perspective wesleyenne qui affirme que les hommes sont pécheurs et sans Dieu, incapables d'être ou de devenir justes par eux-mêmes, mais que leur état n'est pas inéchangeable, car ils peuvent être transformés par la grâce de Dieu. La grâce prévenante (qui intervient avant toute connaissance humaine) restaure le libre arbitre humain. Cette doctrine diffère de celle de la dépravation totale, en ce que le problème principal de l'humanité est sa séparation avec Dieu, pas sa corruption intérieure.

quadrilatère wesleyen : critères de vérification d'une idée théologique. Cette expression, dérivée des critères employés par Wesley, est tardive, mais l'ensemble de ces ouvrages mettent en évidence une méthode selon laquelle les Écritures, la raison, la tradition et l'expérience attestent ensemble de la vérité.

quiétisme : croyance, chez certains groupes piétistes, selon laquelle une vie de sainteté doit être marquée par la méditation et le « silence », les œuvres de piété et la poursuite des moyens de grâce étant découragés au profit d'une dévotion privée, non active.

raison : un des éléments du quadrilatère wesleyen. La raison est ce qui nous permet d'interpréter, d'organiser et de communiquer la vérité des Écritures, de la tradition et de l'expérience.

rationalisme : dépendance de la raison pour établir les vérités religieuses, en reconnaissant souvent la connaissance innée.

réalisme platonique : théorie selon laquelle les abstractions, ou objets (formes ou idées), existent en tant qu'entités réelles, mais dans une autre dimension qui dépasse le monde matériel.

réconciliation : thème présent dans les écrits de John Wesley, ainsi que dans les hymnes de Charles Wesley. Il s'agit du sentiment que notre aliénation et notre séparation d'avec Dieu, due au péché, est surmontée lorsque notre relation avec lui est renouvelée.

rédemption : implique la libération du péché. L'Exode est une métaphore de la rédemption. La rédemption implique aussi de recevoir une nouvelle raison d'être : aimer Dieu de tout notre être et notre prochain comme nous-mêmes. Nos vies sont rachetées du péché, pour l'amour.

régénération : l'expression préférée de Wesley pour le salut est la « <u>nouvelle naissance</u> ». Cette notion implique que nous sommes régénérés, nés de nouveau, et sommes de nouvelles créatures en Christ. Wesley n'a jamais voulu que sa doctrine de la <u>sanctification</u> ne minimise la puissance et l'importance de la <u>nouvelle naissance</u>.

restauration : théorie de l'expiation développée très tôt dans l'histoire de l'Église, qui se concentre sur Jésus-Christ en tant que deuxième Adam. Cette théorie va au-delà de la croix, englobant toute la vie de Christ, vécue dans l'obéissance à Dieu. Ce qu'Adam a mal fait par sa désobéissance, Jésus le fait bien par son obéissance. La croix est la plus haute expression de cette obéissance. En un sens, Jésus rachète l'humanité en nous donnant un modèle afin de vivre une vie pleinement consacrée à la volonté de Dieu.

réveil : dans la vie d'une personne, la conviction qui mène à la repentance individuelle. Peut faire référence aussi à un moment où la société, dans son ensemble, a été impactée par une saison d'intérêt religieux extraordinaire (par ex. le Premier et le Deuxième grand réveil). Charles Finney mettait l'accent sur le réveil comme un retour de l'Église à son premier amour et la conversion des pécheurs à la réalité de la présence du Saint-Esprit dans la vie quotidienne ordinaire.

sainteté positionnelle : expression associée à une forme calviniste de théologie de la sainteté, comme le keswickianisme, distincte de la théologie wesleyenne de la sainteté en ce qu'elle affirme que la sainteté est « imputée » aux chrétiens, du fait de leur relation avec Christ, mais que les chrétiens ne sont pas <u>sanctifiés</u> intérieurement par la grâce (<u>justice impartie</u>).

salut forensique : notion selon laquelle nous sommes sauvés par la grâce, dans le sens où la bonté et la bonne volonté de Dieu nous ont libérés (salut par la grâce) des conséquences de nos actes. La grâce est décrite comme un don gratuit de Dieu. Le salut en tant que <u>justification</u> est mis en avant.

<u>sanctification</u> finale : n'a lieu que lors de notre glorification ou lorsque nous serons entrés dans la gloire. Lors de la <u>sanctification</u> familiale, nous sommes retirés de la présence même du péché.

<u>sanctification</u> initiale : expression jamais employée par Wesley, mais qui décrit sa croyance que le moment de notre salut marque le début du processus de <u>sanctification</u>.

<u>sanctification</u> progressive : processus précédant l'<u>entière sanctification</u>, à travers lequel nous prenons progressivement conscience du péché qui est en nous, ou <u>péché originel</u>. Une fois que, par le Saint-Esprit, nous avons

renoncé entièrement à ce péché, nous passons par une purification instantanée [l'entière sanctification], puis notre sanctification progressive se poursuit jusqu'à notre mort. Ainsi, il s'agit aussi d'un processus de croissance à l'image de Christ et d'approfondissement de la sainteté de notre caractère, après le moment de notre entière sanctification.

sanctification : voir *entière sanctification.*

sens spirituel : capacité donnée par Dieu, de connaître son existence et les réalités spirituelles. Tous les hommes ont un sens spirituel, mais il doit être éveillé par le Saint-Esprit.

shema : texte juif extrêmement important, qu'on trouve en Deutéronome 6, qui affirme le monothéisme et l'amour de Dieu de tout notre être. Il est au cœur des prières des Hébreux de l'Ancien Testament. Jésus y a fait référence lorsqu'on lui a demandé quel était le plus grand commandement.

sola scriptura : « l'Écriture seule », doctrine développée au 15e siècle, par les Réformateurs Martin Luther et Jean Calvin, en réaction à l'autorité de l'Église catholique. Ce principe insiste sur le fait que les Écritures constituent la seule autorité pour le chrétien et l'Église.

sotériologie : branche théologique qui s'intéresse à la doctrine du salut.

stoïcisme : mouvement philosophique de la période helléniste, fondé à Athènes, par Zénon de Citium. Les stoïciens définissaient la vertu comme le *telos* (fin) de toute chose. Ils enseignaient aussi que la vertu est le souverain bien et qu'elle est fondée sur la connaissance ou sur la raison. Les stoïciens croyaient en une raison divine qui régit toutes choses et que la personne sage vit en harmonie avec cette raison divine. Ils enseignaient aussi qu'il fallait accepter sa situation dans le monde, avec une sorte d'apathie ou de résignation, en la reconnaissant comme une réflexion de la raison divine des choses.

synergisme : en théologie, l'idée que Dieu et les hommes coopèrent en vue du salut. La grâce de Dieu n'est pas irrésistible, mais elle initie une relation et les hommes doivent répondre.

téléologie : étude philosophique du dessein. Peut être compris aussi comme un discours sur la raison d'être ou la cause finale de tout ce qui existe.

telos : terme grec traduit littéralement par « fin », « dessein » ou « objectif ».

témoignage de l'Esprit : expression couramment employée pour la doctrine de l'assurance. Wesley décrit cette expérience comme l'impression directe en notre âme, par l'Esprit de Dieu, de la certitude que nous sommes acceptés et aimés de Dieu.

thématisation : cet aspect de l'interprétation biblique a lieu lorsque la personne assimile l'information et l'exégèse approfondie d'un grand nombre de textes individuels, avant d'en tirer des généralités sur les thèmes qui émergent de cet ensemble. Par exemple, parler de théologie paulinienne requiert une thématisation qui souligne les points théologiques principaux de l'ensemble de la correspondance de Paul.

théodicée : le problème du mal. La théodicée cherche à justifier la bonté de Dieu, face à la présence du mal et de la souffrance innocente dans le monde.

théologie anthropologique : branche théologique qui s'intéresse à l'homme, dans sa dimension métaphysique et morale.

théologie apophatique : théologie employée par certains chrétiens, dès l'époque de l'Église primitive, qui affirme que toute affirmation positive sur Dieu est impossible, mais qu'on ne peut affirmer que ce qu'il n'est pas. Parfois appelé théologie négative.

théologie biblique : domaine d'étude situé entre l'exégèse et l'herméneutique, d'une part, et la théologie systématique, de l'autre. La théologie biblique présente les grands thèmes des Écritures sous une forme organisée. Elle est souvent divisée en éléments plus petits, comme la théologie de l'Ancien et du Nouveau Testament, ou même la théologie des prophètes, la théologie johannique ou la théologie paulinienne.

théologie naturelle : discours sur Dieu ou sur une doctrine de Dieu, construit sans appel à la foi ou à la révélation spéciale. La théologie naturelle est fondée sur la raison et l'expérience seules.

théologie de la libération : expression d'abord employée par le prêtre catholique romain Gustavo Gutierrez, qui affirme que le message de l'Évangile exige une préférence pour les pauvres et les opprimés de la vie présente. Selon cette compréhension, la théologie de la libération exige que les chrétiens suivent Christ en cherchant des manières de libérer les pauvres et les opprimés.

théose : croyance, dans l'Église primitive (notamment en Orient), que « Dieu s'est fait homme pour que nous puissions devenir comme lui ». Appelée aussi divinisation ou déification. Son interprétation wesleyenne est étroitement liée au processus de sanctification : être rendu saint, comme Dieu est saint.

tout autre : expression trouvée par le théologien Rudolf Otto, qui implique que Dieu est différent de toutes ses créatures. Cette expression est employée afin de renforcer la transcendance divine absolue.

tradition : un des éléments du quadrilatère wesleyen, qui fait référence aux conciles et credos de l'Église primitive, employés comme marqueurs d'orthodoxie chrétienne.

transcendance : « surpasse » ou « va au-delà ». Le Dieu transcendant est tout autre, inconnaissable et impassible. Dieu transcende le monde. Le contraire et l'immanence.

transgressions involontaires : actes considérés comme des transgressions, mais non comme des péchés proprement dits, car ils sont commis par ignorance et du fait d'erreurs inhérentes à la nature humaine et inséparables de celle-ci.

Trinité : doctrine du 4e siècle, qui affirme qu'il y a en Dieu trois distinctions éternelles et essentielles, trois personnes en une seule substance : le Père, le Fils et le Saint-Esprit, coéternels et égaux, qui partagent une seule réalité divine.

via salutis : voir *ordo salutis*.

volonté : la partie en l'homme qui prend des décisions. Pour Wesley, la volonté agit en association avec les affections.

Table des matières

Reconnaissance 9
Avant-propos 11
Introduction 13

Partie I : La sainteté biblique
1. Comment lire la Bible comme un Wesleyen 35
   Questions méthodologiques 37
   Principes généraux d'une lecture wesleyenne des Écritures 42
   L'analogie de la foi de Wesley 48
2. L'ensemble de la teneur en sainteté des Écritures 53
   Images de la sainteté dans l'Ancien Testament 55
   Images de la sainteté dans le Nouveau Testament 66

Partie II : Histoire de la sainteté
3. La sainteté dans l'histoire : de l'Antiquité tardive à 1700 83
   La période patristique 84
   De la période médiévale à Wesley 105
4. La sainteté dans l'histoire : 1703-2000 113
   John Wesley 114
   Le méthodisme britannique après Wesley 116
   Le méthodisme américain des 18ème et 19ème siècles 120
   19ème siècle : un nouveau genre de calvinisme 127
   Les Américains : les « ressortissants » méthodistes de la fin du 19ème siècle 129
   Le mouvement de la sainteté dans d'autres régions du monde 134
   La théologie de la sainteté au 20ème siècle 136

Partie III : La théologie de la sainteté pour aujourd'hui
5. Le Dieu saint 147
   La sainteté de Dieu 148
   La servitude du Fils 155
   La présence de l'Esprit 161
6. L'humanité créée et déchue 169
   L'humanité 170
   Le péché 174

7. Le plein salut 189
   Le salut 190
   La sanctification 195
   La structure d'une expérience 201
   Les effets de l'entière sanctification 203
   Excursus : « Et si j'ai toujours été chrétien ? » 207

Partie IV : Une vie de sainteté pour un siècle nouveau

8. La sainteté en tant que pureté 213
   Définir la moralité 214
   La grâce qui purifie 221
   L'obéissance 225
   Excursus : la sainteté incarnée et une sexualité sainte 232

9. La sainteté en tant que perfection 239
   La perfection chrétienne clairement définie 240
   Ce que la perfection chrétienne n'est pas 247
   L'éthique de l'amour 254
   « Faut-il laisser tomber ou insister dessus ? » 259

10. La sainteté en tant que puissance 263
   La puissance de vaincre le péché 265
   La puissance de l'individualité 267
   La puissance quand tout va mal 271

11. La sainteté en tant que caractère 283
   L'éthique de la vertu 285
   La psychologie morale de Wesley 287
   Développement du caractère et perfection chrétienne 289
   Relier les moyens à la fin 292
   Le caractère dans un monde postmoderne 301

12. La sainteté en tant qu'amour 305
   L'amour au centre 306
   Dieu nous a aimés le premier 311
   L'amour en tant que dévotion totale à Dieu 315
   Conclusion 317

Notes de fin 321
Glossaire 345

www.ingramcontent.com/pod-product-compliance
Lightning Source LLC
Chambersburg PA
CBHW060512080526
44586CB00012B/461